Jorge Amado
Die Auswanderer vom São Francisco

Zu diesem Buch

Unter den Schiffen, die den mächtigen São Francisco, den zweitgrößten Strom Brasiliens, hinauffahren, gibt es einige schwerfällige Raddampfer mit merkwürdiger Fracht. Zu Hunderten auf engstem Raum zusammengepfercht, fahren hier unzählige landlose Bauern südwärts, dem vermeintlichen Dorado des reichsten brasilianischen Staates, São Paulo, entgegen. Es sind die Auswanderer der armen und rückständigen Gebiete des Nordostens, auf der Flucht vor den beiden schrecklichsten Geißeln ihrer Heimat: den langen Dürreperioden und den allmächtigen Plantagenbesitzern. Die Fahrt auf dem São Francisco ist eine Fortsetzung ihrer qualvollen Flucht, die mit einem langen Marsch durch wasserlose Wildnis begann. Menschen einer Familie werden durch die verschiedensten Schicksale auseinandergerissen. Schicksale, die in ihrer unverschuldeten Härte und ausweglosen Not erschüttern und zur Solidarität mit diesen Menschen und ihrem Kampf um ein menschenwürdiges Dasein auffordern.

Das »neue Canudos«, das Vargas Llosa beschrieben hat, nimmt in Amados Buch Gestalt an, nahe an historischen Ereignissen. Dieser Roman ist ein Schlüssel zum Verständnis der Revolutionen Lateinamerikas, der Geistigkeit der Armen, der Lebenskultur der Mulatten und Mischlinge, der Caboclos. Im breit angelegten Roman wechselt der Leser, ohne es direkt nachvollziehen zu können, ständig die Fronten und erfährt auf dieser spannenden Wanderung das Entstehen der neuen sozialen Bewegungen, die bis heute die politische Landschaft Brasiliens mitbestimmen. Wer einen großen Autor kennenlernen möchte, der lese den Roman Jorge Amados.

Jorge Amado, 1912 in Bahia als Sohn eines Kaffeepflanzers geboren, ist der heute wohl bekannteste Schriftsteller Brasiliens; in den dreißiger Jahren wandte er sich der Literatur zu. »Leute aus Bahia« war einer seiner ersten Romane, und immer wieder hat er aus Bahia erzählt, von der Schönheit dieses Landes, von bewegenden, komischen oder tragischen Schicksalen seines Volkes.

Jorge Amado

Die Auswanderer vom São Francisco

Roman aus Brasilien

Aus dem brasilianischen Portugiesisch übersetzt von
Andreas Klotsch

Peter Hammer Verlag

Dialog Dritte Welt

Titel der Originalausgabe:
Seara vermelha

1. Auflage 1985

Umschlaggestaltung: Alex Wick/Gerhard Steidl unter Verwendung eines Fotos von Haroldo Horta
Gesamtherstellung: Steidl, Göttingen

CIP-Kurztitelaufnahme der Deutschen Bibliothek

Amado, Jorge:
Die Auswanderer vom São Francisco : Roman aus Brasilien / Jorge Amado.
Aus d. brasilian. Portug. übers. von Andreas Klotsch. – 1. Aufl. – Wuppertal: Hammer, 1985.

(Dialog Dritte Welt ; Bd. 25)
Einheitssacht.: Seara vermelha [dt]
ISBN 3-87294-267-0

NE: GT

Prolog DIE SAAT

Für Zé

Für Luís Carlos Prestes
Freund der Landarbeiter

Für Tourinho und Gildete
Iwan und Elisabeth
und für João Amazonas

»Falle, Tau, vom Blute des Sklaven,
Falle, Tau, auf des Henkers Gesicht,
Reife, reife, blutrote Ernte,
Reife, reife, grimmige Rache . . .«

Castro Alves

». . . im Prinzip des Großgrundbesitzes, in der schlechten Aufteilung der Ländereien, im Monopol von Grund und Boden kann man die Hauptursache sehen für die Rückständigkeit, das Elend und die Unwissenheit unseres Volkes.«

Luís Carlos Prestes

»Die Freiheit ist die Einsicht in die Notwendigkeit.«

Engels

DAS FEST

1

Der Wind trieb die Wolken auseinander, es hörte auf zu regnen, und unter dem blauen Himmel setzten die Kinder ihr Spiel fort. Das Hausgeflügel kam aus seinem Unterschlupf und scharrte wieder im nassen Gras. Ein würziger Geruch nach Erde drang in die Hütten, erfüllte die Lüfte. Wassertropfen schillerten auf den grünen Blättern der Bäume und des Manioks. Stummer Friede breitete sich über die Fazenda — über die Gewächse, die Tiere, die Menschen. Nur die fröhlichen Kinderstimmen auf den Freiflächen durchschnitten die Stille dieses Augenblicks:

»Regne, rinnender Regen
Wasch meines Liebchens Straße ...«

Dickbäuchige magere Kinder in schmutzigen Lumpen, oder auch nackt, spielten Ringelreihe. Wolkenfetzen verflüchtigten sich am hellen Firmament, auf dem erste leichte Schatten die Abenddämmerung ankündigten. Nach dem Regen schien alles freundlicher. Arturs Blick fiel auf die Bäume hinter dem Herrenhaus, deren Zweige sich sanft in der Brise regten, und er lächelte bei dem Gedanken, daß sich die Bäume nach dem so ersehnten Regen wohl fühlten.

»Dieses Jahr war mir bange ...«, murmelte er.

Aber der Regen war noch rechtzeitig gekommen, es würde eine reiche Ernte geben. Artur malte sich aus, welche Freude in den Hütten der Kolonen und Pächter herrschen mochte, und da beschloß er, das Fest zu besuchen. Er wollte die Rückkehr des Jungen abwarten, den er um die Post als auch einiger Bestellungen wegen in den Ort geschickt hatte, dann würde er auf einen Sprung in Atalibas Haus gehen, würde ein Schnäpschen auf das Wohl der Braut trinken und eine Polka tanzen. Er begab sich vor das Herrenhaus, wo Felícia, seine Frau, gerade die Blumenbeete pflegte.

»Wir gehen zu Atalibas Fest ...«

»Du hast dich entschieden?«

Er nickte und trottete zum Magazin davon. O ja, er würde zum Fest gehen. Die Männer waren gewiß guter Dinge, die Angst vor der Dürre, die Jahr für Jahr wiederkehrende Furcht, war gebannt, vielleicht regnete es in dieser Nacht noch einmal, obschon am blanken Himmel nicht eine Wolke mehr schwebte. Artur atmete den Erdgeruch, wieder lächelte er. Nun sahen ihn die Männer vielleicht nicht mehr so scheel an. Die Einladung zum Fest in Atalibas Haus hatte er angenommen. Hochzeiten und Feste gab es nicht allzuoft auf der Fazenda, und war in irgendeinem Haus ein fröhliches Beisammensein angesetzt, dann sprach man auf dem Feld und während der Abendunterhaltungen in den Hütten der Arbeiter tagelang von nichts anderem, und jedesmal ergab sich für Artur das Problem, daß alle etwas Geld brauchten, Einkäufe machen wollten. Ihn lud man ein, er versprach zu kommen, doch meistens blieb er fern. Sein Auftauchen, so schien es ihm, reichte aus, um dem Fest viel von seiner guten Stimmung zu nehmen, denn er war nicht sonderlich gern gesehen. Bei diesem Gedanken zuckte Artur auf ganz eigene Weise die Achseln. Seine Schuld war's nicht. Er tat seine Pflicht, er hielt die Männer zur Arbeit an, er gab sich den Pächtern gegenüber bei der fälligen Abrechnung eisern, er zahlte gängige Preise, drückte sie aber möglichst, zum Vorteil der Fazenda, aber war er nicht eben darum der Verwalter? Würde nicht jeder beliebige an seiner Stelle genauso handeln? Er genoß das Vertrauen des Dr. Aureliano, des Besitzers, der in Rio de Janeiro lebte und die Fazenda nur ganz selten aufsuchte; und er war bemüht, sich dieses Vertrauens würdig zu erweisen. Nie zuvor hatte die Fazenda so großen Gewinn abgeworfen, nicht einmal zu Zeiten von Oberst Inácio, der hier gewohnt, alles beaufsichtigt und auch die kleinsten Dinge selbst entschieden hatte. Die Pächter maulten, die Knechte musterten ihn mit drohenden Blicken, aber das scherte Artur wenig, »ich fürchte keine Fratzengesichter«, sagte er nur.

Wohl aber schmerzten ihn gewisse Dinge, er wußte, daß etliche auf der Fazenda ihm gern gehörigen Schimpf angetan hätten. Ihm war nicht verborgen geblieben, daß sie hinter seinem Rücken arg über ihn herzogen und daß ihrer viele beim Trinken ihm die Pest an den Hals wünschten. Auch das mißfiel ihm. Er hätte ein gutes Einvernehmen mit den Knechten und Kolonen vorgezogen, zu Zeiten des Obersten Inácio war er selber Knecht gewesen, wie zufrieden würde er sich fühlen, wären die Männer seine Freunde, kämen sie ungerufen zu ihm, zu einem Schwatz auf der Veranda des Herrenhauses, anstatt finstere Mienen aufzusetzen, sobald er auf einem Fest erschien. Darum blieb er diesen seltenen Festen fast immer fern, obgleich Felícia gern tanzte und er, Artur, ungemein gern plauderte und auch mal ein Glas Cachaça trank.

Er gelangte zum Magazin mit den großen verschlossenen Türen, in dem die Lebensmittel lagerten, die zum Verkauf an die Knechte und Halbpächter bestimmt waren. In einem Raum im Hintergrund wurden die Geschirre für die Lasttiere aufbewahrt. Er zog einen Schlüssel aus der Tasche und schloß auf. Bald kämen die Männer von der Arbeit, und da ein Fest bevorstand, würden sie freilich etliche Dinge kaufen wollen. Er schwang sich über den Ladentisch, das Einschreibebuch lag obenauf. Mechanisch griff er danach und begann darin zu blättern. Groß war das Schuldenkonto von Mário Gomes. Selbst wenn er noch lange arbeitete, konnte er es nicht begleichen. Ihm hatte er die Lieferung zu beschneiden. Einer mehr, der böse Miene machen, Artur scheel anblicken würde, ausspucken würde, wenn er an ihm vorbei war. Was tun? Er blätterte um. Jerônimo kaufte wenig, fast nur Kleidung, der hatte seinen Maniok, seinen Mais, seine Bataten. Ein Mensch von Bedacht. Auch bearbeitete er das beste Feldstück der Fazenda. Wäre Artur der Besitzer, er würde es nicht Kolonen überlassen. Aber das mit Jerônimo reichte bis in die Zeit von Oberst Inácio zurück, und Dr. Aureliano, dem an Rio mehr lag als an der Fazenda, hatte alles so gelassen, wie er es beim Tod des Alten vorgefunden hatte. Nun, das war Sache des Doktors, denn er war hier der Herr. Ihn aber, Artur, traf der Zorn der Leute, nur weil er die Befehle ausführte.

Er musterte den sich trübenden Himmel. »Gleich werden sie von der Arbeit kommen . . .«

Wieder schwang er sich über den Ladentisch, trat aus der Tür, setzte sich auf einen Stein neben dem Magazin. In der Ferne sah er seine Söhne mit den Kindern vor dem Herrenhaus beim Kreisspiel. Hier waren es ihrer drei, die beiden ältesten befanden sich in der Stadt, in der Internatsschule. Seine Söhne würden nicht solche Dummköpfe bleiben wie diese Menschen hier, oder wie er, Artur, der das Lesen und die Grundrechenarten mehr schlecht als recht beherrschte. Was kümmerte ihn der Haß der Knechte und Kolonen, er konnte seinen Söhnen eine gute Ausbildung geben, er schickte sie auf die Schule, vielleicht wurde einer von ihnen ein Doktor, wer weiß?

Mário Gomes kam des Wegs, die Axt in der Hand. Mit anderen war er dabei, einen letzten Flecken Buschwald für die Fazenda zu roden. Die Kinder sangen, ihre hellen Stimmen hallten herüber, rührten Arturs Herz.

Mário hockte sich neben dem Stein nieder. »Guten Abend, Seu Artur.«

»Guten Abend, Mário. Endlich hat es geregnet . . .«

»Gott sei Dank.«

Mário Gomes wollte einiges kaufen, getraute sich aber offensichtlich nicht. Die Stimmen der Kinder sangen:

»Regne, rinnender Regen.«

»Das wird ein schönes Fest, stimmt's, Mário?«

»Bombig!« rief Mário lachend.

»Ich hätte Lust, hinzugehen . . .«

»Sie? Da wird sich Ataliba aber freuen . . . Seine Tochter heiratet, und wenn Sie kommen, wird er ganz stolz sein . . .«

Das stimmte vielleicht nicht, aber Artur hörte die Kinder singen, er dachte an die beiden Söhne im Internat. Mário Gomes stand tief in der Kreide, doch war nicht zu befürchten, daß er von der Fazenda floh, um die Schulden nicht zu bezahlen.

»Möchtest du was kaufen?«

Mário schaute verdutzt drein. »Höchstens ein paar Bohnen und einen Liter Schnaps.«

Artur stand auf und ging ins Magazin. Mário, ungläubig noch, folgte ihm und bemerkte: »Von diesem Fest wird man noch lange reden.«

Die Abendschatten breiteten sich aus.

2

Zefa brabbelte die üblichen unverständlichen Worte und zog sich in einen Winkel der Hütte zurück. Die Dämmerung senkte sich, langsam und traurig, auf die Felder. Gegen den Horizont zeichnete sich die Gestalt des alten Jerônimo ab, der das Vieh in das kleine Gehege trieb, und ein langer Schatten schweifte über das kurze Gras. Die Kuh verhielt in ihrem gemächlichen Schritt und riß Blätter vom Maniok ab, der schon zu sprießen begann. Da stieß Jerônimo seinen Treiberruf aus, den Ruf aus fernen Tagen, als er noch große Herden zu den Viehmärkten führte — ein unnützer Schrei, weil die Esel, die Ziegen und die Schweine, sieben Stück Vieh, friedlich ihrer nächtlichen Bleibe zustrebten. Und die Kuh, die war so alt und sanft, daß sie fast ein Familienmitglied war. So gehörte sie zum Leben dieser Menschen. Aber Zefa schrak auf bei dem Schrei, als würde sie an eine unabdingbare Verpflichtung gemahnt. Wieder murmelte sie, Leben kam in sie, in ihre starren Augen. Die alte Jucundina, mit dem Kleinkind im Arm, verfolgte Zefas Bewegungen aufmerksam. Dies währte schon viele Jahre, aber die Alte hatte sich noch nicht gänzlich dran gewöhnt, sie war stets auf eine Überraschung gefaßt, auf ein einzigartiges, Staunen erregendes Wunder, das irgendwann eintreten würde. In diesem Landstrich war sie geboren und aufgewachsen, hatte sie geheiratet, hier waren ihre Kinder und Enkelkinder zur Welt gekommen, hier kannte sie jedes Fleckchen Erde, schwielige Hände hatte sie vom Säen und Ernten, sie hatte Dürren erlebt und Bandenüberfälle, und jenen Mord im Herrenhaus, der so viel Aufsehen erregt hatte. Aber nichts war vergleichbar mit diesem hier. Ganz bestimmt nistete in Zefas Leib der böse Geist eines Verstorbenen, um so für die früheren Untaten zu büßen. Dieser Meinung waren so ziemlich alle auf der Fazenda, Knechte wie Kolonen. Wenn die Stunde der Gebete kam, angezeigt vom sehnsuchtsvollen Ruf des Jerônimo, der das Vieh nach Hause trieb, dann war die alte Jucundina immer in Erwartung, daß es jäh passieren könne. Aber was, das wußte sie nicht. Vielleicht daß der Geist entwich, weil seine Bußzeit um war und er endlich den Weg in die himmlischen Regionen nehmen konnte, wo es keinen Hunger gab, keine Krankheiten und keine Tränen. Und vielleicht daß Zefa, die einst, in fernen vergessenen Tagen, ein hübsches Mädchen gewesen war und mit ihren strammen Beinen und ihrem herausfordernden Blick den Knechten den Kopf verdreht hatte, daß sie den Verstand zurückgewann und ihre Angehörigen, ihren Bruder Jerônimo, ihre Schwägerin Jucundina, ihre Neffen und Vettern wiedererkannte. Wie das geschehen sollte, wußte Jucundina nicht. Sie wartete lediglich, daß es eintrat, und wenn die Dämmerstunde kam und Zefa sich zum Beten anschickte, dann war die Alte auf der Lauer, denn ganz gewiß würde es zum feierlichen Tagesausklang passieren, wenn Schatten sich herabsenkten und eine geheimnisvolle Atmosphäre schufen, wenn die Kerzen angezündet wurden, die Geräusche sich wandelten und die Farbe aller Dinge eine andere war, da geschähe das Wunder. Ohne Bangen und schon fast ohne Erregung wartete sie. Aber sie wartete. Es konnte heute geschehen oder morgen oder am Wochenende, einmal jedoch passierte es, und dann sähe sich die alte Jucundina frei von einer Last, die ihr Herz schon lange bedrückte.

Es war dies ein wichtiger Augenblick im arbeitsreichen Tagwerk der alten Jucundina, denn jedesmal rief der Schrei des alten Jerônimo in ihr den Gedanken an Zefa und die eventuellen wundersamen Ereignisse wach, aber auch die Erinnerung an die drei Söhne. Als erwachsene junge Burschen waren die drei fortgezogen, ein jeder seinen Weg und dem eigenen Leben entgegen. Nur Nenén, der in Wirklichkeit Juvêncio hieß, war fast noch ein Kind, als er sich zu den Soldaten meldete, die beiden anderen hingegen waren schon richtige Männer. Für Jucundina freilich waren sie weiterhin die »Jungens«; an sie dachte sie Tag für Tag zur Abendstunde, vielleicht weil sie Neněns Verschwinden — erst geraume Zeit später hatten sie erfahren, daß er zur Militärpolizei gegangen war — bei Einbruch der Dunkelheit bemerkt hatte, und nach wie vor hatte sie die mutlos bittere Stimme des alten Jerônimo im Ohr, der dazu nichts weiter gesagt hatte als: »Wirst sehen, Alte, keiner bleibt bei uns. Wir werden einsam sterben auf diesem Flecken Erde, wie die Tiere und die Strünke ...«

Er wies auf Agostinho, der noch ein Knabe war, und sagte: »Auch der wird eines Tages gehen.«

 Jahre waren verstrichen, und keiner der drei Söhne kehrte zurück. Dies war die andere verborgene Hoffnung der alten Jucundina. Daß sie heimkämen und Jerônimo bei der Feldarbeit hälfen. Und obwohl sie zu verschiedenen Zeiten fortgegangen waren, jeder auf eigene Faust seinen Weg, seinem Schicksal entgegen, malte sie sich aus – in spärlichen, kargen Bildern, die allmählich Gestalt gewonnen hatten und unverändert aufeinander folgten –, daß sie gemeinsam zurückkehrten, gemeinsam durch das Tor träten und gemeinsam ihren Segen erbäten. Wo unterwegs sie sich träfen, das vermochte die Alte nicht zu sagen, schon oft hatte sie darüber nachgedacht. Einen geeigneten Fleck für die drei hatte sie nicht finden können, und sie hatte es bleiben lassen, weil es ihr Hirn anstrengte und ihre Trauer verstärkte. Sie hatte schon genug darüber nachzudenken, wie die Söhne jetzt wohl lebten. Wie da den Treffpunkt ausmachen, wenn José keinen festen Aufenthalt und kein festes Wegziel hatte, er konnte von sonstwoher kommen, immer wie ein ängstlicher Verfolgter. Und woher käme Jão, von dem die Alte nicht recht wußte, in welcher Stadt seine Garnison lag? Außerdem wollte sie nicht an das Jetzt der Söhne denken, an das, was ihnen just an diesem Tag zu dieser Stunde widerfuhr. Schön wäre es, sie kämen auf dem Weg, den Jerônimo mit den Tieren nahm, alle drei zusammen, ihre Reisesäcke prall gefüllt mit Dingen aus anderen Landstrichen, gar mit Sachen aus der Stadt, und ihre rauhen warmen Stimmen bäten um den Segen. Die Stimme, die sie vernahm, eine Mischung aus den drei Stimmen, war die von Nenén, dem jüngsten der drei, ihrem Lieblingssohn.

Und da – »Gott ist allmächtig« – alles zugleich passieren konnte, scherte sich vielleicht am selben Tag, da die Söhne zu Hause eintrafen, dieser böse Geist fort, dieser Geist, der Zefa verwirrte, ihren Mund mit ungewöhnlichen abscheulichen Reden füllte, ihre Augen starr und ängstlich machte, ihren ehemals fröhlichen und robusten Körper in diese Traurigkeit hüllte. Langsam, ganz allmählich, verschmolzen der alten Jucundina die beiden Ereignisse zu einem einzigen. Vorher hatte sie an jedes getrennt gedacht. »Vielleicht verschwindet der Geist heute, weil er ausgebüßt hat.« »Vielleicht kommen die Jungen heute, weil ihr Schicksal sich erfüllt hat.« Und es verstrichen die Tage, es kamen und gingen die Dämmerungen, monoton wiederholte sich Jerônimos melancholischer Ruf. Zefa brabbelte ihre wirren

Gebete, und die Ausgeflogenen kamen nicht zum Gattertor herein. Beide Erwartungen verschmolzen mit der Zeit, nun würde sich alles selbigen Tags, am selben Abend ereignen und dann – so dachte die alte Jucundina – könne sie in Frieden sterben. Denn alles, was möglich gewesen auf dieser Welt, in der man lebt, um zu leiden, wäre dann eingetreten, nichts mehr brauchte sie zu ersehnen, da sie eines seit langem wußte: Der Wunsch, dieses von ihnen bearbeitete Landstück ihr eigen nennen zu können, blieb ein Traum.

3

Kaum hörte der dreizehnjährige Tonho Jerônimos Ruf, ließ er Noca, die kleine siebenjährige Schwester, stehen und lief zum Pferch, um dem Großvater beim Melken zu helfen. Er hielt das Kalb am Strick fest, damit es dem Euter der Kuh nicht zu nahe kam. Dann war die Ziege an der Reihe, deren Milch Noca und Ernesto – der Kleinste – tranken, denn Jucundina versicherte, Ziegenmilch sei die beste Kindernahrung.

Diese Arbeit gefiel Tonho, die Kuh war die Sanftmut in Person, und manchmal ritt er auf ihr, obwohl der Großvater dann schimpfte. Auch mit dem Kalb spielte er, er ahmte sein Brüllen nach, und er neckte den Esel, das einzige Tier, das einen Namen hatte. Jeremias hieß er, und wenn man ihn rief, trottete er sogleich herbei. Nach dem Regen bedeckten schlammige Pfützen die Straße, und Tonho patschte in jede hinein, ein größeres Vergnügen konnte es nicht geben. Er schaute sich nach Noca um. So ein Dummchen! Sie stand vor der Haustür mit Marisca, der gelben Katze, und ahnte nicht, wie schön es war, im Pferch beim Melken zu helfen und Jeremias zu necken.

Noca hatte Angst. Sie drückte die Katze gegen die magere vollgeschmierte Brust. Tonho hatte gesagt, in dieser Nacht sei bei Ataliba ein Fest, sie blieben allein zu Hause, sie beide und der Kleinste, und ganz bestimmt käme der Werwolf und würde Noca auffressen.

»Und dich auch!«

»Ich verstecke mich.«

 Und lachend war er zum Pferch gelaufen. Noca drückte Marisca, ihre Katze, ihre Freundin, ihre Puppe, ihr einzigstes an Zärtlichkeit in diesem armen Haus, fest an sich. Ihr verängstigter Blick hing voll Liebe an dem gelben triefäugigen Kätzchen. Das Tier miaute, als das Mädchen es so an sich drückte, und Noca redete mit ihm: »Du bleibst bei mir. Wenn der Teufel kommt, jagen wir ihn fort ...«

Wenn Marisca bei ihr war, hatte sie keine Angst. Marisca war mutig, sie jagte die Hühner, fauchte den Hund von Onkel João Pedro an, sooft der zu Besuch kam, turnte auf dem Gatter, und sie fing gar schon wilde Erdschweinchen auf dem Feld. Eines Tages hatte Marisca vor dem Haus eine Schlange getötet, eine kleine Giftnatter, und am Abend hatte Jucundina ihr einen Napf Milch vorgesetzt. Marisca war mutig, in ihrem Beisein hatte Noca keine Angst, machte es ihr nichts aus, allein zu bleiben. Häßlich von den anderen, daß sie zum Fest gingen und Noca und ihre beiden Brüder sich selbst überließen, wo es doch den Werwolf gab, der sich Kinder schnappte und weiß einer wohin fortschleppte. Noca schauderte es bei diesem Gedanken, sie preßte die Katze fester an sich. Marisca erwehrte sich des lästigen Drucks, streckte sich, machte sich los, sprang zu Boden. Mit einem langgezogenen »Miau« rief sie die Dämmerschatten an, dann lauschte sie Zefas Verwünschungen, die aus der Küche herüberhallten. Sie machte einen Buckel, als erspähte sie einen Feind, aber Nocas kleine schmutzige Hand streichelte sie, und da duckte sie sich schmiegend, strich unter der Hand des Mädchens hindurch und schnurrte leise und sanft. Am Ende sprang sie wieder auf Nocas Arm.

Der Abend kam, von Schatten getragen, plötzlich gewahrte Noca oben am Himmel die Umrisse des Werwolfs. Ihr rachitisch schmächtiger Körper erzitterte unter dem baumwollenen Kleid. Einzig Marisca gab ihr Trost und Mut, Freude und Zärtlichkeit.

Nie hatte sie eine Puppe besessen, noch nicht einmal eine von diesen Stoffhexen, die man auf dem Jahrmarkt kaufen kann. Nie hatte sie ein Spielzeug gehabt, nicht einmal ein aus Holz gebasteltes. Noch nie hatte sie Musik gehört oder ein Puppentheater erlebt, nichts besaß sie, nur Marisca. Die Katze war alles in einem, war die Puppe, die sie in der Hand von Arturs Tochter sah, war das Blechautomobil im Herrenhaus, das sie und Tonho so sehr begeisterte. Marisca vereinte in sich die ganze Welt, die

Gestalten jener Geschichten, die Jucundina manchmal erzählte, nichts besaß Noca außer ihrer Katze.

An diesem Abend würde sie mit ihren Brüdern allein bleiben, und Tonho behauptete, der Werwolf käme. Wäre Agostinho hier, Noca würde ihn fragen, ob das stimmte. Agostinho besaß eine Pistole, er könnte auf den Werwolf schießen, der auf einer Wolke daherkam, zornfauchend, und der die Kinder fraß. Die Katze sprang von Nocas Arm, hin zu einem Mistkäfer, der mit dem Abenddämmer hervorgekrochen war. Sie tatschte mit der Pfote danach, doch der wendige Käfer entzog sich ihr. Marisca miaute wütend. Der Mistkäfer hatte sich an der Wand, außer Reichweite der springenden Katze, niedergelassen. Noca schlich heran, deckte die Hand über den Käfer, riß ihn herunter auf die Erde, Marisca schoß herbei. Noca klatschte in die Hände — schmächtige schmutzige Hände, so schmuddelig wie ihre Schnute, aber welch süßes Lachen!

4

Schwer war das Leben, und armselig. Die Hälfte des Ertrags an Mehl, Mais und Bataten mußten sie an die Fazenda abliefern. Außerdem hatte der Pächter laut' Vertrag wöchentlich einen Tag unbezahlte Arbeit zu leisten. Aber mochten die Kinder auch sterben, mochten Krankheiten einen plagen, mochte das Geld immerzu fehlen, all das konnte Ataliba die gute Laune nicht verderben. Er war eine Frohnatur, er liebte Feste und Spaß, auch noch auf seine alten Tage. Selbst in den schwersten Jahren, wie damals, als die Dürre alles versengte und er bis über den Kopf verschuldet war, hatte er den Johannistag, das Namensfest seiner Frau Joana, gefeiert.

Kein Fest aber konnte sich mit diesem einen messen, mit der Hochzeit von Atalibas Tochter Teresa und Cosme, einem Knecht, der auf einem Auge blind war und deshalb Cosme Einauge hieß. In der Küche waren die Frauen am Werk, Joana und selbst Teresa hatten ihre Schuhe und das neue Kleid, das sie zur Trauung im Dorf angehabt hatten, abgestreift und waren bei der Zubereitung des Schweinefleischs, der Hühner, der Papaiasüßspeise. Mädchen und Frauen von nebenan gingen ihnen zur

Hand: Marta und Feliciana, Mundinha und Caçula, Dinah und Gertrudes. Es war ein Hin und Her in der Küche; und als es nach dem Regen wieder aufklarte und die Frauen merkten, daß es schon Abend wurde, gerieten sie in Aufregung und verdoppelten den Eifer.

Ataliba spaltete Holz für das Feuer. Die Frauen über der Arbeit schwatzten, ihre Stimmen drangen bis zu ihm heraus. Ataliba fühlte sich glücklich. Wenig scherte es ihn, daß er für dieses Fest alles Ersparte vom vergangenen Jahr aufgebraucht hatte und im Magazin in der Kreide stand. Vor der Arbeit hatte er keine Angst, und geziemend sollte die Hochzeit seiner Tochter gefeiert werden, noch langhin sollte man sie als das gelungenste Fest der Fazenda rühmen. Bastião würde aufspielen, und von den umliegenden Pflanzungen strömten alle herbei, Männer und Frauen, sie würden ihr Stück Schweinebraten essen, ihr Glas Cachaça auf das Wohl der Braut trinken. Ataliba pfiff sich eins, während er das Holz spaltete. Trotz der drastischen Vertragsklauseln für die Pächter konnte er jedes Jahr einiges gutmachen. Man aß, was der Acker hergab; Ataliba pflanzte seine Bohnen, seinen Maniok, seine Bataten. Würde der Laden der Fazenda, wo sie die Kleidung kauften, ihn nicht gar so arg schröpfen, könnte er sogar etwas Geld auf die hohe Kante legen, für den Fall einer Krankheit oder einer Mißernte.

Mário Gomes kam des Wegs. Zu früh für das Fest, dachte Ataliba, die Frauen waren noch in der Küche beschäftigt. Doch dann merkte er, daß Mário noch nicht im Sonntagsstaat war. In der Hand trug er eine Flasche und ein Säckchen. Sicherlich kam er aus dem Magazin. Ataliba legte die Axt beiseite und wartete.

»Guten Abend . . .«

»Unser Herr Jesus Christus gebe Ihnen einen guten Abend . . .«

Mário Gomes setzte das Säckchen mit den Bohnen ab. Er reichte Ataliba die Flasche Schnaps: »Da, das ist für das Fest.«

Ataliba wehrte dankend ab: »Behalten Sie Ihren Schnaps, Seu Mário. Besten Dank, aber das ist mein Fest, ich richte es von meinem Gelde aus.«

»Ich wollte Sie nicht kränken.«

»Ich bin nicht gekränkt, im Gegenteil. Ich danke Ihnen. Aber ich bin nun mal etwas eigen, die Kosten für mein Fest will ich ganz aus meiner Tasche bestreiten ... Ich weiß, Sie meinen es gut, aber nehmen Sie Ihren Schnaps mit nach Hause, und dann kommen Sie, sich zu vergnügen ...«

Mário Gomes schwieg einen Augenblick, die Ablehnung beleidigte ihn keineswegs, er kannte Ataliba gut. Ehe er ging, um sich andere Sachen anzuziehen, bemerkte er noch: »Seu Artur wird auch kommen.«

»Er kommt? Zum Fest?« rief Ataliba überrascht.

»Ja doch. Soeben habe ich mit ihm gesprochen. Manchmal täuscht man sich in einem Menschen, hält ihn für schlecht. Diesen Herrn Artur konnte ich nie ausstehen, bis hierher stand er mir ...« Er faßte sich an den Hals. »Aber er ist gar kein so übler Mensch ... Gerade eben hat er sich mit mir im Laden unterhalten ... Gar kein übler Mensch ...«

Ataliba wollte es immer noch nicht glauben: »Er kommt wirklich?«

»Hat er gesagt ... Er ist nicht zu stolz ...«

Mário nahm sein Bohnensäckchen auf und fügte hinzu: »Jedermann kennt seine Grenzen ... Manch einen hält man für etwas, was er nicht ist ... Ein jeder erleidet sein trauriges Geschick, und ein anderer verkennt das ... Er ist kein übler Mensch, nein, das ist er nicht.«

Noch bevor Mário Gomes im Dämmer verschwand, rief Ataliba den Frauen in der Küche zu: »Wißt ihr das Neueste? Seu Artur kommt.«

Nun waren sie es, die staunten: »Zum Fest?«

»Jawohl.«

»Los, Leute, sputen wir uns, wir sind mit allem im Verzug«, rief Joana erschöpft.

Ataliba ging sich das halbe Dutzend Raketen anschauen, die er im Ort gekauft hatte, um sie an diesem Abend abzuschießen. Was bedeutete Geld im Vergleich zu der Genugtuung, die ein Mensch sich verschaffen kann?

5

Vielleicht waren Zefa und die alte Jucundina in dieser Dämmerstunde auf der Fazenda die einzigen, die in Gedanken nicht bei Atalibas nächtlichem Fest waren. Selbst Gregório, der gebeugt unter der Last des Maissacks daherkam, ging das Fest im Kopf herum; er hatte das Brautpaar, begleitet von Ataliba, Joana und einigen anderen, von der Trauung im Dorf zurückkehren sehen. Gregório hatte sich ins Gras geduckt, damit die Vorbeikommenden ihn nicht sahen. Cosme, der einäugige Bräutigam, trug die Schuhe in der Hand, auf der ebenen Straße hatte er sie selbstverständlich von den Füßen gezogen. Teresa hatte sich bei ihm eingehakt, die beiden lachten, glücklich, während die Leute hinter ihnen angeregt über das Fest sprachen.

»Auf Bastião ist Verlaß. Wenn er sagt, er kommt, dann kommt er ...«, sagte Ataliba zu seinem Nebenmann.

Gregório kannte Bastião, den trefflichsten Harmonikaspieler weit und breit. Der ging nicht zu jedem beliebigen Fest, er ließ sich bitten, suchte Ausflüchte: Krankheit, Arbeit, Unpäßlichkeit. Aber ein Fest ohne ihn war nur halb so fröhlich. Der Trupp zog vorüber, und Gregório wünschte, Bastião käme wirklich. Eigentlich war Bastião bei den Festen in Atalibas Haus stets zugegen und spielte die ganze Nacht. Zwar ging Gregório selber nicht hin, doch wünschte er, Bastião fände sich ein, er mochte Ataliba, und er wußte, daß der gesellige Alte litt, wenn der Harmonikaspieler fehlte. Feste gab es selten in dieser Gegend, aber wenn, dann war Tage vorher und Tage danach von nichts anderem die Rede.

Der Trupp zog weiter. Gregório setzte seinen Weg mit geschultertem Sack fort. Er wollte nicht gesehen werden und mied die Hauptstraße. In Gedanken war er beim Fest, an Ataliba dachte er, an Cosme und an Teresa. Ein hübsches Mulattenmädchen war sie. Er, Gregório, hatte einst ein Auge auf sie gehabt, als er sich hier niederließ. Damals war sie noch ein halbes Kind, kaum begannen ihre Brüste zu sprießen, doch ihr Lachen war beschwingt und gewinnend. Andere Dinge hatten Gregório damals näher gelegen, die Zeit zum Freien käme später. Er war ein kräftiger und resoluter Caboclo, mit ernster Miene und buschigen Brauen über den kleinen Augen. Heiraten wollte er erst, wenn er ein vom Notar verbrieftes eigenes Stück Land besaß, und um das zu erreichen, schuftete er Tag und Nacht. Militão, der mit ihm das Feld gemeinsam bestellte, trug das Erarbeitete zu den Huren im Ort, kaufte seiner Braut Geschenke oder gab es für Cachaça oder auf Festen aus. Gregório hingegen hielt das Geld zusammen, in den fünf Jahren hatte er schon einiges gespart. Ein Stück Land erwerben, das war sein einziger Wunsch.

Mit einem Ruck setzte Gregório den Sack Mais auf dem Platz vor der Hütte aus gestampftem Lehm ab. Das Federvieh, das sich im Guavenbaum niedergelassen hatte, regte sich. Gregório äugte zur Tür hinein, Militão war noch nicht zurück. Da wandte er sich der Straße zu und stieß einen Pfiff aus. Vom Maniokfeld kam die Antwort, Militãos Gestalt, mit geschulterter Sense, näherte sich. Gregório setzte sich auf den Sack und wartete. Auf seinem sonst verschlossenen Gesicht lag so etwas wie das Lächeln eines aus einem schweren Kampf heimkehrenden Siegers.

Militão, der hochgewachsene freundliche Mulatte, kam geruhsam daher. Er lehnte die Sense an die Hauswand, hockte sich neben Gregório, und schon sprach er vom Fest: »Es ist Bewegung im Gange wie noch nie.«

Gregório antwortete nicht, und da erst bemerkte Militão den prallen Sack voll Mais.

»Hast du's doch fertiggekriegt, hä?« fragte er verwundert.

Nun lächelte Gregório über das ganze Gesicht. Doch selbst so war das Lächeln verhalten, es verflüchtigte sich gleich wieder.

»Sagt ich's doch, acht Mil-réis billiger. Es hat die Mühe gelohnt.«

»Und niemand hat dich gesehen?«

»Ich hab mich durch die Büsche geschlichen und mir sogar die Füße an den Dornen zerstochen. Keiner Menschenseele bin ich begegnet... Und Leocádio wird brav den Mund halten, der ist ja nicht von gestern.«

Militão lachte mit weit aufgerissenem zahnlosem Mund. »Acht Mil-réis. – Das lohnt sich. Wehe, wenn Artur dahinterkommt...«

»Was dann?«

»Er ist imstande und jagt uns fort.«

Die Dämmerung senkte sich über die beiden Männer. Gregório erhob sich und trat näher an Militão heran. Hühner flatterten vom Guavenbaum herab und begannen an dem Maissack zu picken. Militão verscheuchte sie mit dem Fuß: »Fort, ihr Teufelsbrut!«

Gregórios Blick schweifte über das Maniokfeld, das sich jenseits des freien Platzes und um das Haus herum ausdehnte.

»Laß dir eins gesagt sein, Militão...« Nun war nicht der Schimmer eines Lächelns mehr auf seinem Gesicht; finster starrte er drein. »Nicht einmal die Polizei kriegt mich hier fort.«

Militão schaute auf, musterte den Freund, sah dessen entschlossene Miene. Er streckte die Arme in einer Weise aus, als taugte diese Entschlossenheit herzlich wenig angesichts des harten Tatbestands: »Artur braucht's nur zu wollen. Das Land gehört dem Doktor Aureliano.«

Gregórios Blick umfing das im Dämmer wuchernde Maniokfeld. »Aber der Maniok gehört uns beiden... Wer hat die Bäume gefällt und den Busch gerodet? Dies hier lag ganz brach.« Er verscheuchte die Hühner, die sich um den Sack Mais drängten. »Und im Juni wird hier ein Maisfeld stehen, daß einem das Herz im Leibe lacht.«

Er tätschelte den Sack, und ein Lächeln huschte über sein finsteres Gesicht. »Wenn Artur etwas ahnte, er würde sich vor Wut zerreißen.«

Sie waren verpflichtet, im Magazin der Fazenda zu kaufen. Militão aber, auf seiner Suche nach Vergnügungen, hatte entdeckt, daß sie den Saatmais aus Leocádios Hand weitaus billiger haben konnten. Er erzählte es Gregório, und der hatte sogleich entschieden: »Von ihm kaufe ich. Artur soll mir gestohlen bleiben.«

Gregório war ein Mann von wenig Worten, aber arbeitsam wie kaum ein zweiter. Vor fünf Jahren war er hierher gekommen, zuvor hatte er auf einer anderen Fazenda als Maultiertreiber gearbeitet. Weil er ohne Familie und ohne Anhang war, kursierten Gerüchte über seine Vergangenheit, von Toten war die Rede, von Messerstecherei und Mord, alles vage und haltlos. Auch Militão war damals auf Arbeitssuche gewesen, die Dürre hatte ihn in diese Gegend verschlagen, und den beiden war es gelungen, ein teilweise noch mit Bäumen bestandenes Dickicht zu pachten, einen Fetzen Land, das die meisten für unbrauchbar hielten. Es lag am äußersten Ende der Fazenda, und Oberst Inácio hatte seinerzeit dort nie gepflanzt. Gregório verstand sich auf Ackerbau, und als Artur ihm den Fleck zur Pacht anbot, wehrte er Militãos Protest ab und sagte sofort zu. Zunächst arbeiteten sie vier Tage in der Woche für die Fazenda, einen davon laut Vertrag unentgeltlich. Vom Verdienst der bezahlten drei Tage kauften sie Dörrfleisch, Bohnen und Mehl. Den Rest der Woche fielen sie mit Axt und Haue über Busch und Baum her. Sie verkauften das Holz, pflanzten Maniok, erneuerten Jahr für Jahr den Vertrag. Jetzt fand man nirgends auf der Fazenda ein besser gepflegtes Feld, und die Menschen ringsum nannten Gregório »ein richtiges Arbeitstier«.

Während Militão sich vergnügte und der Tochter des Tagelöhners Afonso den Hof machte, arbeitete Gregório unermüdlich auf dem Landstück. Er kannte nicht Sonntag und nicht Feiertag. Nie hatte er sich ein Paar Stiefel gekauft, neue Kleidung besaß er nicht, selten ging er ins Dorf, für Dirnen hatte er kein Geld. Wunderte sich jemand über diesen Arbeitseifer, dann erklärte Militão, Gregório beabsichtige, die Parzelle zu kaufen, diese oder aber irgendeine, so daß er endlich sagen könne, er stehe auf eigenem Grund.

»Der wird am Ende noch Besitzer einer Fazenda«, sagten die Leute.

Und wieder waren jene vagen Geschichten im Umlauf, bereichert um Details. Gregórios Ruhm wuchs, neue Heldentaten und Schurkenstreiche wurden hinzugedichtet. Sogar Artur hatte eine gewisse Achtung vor ihm, stritt selten mit ihm, faßte ihn mit Samthandschuhen an, und mehr als einmal hatte er ihm die Stelle eines Hilfsverwalters angeboten.

Als Militão erfahren hatte, was der Mais kosten sollte, wurden eingehend Vorzug und Nachteil eines Kaufs debattiert. Militão meinte, das Risiko lohne nicht, es sei zu gefährlich. Auf der Fazenda regierten ungeschriebene Gesetze, die von jedermann eisern respektiert wurden, und eines davon verpflichtete die Kolonen und Knechte, alles, was sie benötigten, an Ort und Stelle zu kaufen. Aber Gregório hatte sich schon entschieden und konnte Militão bald auch überzeugen. An jenem Nachmittag, nach dem Essen, war er auf Umwegen fort, hatte er den Weg am Herrenhaus vorbei gemieden, war er Begegnungen ausgewichen.

 »Ich sah die Leute von der Trauung kommen.«

»Cosme?«

»Ihn und Teresa und den alten Ataliba. Aber sie haben mich nicht gesehen.«

»Das wird ein Fest! Du solltest mitgehen.«

Aber Gregórios Gedanken waren schon woanders: »Im Juni wird hier ein Maisfeld stehen, das sich sehen lassen kann.«

Militão erhob sich, schleifte den Sack Mais ins Haus, Gregório begleitete ihn und sagte: »Wir müssen mit João Pedro reden. Daß er uns das Korn mahlt.«

João Pedro war es, der die Mühle eingerichtet hatte, und alle Kolonen bedienten sich ihrer, und mit Mehl oder Geld zahlten sie für das Mahlen und die Benutzung des Backhauses.

»Einverstanden, heute auf dem Fest sprech ich mit ihm«, sagte Militão. »Er wird dasein, mit seiner Frau.«

Drei Steine in einer Ecke bildeten die Feuerstelle. In einer rauchgeschwärzten Büchse war noch ein Rest Kaffee vom Morgen. Gregório steckte ein Stück Dörrfleisch auf einen Spieß und fachte das Feuer an. Von den Pflanzungen her wehte die Nacht zur halb geöffneten Tür herein. Die Flammen züngelten aus dem Reisig auf, erhellten die Gesichter der Männer. Draußen zirpten die ersten Grillen, und die Brise erfüllte die Hütte mit dem vertrauten Geruch nach Wald und Erde. Militão sagte: »Mach du nur für dich allein Maniokbrei. Ich verköstige mich auf dem Fest mit Schweinebraten... Du solltest mitkommen.«

Er zündete die Öllampe an, und das Licht warf einen rötlichen Schein an die Wände. »Ich werd mir die Füße waschen, ehe ich die Halbstiefel anziehe.«

Er ging ins Hinterzimmer. Gregórios Stimme begleitete ihn: »Sprich mit Filinha, damit sie beim Mahlen hilft.« Filinha, das war Militãos Verlobte.

»Sie und ihre Schwester. Wir können auch Marta ansprechen, Jerônimos Tochter.«

»Gertrudes kann auch mitmachen.«

Eine Weile herrschte Schweigen, dann kam Militão gestiefelt und gespornt aus dem Hinterzimmer. »Heute will ich eine ordentliche Sohle aufs Parkett legen«, sagte er.

Er postierte sich vor Gregório, der den Spieß mit dem Fleisch drehte. »Willst du nicht mitkommen?«

»Nein, ich komme nicht mit.«

»Du solltest aber. Der Schnaps wird fließen, und Bastião spielt auf.«

»Ich gehe nicht.«

Grillengezirp erfüllte den Platz draußen vor der Hütte. Das Fleisch brutzelte über der Glut. Militão murmelte etwas über das Fest, drängte den Freund weiter, ihn zu begleiten. Gregório ergriff einen Blecheimer und schritt zur Tür, um Wasser für den Maniokbrei zu holen. Auf der Schwelle hielt er inne und schaute hinüber zu den im Dunkel kaum noch erkennbaren Pflanzungen. Vor dem Guavenbaum, in dessen Ästen reglos die Hühner saßen, flog ein Glühwürmchen. Militão wollte noch irgend etwas zum Fest bemerken, das schön zu werden versprach, doch er schwieg, denn Gregórios Stimme rief zur Tür herein, erschallte im Innern der Hütte, furchterregend: »Uns von hier verjagen! ... Keinem soll es gelingen, mich von hier zu vertreiben, das schwör ich dir, Militão!«

Die Brise wehte, das Öllicht flackerte, Geruch nach Erde erfüllte das Haus.

»Und wenn ich mich ins Unglück stürze, dann einen anderen gleich mit.«

Mächtig schwoll das Grillengezirp in der noch jungen Nacht an, ferne Harmonikaklänge durchschnitten das Schweigen der Caatinga.

6

Die Klänge der Harmonika brachten die Grillen auf dem Abkürzungspfad zum Schweigen. Auch in der Gruppe — einige Männer und Frauen — verstummten das Reden und das Lachen. Bastião hatte angefangen zu spielen. Eine alte und aus der Mode gekommene Polka war's, an diesem Ende der Welt traf alles mit großer Verspätung ein, auch die Musikstücke. Würde Doktor Aureliano das Herrenhaus bewohnen, gäbe es da vielleicht ein Radio mit Batterie, doch der Besitzer der Fazenda lebte in Rio, dort hatte er studiert und ging er seinen Geschäften nach. Über Jahre hin hatte Oberst Inácio eines kaufen wollen, sich dann aber mit dem alten Grammophon aus zweiter Hand beschieden, das ihm ein syrischer Hausierer aufgeschwatzt hatte und dessen Feder sehr bald gebrochen war. Solange es funktionierte, hatte Sinhá Ângela, wenn sie nicht gerade die Negerinnen in der Küche kommandierte, es Stunde um Stunde immerzu aufgezogen und die drei einzigen Platten abgespielt, auf denen Caruso Opernarien sang. Es endete in einem Winkel als unnützes, schwerlich zu reparierendes Ding. »Rausgeschmissenes Geld«, sagte Oberst Inácio, wenn er die nun nur noch dekorative Maschine im Salon des Herrenhauses zwischen den schweren Möbeln stehen sah.

Das Grammophon ausgenommen, beschränkte sich die Musik auf die Harmonikas, Gitarren und Cavaquinhos der Kolonen und Knechte. In der Nähe der Fazenda wohnte der blinde »Dickicht«-Pedro, ein berühmter Gitarrenspieler und Stegreifsänger, der zu Zeiten des Obersten Inácio an Festtagen ins Herrenhaus kam und auf der Gitarre Liedchen spielte, zum Ergötzen des alten Fazendeiro. Aber das alles gehörte der Vergangenheit an. Als Inácio und Ângela starben, wurde »Dickicht«-Pedro aus dem Schuldenbuch des Magazins gestrichen — er, der nie eine Rechnung hatte bezahlen müssen, weil der Oberst sie als eine Art Almosen stets von sich aus beglichen hatte. Woche für Woche hatte Pedro sich Bohnen und Mehl, eine Flasche Schnaps und ein Stück Dörrfleisch kaufen dürfen. Es war im Buch vermerkt worden, doch wußten alle, daß er nicht in klingender Münze zahlte, sondern mit seinen Liedern, seinen Strophen zur Gitarre, seinen Reimen auf ão, seinen Tiraden, die Inácio zum Lachen brachten. Aureliano hatte keinerlei Anweisung gegeben, wie mit der Rechnung des »Dickicht«-Pedro zu verfahren sei, und Artur, der ins Herrenhaus umzog, hatte sie gleich am ersten Samstag gestrichen. Das war der anfängliche Grund für die Mißgunst von seiten der Knechte und Kolonen. Artur aber fühlte sich nicht schuldig, er hätte, so gab er zu bedenken, die im Laufe der Jahre zu einer horrenden Summe angewachsene Schuld ja auch eintreiben können. »Dickicht«-Pedro blieb der Fazenda fortan fern, und auf dem Wochenmarkt im Dorf, wo er mit seiner Gitarre und seinem Almosenteller auftrat, sang er etliche Strophen, in denen er aussprach, was er über Aureliano und Artur dachte:

»Almosen für einen armen Blinden,
der seine Speisung verlor . . .

Ein guter Mensch war Seu Inácio.
Keine bessere als Don' Ana ich weiß.
Auf der Gitarre suche ich Klänge
ihrer Güte zum Preis.

Deren Sohn blieb fremd
Güte und Erbarmen.
Doktor hat er studiert,
aber tut Böses den Armen.

Schlimmer als schlimm,
ein wahrer Teufelsbraten
ist Artur, dieser Vorarbeiter
in Missetaten.

Almosen für einen armen Blinden,
der seine Speisung verlor . . .«

Immerhin durfte Bastião sein Stückchen Land behalten, das Inácio ihm während eines Festes aus Freude darüber, auf der Fazenda einen so guten Harmonikaspieler zu haben, zum Geschenk gemacht hatte. Zur Bestandsaufnahme war Aureliano auf der Fazenda erschienen und hatte, ehe er wieder abreiste, seine Befehle erteilt. Artur hatte ihn gefragt: »Und Bastião?«

»Was ist mit Bastião?«

Der Neger stand gerade in der Nähe, er trat heran und erklärte: »Das kleine Grundstück, auf dem ich pflanze, hat mir der Herr Oberst geschenkt . . .« Und er begann die Geschichte zu erzählen.

Aureliano, vom Tod der Eltern innerlich bewegt, winkte ab: »Behalt dein Stückchen Land, Neger.«

Bastião hätte gern darum gebeten, die Sache schriftlich festzulegen. Solches war beim alten Inácio nicht nötig gewesen, auf dessen Wort war Verlaß, der machte nichts rückgängig. Bastião unterließ es aber. Er fürchtete, der Doktor könnte beleidigt sein, und verschob es auf ein andermal. Die Gelegenheit aber kam nicht wieder, Aureliano blieb in Rio, und Artur war es, der auf der Fazenda schaltete und waltete.

Die alte Polka reichte aus, um den Trupp, der Bastião entgegeneilte, in freudigen Schwung zu versetzen, auf das Fest einzustimmen. Der Neger, der den Cavaquinho trug, bewegte sich tänzelnd auf dem Weg dahin, gleichsam im Rhythmus der alten Polka. Der hellhäutige Mischling seinerseits trug eine Gitarre, doch sie spielten nicht, weder er noch der andere, denn es war Meister Bastião, der da auf seiner Harmonika spielte, ein geehrter Virtuose, mit dem sich weit und breit niemand messen konnte.

Bastiãos Kraushaar begann grau zu werden, schon huschten seine Finger nicht mehr so flink über die Tasten, aber er blieb eisern, spielte ganze Nächte durch, und je mehr er trank desto besser.

Die Klänge der Polka hallten durch das von Grillengezirp erfüllte Dickicht; am Himmel erstrahlten der Vollmond und die Sterne. Doch die Männer hatten kein Auge für die Schönheiten der Flur, ihre Gedanken waren beim Fest, sie schritten eilig aus. Am eiligsten hatte es der Neger mit dem Cavaquinho, ihn gelüstete es, Martas Körper beim Tanz fest an sich zu drücken und mit den Füßen den Lehmboden zu stampfen. Schneller als sonst einer tänzelte er dahin, was seinem wuchtigen Körper und seinen plumpen Füßen Leichtigkeit und Eleganz verlieh. Er wollte Marta zu Bastiãos Klängen im Kreise drehen, eine wundervolle Nacht sollte es werden, kein anderes Mulattenmädchen hatte der liebe Gott so schön gemacht. Und die Klänge, von der abendlichen Brise getragen, hallten durch die Stille, ließen sich in allen Hütten der Fazenda vernehmen als eine drängende frohgestimmte Einladung. Mit geübten Händen kündigte Bastião das Hochzeitsfest von Cosme und Teresa an.

Eine Nacht der Freude war's für die Fazenda. Ob Mann oder Frau, ob ledig, verheiratet oder verliebt, alle waren guter Dinge und im Begriff, ihren Weg zu Atalibas Haus einzuschlagen. Nur Gregório kaute stumm sein Dörrfleisch und schlang den kalt angerührten Maniokbrei hinunter, er dachte an das Maisfeld, das er anlegen wollte, während Militão mit knarrenden Halbstiefeln zum Fest aufbrach, das Haar mit Brillantine, zu fünfhundert Réis die Dose, gestriegelt. Auch Zefa, finster schwermütig vor ihren von einem Lämpchen erhellten Heiligen, war in Gedanken dem Hochzeitsfest fern. Nicht Feste suchten ihre Angstaugen, nicht glückhafte Ereignisse, sie vermochte keine guten Botschaften zu geben. Sie sah erschreckende Dinge, gewahrte unbeschreibliches Unglück.

Doch Zefa, Jucundina und Gregório waren die einzigen, die nicht ans Feiern dachten und keine Vorbereitung trafen. Die anderen waren schon aufgebrochen oder waren beim Umziehen oder gerade dabei, sich die Füße zu waschen, damit sie besser in die Halbstiefel schlüpften. Nur diese drei hatten kein Ohr für die einladenden Harmonikaklänge, die vom Abkürzungspfad herüberhallten und der Nacht auf der Fazenda Fülle gaben. Sogar die Grillen waren verstummt, um den Klängen der Polka zu lauschen. Bastião war's, der aufspielte, und einen besseren Spieler, nein, den gab es weit und breit nicht!

7

Nein, weit und breit kein besserer Spieler in dieser Landschaft des nordöstlichen Sertão, auf all diesen sich Meile um Meile aneinanderreihenden Fazendas. Felícia, die sich im Zimmer nebenan ankleidete, bemerkte zu Artur, der sich wegen der Festvorbereitungen verspätet hatte und am Tisch auf das Abendessen wartete: »Keiner spielt so wie er.«

Der Neger Bastião – einer mehr, der ihn, Artur, nicht leiden konnte. Lange hatte Artur mit Mário Gomes gesprochen. Wie um sich Luft zu machen. Hatte er dem Neger Bastião etwas Böses getan? Kein Haar hatte er ihm gekrümmt, im Gegenteil, er hatte Doktor Aureliano eigens in der Angelegenheit von Bastiãos Grundstück angesprochen und die Sache glücklich lösen helfen. Aber der Harmonikaspieler war schwierig im Umgang, gewaltig stolz zeigte er sich, und nur weil er Besitzer einer Parzelle war – »Besitzer« lediglich dem Namen nach, überlegte Artur –, er wollte sein Mehl auf dem Dorfmarkt feilbieten, seinen Mais an andere Pflanzer abgeben, wollte anstatt im Magazin der Fazenda anderweitig seine Einkäufe machen. Mehr als einmal hatte Artur ihn zur Rede gestellt, aber war das nicht seine Pflicht?

Als Artur auf der Fazenda Arbeit angenommen hatte, als einfacher Knecht wie die anderen, war Bastião hier schon alteingesessen und sein Ruhm als Harmonikavirtuose in aller Munde. Bereits als junger Bursche hatte er vortrefflich gespielt und Oberst Inácio entzückt. Wenn der Alte Gäste hatte oder Aureliano in den Ferien die Freunde für ein paar Tage zum Landaufenthalt mitbrachte, dann kam Bastião, damals schon ein gesetzter Mann, aus dem Herrenhaus nicht mehr fort, vertrieb er mit seiner Musik an den Abenden die Langeweile. Mit großem Vergnügen tanzten die Mädchen und Jungen aus der Stadt zu seinen alten Melodien, schäkerten, amüsierten sich über die aus der Mode gekommenen Weisen. Die Mädchen waren zu Bastião sehr nett, sie gaben ihm Trinkgeld und Geschenke.

Auf einem Hochzeitsfest einst hatte der Oberst Bastião die Parzelle geschenkt, die dieser bebaute. Damals war Artur noch nicht auf der Fazenda, doch er kannte den Hergang in allen Einzelheiten, weil die Begebenheit, sooft vom Oberst die Rede war, immer wieder aufgetischt wurde. Zum Beweis seiner Güte erzählten sie jedesmal, was Bastião auf der Hochzeit von Julieta widerfahren war. Julieta war die Pflegetochter des Obersts. Dieser hatte die Bitte eines Untergebenen, der vor seinen Augen am Fieber gestorben war, erfüllt und sich dessen neun Jahre alten Kindes angenommen. Inácio brachte das verängstigte Menschenwesen in sein Haus. Aureliano besuchte damals schon die Internatsschule in der Hauptstadt des Bundesstaates, und Dona Ângela, ein Wunder an Mildtätigkeit, schloß die Waise ins Herz, sie stellte sie nicht als Magd an, sondern nahm sie in ihre Familie auf. Für Inácio war sie die ersehnte Tochter, die ihm verwehrt geblieben war. Er und Ângela waren in einem Alter, daß sie hätten Großeltern sein können, und die Kleine brachte mit ihrem Lachen und ihren Schelmereien Leben ins Haus. Aureliano fand sich nur in den Ferien ein, und später, als Student in Rio, besuchte er die Fazenda noch seltener, schrieb er den Eltern gelegentlich einen Brief. Alle zwei Jahre erschien er in Person, doch nur für magere zwei Wochen. Immer hatte er es eilig zurückzukehren, er kam mit Vorwänden, der wahre Grund aber waren in der Regel ein Paar verführerische Augen und zwei stramme Beine. So verschönte Julieta die alten Tage der Fazendeiros mit ihrer Jugendfrische und ihrem wärmeverstrahlenden Liebreiz. Als sie zur jungen Frau heranwuchs, war Inácio darauf bedacht, sie gut zu verheiraten. Er fürchtete, sie könnte nach seinem Tode wieder in den Stand einer Knechtstochter herabsinken. Er duldete nicht, daß irgendein Kolone oder Viehtreiber sie lüstern begaffte. Wer es dennoch tat, konnte sicher sein, daß er von der Fazenda verjagt wurde. Und der Oberst selber erwählte ihr den Bräutigam. Enoch besaß einen gutgehenden Laden in der Stadt; wegen eines Brustleidens hatte er sich einen Monat lang als Gast auf der Fazenda aufgehalten. Inácio kannte Enochs Vater schon, als der noch ein junger Mann war, und wußte ihm bei seinem beruflichen Start aus gewissen Schwierigkeiten zu helfen. »Eine passable Partie für Julieta«, hatte er zu Ângela gesagt, während sich der junge Mann dank Milch und frischer Sertãoluft gut erholte.

Zur Hochzeit versammelten sich die Gutsbesitzer der Umgebung sowie Leute aus der Stadt und Geschäftsfreunde Enochs. Auch ein Abgeordneter fand sich ein, ein Politiker, der mit den Inácio verpflichteten Stimmen gewählt worden war. Julietas reiche Mitgift war Tagesgespräch. Und das Brautkleid, Aurelianos Geschenk, kam aus Rio und war traumhaft schön. Bastião erinnerte sich gern, und dann erzählte er: »Wie eine Puppe sah sie aus . . .«

Bis zum Morgengrauen hatte Bastião gespielt, und weil es für Oberst Inácio, der mit dem Abgeordneten Champagner trank, ein so schönes und unvergeßliches Fest war, hatte er dem Neger auf Ehrenwort die Parzelle übereignet, die der bearbeitete. Bastião bestellte das Feld schon seit etwa vier Jahren, zuvor war er Knecht auf der Fazenda gewesen. Seine Mutter war einst Sklavin von Inácios Vater gewesen, er selber war in der Gesindehütte geboren und aufgewachsen. Den Oberst hatte er schon gekannt, als der noch ein junger Mann war, ein schmucker Bursche, der die Mulattinnen im Busch umlegte und verheiratete Frauen in der Stadt verführte, und mochte er auch nicht zu Inácios Hochzeit aufgespielt haben (damals war er noch ein Kind und lernte gerade erst die Geheimnisse des Harmonikaspiels kennen), zu Aurelianos Taufe hatte er bereits gespielt, ein Fest, das Aufsehen erregt hatte, zumal ein Priester aus der Stadt anreiste und an der Abendtafel Politiker, Doktoren und Obersten speisten.

Und von da an, ob Feierlichkeit im Herrenhaus oder Armeleutefest auf der Fazenda oder Gütern der Umgebung, Bastião durfte nirgends fehlen. Verschickte Seu Inácio die Einladung, dann mit dem Zusatz: »Bastião wird spielen.«

Beim Ausklang von Julietas Hochzeitsfest, gegen Morgen, hatte der Oberst — vielleicht etwas benebelt vom Champagner, glücklich über die Verheiratung des Mädchens und traurig, weil sie nun fortzog, aber auch geschmeichelt von der Anwesenheit des Abgeordneten — Bastião während einer Spielpause zu sich gerufen, und hatte erklärt: »Neger, meine Tage sind gezählt . . .«

»Bewahre! . . . Möge Gott Sie noch lange erhalten, Patrono . . .«

». . . meine Tage sind gezählt, und ehe ich vor Gott trete, um Rechenschaft abzulegen, will ich dir ein Geschenk machen . . .«

»Zu Diensten, bester Oberst Inácio . . .«

»Die Parzelle, die du bebaust, sie soll dir gehören. Ich sage das nicht nur so. In den nächsten Tagen bring ich's zu Papier.«

Doch es unterblieb, dazu kam der Oberst nicht mehr, er starb kurz nach der Hochzeit. Auch hatte Bastião es nicht für nötig erachtet, ihn daran zu erinnern. Ihm langte Inácios Erklärung. Wenn der sagte, das Land gehöre ihm, so gab es da keinen Zweifel, das Wort des Obersten galt. Erst bei der Bestandsaufnahme erwog er, Aureliano um die schriftliche Festlegung zu bitten. Doch schien ihm das eine Beleidigung, und er ließ es bleiben. Er zahlte weder Pacht noch lieferte er die Hälfte seiner Erträge an die Fazenda ab. Artur verlangte lediglich, daß er seine Produkte der Fazenda verkaufte und seinerseits im Laden kaufte. Daher die Streitigkeiten, der Unmut Bastiãos, das freche Gemaule des Negers, besonders wenn er etwas über den Durst getrunken hatte.

»Negerbestie«, sagte Artur.

O ja, er hatte einen gewissen Stolz, der schwarze Harmonikaspieler Bastião. Dies jedoch, weil er Besitzer einer Parzelle Landes war. Und nur darum ließ er sich bitten, wenn man ihn einlud, bei einem Fest aufzuspielen. Er besaß sein Land, er war eine wichtige Person. Er zahlte keine Pacht, und entgegen allen Verträgen mit den Kolonen leistete er auch den einen Tag unentgeltlicher Arbeit für die Fazenda nicht ab. Nicht etwa weil er weit und breit der beste Harmonikaspieler war, behandelte er die anderen ein bißchen von oben herab. Meisterlich spielen zu können war eine Gabe der Natur, er selber wunderte sich, daß er so flinke Finger und ein so feines Gehör hatte. Zu einem Fest aufspielen, das war für ihn wie essen und trinken, dafür nahm er keinerlei Lohn, denn er, der Neger Bastião, besaß sein Landstück, das ihn ernährte. Eine Pflanzung, auf der er mit Frau und Söhnen von Sonnenaufgang an arbeitete, bis zum Dunkelwerden, bis die Grillen und Glühwürmchen kamen. Der Abend freilich, der gehörte der Harmonika, der Musik, den vergessenen alten Polkas, zur Freude aller auf der Fazenda, denn zehn Meilen im Umkreis gab es keinen trefflicheren Harmonikaspieler, keinen!

8

»Ihr Unglücklichen! ... Ihr Unglücklichen ...«, rief Zefa voll Haß und spähte mit hervorquellenden Augen um sich. Riesige Augen waren es, und während sich die Schatten schwer auf die Lehmhütte legten, veränderte sich ihr Ausdruck in einer Weise, als bestimmte und leitete der Wechsel der Dämmerung ihre Gefühle. »Ihr Unglücklichen! ...«, wiederholte sie, nun aber voll Mitleid, denn ihr Gemütszustand änderte sich sprunghaft und unverhofft, von unbändiger Freude ging er in panische Angst über, in Entsetzen, in Begehrlichkeit, in Haß. Es war der Augenblick der grausamen, schrecklichen Enthüllung – ihre einzige Wirklichkeit –, und diese hatte sie den ungläubigen Menschen mitzuteilen, hatte sie der weiten Welt des Sertão zu verkünden, denn andere Welten kannte Zefa nicht.

Ungefähres wußte sie von der Stadt, der fernen und lasterhaften, unrettbar verdammten. Zwecklos, bis in die Stadt hin diese Worte zu künden, die sie im Innern trug und zur Abendstunde den sie umgebenden Menschen mitzuteilen versuchte, damit die Botschaft sich ausbreitete und die Menschen vorbereitet wären auf den erhabenen und unabwendbaren Augenblick.

Da, vor den Heiligenbildern, allein im Raum und nur von der Schwägerin beobachtet, sammelte Zefa sich abermals, um das ihr anvertraute Geheimnis zu offenbaren. Ihresgleichen gab es noch etliche mehr in diesem Sertão mit seinen riesigen Fazendas und seinem Hunger. Andere Männer und Frauen, verstreut in der Weite der Caatinga, litten auch unter dieser schrecklichen

Eingebung. Und wie Zefa mühten sie sich, ihre Mitmenschen zu überzeugen. Eines Tages würden alle sich überzeugen lassen, sie würden die Arbeitsgeräte aus der Hand legen, die Sensen und die Äxte, würden kniend und demutsvoll zum Himmel aufschauen.

Die Schatten streiften hin über die Bäume, die Wiese, das Haus, die weite Caatinga. Und in Zefas bangem Herzen brodelten die Gefühle. Fröhlich war sie, ihre Augen strahlten Sanftmut, ihre Lippen umspielte ein Lächeln wie die Lippen einer Braut an ihrem Hochzeitstag; die eine Hand preßte die andere, als wäre es die des Geliebten, jäh aber gebärdete sie sich entsetzlich, irre, Haß stach aus ihren Augen, ihr verkniffener Mund schien ausspucken oder fluchen zu wollen, sie fuchtelte mit den Armen, der Körper steif, in Abwehr. Dann würden es die zusammengepreßten Zähne sein, die vor Angst geweiteten Pupillen, der nach hinten geworfene Rumpf, die Hände in Abwehr eines unsichtbaren Mörders. Zuletzt fiele sie in den alten Zustand zurück, erschöpft wie von einer langen, langen Reise, mit liebevoll mildem Blick, mit zartem Händedruck, während sich unter dem Sertãohimmel die Schatten wandelten und die finstere Nacht herbeitrugen.

Muhend hielt die Kuh ihren Einzug in den Pferch. Sie verabschiedete sich von der Feldflur und der Freiheit da draußen. Für Zefa war es ein Signal. Diese Geräusche, die allabendlich fast unverändert wiederkehrten, bedeuteten für sie etwas, das den anderen verborgen blieb. Nicht Stimmen von Tier und Mensch — nicht das Muhen der Kuh und nicht Jerônimos Ruf — waren es, sondern göttliche Zeichen, Botschaften aus jener anderen Welt, mit der sie Verbindung hatte seit ihrer Erleuchtung.

Sie hob lauschend den Kopf, wartete, daß sich das Muhen wiederholte. Sie harrte bang, doch nichts geschah. Da begann sie ihrem Innern mühsam entrissene Worte zu kauen, stammelte sie stückweise hervor, wie in Angst. Sie schaute sich um, ob ihr jemand zusah, denn die Angehörigen und sonst alle auf der Fazenda lachten über das, was sie sagte, sie nahmen es nicht ernst, und das verwirrte sie ungemein. Eigentlich aber machte es ihr wenig aus, ob sie fern oder zugegen waren, ob sie es hörten oder nicht. Ihre Worte würden am Ende unweigerlich doch respektiert werden, denn sie wiederholte Worte Gottes. Die Leute schauten ungläubig und abweisend, wenn sie sprach. Jerônimo und Jucundina, Marta und Agostinho, und alle die anderen. Eines Tages aber müßten sie es einsehen, doch da wäre es vielleicht schon zu spät, wäre keine Zeit mehr zu Reue und Rettung. Wie Sturmböen jagten diese wirren Gedanken durch Zefas Hirn, gaben dem Ausdruck ihrer Augen und ihres Gesichts Veränderung.

Einst war sie wie andere Mädchen auch, gab sie sich kaum schweigsamer und zurückgezogener, wenn sie in der Mußezeit über Klöppel und Spitzenkissen saß, wenn sie die Eimer voll Wasser schleppte, wenn sie dem Bruder auf dem Maniokfeld zur Hand ging. Die Veränderung begann nach jener großen Messe, als Oberst Inácio damals einen Kaplan kommen ließ, damit er Gottesdienst abhielt, traute und taufte und allen Bewohnern der Fazenda predigte. Zefa verfolgte die Kulthandlungen mit wachen Augen, nahm jedes Wort auf, viele verstand sie nicht, doch eines begriff sie: In Sünde lebten die Menschen, und Gottes Strafe würde sie bald treffen. Nicht lange danach geschah der Mord an Claudionor; auf einer Fazenda, zwanzig Meilen entfernt, wurde er bei einem Streit um Landbesitz niedergestochen. Als Zefa es erfuhr, stieß sie einen Schrei aus, ihr Körper erbebte unter dem ersten jener Anfälle, die ihre Angehörigen anfangs so sehr beeindruckten.

Von da an war sie »übergeschnappt«, wie die Leute auf der Fazenda es nun mal nannten. Sie schlich umher, half kaum noch bei den Besorgungen im Haus und auf dem Feld, und wenn es Abend wurde, ging in ihr die Verwandlung vor, hatte sie ihre Heimsuchungen und bösen Ahnungen. An manchen Sonntagen fanden sich die Nachbarn zu einem Gläschen ein und um sich etwas zu erzählen, sie hockten in der Küche, lauschten einer Gitarre oder Harmonika, sprachen über Verwandte, die nach São Paulo ausgewandert waren und von denen man vage, aber vielleicht hoffnungsvolle Nachricht hatte. »Es heißt, Maneca Fuló ist steinreich geworden, Gevatter.« »Und in ganz kurzer Zeit, wie es heißt.« »Das ist wahrlich Land, Gevatter, für einen Mann, der Hand anzulegen versteht . . .« Zefa hörte zu, mit wechselnder Aufmerksamkeit, sie behielt nur Gesprächsfetzen, und manchmal wiederholte sie diese, doch in ihrem wirren Reden gewannen sie einen anderen Sinn, klangen sie nun nicht mehr bestätigend, sondern fast sarkastisch. Und wenn es so weit war, daß die verstreut auf dem mageren Rasen weidenden Tiere hereingeholt wurden, dann bemächtigte sich der Nachbarn eine unerklärliche Ehrfurcht. Zefa, dieses kranke Mädchen, das da vor ihnen hockte, den Worten lauschte, Gesprächsfetzen wiederholte und irr über die Dinge lachte, sie schien jäh verwandelt. Zu besagter Stunde erhob sie sich, schritt aufrecht und entschieden hin zu den Bildern der Heiligen (es hingen da der heilige Hieronymus, der Herr von Bonfim, und gemeinsam auf einem Bild der heilige Cosme und der heilige Damian). Da ergriff alle Anwesenden die Angst, manch einer wollte aufbrechen, die Gitarre verstummte, und die Gespräche erstarben, selbst wenn von den reichen Verwandten in São Paulo die Rede war. Angespannt verfolgten sie jeden Blick, jede Geste, jedes Wort, jede erschreckende Prophezeiung des Mädchens, das in ihren Augen plötzlich ein unenträtselbares übersinnliches Geheimnis war. Später lachten etliche und hatten sogar Spaß daran, Zefa zu nekken oder sie gar in Wut zu versetzen. Aber wenn das den ganzen Tag anhaltende Gemurmel abends in Schreie überging, dann sprach aus den Gesichtern der Besucher Ehrfurcht und Angst. Und jene, die sie zum erstenmal erlebten, konnten dieses Antlitz, das unvermittelt so viele Gefühlsregungen spiegelte, über Tage hin nicht vergessen. Noch im Traum hörten sie diesen mal gütig lächelnden, mal voll Haß sich verzerrenden Mund sich ereifern wider alle Männer und Frauen und sogar die Kinder, wider das Hausgeflügel, die Vögel des Himmels, die Tiere der Erde, wider ausnahmslos alle Lebewesen.

»Ihr Unglücklichen! ... Ihr Unglücklichen«, wiederholte Zefa, und ihre Stimme war voll Mitleid und Zartgefühl. Sie starrte irgendeinen da vor sich an, Entsetzen in den Augen, ihr Körper bebte, sie schrie auf vor Angst. Und dann brach der Haß hervor, es waren dieselben Worte, doch nun klangen sie wie eine Verwünschung: »Ihr Unglücklichen! ... Ihr Unglücklichen ...«

Sie wußten im voraus, was Zefa prophezeien würde, ihre Weissagung war, tagtäglich und seit vielen Jahren, immer die eine, doch da sie abends jedesmal an Heftigkeit zunahm, beeindruckte sie mit jeder Wiederholung mehr. Wenn der Anfall vorüber war und Zefa sich nach ihren wirren Gebeten besänftigt zurückzog, sprachen die Männer dem Schnaps noch eifriger zu und nahmen, noch etwas erregt, das Gespräch wieder auf. Und zweifellos gab es da auch welche, die trotz Gelächter und aller Neckerei fest überzeugt waren, daß aus Zefas Mund die Stimme Gottes sprach. Noch weitere Männer und Frauen in dem von Hunger geplagten Sertão prophezeiten ähnliches, und manche gar, mit Pilgerstab bewehrt, trugen diese Botschaften von Ort zu Ort. Und wenn ein Durchreisender den Kolonen auf der Fazenda erzählte, ein Beato, ein »Heiliger«, in der Caatinga predige das baldige Ende der Welt, dann bekreuzigten sie sich und versicherten, in ihrer Mitte lebe ein vom Geist besessenes Mädchen, das Abend für Abend das gleiche verkünde und die Menschen auffordere, sich für dieses nahe Ereignis zu rüsten.

So wurde Zefas Name auch jenseits der Grenzen dieser Fazenda bekannt, einer jener riesigen Plantagen im Sertão, die groß wie ein Bundesstaat sind und von der übrigen Welt wie durch eine Ringmauer getrennt sind. Manch einer der Männer, die hier arbeiteten, war noch nie über die Gemarkung hinausgelangt. Zefas Name hingegen hatte die Gatter und Einfriedungen überwunden, und auf den Nachbargütern und auf Wegen und Straßen waren ihre Prophezeiungen Gespräch. Als Doktor Aureliano, der Besitzer dieser Ländereien, anläßlich einer Wahl im Bundesstaat von Rio aus hier zu Besuch weilte, begehrte er Zefa zu sehen und einer ihrer *Vorführungen* beizuwohnen. Zefa aber weigerte sich entschieden, ins Herrenhaus zu kommen, darum erschien er am Abend selber, in Begleitung eines Freundes, der einen Zwischenaufenthalt auf der Fazenda eingelegt hatte. Er hörte sich die gräßlichen Schreie und irren Worte an, dann sprach er von Hysterie und erging sich in fachwissenschaftlichen Termini. Der andere lachte und meinte: »Von einem Arzt, bester Aureliano, hast du nur den Titel. Wozu der Sums? Das Weib ist schlicht verrückt.«

Auch Doktor Aureliano lachte und erwiderte, er erinnere sich ja wohl noch an die Vorlesungen. Jerônimo gab er zehn Mil-réis und kehrte ins Herrenhaus zurück. Nur kurz blieb er auf der Fazenda, sein Leben spielte sich in Rio ab, diese geerbten Ländereien waren ohne Belang, verglichen mit den Geldinteressen, die ihn an die Hauptstadt banden.

Und dennoch bewahrte ausgerechnet Zefa mit ihrem Unsinnsgerede die Fazenda vor Plünderung, als Lucas Arvoredo mit seiner Bande diese eines Tages überfiel. Schon wollten die Cangaceiros aus den Hütten der Kolonen und Knechte alles nur mögliche mitgehen lassen und auch das Herrenhaus gründlich ausräumen, da hob Zefa an und verkündete das Ende der Welt. Für sie war der Tag da. Beim Anblick dieser bewaffneten Jagunços, die in die Luft schossen und ihren geregelten Tagesablauf so gründlich durcheinanderbrachten, schien ihr endlich die Stunde gekommen, da die Sünder ihre Schuld bezahlen müßten. Sie stürzte zur Tür hinaus, vor den Augen der erschrockenen alten Jucundina, und grüßte die Banditen als Gesandte Gottes. Lucas Arvoredo sah sie und rief: »Hei, was ist das für ein Gespenst?« Doch dann verstummte er und gebot auch seinen Männern Schweigen, denn Zefa, mit ihrem allabendlichen Sermon, begann das Ende der Welt zu verkünden. Lucas Arvoredo starrte das Mädchen an, das eher einem wilden Tier glich: die Haare seit Jahren ungekämmt und voller Läuse, an den Fingern riesige Krallen, ihr Mund prophetisch. Da sank der Bandit auf die Knie, er bekreuzigte sich, verneigte sich tief, und seine Männer taten es ihm wortlos nach. Bico Doce, der das Repetiergewehr schon auf Zefa angelegt hatte, senkte den Lauf und kniete ebenfalls nieder. Zefa schrie ihre Botschaft heraus, wartete auf irgendein Ereignis, das nicht eintrat, wandte sich wieder der Hütte zu. Lucas befahl, das zusammengeraffte Geld zurückzugeben, von dieser Fazenda wollte er nichts mitgehen lassen. Einzig einen Kaffee mit Maniok im Hause des alten Jerônimo nahm er an. Und fort zog er.

Etwas aber nahm er mit: José entwischte in dieser Nacht und schloß sich der Räuberbande an.

Zefa zeigte sich für eine Weile noch verstörter, gerade so als wäre sie beraubt worden, es dauerte etliche Tage, bis sie zu ihrem geregelten Leben zurückfand, bis sie die Zeichen der Abenddämmerung wieder erkannte und bei Jerônimos Treiberruf ihre Prophezeiungen ausstieß.

»Die Menschen haben mehr als genug gesündigt«, rief sie, »das Ende der Welt ist nah!« Sie streckte die Arme aus und schrie: »Nun kommt Gottes Strafe, und niemand kann ihr entrinnen!«

Und wie ein Refrain klangen die Worte: »Ihr Unglücklichen! ... Ihr Unglücklichen! ...«

9

Felícia trat fertig angezogen aus dem Zimmer, im besten Kleid, mit Wangenrot geschminkt, die Haare glatt frisiert. Artur musterte sie liebevoll. Die Kinder lagen schon im Bett, nach dem Abendessen würden er und seine Frau zum Fest gehen. Ihm fiel der Negerjunge ein, den er ins Dorf zur Poststelle geschickt hatte. Der Telegrafenangestellte, der seinen Posten der Vermittlung Aurelianos verdankte, hatte ihm durch einen Boten ein Telegramm vom Doktor zugestellt, in dem dieser einen Brief zu einer wichtigen Angelegenheit ankündigte. Und am Mittwoch nun, dem Posttag, hatte Artur den Jungen ins Dorf geschickt. Was mochte das für eine wichtige Nachricht sein? Aureliano war kein Mensch, der gern Briefe schrieb. Artur sandte ihm Berichte, in seiner krakeligen Schrift, und gab Meldung von den Dingen auf der Fazenda. Der andere antwortete mit kurzen Billets, mit knapp gehaltenen Anweisungen. Die Fazenda kümmerte ihn wenig, sein Glück machte er in anderen Geschäften in Rio, er hatte das Geld, das Oberst Inácio auf den Banken gehäuft und ihm sodann vererbt hatte, gut genutzt. Für den Alten war Landerwerb die einzige Kapitalsanlage gewesen, und als ihm seine Fazenda groß genug schien, hatte er die Gewinne auf der Bank arbeiten lassen. Sobald Aureliano sich in ihrem Besitz sah, setzte er sie für sich ein. Und seine Geschäfte in Rio waren ihm jetzt viel wichtiger als die ferne, fast vergessene Fazenda im Sertão.

Das Abendessen, das Felícia auftrug, war wenig besser als das der Knechte. Maniok, Bohnen, Dörrfleisch und Bataten. Sie setzte sich zum Ehemann, hatte aber kaum Hunger, in Gedanken war sie schon beim Fest, und deshalb verstand sie zunächst nicht, als Artur fragte: »Was er bloß will?«

»Ataliba? Der ist ein fröhlicher Mensch, der liebt Feste über alles.«

»Ich meine Doktor Aureliano. Der besagte Brief ist sehr wichtig.«

Felícia, die Gabel in der Hand, erwog: »Kann sein, daß er uns mit einem Haufen Freunde überfallen will.« Sie stöhnte. »Das gibt Arbeit.«

 »Meinst du?«

Artur grübelte, aber Felícia drängte es, über das Fest zu reden.

»Wir sollten der Braut ein Geschenk mitnehmen«, sagte sie.

»Wem, Teresa?«

»Ja. Wir können doch nicht mit leeren Händen gehen.«

»Brauchst nur mal ins Magazin zu schauen.«

»Was könnte es denn sein?«

»Vielleicht ein Stück Kattun?«

»Nein, etwas Wertvolleres vielleicht.«

»Aber was? Wir haben nichts, was sich recht eignen könnte.«

»Vielleicht der Spiegel mit Kamm und Bürste.«

»O ja, das wäre was.«

Artur entsann sich des Necessaires. Der Oberst hatte es von einem Araber gekauft, als Geschenk für Dona Ângela, doch sie hatte es nicht mehr benutzen können. Seither lag es im Magazin und nahm sich seltsam aus zwischen Trockenfleisch, Kattun, Grobleinen, Schnaps und Bohnen.

»So findet es endlich auch seine Verwendung.«

»Sie wird ganz aus dem Häuschen sein.«

Der Einfall mit dem Necessaire begeisterte Artur. Mit diesem Geschenk für Teresa vollzog er gewissermaßen die Aussöhnung mit den Kolonen. Er wußte nicht warum, jedenfalls hatte ihn den ganzen Nachmittag und auch noch am Abend dieser eine Gedanke beschäftigt: Weshalb mochten ihn die Kolonen nicht? Er würde sich auf dem Fest einfinden, würde Teresa das Necessaire schenken, würde mit den Männern trinken und mit den Frauen tanzen. Dann wären die Beziehungen künftig vielleicht nicht mehr so gespannt, sie würden den Blick nicht mehr abwenden und hinter seinem Rücken nicht mehr über ihn herziehen. Überhaupt, was hatte er verbrochen? Er tat seine Pflicht als Verwalter, er hielt die Leute zur Arbeit an und operierte in Gelddingen, wenn er mit ihnen über ihre Schulden und ihre Gutschriften diskutierte, zugunsten der Fazenda. Doch er wollte ihnen nichts Böses, wieviel lieber hätte er mit ihnen in gutem Einvernehmen gelebt, hätte er Freunde unter den Kolonen und Knechten haben mögen, hätte er abends zur Verkaufsstunde im Magazin ein Schwätzchen gehalten und Besuche gemacht.

Nun würde alles besser gehen. Das spürte er seit dem Gespräch mit Mário. Sein Erscheinen auf dem Fest, das Geschenk, von Felícia überreicht, setzten einen neuen Anfang in seinen Beziehungen zu den Kolonen und Knechten. Dieser Gedanke erfüllte ihn mit Freude. Als antwortete er Felícia auf ihre erste Frage, bemerkte er: »Ein guter Kerl, dieser Ataliba. Feiert gern, ist aber ein tüchtiger Arbeiter.«

Mehr über den Blick ihres Mannes denn über seine Worte erschrocken, warf Felícia ein: »Du meinst, er ist verschwenderisch?«

»Seine Sache ... Jeder wie es ihm beliebt ... Was er an Geld verdient, gehört ihm, und was er damit macht, geht uns nichts an.«

»Ich sag ja nichts ... Du warst es, der ...«

Draußen rief jemand: »Seu Artur! Seu Artur!«

»Wer da?«

»Militão.«

»Was gibt's?«

»Gehen Sie nicht zum Fest?«

»O doch, wir gehen.«

»Dann sputen Sie sich, man erwartet Sie, die Raketen sollen gezündet werden, sobald Sie eintreffen ...«

Artur blickte Felícia strahlend an. »Hörst du?«

»Ich komme gleich, Militão«, rief er hinaus. »Nur noch einen Bissen essen.«

»Also bis dann.«

Militão tauchte ins Dunkel, und Artur lächelte. Man erwartete ihn, Raketen wollten sie abschießen, sobald er kam. Schon möglich, daß er sie manchmal grob behandelt, sie angebrüllt hatte. Möglich, daß er sie bei der Abrechnung übervorteilt, den Kolonen die Ernte unter dem Preis abgenommen hatte und daß er die Waren aus dem Magazin zu teuer verkauft hatte. Aber war er nicht eben deshalb der Verwalter? Dies sollte sein Verhältnis zu den Leuten eigentlich nicht stören. Fortan wollte er sie besser behandeln, wollte er jedem gefällig sein, wollte er Freundschaften pflegen.

Sie erhoben sich vom Tisch.

Felícia wandte sich schon der Küche zu.

»Wasch das Geschirr ab, wenn wir zurückkommen«, sagte Artur. Er hatte es eilig, die Raketen würden in die Höhe zischen, sobald er bei Ataliba eintraf. Ein guter Kerl, dieser Ataliba.

»Ich will schnell noch das Geschenk holen.«

Der Negerjunge kam, und noch bevor er einen guten Abend wünschte, entschuldigte er sich: »Die Post hatte Verspätung, der Laster hatte unterwegs eine Panne.«

Artur nahm den fülligen Brief an sich.

»Felícia, bring die Lampe.«

Das rötliche Licht erhellte den mit Maschine aufgesetzten Brief. Die letzte Seite schloß mit der Unterschrift des Doktor Aureliano, wie sich Artur sogleich vergewisserte. Er begann zu lesen, die Worte leise vor sich hinsagend. Seine Augen öffneten sich weit, seine Miene verfinsterte sich. »Was ist geschehen, Artur?« rief Felícia alarmiert. »Ein Unglück? Ist dem Doktor etwas zugestoßen?«

Artur sagte bedeutungsschwer: »Er hat die Fazenda verkauft.«

»Verkauft?«

»Und er sagt, daß er allen Kolonen aufkündigt. Aller Leute Rechnungen sind zu begleichen, auch die von Bastião, und sie haben die Fazenda zu verlassen, noch ehe der neue Besitzer eintrifft.«

Der gleiche, traurig düstere Gedanke durchzuckte auch Felícia: »Mein Gott, was soll jetzt werden?«

Artur steckte den Brief ein. »Da hat's keinen Sinn mehr, das Geschenk mitzunehmen.«

Draußen am Herrenhaus vorbei gingen Jerônimo, seine Frau und Zefa. Artur hörte die Verrückte ihre Prophezeiungen brabbeln. Felícia seufzte: »Sie gehen zum Fest ... Ich bleibe lieber zu Haus.«

»Besser so. Ich werde allein gehen und die Nachricht überbringen.«

Zefas Stimme schwang durch die Stille. Niemand verstand so recht, was sie meinte, Felícia aber spürte Beklemmung. Diese Worte waren Verwünschungen, und Zefas Verwünschungen hatten schreckliche Gewalt.

Artur erhob sich. »Gottes Wille geschehe.«

Zefas Stimme hallte auf der Straße: »Ihr Unglücklichen ... Ihr Unglücklichen ...!«

10

Die Harmonika wurde nun von Gitarre und Cavaquinho begleitet. Bastião, ein breites Lächeln auf dem schwarzen Gesicht, spielte im Sitzen, er glich einem König auf dem Thron. Hier waren sie also, auf Atalibas Fest, auf Teresas Hochzeit, alle Kolonen und Knechte der Fazenda. Dies war ein Festtag, ein seltenes Ereignis in ihrem traurig eintönigen Dasein, lange vorher schon im Gespräch, und sicherlich auch lange danach. Männer und Frauen, die bei Tag und bei Nacht schufteten, sich mit der Hacke plagten, die Erde umwühlten, säten und ernteten. Halbsklaven waren sie, denn der Fazenda hatten sie ihre Ernte zu verkaufen, und von ihr mußten sie die Waren kaufen. Doch an diesem Abend wurde an nichts dergleichen gedacht, an nichts, was traurig und unglücklich stimmte. Auch Jerônimo, der mit Jucundina und der verrückten Zefa am Ort eintraf, auch er dachte nicht an den Wahnsinn der Schwester und nicht an die Söhne, die irgendwohin in die Welt gegangen waren. Man war ganz beim Fest, wollte sich freuen, wollte tanzen, trinken, lachen, erzählen und den Klängen von Bastiãos Harmonika lauschen.

Ataliba rief Jerônimo zu: »Gevatter, fühl dich wie zu Haus.«

Zefa setzte sich auf die Bank, ihre irren Augen lächelten, beim Klang der Musik war ihr Antlitz fast sanftmütig.

»Gevatter, du bist doch grad am Herrenhaus vorbei, ist Artur vielleicht schon unterwegs?« erkundigte sich Ataliba.

»Es scheint, er kommt. Ich glaube, sie machten sich gerade fertig.«

In der großen Stube wurde getanzt. Die Füße, an Halbstiefel zwar nicht gewöhnt, bewegten sich im Rhythmus des Tanzes. Cosme tanzte mit Teresa, Militão mit seiner Verlobten, Marta tanzte, Agostinho tanzte, Neger, Weiße, Mulatten — alle tanzten. Ataliba schenkte Cachaça ein, es war, gottlob, gut vorgesorgt.

»Ein Gläschen, Gevatter . . .«

»Auf das Wohl der Braut.«

Joana ließ ihren Partner los, eilte in die Küche, um nach dem Essen zu sehen. Alles stand bereit, um Mitternacht würden die Leckerbissen serviert. Der beste Teller für Artur, der Verwalter war und dennoch zum Fest kam. Ob er ein Geschenk mitbrachte? Schon möglich. Vielleicht einige Meter Stoff oder ein Fläschchen Parfüm. Die Musik erfüllte den Raum, den Männern perlte der Schweiß übers Gesicht, die schwitzenden Frauen und die lächelnden Neger verströmten einen beißenden Geruch. Man rief sich zu, lachte, und hauptsächlich die Männer stampften im Takt zu den Klängen von Harmonika, Gitarre und Cavaquinho. Fern war alles, was traurig machte, in dieser Nacht wurde zünftig gefeiert.

Artur kam die Straße entlang, langsamen Schritts. Wie sollte er es den Kolonen sagen, wie ihnen die Neuigkeit überbringen? Er hatte die Waffe eingesteckt, für den Fall, daß etwas passierte. Vor allem schmerzte ihn das mit den Raketen. Verbissen kam er daher. Wie ihnen die Nachricht mitteilen?

Der Trubel nahm immer mehr zu. Und beim Putertanz ging es laut und lustig zu. Alle hatten sich paarweise aufgestellt, nur einem fehlte die Partnerin, statt der Dame hielt er einen Prügel. Wenn die Musik aussetzte, gab jeder seine Dame frei, der mit dem Prügel schnappte sich eine, und alles jagte nach einer Partnerin, keiner wollte mit dem Prügel vorliebnehmen. Und man lachte und trank, reichlich floß der Schnaps, der Geruch nach Neger wurde noch ätzender, die Stimmung wuchs. Ataliba strahlte. So ein Fest, ein so ausgelassenes Treiben hatte es in seinem Haus noch nicht gegeben. Fehlte nur noch Artur, dann würden die Raketen gezündet.

Einer mit besonders feinem Ohr meinte Schritte auf der Straße zu hören. »Da kommt Seu Artur.«

Ataliba eilte zur Tür hinaus, mit brennendem Licht, er hielt die Flamme an die Dochte, die Raketen zischten himmelwärts. In der Höhe barsten sie, alle kamen und sahen zu, die Musik war verstummt, aber die Freude dauerte fort.

Artur schaute zum Himmel auf, die Raketen schossen in die Höhe, ihm zu Ehren. Wie die Nachricht mitteilen, die er da brachte? »Nur herbei, Seu Artur«, rief Ataliba.

Artur blieb mitten auf der Straße stehen. Mein Gott, was tun? Die Raketen platzten, ein festlicher Schrei: »Es lebe Seu Artur!«

Mein Gott, was tun?

Erstes Buch DIE STRASSEN DES HUNGERS

DIE CAATINGA

1

Rauh und ungastlich ist die weite Caatinga. Meile um Meile spärliches Buschwerk – eine trockene wilde Landschaft, gleich einer Dornenwüste. Schlangen und Echsen schlängeln sich zwischen den Steinen, unter der gleißenden Mittagssonne. Riesige Echsen, wie aus Zeiten des Ursprungs der Welt, liegen mit starren ausdruckslosen Augen da, primitiven Skulpturen ähnlich. Hier leben die giftigsten Schlangen, die Klapperschlange, die Jararacuçu, die Jararaca, die Coral. Sie pfeifen, wenn sich die Zweige bewegen, wenn sich die Echsen im Sonnenglast regen. Mit dem Gewirr ihrer Dornen ist die Caatinga eine undurchdringliche Wüstenei, das unverwundbare Herz des Nordostens, die Dürre, der Stachel und das Gift, hier fehlt selbst der schmächtigste Pfad, es fehlen Bäume mit gutem Schatten und saftiger Frucht. Nur Umburanas ragen hier und dort aus dem gleichförmigen Gesträuch hervor, freundlich, einladend. Ansonsten sind es die Palmatorias, die Favelas, die Mandacarus, die Columbis, die Quixabas, die Croás, die Xiquexiques, die Coroas-de-padre, und zuweilen in dieser abweisenden Kargheit, als Vision vollkommener Schönheit, eine blühende Orchidee. Dornengestrüpp versperrt den Weg. Meile um Meile, hin über den ganzen Nordosten, breitet sich die Ödnis der Caatinga. Da ist kaum ein Durchkommen – keine Straße, kein Weg, kein Steg, nicht Speise und Trank, nicht Schatten und Bach. Dies ist die Caatinga des Nordostens.

Quer durch die Caatinga, in alle Richtungen, zogen unzählbare Trupps von Bauern. Menschen, die, vertrieben vom Großgrundbesitz und von der Dürre, arbeitslos geworden auf den Fazendas, verstoßen aus ihren Hütten, unterwegs waren in den Bundesstaat São Paulo, auf der Suche nach dem Dorado ihrer Sehnsüchte. Aus allen Gegenden des Nordostens kamen sie, auf einer Reise des Schreckens durchquerten sie die Caatinga, bahnten sie sich den Weg durch die Dornen, ungeachtet der verräterischen Schlangen, sie besiegten den Durst und den Hunger, die

Füße in Ledersandalen, die Hände zerschrammt, die Gesichter zerkratzt, die Herzen in Verzweiflung. Der unaufhörliche Zug Tausender und Tausender. Ein Zug, der vor langer Zeit begonnen; wer weiß, wann er sein Ende haben würde, denn Jahr für Jahr schnürten ihres Lands beraubte Kolonen, die ausgebeuteten Knechte, Opfer der Dürre und der Herren Obersten, ihre Bündel, nahmen ihre Kinder bei der Hand, und mit letzten Kräften traten sie die Reise an. Und während die einen Richtung Juàzeiro oder Montes Claros zogen, fluteten ihnen die enttäuschten Rückkehrer von São Paulo her entgegen. Es war schwer zu erkennen, wenn nicht unmöglich, wessen Elend größer war, ob das der eben erst Aufgebrochenen oder das der Rückkehrer. Es grassierten Hunger und Krankheit, die Toten blieben am Wegrand liegen, düngten die Erde der Caatinga, und noch wilder sprossen die Mandacarus, mit noch gewaltigeren Dornen, um das Fleisch der fliehenden Sertanejos noch ärger zu zerschrammen. Vielköpfige Familien machten sich auf, und wenn sie Pirapora erreichten, hatten Krankheiten und Hunger die Hälfte von ihnen getötet. In den Städten rings um die Caatinga erzählte man sich haarsträubende Geschichten, so entsetzliche, absurd erscheinende Unglücksfälle, wie kein Roman sie zu erzählen wagen würde. Es war eine Reise, die nie zu Ende ging, da sie immer wiederholt wurde von Männern, die den Vorausgezogenen wie ein Becher Wasser dem anderen glichen. Es waren die gleichen Gesichter von undefinierbarer Farbe, die gleichen aus den Sandalen hervorlugenden riesigen Spreizzehen, Leute mit spärlichem Haar und hager drahtigem Körper, dabei die Frauen von unschönem, müdem Antlitz. Sie erfüllten die Caatinga mit ihren verzweiflungsvollen Leben, ihrem Schmerzstöhnen; ihre Schritte taten Pfade auf, die das Dornengestrüpp sogleich wieder schloß.

Hier in der Caatinga waren die Cangaceiros zu Hause – die Soldaten der Rache, die Herren des Sertão. Sie kannten nicht Frieden, nicht Ruhe, sie hatten weder festen Sitz noch Lager, nicht Heimstatt noch Fortbewegungsmittel. Die über alles geliebte Caatinga war ihnen Haus, Tisch und Bett. Hierher, ins Dornbuschwerk, zwischen die Stümpfe der Xiquexiques und Croás, wagten sich die sie verfolgenden Polizeisoldaten nicht vor. Die Cangaceiros lebten im Verein mit den Schlangen und

Echsen in der Caatinga, und mit ihren Repetiergewehren töteten sie zuweilen auch die unaufhörlich hin- und herziehenden Sertanejos.

Hier, im trockenen Herzen der Caatinga, tauchten die berühmtesten Beatos auf, mit ihrer turbulenten Gefolgsschar. Sie füllten den Sertão mit seltsamen Gebeten und Riten des Aberglaubens, und aus prophetischem Mund verkündeten sie das nahe Ende der Welt und aller Leiden der Landbewohner. In der Caatinga hatten Lucas da Feira, Antônio Silvino, Corisco und Lampião gehaust, nun lebte hier Lucas Arvoredo mit seinen Banditen. Aus der Caatinga waren einst Antônio Conselheiro und der Beato Lourenço gekommen, nun kam aus dem fernsten Winkel dieser Wüstenei mit den gleichen wahnhaft prophetischen Worten der Beato Estêvão.

Nur die Auswanderer blieben sich gleich, die Namen mochten wechseln, unverändert aber waren die Gesichter, der Hunger, der Fatalismus, der feste Wille zu marschieren. Sie zogen durch die Caatinga, ungeachtet der Steine, Dornen, Schlangen und Echsen, strebten vorwärts Richtung São Paulo, wo sie das Land der Verheißung und des dicken Geldes wähnten, und sie kehrten aus São Paulo zurück, wo es kein Land und kein Geld gab.

Da zogen sie hin, Hunderte, Tausende, eine Reise voller Schrecken. Monate dauerte es, die Caatinga zu durchqueren. Die Leichen blieben auf den neu getretenen Pfaden liegen, und selbst sie gaben der trostlosen Landschaft, wo im Glast gleichmütige Echsen dösten, kein neues Gesicht. Wasser gab es nur an jener Scheide, wo das Elend der Caatinga endete und das Elend des Flusses São Francisco anhob.

2

An einem taunassen Morgen befahl Jerônimo mit rauher, abgehackter Stimme: »Auf geht's, Leute . . .«

Er und sein Bruder João Pedro hatten sich mit ihren Familien für die Reise zusammengetan. Nur Militão war gekommen, um Lebewohl zu sagen. Da stand er, mit der Lampe in der Hand, deren rotes Licht in der morgendlichen Helle trüb wirkte.

»Möge unser Herr Jesus Christus euch und eure Familien begleiten ... Im übrigen, Bastião mit Familie ist gestern fort. Wie man sich erzählt, hat nicht Gregório geschossen, sondern er.«

»Weißt du Näheres über Gregórios Verbleib?«

»Nein. Er ist in den Busch getürmt. Soll ihn da einer fangen!«

»Ich hab dem Herrn von Bonfim zwei Kerzen versprochen, für den Fall, daß sie ihn nicht kriegen«, sagte Jucundina.

»Und du, Militão, du bleibst?« fragte Jerônimo.

»Ja, ich bleibe, als Tagelöhner. Das bißchen Geld, das ich für das Land gespart habe, heb ich mir für die Hochzeit auf.«

Militão war nach Vereinnahmung der Ländereien der einzige, der auf der Fazenda blieb. Gregório hatte auf Artur, den Verwalter, geschossen, ihn aber nicht tödlich verletzt. Die Kugel war in die linke Schulter eingedrungen. Artur war schon wieder auf den Beinen, und der Schuß hatte ihm alle Sentimentalität ausgetrieben, mit der er die Nachricht aufgenommen hatte. Als der neue Besitzer von Gregórios Anschlag erfuhr, pries er sich glücklich, daß er die Übergabe der Fazenda ohne Kolonen verlangt hatte. Er fand sich erst ein, als auch der letzte das Feld geräumt hatte und neue Tagelöhner die Bearbeitung der gesamten Fazenda übernommen hatten. Artur behielt er als Verwalter, und erst viele Jahre später duldete er wieder Kolonen und Pächter auf der Fazenda.

Gregório hatte sich nach dem Attentat aus dem Staub gemacht, manch einer meinte, er habe sich der Bande des Lucas Arvoredo angeschlossen. Der Anschlag fand bei Arturs Rückkehr von Atalibas Fest statt, nachdem er den Kolonen die Absichten Doktor Aurelianos bekanntgegeben hatte. Plötzlich war das Fest zu Ende gewesen, mit Ach und Weh und Gejammer. Bastião schwor, er werde Artur töten, João Pedro besänftigte: »Einen kommandierten Hund trifft keine Schuld.«

Sie hörten den Schuß, niemand konnte sagen, wie Gregório die Nachricht erfahren hatte, er, der seine Hütte nicht verlassen, nicht zum Fest gekommen, Artur nicht gesprochen hatte. Daß Gregório es gewesen war, schloß man daraus, daß er ein Repetiergewehr der Fazenda hatte mitgehen lassen. Er blieb verschwunden, zwei Tage später wurden alle ins Herrenhaus gerufen, zur Endabrechnung. Artur trug um die Schulter einen Verband, aus dem Dorf war ein Arzt gekommen, der die Kugel entfernt hatte und versichern konnte, daß die Sache nicht sonderlich ernst sei. Die Polizei folgte Gregórios Spuren, doch diese verloren sich in der Caatinga.

Jerônimo verkaufte den angepflanzten Maniok, den Mais und die Haustiere. Nur den Esel behielt er, der ihm auf der Reise sehr dienlich sein würde. Für die Hütte wollte Artur nichts zahlen. Auch keinem anderen der Kolonen. Als sie Einwendungen machten, sagte er nur: »Von mir aus packt sie euch auf den Buckel.«

Lediglich João Pedro gab er etwas Geld, für die Mühle. Dieser stand bei der Fazenda ebenfalls hoch in der Kreide, und wäre die Mühle nicht gewesen, er hätte mit seiner Familie dableiben und die Schulden mit der Hacke abarbeiten müssen. Dies passierte Ataliba. Ihm nahmen sie das Land, das Haus, die Hühner, die Schweine, und mit Frau, Kindern und Schwiegersohn hatte er so lange zu schuften, bis die sechshundert Mil-réis Schulden getilgt waren.

»Also dann, auf ein andermal, Seu Jerônimo«, sagte Militão zum Abschied.

Der Esel stand bereit, war beladen mit allem, was sie mitnehmen würden. Jucundina trug das Kleinkind auf dem Arm, die beiden anderen Kinder sollten laufen. Agostinho trug einen Sack mit Proviant. Marta hatte das neue Kleid an, das sie auf Atalibas Fest getragen hatte.

»Wann es Gott gefällt ...«

Der Tag begann. »Auf, Leute, gehen wir ...«, rief Jerônimo.

Da stand Militão allein, die Lampe in der Rechten. Er schaute ihnen hinterdrein, mit der Linken winkte er ein letztes Lebewohl, das niemand erwiderte. Die Gestalten tauchten in das noch verschwommene Morgenlicht. Militão löschte die Lampe, der dunkle Rauch schwebte in der Luft.

3

Noca drückte die Katze an sich. Bald nach dem Abmarsch hatte sie in einen Dorn getreten, doch sie weinte und klagte nicht, die Erwachsenen sollten nichts merken. Ihr reichten schon die Tränen, die sie an diesem Morgen Mariscas wegen vergossen hatte.

Gerade wollte man aufbrechen, mit verschnürten Bündeln und den prall gefüllten Körben auf dem Tragegestell des Esels, Militão im Begriff, ihnen Adieu zu sagen, da hatte es den Streit wegen Marisca gegeben. Marta hatte die Eltern auf das Tier aufmerksam gemacht. Noca kam schweigend aus der Hütte, im Arm die kleine Katze, der sie das Maul zuhielt, damit sie nicht miaute. Die Kuh, die Ziege und die Hühner hatte man an Artur verkauft. Die Katze war übriggeblieben, eigentlich hatte bis zum Augenblick keiner an sie gedacht. Marta sagte: »Noca, willst du die Katze etwa mitnehmen?«

Noch ehe Noca antwortete, rief die alte Jucundina: »Kind, laß die Katze! Was, zum Teufel, sollen wir unterwegs mit einer Katze?«

Tonho, schon seit dem Abend vom Reisefieber gepackt, aufgeregt wie bei einem Fest, begann vor der Schwester umherzukaspern.

»Laß die Katz, laß die Katz!...«

Noca traten die Tränen in die Augen. Schon wollte sie das Tier absetzen, da bäumte sie sich auf, mit einem Schrei, wie er jammervoller nicht sein konnte: »Ich möchte sie mitnehmen!«

»Ich schmier dir gleich eine!« rief Jucundina mit drohender Gebärde. »Fort mit dem Vieh!«

Aber Noca drückte die Katze an sich und flehte unter Tränen: »Bitte, bitte! Ich kümmere mich schon um sie.«

Agostinho mischte sich ein: »So laß sie doch ... Was ist schon dabei?«

Noca unterdrückte einen Schluchzer, sie lief zu dem Onkel, denn an der Seite des jungen Mannes fühlte sie sich geschützt.

Jucundina aber schimpfte weiter, bedrohlich: »Wozu auch noch diese Bürde?«

Noca zerrte mit der freien Hand ihren Onkel am Hosenbein. »Großmutter soll sie mir nicht wegnehmen.«

»Mutter, laß der Kleinen die Katze ... Was ist denn schon dabei?«

»Wozu kann sie uns nützen?« rief Jucundina.

»Wer weiß? Falls uns der Hunger quält, falls uns das Essen ausgeht ... zum Verspeisen.«

Noca drückte Marisca noch fester an sich. Sie fühlte sich in einer Welt voller Bedrohungen und Gefahren. Aus ihren schreckgeweiteten Augen rannen Tränenbäche. Der Streit ging weiter, und bald ergriffen alle für sie Partei. Noca schluchzte, während die Katze ahnungslos am Hals des Kindes schnurrte. Schließlich entschied Jerônimo, kraft seiner Autorität als Familienoberhaupt, zugunsten Nocas: »Soll sie die Katze mitnehmen ... Falls das Tier Scherereien macht, setzen wir es auf der Straße aus.«

Was denn für eine Straße?, überlegte Noca am Ende des ersten Reisetages. Was man Straße nennen konnte, war zurückgeblieben, nun war's ein Pfad durch Buschwerk, hin zur Fazenda Primavera, wo sie diese Nacht verbringen wollten. Der wunde Fuß schmerzte, die Katze versuchte zu entwischen und ins Gestrüpp zu laufen. Dies war gar zu gefährlich. Schon einmal hatte sie das Tier losgelassen und dann große Mühe gehabt, es wieder einzufangen. Agostinho half ihr, der ganze Zug mußte anhalten, und Jucundina konnte sich nicht verkneifen zu sagen: »Na bitte, da haben wir's! Die Katze bringt alles durcheinander.«

Noca fing wieder an zu weinen, da schwieg Jucundina, setzte ihr Bündel ab, und auch sie lief Marisca hinterdrein, deren Jagdinstinkte die Caatinga geweckt hatte.

Das Mädchen ließ die Katze nicht mehr los. Diese machte mehr Mühe, als sie gemeint hatte. Sie mußte das Tier fest an sich drücken, aber Marisca kratzte, wollte sich befreien. Noca konnte nicht achtgeben auf die Wurzeln und die Schründe da auf dem dornigen unebenen Pfad. Während Tonho an der Spitze lief und voll Schabernack Jeremias am Halfter zog oder stehenblieb und den Vögeln nachschaute, ging Noca am Ende des Zuges, neben Zefa, die ihre unverständlichen Reden brabbelte, offenbar ohne zu merken, daß die Kleine mit dem verletzten Fuß leicht hinkte.

»Ist es noch weit, Onkel?« fragte Noca mit zittriger Stimme, als Agostinho einmal knapp vor ihr ging.

Da nahm Agostinho sie auf die Arme, sie und die Katze. Noca lächelte, von da oben sah sie, wie die Füße der anderen im Schlamm des Weges versanken.

4

Die von der Fazenda vertriebenen Kolonen irrten über die Pfade der Caatinga. Alle strebten sie nach Süden, in den Bundesstaat São Paulo. Viele andere waren vor ihnen losgezogen, die Männer, die Arbeiter anwarben, erschienen auf den Fazendas, erzählten Geschichten, berichteten Wunderdinge. Dort auf den Ländereien von São Paulo, wo man Kaffee anbaute und erntete, gäbe es keine Armut. Wer sich dort zum Arbeiten einfände, brächte es in wenigen Jahren zum Besitzer einer Fazenda, würde Oberst und einflußreicher Politiker. So hieß es; und immer fielen Leute darauf herein, trotz jener anderen, die noch ärmer zurückkehrten als sie ehemals losgezogen.

Eben auf diesen Wegen, auf diesen durch die Caatinga getretenen Pfaden wanderten nun Jerônimo und sein Bruder João Pedro mit ihren Familien. Dinah, João Pedros Frau, die sehr abergläubisch war, zählte die Häupter dieses armseligen Zuges, Menschen und Tiere.

»Beschwöre! ... Dreizehn an der Zahl!« rief sie aus.

Zu ihrer Familie gehörte noch Tochter Gertrudes, knapp sechzehn Jahre alt, eine dunkle Mulattin mit platter Nase. Sie artete nach der Mutter, war so recht ein Arbeitstier, trotz ihrer Jugend, und glich eher einem Mann als einem Kind.

Und da war auch Jerônimos Familie: Jucundina mit den zwei Kindern und den drei Enkeln, den Kindern der verstorbenen ältesten Tochter. Insgesamt ihrer elf. Dinah aber zählte Jeremias und Marisca mit.

Jeremias schritt voran. Jerônimo zog ihn am Halfter, den er zuweilen Tonho übergab. Der Esel war mit zwei großen Körben beladen, die fast die ganze Habe bargen. Den Rest, das bißchen Kleidung und den spärlichen Proviant, trugen die Frauen und Männer in Bündeln verschnürt. Jeremias lief in seinem trägen Schritt, ohne Eile, zupfte hin und wieder an einem Halm oder blieb vor den größeren Wasserlachen stehen, um zu trinken.

Am ersten Tag legten sie fünf Meilen zurück, bis zur Fazenda Primavera, die sie bei Einbruch der Nacht erreichten, als Jeremias schon nicht mehr weitergehen wollte. Noca lief am Ende des Zuges, völlig erschöpft, die Katze an die Brust gedrückt.

 Sie näherten sich von der Seite der Viehausläufe, und kaum

stießen sie auf den Platz vor dem Herrenhaus, rief auch schon eine laute Stimme: »Wer da?«

»Gut Freund«, erwiderte Jerônimo.

Ein Mann in Reithosen und Stiefeln, mit einer Laterne in der Hand und einer Pistole im Gürtel, verstellte ihnen den Weg.

»Guten Abend«, grüßte João Pedro.

»Woher kommen Sie?«

Jerônimo beeilte sich: »Wir sind von der Fazenda des Doktor Aureliano.«

»Und wohin wollen Sie?«

»Richtung São Paulo.«

»Auswanderer?«

»Ja, Herr.«

Unverändert barsch entschied der Mann: »Hier dürfen Sie nicht bleiben ... Ist verboten ... Ziehen Sie weiter ...«

Noca hatte sich schon auf die flache Erde gesetzt und rieb den wunden Fuß. Marisca neben ihr miaute.

»Nur für diese eine Nacht, Herr.«

»Nichts da. Das ist ein Befehl.«

»Und wohin sollen wir gehen?«

Der Mann zuckte die Achseln. Einen Augenblick stand er wartend da. »Weiter weg«, befahl er, als er sah, daß die Leute keine Anstalten machten. »Da hinten ist ein Maniokfeld, das gehört zur Fazenda von Seu Moura. Dort könnt ihr übernachten, dem macht das nichts aus. Aber Vorsicht mit Feuer, damit ihr nicht die Pflanzung anbrennt.«

»Gehen wir, Leute.«

Noca erhob sich. »Warum bleiben wir nicht hier?« stöhnte sie.

Jerônimo gab keine Antwort. Er zerrte den störrischen Jeremias am Halfter ... Die Nacht hüllte die Wandernden ein und ringsum die Pfade der Caatinga.

5

Mitten auf der Lichtung ragte ein Oitizeiro-Baum in die Höhe. Zu ihm lenkte Jerônimo den müde dahintrottenden Esel.

»Hü, Jeremias ... Hü, elendes Vieh ...«

Er sprach nicht im Zorn, in seiner Stimme schwang Zärtlichkeit. Jerônimo hörte Nocas ersticktes Stöhnen, er begriff nicht, weshalb sich das Kind Zwang antat, an den Zwischenfall mit der Katze dachte er nicht. Agostinho hatte Noca eine gute Strecke auf dem Rücken getragen, auch Dinah hatte sie eine Weile geschleppt, und auf den schwierigsten Wegstücken hatte Jerônimo sie auf das Tragegestell des Esels gesetzt. Nun vernahm er ihr dumpfes Ächzen, und Zorn packte ihn beim Gedanken an den Kerl, der ihnen die Übernachtung auf der Fazenda Primavera verwehrt, sie gezwungen hatte, eine weitere halbe Meile zu marschieren, eine lange halbe Meile von mindestens vier Kilometern. Dieser Verwalter war aus dem gleichen Holz wie Artur. Jerônimo dachte an Artur, und er dachte an Gregório, der in den Busch geflohen war, möglicherweise zur Bande des Lucas Arvoredo. Vielleicht sprach er dort in dieser Nacht mit José, dem zweiten seiner Söhne, der sich, wie es hieß, den Cangaceiros des Lucas Arvoredo angeschlossen hatte. José war an dem Tag, an dem die Bande die Fazenda überfiel, verschwunden, und nie hatten sie Genaueres über ihn erfahren. Doch in der Bande des Lucas war ein neuer Name aufgetaucht, die Polizei sprach von einem Jagunço namens Zé Trevoada, der ein meisterlicher Schütze und ein Draufgänger war. Bekannte meinten, dieser Zé Trevoada sei kein geringerer als José, der Sohn von Jerônimo und Jucundina. Schon gut möglich. José war immer eigenwillig und ein Starrkopf gewesen, hatte sich gern in die Büsche geschlagen, um zu jagen, und hatte darauf beharrt, daß er fortgehen wolle.

Jerônimo tätschelte den Esel auf die Kruppe, trieb ihn weiter. Jeremias trottete ungerührt dahin, jedoch auch so gewannen sie Vorsprung vor den anderen. Nocas Stöhnen war nicht mehr zu hören. Nun herrschte schon finstere Nacht, Jerônimo konnte den frischen Pfad kaum erkennen. Holzsplitter und Dornen zerstachen ihm die Füße, doch er merkte es nicht. Er dachte daran, daß dies erst der Beginn der Reise war, daß noch ein langer Weg vor ihnen lag, ehe sie die Stadt Juàzeiro im Bundesstaat Bahia erreichten, von wo aus sie mit dem Schiff flußaufwärts führen. Weit fort war dieses São Paulo, am Ende der Welt. In Juàzeiro wollte er Jeremias verkaufen, der ihm dann fehlen würde; seit sechs Jahren besaß er den Esel, und dieser hatte ihm gute Dienste getan.

 Mitten im Dunkeln sah er Kohlenglut leuchten. Appetitlicher

Essenduft stieg ihm in die Nase. Hier lagerten Leute, ganz gewiß. Er hielt an, um auf die Seinen zu warten, die weit hinterherkamen. Endlich vernahm er Schritte und ein Knacken von Gezweig, dann hörte er Jucundina mit Noca schelten: »Halt den Mund, Kind . . .«

Die Alte tat unrecht, wenn sie das Kind schalt, sollte sie doch begreifen, daß die Kleine müde war. Die Reise erschöpfte einen erwachsenen Menschen, um wieviel mehr da ein Kind. Am liebsten hätte Jerônimo das Weib angefahren, doch er besann sich, sicherlich war auch Jucundina mehr tot als lebendig, den ganzen Tag hatte sie den Kleinsten auf dem Arm geschleppt und sich nur über Mittag etwas ausgeruht. Marta und Gertrudes hatten mit zugegriffen, aber Jucundina fand Tochter und Nichte nicht hinreichend verläßlich, um ihnen ihr liebstes Enkelkind für längere Zeit anzuvertrauen.

Die drei Kleinen waren die Kinder von Ernestina, der verstorbenen ältesten Tochter Jerônimos und Jucundinas. Ernestina hatte Pedro Ribeiro geheiratet, einen Tagelöhner, und sie war im Kindbett gestorben. Den Ehemann hatte es nicht auf der Fazenda gehalten, er war auf und davon und hatte die drei Kinder den Großeltern zurückgelassen. Das Jüngste, nun schon sechs Monate alt, war seit dem ersten Tag in Jucundinas Obhut. Ihm galt, wie man sehen konnte, ihre ganze zärtliche Zuwendung. Um Tonho und Noca kümmerte sie sich nicht viel, den Kleinen hingegen, den sie zur Erinnerung an die verstorbene Mutter Ernesto getauft hatten, ließ sie nicht aus den Augen.

Die Stimmen und Schritte kamen näher. Zefa zeigte sich erregt. Dieser erste Tag war für sie ein schreckliches Erleben. In den ersten Stunden war sie noch fröhlich gewesen, hatte sie alte Weisen gesungen, die sie als Mädchen einst, vor anderthalb Jahrzehnten, auf der Fazenda im Kreise der anderen Mädchen gelernt hatte. Sie hatte am Wegrand Blumen gepflückt, hatte die Blütenblätter abgezupft und sie ausgestreut. Später jedoch, als dann der Abend kam und der Tagesablauf nicht der übliche war, ihre Verrücktheit nicht wie üblich stimulierte, war sie unruhig geworden. Sie blieb stehen, lauschte, mit bebenden Lippen, die Arme in die Höhe gereckt und in ein Schweigen versunken, das mehr erschreckte als ihre Unglück kündenden Schreie. Starr musterte sie ihre Angehörigen, als klagte sie diese an, ihr Leben so verändert zu haben. Es hatte Mühe gekostet, sie immer wieder zum Weitergehen zu bewegen, Agostinho und João Pedro riß zuweilen die Geduld.

»Los, Zefa, los, es wird spät!«

Steif und stumm hatte sie da gestanden, die Hände zum Himmel erhoben, die Augen auf die ersten Schatten der Nacht gerichtet, Jerônimos Treiberrufs harrend, der diesmal ausblieb. João Pedro hatte sie einmal gewaltsam vorangestoßen und war mit einem so fürchterlichen Blick bedacht worden, daß er glatt erschrak. Er hatte plötzlich Angst vor der Schwester.

Nun kamen die Schritte näher, Jerônimo konnte die Gestalten bereits erkennen. Agostinho, vornan, führte Zefa am Arm, die sich schüttelte, sie bekam wieder einen ihrer Anfälle. Neben ihnen lief Tonho; seine anfängliche Reisefreude war verflogen, der kleine Abenteurer schaute jetzt müde drein. Marta schleppte Noca, schwer atmend unter der Last. Sie war nicht stämmig und robust, jedoch ein sehr ansehnliches Mädchen; ihr Vater mochte sie ganz besonders. Keine andere auf der Fazenda konnte sich mit Marta messen – dieser hellhäutigen Mulattin mit den schönen Beinen, dem beinahe glatten Haar, dem straffen Busen. Bei der Feldarbeit hatte sie nicht viel helfen können, als Kind war sie immer kränklich gewesen. Nun war sie achtzehn, doch wirkte sie, obschon ganz fraulich mit ihrem verträumten Blick und ihren spitzen Brüsten, jünger als Gertrudes.

Jucundina, Dinah und João Pedro kamen als letzte. Der ganze Zug hielt vor Jerônimo an. Der wies nach vorn. »Hier haben welche Feuer gemacht ... Da ist noch Glut ...«

Er lenkte Jeremias dorthin. Die anderen folgten ihm, stumm vor Erschöpfung, dabei mußte Jerônimo an Artur denken. Nach Jerônimos Meinung war alles vom Charakter des Mannes abhängig: Oberst Inácio war ein guter Mensch gewesen, er hatte ihnen erlaubt, auf der Fazenda zu pflanzen. Doktor Aureliano war ein schlechter Mensch, er hatte sie davongejagt. Der schlimmste aber war Artur – einstmals Arbeiter wie sie, hatte er ihnen nun bei der Endabrechnung alles geraubt. Ein Glück nur, daß Gregório entkommen war.

Sie kamen an die Feuerstelle, plötzlich stand vor ihnen ein Mann mit einem Repetiergewehr. »Halt, wer da?«

 »Gut Freund«, Jerônimos Stimme klang unsäglich müde.

6

Der Mann hielt das Gewehr weiter im Anschlag. »Vertriebene?« fragte er, diesmal in gemäßigtem Ton.

»Wir sind unterwegs nach São Paulo ... Auf der Fazenda Primavera sagte man uns, wir könnten hier übernachten.«

João Pedro und Agostinho waren hinzugetreten, zu dritt standen sie um den Esel herum. »Ihr kommt von weit her?« forschte der Mann mit dem Gewehr.

»Nein, ganz aus der Nähe. Etwa sechs Meilen weg von hier.«

Der Mann setzte das Gewehr ab und gab den Weg frei. »Dann habt ihr also noch Proviant«, murmelte er; und wie zur Erklärung: »Wir haben fast nichts mehr.«

Eine Familie kampierte unter einem Oitizeiro-Baum. Außer dem Mann, der sie angesprochen hatte, waren da zwei Kinder und vier weibliche Wesen, zwei davon junge Mädchen, die Marta und Gertrudes neugierig beäugten. Jerônimo führte den Esel an den Baum heran und band ihn an. Agostinho nahm ihm die Körbe und das Tragegestell ab. Alle schwiegen. Noca, von Marta abgesetzt, humpelte mit letzter Kraft hin zu den gewaltigen Wurzeln des Baumes und setzte sich. Sie setzte Marisca neben sich, die kläglich miaute. Die Familien, zu beiden Seiten des Stammes, musterten einander schweigend aus den Augenwinkeln. Als die Sachen abgeladen waren, durfte sich Jeremias ohne Halfter frei bewegen. Er iahte freudig und begann gleich da zu grasen. Spärlicher, von der Sonne verbrannter Rasen war's, ihm aber genügte es. João Pedro, gerade im Begriff, einen Proviantsack aufzuschnüren, in dem sich das Dörrfleisch, das Mehl, der Kaffee und der Rohrzucker befanden, wandte sich an den fremden Mann: »Ihr erlaubt, daß wir euer Feuer benutzen?«

Er meinte die noch glimmende Glut. Sicherlich hatte diese andere Familie hier ihr Abendessen zubereitet. Der Mann bejahte, und seinen Töchtern rief er zu: »Was hockt ihr da! Los, helft den Frauen.«

Die beiden Mädchen erhoben sich etwas widerwillig. Jucundina beeilte sich: »O danke, wir kommen schon allein zurecht.«

João Pedro fachte das Feuer an. Agostinho, einen Eimer in der Hand, fragte, wo es Wasser gäbe. »Dort, den Hang hinab, da ist ein Wasserloch«, antwortete einer der Jungen.

Die beiden Mädchen standen vor Jucundina, die vom Dörrfleisch ein Stück abschnitt und Mehl in ein Blechgefäß schüttete.

»Ihr braucht euch nicht zu bemühen. Geht und ruht euch aus, das habt ihr nötig, falls ihr so viel marschiert seid wie wir heute.«

Agostinho brachte Wasser. Jucundina bat ihn, einen Spieß für das Fleisch zu schneiden. Die Mädchen rührten sich nicht vom Fleck, Jucundina behielt sie im Auge und sah, daß sie auf den Fetzen Fleisch starrten, von dem sie gerade das Salz abwusch. Die haben Hunger, war ihr Gedanke.

Sie hielt den Spieß mit dem Fleisch über die Glut, ganz nahe der anderen Familie. Die Leute lagerten dicht am Feuer und bedrängten sie beinahe, während sie mit dem Braten befaßt war. Nun kam auch Marta, mit einem Blechgefäß voll Wasser, das sie zum Sieden ansetzte. Die beiden Mädchen beobachteten Jucundinas Bewegungen, gierig starrten sie auf das über der Glut brutzelnde Fleisch. Das Kleinkind in Dinahs Armen, die auf der anderen Seite des Stammes saß, fing an zu weinen. »Tonho, bring das Mehl«, rief Jucundina.

Sie bereitete den Maniokbrei für den Kleinen, eine magere Pampe, dunkel, ohne Nährsubstanz und Geschmack. Zum Zusetzen gab es nichts, sie hatten die Ziege zurücklassen müssen. Der Kleine hörte auf zu weinen. Nun sah Marta ihrerseits, wie die beiden Mädchen und der Rest der Familie hungrig auf das Bratfleisch und den Sack Mehl schauten. Das war ihr peinlich. Vor lauter Verlegenheit sagte sie kein Wort. Jucundina kam zurück, sie hatte den Kleinen gefüttert und in das von Jerônimo zwischen den Zweigen ausgespannte Netz schlafen gelegt. »Geh und kümmere dich um das Wurm«, sprach sie zu Marta, »du ißt anschließend.«

Marta fühlte sich erleichtert, befreit von diesen flehenden Augen, die ihre Gesten beim Wenden des Fleisches hungrig und traurig zugleich verfolgt hatten.

Und schon war das Abendessen bereitet. Außer Dörrfleisch gab es lediglich Maniokbrei. In den Rest des Siedewassers legte Jucundina ein Stückchen Rohzucker, für den Kaffee. Alle hockten sie auf den Wurzeln des Baumes, nahe am Feuer, dicht neben der anderen Familie. Noca vermißten sie nicht, denn Marisca schlich hungrig miauend um sie herum.

Jerônimo sprach einladend: »So bedient euch doch.«

Eines der Mädchen machte Anstalten, darauf einzugehen. Jucundina bekam es mit der Angst. Ein weiter Weg lag noch vor ihnen, und sie hatten wenig Proviant. Das Geld war für die Schiffstickets nach Pirapora. Nur eine geringe Summe stand ihnen zu Gebote, es würde grad ausreichen, wenn sie die Reise in geplanter Eile schafften. Sie fixierte das Mädchen, und dieses wagte sich nicht vom Fleck, es machte nur einen langen Hals.

»Besten Dank«, meldete sich der Vater, »wir haben schon gegessen, vor gut einer halben Stunde.«

Jucundina schnitt das Fleisch in Portionen. Die drei Männer bekamen größere Stücke. Zefa saß stumm kauend abseits, hin und wieder bekreuzigte sie sich. Dinah gab Gertrudes einen Happen von ihrem Fleisch und bat João Pedro, die Hängematte auszuspannen. Jucundina brühte den Kaffee auf.

Es fehlte an Trinkbüchsen, sie hatten nur zwei Gefäße. Zunächst bekamen Jerônimo und João Pedro eingeschenkt. Die Mädchen drüben schauten, und ebenso die Jungen. Ihr Vater hielt den Blick gesenkt, um sich selber nicht zu verraten oder um nicht mit ansehen zu müssen, wie die Töchter und Söhne nach Kaffee gierten. Aber er hielt es nicht durch. Als die Reihe an Zefa und Marta war, bemerkte er: »Falls ein Schluck übrig bleibt, würde ich ihn gern für die beiden Mädchen nehmen.« Und ehe Jucundina etwas entgegnen konnte, fügte er, armrudernd und mit matter Stimme, hinzu: »Wir sind nämlich schon lange unterwegs. Wir kommen aus Ceará und haben bereits alles aufgebraucht. Seit drei Tagen fehlt uns nun auch der Kaffee. Grad noch Rohzucker und Maniok haben wir . . .«

Reihum tranken alle Kaffee. Und Jucundina verteilte auch noch einen Happen Fleisch, einen kleinen, doch er wurde mit einem Schweigen entgegengenommen, das beredter war als jede lebhafte Freudenbezeigung.

»Gott steh euch bei.«

Sie wuschen die Blechbüchsen ab, und plötzlich rief Marta: »Noca, wo steckt Noca? Hat sie nicht gegessen?« Man schaute sich suchend um. Noca lag auf der anderen Seite des Baumes im Schlaf.

»Weckt sie lieber nicht«, sagte Jerônimo.

Marta hockte sich neben die sanft schlummernde Nichte. Sie

schnappte die Katze, die da umherlief, und bettete sie in die Schoßwärme des Mädchens. Noca wachte halb auf, griff nach Marisca und drückte sie an sich. Auf der anderen Seite war man im Gespräch.

Der Mann mit dem Gewehr erzählte: »Alles haben sie uns weggenommen. Nur weil wir die Pacht nicht bezahlen konnten ... Wegen lumpiger paar Kröten. Eine Schurkerei. Da beschlossen auch wir, nach São Paulo zu gehen. Aber über Montes Claros, dort ist ein Kontrakteur, der auf die Leute wartet ... Seit zwei Monaten sind wir unterwegs.«

»Wir sind gerade erst losgezogen, heute früh«, bemerkte João Pedro.

Jemand schüttete einen Rest Wasser fort. Marta spürte Müdigkeit in den Beinen und Schmerzen in den Armen. In dieser nächtlichen Buschgegend bemächtigte sich ihrer Glieder eine ungekannte Schlaffheit. Die Glut erstarb, während der Mann erzählte: »Uns hat schon so viel Unglück getroffen, daß ...«

Marta lauschte mit geschlossenen Augen. Sie mußte an Doktor Aureliano denken. Ein stattlicher junger Mann, gut aussehend, geschniegelt, mit duftendem Haar. Warum hatte er sie fortgejagt? Als er vor zwei Jahren die Fazenda besuchte, war Marta fast noch ein Kind. Damals half sie Felícia im Herrenhaus. Der Doktor hatte ihr an die knospenden Brüste gefaßt und ihr etwas Geld geschenkt. Warum hatte er sie jetzt fortgejagt? Dem Anschein nach ein so guter Kerl. Sie sei schöner als die Frauen aus der Stadt, hatte er zu ihr gesagt. Marta erinnerte sich der Liebkosung des Doktors. Damals hatte sie Angst gehabt, aber in dieser Nacht im Busch überlief sie ein Schauer beim Gedanken an damals.

Der Mann erzählte: »Es heißt, das Ende der Welt ist nahe ... All diese Unglücksfälle, die so passieren ... Nicht ich behaupte das, sondern ein ›Heiliger‹, der im Sertão aufgetaucht ist. Estêvão ist sein Name, und man sagt, er vollbringt Wunder, und er heilt Kranke besser als Pater Cícero ... Seit einiger Zeit streicht er in der Küstenregion umher. Ein Gefolge von über fünfhundert Leuten soll er schon haben ... Er prophezeit den baldigen Weltuntergang und ruft die Menschen zur Buße auf ...«

Marta sah den Schatten vorbeistreichen: Zefa hatte sich bei der Erwähnung Estêvãos und seiner Taten erhoben. Martas Gedanken waren bei Doktor Aureliano. Ein lächelnder, zuvorkommender Mensch, seine Hemden verströmten ein feines Parfüm, Marta genoß den Duft, wenn sie die Hemden zum Waschen trug. Die Stimme des Mannes drang durch das Dunkel: »Er ist Lucas Arvoredo hinterdrein, erzählt man sich, um ihn zur Buße zu bewegen ... Und das Ende der Welt sei nahe.«

Jäh durchschnitt Zefas Aufschrei die Nacht. Bei den Worten des Mannes hatte sie wieder zu sich gefunden, und sie begann ihre Botschaft zu verkünden, die just das besagte, was der Beato Estêvão hier im Sertão den Vertriebenen, Auswanderern, Jagunços und sterbenden Kindern prophezeite.

Noca, vom Schrei aufgeschreckt, schaute ganz verwirrt um sich. Marta stand auf, die Glut war erloschen, und der fremde Familienvater starrte Zefa entgeistert an.

»Sie ist närrisch, die Ärmste«, sagte João Pedro zur Erklärung.

7

Denkbar war's, daß die Leute sich Jerônimo und den Seinen gern angeschlossen hätten. Jucundina, seit dem Abend auf der Hut, war gewärtig, daß sie mit dem Vorschlag kämen, vereint zu reisen, solange man den gleichen Weg hatte. Jedenfalls wies sie Jerônimo darauf hin. Denen war das Essen ausgegangen; kein Dörrfleisch, kein Kaffee, keine einzige Bohne mehr, nur noch ein Rest Maniok und Rohzucker. Welchen Vorteil konnte es da haben, gemeinsame Sache zu machen? Nicht daß es Jucundina an Mitleid fehlte, hatte sie doch den Leuten am Abend gutherzig ein Stück Fleisch abgegeben, obschon sie wußte, daß es ihnen dann fehlen würde. Keineswegs aber konnte sie, wie sie Jerônimo gegenüber bemerkte, den eigenen Kindern und Enkeln das Essen aus dem Munde ziehen und es Fremden zustecken.

Am Morgen, noch vor Sonnenaufgang, als Jerônimo dem Esel das Tragegestell aufsetzte, kam der Mann mit dem Vorschlag.

»Wir gehen in eine andere Richtung«, entgegnete Jerônimo.

Der Mann beharrte darauf. Ein gut Stück Wegs könnte man ja gemeinsam machen, je größer die Gruppe, umso besser; desto sicherer sei man vor Räubern, es wären mehr Männer, um Pfade zu schlagen durch die Caatinga, deren Nähe sie schaudern ließ.

Jerônimo war um eine Erwiderung verlegen, da meldete sich Jucundina: »Wir haben wenig Proviant. Für uns allein reicht es zur Not . . . Wir können mit niemandem teilen . . .«

Ihre Stimme klang fest, jedoch nicht im mindesten zurückweisend. Eher sagte sie es wie einer, der sich entschuldigt, daß er zu arm ist, um helfen zu können. Andererseits aber klang es so entschieden, daß die Sache als erledigt galt.

Sie brachen als erste auf. In der Wegbiegung spähte Jucundina zurück. Der Mann diskutierte mit der Frau, und die Mädchen schauten ihnen hinterdrein. Fast reute es Jucundina. Doch dann richtete sie den Blick nach vorn, sah die Ihren voranschreiten, dem trägen Schritt des Esels folgen, und ihr Herz versperrte sich jeglichem Mitgefühl. Entschlossen holte sie Marta und Zefa ein, die hintenan gingen.

8

Fünf Tage später befanden sie sich mitten in der Caatinga, suchten sie in dem Dornengewirr nach Spuren von Pfaden, die andere vor ihnen geschlagen hatten. Schon waren sie es gewöhnt, in der feuchten Nachtluft auf dem Erdboden zu schlafen, denn sie besaßen nur zwei Hängematten; in einer schlief Jucundina mit dem Jüngsten und in der anderen Dinah.

Die erste Nacht in der Caatinga fehlten die Bäume, um daran die Matten auszuspannen, mit Mühe fanden sie ein freies Fleckchen, auf dem sie die Bündel ablegen und die Glieder ausstrekken konnten. An diesem Tag waren sie nur wenig vorangekommen. Die Männer hatten den Busch mit Haumessern attackiert und den kaum noch erkennbaren Pfad verbreitert. So müde waren sie, daß sie keinen Hunger verspürten. Dinah, von Marta unterstützt, bereitete das Abendessen.

Jucundina legte die Matte auf der Erde aus, zu einem Lager für Ernesto, und setzte sich neben den Kleinen. Sie streckte die Beine aus, denn auch sie war schrecklich müde. Der Kleine magerte zusehends ab, wog immer weniger. Daheim auf ihrem Landstück hatte Jucundina ihn mit Ziegenmilch ernährt, und er war ohne Schwierigkeiten gediehen. Drall war er nie gewesen, denn sah man je ein gutgenährtes Kolonenkind? Nun aber, bei diesem tagtäglich und beinahe gewaltsam verabreichten Maniokbrei, den er nur widerwillig nahm, weinend und mit den Ärmchen zappelnd, magerte er ab. Wir hätten die Ziege doch mitnehmen sollen, so groß die Mühe auch gewesen wäre, überlegte Jucundina. Sie musterte das bleiche Gesicht des Kindes. Die Knochen spießten hervor, die Augen stierten, man konnte auf Ernestos schmächtigem Rücken die Rippen zählen. »Wir hätten die Ziege mitbringen sollen.« Jucundina besah sich den Enkel, bang. Undenkbar, daß er die Reise überstand. Ängstlich schaute sie sich jeden Tag seine Ausscheidungen an, ob sie nicht etwa eine grüne Färbung hatten. Sie ersehnte den Tag, an dem sie endlich in Juàzeiro einträfen. Dort wollte sie dem Würmchen Milch besorgen. In einen Zipfel ihres rotgeblümten Tuchs hatte sie heimlich ein bißchen Geld eingeknotet, um unterwegs Milch zu kaufen. Aber in der Caatinga war nicht die Spur eines Milchtieres. Vielleicht wenn sie in die Stadt gelangten und alsdann flußauf... Dort, ohne Zweifel, war alles im Überfluß vorhanden, schon wegen des reichlichen Wassers. Nicht eine so trockene Gegend wie diese, die sie hier durchquerten. Der Kleine neben Jucundina schlief, und sie überlegte, wie ungerecht es doch war, daß ihr noch unschuldiges Enkelchen so hart litt. Sie und Jerônimo, João Pedro und Dinah, sie nahmen es zur Not hin, denn sie waren alt und waren an das Unglück des Lebens gewöhnt. Warum aber mußte ein Kleinkind von wenigen Monaten, das niemandem etwas Böses getan hatte, leiden? Für welche unverzeihlichen Sünden ließ Gott es büßen?

Ein Stöhnen, bänglich und dumpf, unterbrach ihren Gedankenfluß, ein bekümmertes monotones Weinen, das dann zu lautem Wehklagen anschwoll — Nocas Stimme. Seit Tagen hinkte sie, klagte über den Fuß, aus dem Marta das Stück eines Dorns gezogen hatte. Während des Marsches heulte Noca immerfort, ließ sich meistens tragen, von diesem und jenem, oder reiste auf des Esels Rücken, die gelbe Katze fest im Arm. »Teufelsbraten von Katze, ihretwegen hat Noca sich verletzt.« Jucundina war so erschöpft, daß sie sich erst nach einer Weile zu der schluchzenden Enkelin begab. »Statt der Katze hätten wir die Ziege mitbringen sollen, die hätte uns nicht sonderlich mehr Arbeit bereitet.« Sie hörte Jerônimo das Mädchen ausschimpfen: »Verdammt, halt endlich die Klappe, hör auf zu flennen, oder ich schmier dir eine ...«

Aber Noca schluchzte weiter, und das wunderte Jucundina. Sonst war sie furchtsam, folgte aufs Wort, schwieg, sobald einer schalt oder drohte.

»Noca, komm zu mir«, rief Jucundina.

Prompt erhob sich die Kleine, kam humpelnd heran, die Augen voller Tränen. Ihre Katze preßte sie an sich und schaute dabei ängstlich zum Großvater hinüber.

»Laß das Vieh laufen!«

Sie ließ die Katze los, die sofort ins Gebüsch huschte. Jucundina nahm das Kind in die Arme, setzte es in ihren Schoß. »Was fehlt dir?«

»Der Fuß tut weh.«

Die Laterne warf ein schwaches Licht. In ihrem Schein sah Jucundina das magere Gesicht des schlafenden Ernesto. »Marta, komm mal her«, rief sie.

»Ich bin grad beim Fleischbraten.«

»Gertrudes! Gertrudes!«

Die Nichte eilte herbei und hielt die Laterne. Jucundina griff den verletzten Fuß, strich mit dem Finger über die Wunde. Geschwollen der ganze Fuß, dunkel angelaufen, häßlich. Sie drückte auf den Schorf, und der Eiter quoll hervor. Noca umklammerte den Nacken der Großmutter, leise schluchzend. Jucundina bettete Noca in ihren Schoß, befahl Gertrudes, sich zu bücken, damit die Lampe näher war, und sie begann den Eiter herauszudrücken, der reichlich floß.

»Geh, hol ein Stück Leinen ... Schnell ...«

Gertrudes kam mit einem Lappen, einem Fetzen von einem alten Kleid, der, obzwar gewaschen, von der undefinierbaren Farbe alten Schmutzes war. Jucundina riß ihn in zwei Streifen. Mit dem einen wischte sie den Eiter weg. Sie drückte weiter, das Kind stöhnte.

»Sag João Pedro oder aber Agostinho, sie sollen hier herum einen Stengel Mastruço suchen.«

Sie wartete und strich dem Mädchen dabei sanft über das Haar. Das tat Noca gut. Auch sie litt, die arme Kleine, was hatte denn sie dieser Welt Böses getan? Jucundina fühlte sich seltsam niedergeschlagen. Was, zum Teufel, suchten sie hier auf diesem schmalen Pfad mitten in der Caatinga, die Füße zerstochen, die Hände schlaff, der Körper wie gerädert. Warum hatten sie das alles aufgegeben — ihr Landstück, ihr Haus, das Viehgehege, die sanfte Kuh, den Maniok, den Mais? Warum hatte man sie verjagt? Sie streichelte das Mädchen, bis sie Agostinho, von Gertrudes begleitet, nahen hörte.

Sie zerrieb den Stengel zwischen zwei Steinen, bestreute damit die Wunde und verband diese mit dem Lappen. Jerônimo trat heran. »Was hat sie denn?«, fragte er.

»Eine böse Wunde ... Sie eitert.«

»Das Fleisch ist gar«, rief Marta. Sie sahen Zefas hohe Gestalt aus den Büschen ans Feuer treten. Ihr Haar hing lose und lang herab; seit man unterwegs war, brabbelte sie in einem fort, das Ende der Welt sei nahe, die Menschen sollten Buße tun für ihre Sünden.

Noch härter büßen, als wir es tun, ist nicht möglich, sann Jucundina, während sie Noca neben das Brüderchen bettete. Am Himmel stieg der Vollmond auf.

9

Zefa machte ihnen mehr und mehr zu schaffen. Auf der Fazenda war sie es gewöhnt, ihre Notdurft im Gebüsch zu verrichten. Und abgesehen von der Dämmerstunde und ihrem dann unvermeidbaren seltsamen Ritual, benahm sie sich normal, sie half sogar, wenn auch wenig, bei der Feldbestellung. Nun aber, seit dem zweiten Tag der Reise, war sie wie verändert, immerzu mußte man sie im Auge haben, sie irrte vom Weg ab, führte laute Selbstgespräche, grüßte die Bäume und Vögel, erschreckte mit ihren Zoten und angsteinflößenden Gebärden die Menschen, denen man hin und wieder begegnete. Und schon wählte sie für ihre Notdurft nicht mehr die Büsche, sie beschiß sich, bepinkelte sich, und Marta — die Hingabe und Güte in Person — war es, die sie säuberte und ihr die fast immer beschmutzte Unterwäsche wechselte. Da sie kaum zum Baden zu bewegen war, es außerdem auf diesen Wegen an Wasser fehlte, verströmten Zefas Körper und Kleidung einen üblen Gestank, der so recht ihrer eigenartigen Erscheinung und ihren unverständlichen irren Reden entsprach. Nur Marta und Jucundina brachten Geduld für sie auf. Tonho neckte Zefa noch und noch, zerrte sie am Kleid, streckte ihr die Zunge heraus, rief ihr Namen hinterher. Jerônimo hatte ihn geohrfeigt, ohne Erfolg, Tonho war es leid, den Esel zu zerren und auf den Wegen umherzurennen, als einziges Vergnügen blieb, der verrückten Tante das Leben schwer zu machen. Auch João Pedro, Agostinho, Dinah und Gertrudes verloren die Geduld mit Zefa, sogar Jerônimo beschimpfte sie, drohte ihr.

»Nichts als Scherereien hat man mit ihr!«

Lediglich Jucundina und Marta kümmerten sich um die Ärmste. Immer mehr glich Marta der Mutter, jenem herzensguten Mädchen Jucundina von damals, das den Viehtreiber Jerônimo im Sertão kennengelernt hatte. Sie glich ihr in ihrer Güte, in ihrem Arbeitseifer, in ihrer Art, die Dinge hinzunehmen, wie sie waren, und nicht zu verzweifeln. Hauptsächlich sie war es, die sich während der ganzen Reise um Zefa kümmerte; sie gab acht, daß die Irre nicht verlorenging, sagte ihr ein liebes Wort, säuberte ihr die Kleidung, wusch ihr die Füße, wenn etwas Wasser übrig war, hielt Tonho fern.

Jerônimo beobachtete Marta insgeheim bei dieser Arbeit, so viel Hingebung rührte sein Herz. Diese seine Tochter liebte er über alles.

Im Gegensatz zu Jucundina beschäftigten ihn die fortgegangenen Söhne nicht sonderlich. Ihr Schicksal war's, und gegen das Schicksal kommt man auf Erden nicht an, ein jeder Mensch hat seine Bestimmung, unausweichlich. Ihn wunderte, daß Agostinho nicht auch gegangen, sondern bei ihm geblieben war. Seine ganze Zuneigung galt der Tochter, ihrethalben hatte er das von Oberst Inácio gepachtete Stück Land bearbeitet, sie sollte eine gute Partie machen, sich mit einem respektierlichen jungen Burschen verbinden, ihren geordneten Hausstand haben, möglichst nicht auf dem Acker schuften müssen. Er wußte von Mädchen, die hatten sogar einen Ladenangestellten geheiratet. Marta war ein hübsches Mädchen, obendrein von gutem Wesen, anstellig, fleißig, sie verdiente es, glücklich zu werden. Dort ging sie neben der Tante, lenkte deren unsicheren Schritt, als führte sie ein Kind oder einen Blinden. Jerônimo reute es, daß er Zefa zuweilen barsch behandelte. Er erinnerte sich Jucundinas mäßigender Worte, als er die Schwester einmal unbeherrscht anbrüllte: »Sie ist ein unschuldiges Wesen.«

Nocas letzte Schluchzer vermengten sich mit dem lauten Gebrabbel von Zefa, deren magische Worte die Schlangen und Echsen der Caatinga verscheuchten. Der Mond hüllte die Mandacarus in goldenen Schein. Jerônimo kaute sein Stück Fleisch, dann schaute er nach Jeremias, der Rinde von den Sträuchern knabberte und alles fraß, was ihm an spärlichem Buschgras und Blattwerk vors Maul kam. An seiner Seite fühlte sich Jerônimo sicher und unbesorgt. Der Esel zeigte sich auf dieser Reise noch am beständigsten und verläßlichsten. Man hätte meinen können, er kenne keine Müdigkeit, er als einziger vermochte unter dem Laub Wasser aufzuspüren, und er mied alle giftigen Gewächse, so als wäre er mitten in der Caatinga geboren und aufgewachsen. Jerônimo schloß ihn immer mehr ins Herz, zärtlich strich er ihm über die Schnauze. Der Mond erhellte die Caatinga, in einiger Entfernung pfiffen die Giftnattern.

10

Nocas Stöhnen weckte Jucundina, die neben den beiden Enkelkindern schlief. Die Großmutter richtete sich halb auf, legte dem Mädchen die Hand auf die Stirn. Hohes Fieber! Sie schaute sich um im hellen Mondlicht. Es mochte Mitternacht sein. Noca wälzte sich unruhig auf dem Behelfslager, heiß vor Fieber. Jucundina setzte sich aufrecht hin, sie überlegte, in welchem der Bündel sie die Melissenblätter verwahrt hatte. Ob noch Glut da war?

Sie erhob sich möglichst leise. Marta, die neben Gertrudes, Tonho und Dinah ruhte, wachte dennoch auf und, auf den Unterarm gestützt, verfolgte sie, wie Jucundina zwischen den Sträuchern hin- und herging. Zunächst meinte Marta, die Mutter suche ein Fleckchen, um auszutreten. Doch die Alte schlich zu den Bündeln, die sich neben den schlafenden Männern häuften. Alles war in Mondlicht gehüllt, und Marta sah die alte Jucundina den Strick eines der Bündel lösen. Nocas Stöhnen drang an ihr Ohr. Da begriff sie. Ganz leise huschte sie von ihren Schlafgefährtinnen fort, hin zu Jucundina.

»Mutter . . .«

»Du?« wisperte die Alte erschrocken. »Still, damit die anderen nicht aufwachen.«

»Was machst du da?«

»Noca hat Fieber. Es ist die Wunde am Fuß.«

»Was suchst du?«

»Die Melissenblätter. Für einen Tee. Geh, fach das Feuer an.«

Die Glut war bereits erloschen, Marta brauchte Kleinholz, und die Streichhölzer hatte einer der Männer einstecken. Marta schlich lautlos zu Agostinho, faßte ihn am Arm. Die drei Männer lagen eng beieinander, lang hingestreckt wie Tote, João Pedro mit dem Gewehr an seiner Seite. Agostinho bewegte sich, Marta flüsterte ihm ins Ohr: »Leise, damit Vater und Onkel João Pedro nicht aufwachen.«

Agostinho rieb sich die Augen.

»Die Streichhölzer.«

»Wozu?«

»Noca hat Fieber. Mutter will einen Tee machen.«

»Falls ich gebraucht werde, rufst du mich . . .« Agostinho gab ihr die Streichhölzer, streckte sich wieder aus, schlief aber nicht, sondern schaute zu den schlafenden Frauen hinüber. Vornan lag Dinah, dahinter Gertrudes, die trotz ihrer fünfzehn Jahre schon erwachsen wirkte, ganz Frau. Da die Hand drauf! Sie war seine, Agostinhos, Cousine, aber was machte es? Er konnte sie ja sogar heiraten, das Problem war nur, so lange warten zu müssen, bis man einen Priester fände oder einen Standesbeamten. Er richtete sich halb auf, um die unter dem kurzen Rock hervordrängenden straffen dunklen Schenkel des Mädchens zu sehen. Und wieder legte er sich hin; besser, er wartete die Gelegenheit ab.

Sie kochten die Blätter in einem Blechgefäß. Noca ächzte ohne Unterlaß, Zefa war aufgewacht, sie stand aufrecht neben dem Kind. Ihre Irrsinnsaugen schauten verwundert drein, nichts wußte sie von Wunden und von Fieber, doch ihre Lippen umspielte ein Lächeln, das nachgerade zum Fürchten war.

»Geh, leg dich schlafen, Tante Zefa«, sagte Marta.

Zefa wies mit ihrem Finger, dessen Nagel einer riesigen schwarzen Kralle glich, auf das Kind: »Es wird sterben!«

 »Bewahre! Da sei Gott vor.«

Die Kleine stöhnte. Jucundina hob sie hoch, nahm sie in ihre Arme, setzte ihr den Tee an die Lippen. Noca schlürfte das mit einem Stück Rohzucker gesüßte Getränk in großen Schlucken. Ihre vom Fieber geweiteten Augen paßten nicht zu diesem ausgezehrten angstvollen Antlitz.

»Ich friere, Großmutter.«

»Marta, bring den Mantel von deinem Vater.«

Die Tochter kam mit dem alten Kaschmirmantel. Jucundina hüllte das Kind darin ein und legte es wieder hin.

»Schlaf.«

Zefa stand hölzern da, im hellen Mondlicht. Und mit süßem Lächeln versicherte sie immer wieder: »Es wird sterben.«

Marta nahm sie beim Arm: »Komm schlafen.«

Zefa folgte ihr widerspruchslos. Den Blick zurückgewandt nach dem Kind, beharrte sie: »Es wird sterben ... sterben.«

Jucundina, die das hörte, ließ sich von dieser Gewißheit einnehmen. Noca würde sterben ... Und vielleicht auch der Kleinste, und auch Tonho, und Gertrudes, und Marta und Dinah, dann die Männer, alle, alle würden sie sterben auf diesem Unglücksmarsch. Der Proviant nahm rasch ab, er würde nicht einmal für die Hälfte des Weges langen. Die Kehle war ihr wie zugeschnürt, doch sie weinte nicht. Sie umsorgte das stöhnende Kind.

11

An der Spitze schritten João Pedro und Agostinho und schlugen die bedrohlichsten Äste des Gestrüpps ab. Der Pfad war so schmal, daß man meinen konnte, hier sei schon lange kein Mensch mehr vorbeigekommen, denn das Dornengezweig sproß kreuz und quer, schloß sich alsbald hinter den Männern. Spuren waren zu sehen, viele Füße waren hier über Stein und Staub geschritten. Und hier auch bahnte sich Jerônimo mit den Seinen den Weg. Er hatte früher als Viehtreiber die Caatinga in alle Richtungen durchstreift, kannte sie teilweise wie seine Westentasche. Er ging hinter Bruder und Sohn und führte den Esel; ihm folgten die Frauen, im Gänsemarsch, weil die Schneise so eng war. Dinah, die den Kleinen trug, wehrte die Dornen mit dem Arm ab.

Noca reiste nun in einem der Körbe auf Jeremias' Rücken. Sie hatten ihn geleert, und Jucundina hatte das kranke Mädchen hineingesetzt. Der Fuß war weiter geschwollen, das Fieber gestiegen. Noca stöhnte nicht mehr, sie zeigte sich gänzlich apathisch, und nun trug Gertrudes die Katze. In den ersten Fiebertagen hatte Noca, wenn sie Marisca erblickte, noch gelächelt, hatte das Tier in die Arme geschlossen, ihm über das seidige Fell gestrichen, hatte bei seinem Miauen aufgemerkt. Nach und nach aber war das Kind in einen Stumpfsinn verfallen, der Jucundina angst und bange machte. Zu allem Ärger wiederholte Zefa seit der ersten Fiebernacht ununterbrochen: »Es wird sterben ... sterben ...« Es war wie ein Fluch.

Alles übrige aus ihrem beschränkten Arsenal an Drohungen und Verwünschungen schien Zefa vergessen zu haben. Das einzige, was sie jetzt prophezeite, war Nocas Tod. Den andern war dieses noch und noch wiederholte Orakel ein Graus, sie wehrten es ab, gewöhnten sich aber allmählich daran, am Ende glaubten sie es selber. Seit der Nacht, da Noca mit ihrem Stöhnen Jucundina weckte, hatte sich der Zustand des Kindes immer mehr verschlechtert. Nicht Melisse half, nicht Tee, »die Wunde ist bös geworden«, waren Jerônimos Worte. Allen wurde Zefas Prophezeiung zur festen Gewißheit: Noca würde sterben. Und sie harrten der Stunde, da Noca die Augen schließen würde und ihr Leiden ein Ende hätte. Zwei Tage kampierten sie an einem Wasserloch, ratlos, was zu tun sei. Und als die Kleine weder genas noch starb, entschieden sie am dritten weiterzuziehen, um nicht noch mehr Proviant zu vergeuden. Von da an wehrten sie den Gedanken an Noca, die mit halbgeschlossenen Augen da im Korb saß, möglichst ab. Nur Jucundina und Marta kamen zuweilen und musterten das gelbe Gesicht der keuchenden Kranken.

Zefa, ohne sich Nocas zu entsinnen, wiederholte mechanisch die unheilvollen Worte. Und die anderen, ein jeder für sich, hätten es nach so vielen Tagen des Wartens besser gefunden, wenn sie gestorben wäre, denn sie verzögerte und verlängerte nur die Reise, man mußte langsamer gehen, das Leiden dauerte fort, und der Proviant ging zur Neige.

12

Und an diesem Tag fanden sie kein Wasser, auf der ganzen Strecke nicht. Die Sonne brannte, die Steine unter ihren Sohlen waren Feuerlohen, in den Büschen krochen die Nattern. Mit seinem Stock tötete João Pedro eine Klapperschlange, später kam Tonho bleich vor Schreck angerannt, mitten auf dem Weg hatte er eine Jararacuçu erspäht. Sie marschierten wachen Auges, und der Durst wuchs. Das bißchen Wasser, einen halben Krug voll, hob Jucundina für Noca auf.

Irgendwann mußten sie Tonho mit auf das Tragegestell setzen. Der Junge war zu erschöpft. Da ging es noch langsamer voran, Nocas Lider senkten sich weiter, aller Müdigkeit wuchs.

Gegen drei Uhr nachmittags war Dinah am Ende: »Ich kann nicht mehr!«

Der Zug hielt an, João Pedro und Agostinho legten die Haumesser ab. Kein Baum in der Nähe, kein Haus, keine Lichtung, kein freier Fleck. Wohin man auch blickte: unwirtlicher, feindlicher Trockenbusch. Selbst die in ihrem Wahn gestraffte Zefa sank hin und flehte um Wasser. Die Männer schwärmten aus, auf der Suche nach etwas Trinkbarem.

Agostinho trat zum Esel und musterte die Nichte im Korb. »Sie wird die Nacht nicht überleben«, sagte er mit Erleichterung in der Stimme.

13

Aber noch am Abend, nachdem sie weitergezogen waren, stießen sie auf eine Lichtung. Von ihr ging ein breiter Weg aus, den Jerônimo gesucht hatte. Hier fanden sie eine große Gruppe Auswanderer, denen sich Arbeiter einer hiesigen Fazenda zugesellt hatten. Männer, Frauen und Kinder — etwa ihrer zwanzig — bei einem improvisierten Fest, Cachaça trinkend und um einen Gitarrespieler geschart, der ebenfalls Auswanderer war. Nicht so sehr der Durchreisenden wegen waren die Arbeiter gekommen, denn Tag für Tag passierten, von oder nach São Paulo, Vertriebene diese Fazenda. Vielmehr war ein Magier, Überbleibsel einer in der nächstgelegenen Stadt Pleite gegangenen kleinen

Theatertruppe, auf der Fazenda erschienen. Der Zauberer suchte sein Heil auf den Landgütern, erhoffte sich für seine Darbietungen von den Besitzern ausreichende Belohnung, um das Reisegeld für die Rückkehr nach Rio de Janeiro zusammenzubekommen. In den großen Städten pflegte er sich auf marktschreierischen Plakaten als Professor Flúvio der Große anzupreisen. Hier indes, in schmutziger Kleidung (er hatte seine Garderobe verkauft, um die Pensionsrechnung zu bezahlen, besaß nur noch diesen einen Anzug, den er auf dem Leib hatte, den Zauberstab und noch dieses oder jenes billige Instrument), mit langen Haaren und unrasiert, war er schlicht wieder José Duarte. Er war in schlimmstes Elend verfallen, von Fazenda zu Fazenda zog er, trat da zuerst vor den Obersten auf, dann vor den Tagelöhnern und Kolonen, sammelte magere Nickelstücke ein, niemals ausreichend, um mit einer längeren Fahrt die Reisezeit in die Hauptstadt möglichst zu verkürzen. Bereits mehr als zwei Monate war er unterwegs, quer durch die Caatinga, und er ahnte nicht, welche Freude er den Menschen dieser Fazendas bereitete, die kein Kino und kein Theater kannten.

Schon war er vor dem Gutsbesitzer und dem Verwalter aufgetreten; auch vor den Arbeitern. Schon wollte er weiter, da hörte er, daß ein Trupp Auswanderer auf der Gemarkung der Fazenda Halt eingelegt hatte, und er entschied, sich noch ein paar Nickelstücke zu verdienen.

Als Jerônimo mit den Seinen anlangte, wollte der Zauberer seine Vorstellung beginnen. Doch da aller Blicke sich den Ankömmlingen zuwandten, brach er seine Einführungsrede ab; lieber wollte er noch einmal von vorn anfangen.

»Guten Tag«, grüßte Jerônimo.

Da ragten Bäume auf, streckte Weideland sich hin, Gehege für die Rinder. In der Ferne das Herrenhaus, die Pferche, Arbeiterunterkünfte. Allein schon die Begegnung mit diesen Menschen war den Ankömmlingen eine Aufmunterung.

Jerônimo bat um Erlaubnis, hier Rast einlegen zu dürfen. Die müsse er dort, beim Besitzer der Fazenda, einholen, bemerkte einer der Arbeiter. Nicht nötig, meinte ein anderer, der Oberst habe es den am Abend zuvor Eingetroffenen gestattet, und das könne auch für Jerônimos Familie gelten. Der Esel wurde von seinen Lasten befreit, und aus dem Korb kam das kranke Kind zum Vorschein. Jucundina legte es neben einen Baumstamm, die Katze lief miauend herbei, strich um die Frau herum, sie war zum Spielen aufgelegt. Der kleine Ernesto fing an zu plärren, er wollte gefüttert werden.

Aus der Gruppe, die den Zauberer umringte, kam eine Frau und erkundigte sich, was dem Mädchen fehle. Da setzte sich die ganze Schar in Bewegung, der Zauberer streifte die Ärmel herab und trat ebenfalls heran. Alle wurden sie befragt, Jucundina und Dinah gaben Auskunft, Marta und Gertrudes indessen brieten das Dörrfleisch über dem Feuer, auf dem die anderen ihr Abendessen zubereitet hatten. Agostinho kaufte einem Mann ein Büschel Bananen ab. Während Jucundina den Kleinen fütterte, beschrieb Dinah den versammelten Frauen Nocas Leiden. Diese gaben Ratschläge, eine brachte eine Salbe, die der Arzt einem ihrer Kinder für einen ähnlichen Fall verschrieben hatte. Dinah trug die Salbe auf, aber Noca, mit schlaffem Körper und geschlossenen Augen, schien nichts zu spüren. Der Magier wartete geduldig, daß wieder Ruhe einkehrte und er mit der Vorstellung beginnen könne. Der Anblick des kranken Kindes ließ ihn nicht ungerührt, aber größer war seine Furcht, die Leute würden sich gänzlich den Ankömmlingen zuwenden. Einige der Männer hatten sich erboten, Wasser zu holen, andere halfen Jerônimo, Körbe und Tragegestell vom Esel zu heben, die Frauen suchten nach irgend etwas, das Noca dienlich sein könnte, eine redete heftig auf Zefa ein, die stumm auf den sich bewegenden Mund der Frau starrte. Agostinho mußte ihr sagen, daß Zefa närrisch war. Eine andere berichtete Jucundina, ihr habe das böse Fieber unterwegs zwei kleine Kinder hinweggerafft. Der Magier hatte sich etwas zurückgezogen und betrachtete voll Arg den Trubel. Die Familie setzte sich zum Essen, er sah Jucundina den kleinen Ernesto zum Schlafen hinlegen, in die nun endlich wieder aufgespannte Hängematte, und er sah Noca in der anderen Hängematte liegen, sanft gewiegt von Marta.

Endlich scharten sich die Leute wieder um den Magier. Er klatschte in die Hände, die Nacht umfing sie, am Himmel hing der abnehmende Mond. Falls sich der Beginn noch weiter hinauszöge, würden die meisten Zauberstückchen ihre Wirkung verfehlen, und entsprechend gering wäre der Lohn.

»Meine Damen, meine Herren, die Vorstellung beginnt!«

Agostinho hatte sich bis in die erste Reihe vorgedrängt, mit Gertrudes. Auch die anderen hatten sich unter die Zuschauer gemengt und waren gespannt auf das, was da Wundersames passieren würde. Jucundina blieb allein bei Ernesto. Marta wiegte die hinsterbende Noca. »Mutter, geh du auch«, rief sie, »zerstreu dich ein bißchen, ich kümmere mich um die Kinder.«

Jucundina hatte Lust, sich das anzuschauen. Ernesto schlief friedlich. Noca in der anderen Matte schien ruhig. Die Alte ging, ein bißchen zögernd, stellte sich an Jerônimos Seite. Marta stand da, etwas erhöht auf den Wurzeln, und sah, wie der Magier, ein triumphierendes Lächeln auf dem Bartgesicht, zum Kartenspiel griff.

Er ließ einen Teil des Kartenstapels verschwinden. Die Frauen lachten, die Männer äußerten lebhaft ihre Meinung. Er zauberte ein Ei aus seiner Hand fort und holte es hinter Gertrudes' Ohr wieder hervor. Das Lachen wurde lauter. Er bot noch weitere Stückchen dar, unter anderem das mit der zerrissenen Banknote im Tüchlein, die am Ende wieder heil ist. Er unterbrach und sagte, er werde eine Pause von etlichen Minuten einlegen, um vom verehrten Publikum den Dank einzusammeln. Wenig war es, was der Professor Flúvio da an Münzen erntete, doch er war es gewöhnt, er wußte, daß sie spendeten, was ihr schmaler Beutel eben erlaubte, er selber fand eine gewisse Freude daran, ihnen dieses Vergnügen zu bereiten. Er kehrte in den Kreis zurück und fragte, wer eine Uhr besäße. Einer der Männer überreichte ihm eine große und alte Uhr, die hörbar laut tickte. Der Magier ließ sie in ein Tuch fallen, befahl den Leuten in der ersten Reihe zu fühlen, ob die Uhr noch da sei. Dann machte er einen Knoten und schlug das Tuch mehrere Male gegen einen Stein. Der Besitzer der Uhr schrie auf vor Schreck. Aber der Magier lächelte und witzelte. Die Uhr sei in tausend Stücke zerborsten, rief er, doch er werde sie wieder ganz machen. Alles schaute gebannt auf den Meister, Zefa starrte ihn an wie einen Gott. Sogar Marta verrenkte den Hals, um besser zu sehen. Auf Zehenspitzen stand sie auf der Wurzel und wahrte das Gleichgewicht, indem sie sich an der Verschnürung von Nocas Hängematte festhielt. Dabei spürte ihre Hand ein Zittern, sie wandte sich um, und da sah sie: Noca lag im Sterben, ihr Körper zuckte, mit Beinen und Händen zappelte sie wie ein kleines verwundetes Tier. Grad brachte der Zauberer, zur Verblüffung dieser Dörfler, die Uhr heil wieder zum Vorschein, da kam Martas Entsetzensschrei: »Mutter, sie stirbt . . .«

Jucundina stürzte herbei, die anderen standen wie gelähmt, bis eine der Frauen bemerkte: »Ich habe auf dieser Reise schon zwei Kinder verloren.«

Da traten alle an die Hängematte, und Jerônimo stützte die schluchzende Jucundina. Noca lag mit dem Rücken nach oben, mitten im Todeskrampf hatte sie sich gedreht. Marta nahm das Kind aus dem Netz und bettete es auf die Erde. Es war nur noch ein Fädchen von einem Menschen, war nur noch Haut und Knochen. Tonho setzte sich neben die tote kleine Schwester hin und fing an zu weinen.

14

Es war nicht viel Zeit, um Nocas zu gedenken. Zum Weinen und zum Beten blieb ihnen nur der Rest der Nacht. Während der Totenwache saßen sie in traurigem Gespräch, jedermann erzählte, was er an Unglück alles erlebt: Dürren, Vertreibung vom Land, Kämpfe mit mächtigen Obersten, den Tod von Kindern. Sie sprachen davon, was der Busch bei Krankheiten an Heilmitteln bot.

An diesem Abend war wieder von Estêvão, dem Beato, die Rede. Er sei hier in der Gegend, käme auf dem Weg aus der Stadt daher, in seiner Begleitung viele bewaffnete Sertanejos, Männer ohne Land, von den Fazendas verjagte Tagelöhner, von der Dürre vertriebene Bauern, Gesetzesbrecher auf der Flucht, auch jene, die wegen ihrer Schulden im Magazin der Fazenda geflohen waren. Alle waren sie als Büßer gekommen, sie beteten Psalmen und Vaterunser, aber auch Litaneien, die der Beato ersonnen hatte, und sie verkündeten das nahe Ende der Welt. Zefa war ganz gebannt von all den Geschichten um den Beato, in dieser Stunde schien sie hell bei Verstand zu sein. Von dem toten Kind nahm sie offenbar keine Notiz mehr. Vorher, als die Kleine auf die Erde gelegt wurde, hatte Zefa sich über sie geworfen, hatte sie an sich gedrückt, hatte sie im Schoß gewiegt und — als liebkoste sie das Kind, das ihr nicht vergönnt gewesen, als schläferte sie es mit süßer Stimme ein — hatte sie ihr Wiegenlieder gesungen, von denen die andern nicht geahnt, daß sie diese kannte. Jucundina endlich hatte ihr das Kind aus den Armen genommen.

»Noch und noch hat sie das Unheil heraufbeschworen, und nun möchte sie gut sein zu dem Engel.«

Aber Zefa verstand die Worte nicht, sie scherte sich nicht drum, streckte die Arme aus und flehte: »Gib sie mir . . .«

Agostinho hatte sie wegführen müssen, mit Martas Hilfe. Darauf folgte einer ihrer Anfälle, sie schrie und fluchte, bedrohte alle, die Familie und die aus Distanz spähenden Fremden. Sie hatte sich erst beruhigt, als das Gespräch auf Estêvão, den Beato, gekommen war.

Anschließend redete man von Lucas Arvoredo, der, wenn sich die Leute dieses Teils des Sertãos Geschichten erzählten, eben nicht fehlen durfte. Man sprach von seinen Heldentaten und seinen Verbrechen. Sie hatten Angst vor ihm, ohne Zweifel, doch sie haßten ihn nicht, er war ein Bauer wie sie, er stammte von einer Fazenda, war um sein Land bestohlen worden, war Arbeiter gewesen von Sonnenaufgang bis Sonnenuntergang. Jemand erwähnte auch Zé Trevoada: »Da ist einer, der soll noch tapferer sein als all die anderen. Zé Trevoada mit Namen, Zé — das Gewitter; weil er so gewaltig ballert, wahrhaftig wie ein Gewitter.«

Jucundina merkte auf. Vergessen war das tote Kind an ihrer Seite, denn es war von ihrem Sohn die Rede. Gar oft während dieser langen Reise hatte sie der drei Söhne gedacht. Ach, wären die drei jetzt hier, dann wäre manches leichter, wäre Jerônimo und João Pedro viel Arbeit abgenommen. Vor allem Nenén wußte immer Abhilfe, mit seinem einzigartigen Geschick brachte er alles zuwege, machte sich alle zum Freund, meisterte jede Situation. Fortgezogen waren die drei, aber keinen Augenblick hatte Jucundina sie vergessen. Für die anderen schienen sie nicht mehr zu existieren, da mußte erst ein Fremder, wie dieser Mann grad eben, einen von ihnen erwähnen, damit sie sich ihrer erinnerten. Jahre her war's, daß sie, einer nach dem andern, über Nacht fortgegangen waren. Einer hielt sich bei Lucas Arvoredo auf, die beiden anderen dienten bei den Streitkräften: Polizist der eine, Soldat der andere. Jucundina aber machte keinen Unterschied zwischen den dreien, etwa daß sie José für einen Banditen hielt und Jão und Nenén für rechtschaffene Burschen. Rechtschaffen waren sie alle drei, jeder ging seinen Weg, folgte seinem Schicksal. Allein, Jucundina wünschte sich, sie wiederzusehen, sie wieder um sich zu haben. Alles war so schwierig geworden, seit man sie von ihrem Landstück vertrieben, das ihre Söhne damals verlassen hatten. Dinah, die als einzige in der Familie einigermaßen schreiben konnte, hatte sie einen Brief an Jão diktiert. Sie hatte ihm das Vorgefallene berichtet und mitgeteilt, daß sie nach São Paulo gingen, von wo aus sie sich wieder melden wollten. Wie aber José verständigen, wenn er der Zé Trevoada aus der Bande des Lucas Arvoredo war, der kein Wegziel und kein Zuhause hatte, sondern durch die Caatinga streifte, Siedlungen überfiel, Menschen tötete? Auch Neném Adresse kannte sie nicht. Eine Zeitlang war er in São Paulo eingesetzt gewesen, während dortiger Kriegswirren, dann aber offenbar an den Amazonas versetzt worden, und er hatte nichts mehr von sich hören lassen. Er, ihrem Herzen am nächsten, war am weitesten fort. Vor geraumer Zeit brachte ein Bekannter Kunde von ihm, er sei schon Gefreiter, habe sich die Beförderung im Krieg in São Paulo verdient; er habe Nenén in der Stadt getroffen. Dieser war gerade im Begriff, zu Schiff nach Manaus aufzubrechen, von dort ging es ins Landesinnere, in die Indianerregion, zum Streifendienst an die Grenze. Jucundina hatte auf einen Brief geharrt, jedoch vergebens.

Jerônimo drang in den Mann, der Zé Trevoada erwähnt hatte. Doch der wußte lediglich, daß es sich um einen Draufgänger handelte, der, so erzählte man sich, bei einer Schießerei den Leutnant Anselmo getötet hatte. Jucundina in ihrem großen Kummer war das zu wenig. Sie ließ Marta bei der Toten und sprach den Mann selber an: »Was wissen Sie sonst noch über diesen Zé Trevoada?«

Der Mann zeigte sich etwas verlegen, daß er diesem großen Interesse nicht Genüge tun konnte. Er kramte in seiner Erinnerung, schon wollte er Zé Trevoada ein in seiner engeren Heimat begangenes Verbrechen andichten, als Jucundina gestand: »Er ist nämlich mein Sohn. Und ich möchte wissen ...«

»Mehr weiß ich nicht, Senhora, nur eben was ich grad gesagt habe. Ein Draufgänger, erzählt man, tapfer wie kein zweiter ...«

Da kehrte sie zu der Toten zurück, doch nun begleitet von ihren drei Söhnen und schon weniger verzweifelt. Tonho schluchzte nicht mehr; von der Müdigkeit übermannt, schlief er im Sitzen. Jucundina bettete ihn hin, deckte ihn mit den Lumpen zu, die vorher Noca gewärmt hatten. Dann ging sie, um nach Ernesto zu sehen, der in der Hängematte schlief.

Da stand der Zauberer und betrachtete das Kind. Jucundina erkannte er nicht, er wies auf den schlafenden Kleinen: »Der übersteht's ebensowenig.«

Die Erwiderung blieb aus. Das verwunderte ihn, er sah der Frau ins Gesicht, erkannte Jucundina, war verwirrt, suchte verlegen nach einem Wort der Entschuldigung, seine Hand hing in der Luft, er machte eine hilflose Geste.

»So Gott will, bleibt er am Leben.«

Der Magier breitete die Arme aus und murmelte: »O ja, recht haben Sie ... Er wird sich schon wieder herausmachen«, und er zog sich zurück. Jucundina sah ihm nach. Er mengte sich unter die Leute, die Zaubertricks erklärt haben wollten. Jucundina betrachtete den Kleinen. Immer magerer wurde er. Doch hier hatten sie Milch auftreiben können, der Trinkkrug war bis obenan mit abgekochter Milch gefüllt, das würde für den ganzen nächsten Tag reichen. Der Maisbrei zehrte dem Kind das Fleisch auf. Aber Gott würde es nicht zulassen, daß ihrer Tochter Kinder, deren sie sich angenommen hatte, alle unter ihrer Hand stürben. Nein, Gott würde es nicht zulassen ...

15

Und die Tage strichen dahin, die Füße der Wanderer bedeckten sich mit Wunden, der Schorf trocknete ein, neue Wunden entstanden, und die Reise nahm kein Ende. Jerônimo hatte sich den Tag des Aufbruchs notiert und Abend für Abend gezählt, wie lange sie schon unterwegs waren. Eine reichlich unnütze, ermüdende Sache; schließlich hatte er es aufgegeben. Sie wußten nicht mehr, wie lange sie schon, mit gelegentlichem Halt auf einer Fazenda, durch die Caatinga zogen. Bereits mehr als ein Monat mußte es sein, denn der für dreißig Tage berechnete Proviant war gänzlich aufgebraucht. Dabei hatten sie gespart, hatten die Fleischrationen immer kleiner gehalten, in den letzten Tagen war das Abendessen weggefallen, vor dem Schlafengehen hatten sie lediglich etwas Kaffee getrunken. Ausgemergelt und zerlumpt sahen sie aus. Zu Beginn waren sie ärmliche Bauern gewesen, nun aber, mit struppigen Haaren und gewaltigen Bärten, glichen sie Banditen oder Bettlern.

Konnten sie auf einer Fazenda Rast einlegen, dann versorgten sie sich mit Nahrung oder sonstigen für die Reise erforderlichen Dingen. Doch das geschah selten, ihre Wege führten zumeist nicht an Niederlassungen vorbei, und Umwege machen wollten sie nicht.

Eines Abends aber gelangten sie zu einer Fazenda, deren Herrenhaus etwas abseits lag. Eine kleine Alte half ihnen und wies ihnen zur Übernachtung eine leerstehende Schnitterhütte an. Das Gesinde war noch auf den Pflanzungen, und sie konnten sich, ehe die Sonne unterging, im Magazin mit Dörrfleisch, Kaffee, Bohnen, Mehl und Rohzucker versorgen. Außerdem gab ihnen die kleine Alte etwas Milch. Bei Einbruch der Dunkelheit kamen die Arbeiter, und sie brachten Nachricht vom Beato Estêvão. Er mache mit seinen Büßern, ihrer Tausend etwa, auf einem Nachbargut Station, keine Meile weit entfernt, er habe dort zu predigen begonnen, aber die Armeepolizei sei ihm hinterher, weil seine Leute plünderten und die Fazendas am Wege in Mitleidenschaft zögen.

Diesmal bereitete Jucundina ein kräftiges Abendgericht aus Bohnen, Dörrfleisch und Maisbrei, und mit ausreichend Kaffee. Sie fand, die Männer hatten es sich sehr wohl verdient. Länger als eine Woche waren sie auf halbe Ration gesetzt, zuletzt hatte es so gut wie kein Fleisch mehr gegeben, sondern fast nur noch Kaffee. Nach dem Essen streckten sich alle auf dem Fußboden der Hütte aus, Männer und Frauen durcheinander. Agostinho hatte sich dicht neben Gertrudes gelegt, er wollte sie überreden, ihm in den Busch zu folgen, doch der Schlaf übermannte ihn, noch ehe in der Hütte Ruhe herrschte.

Am Morgen werde man zeitig aufbrechen, um Estêvãos Leuten nicht zu begegnen, hatte Jerônimo verkündet. In der Tat stand er noch vor dem Morgengrauen auf, holte Jeremias, der auf der saftigen Weide der Fazenda graste, strich dem Esel über das Maul, sagte ihm liebe Worte, behandelte ihn wie seinesgleichen, zärtlich und mit Achtung. »Hä, Jeremias, schlägst dir deine Hungerwampe voll ...«

Sie hatten gut gegessen zu Abend, hatten unter einem Dach geschlafen, hatten sich mit Proviant versorgt — Jerônimo war guter Laune, war voller Zuversicht und Unternehmungsgeist. Er schirrte den Esel an, führte ihn vor die Hütte, trat hinein, um die anderen zu wecken. João Pedro und Zefa fehlten. Sicherlich verrichteten sie im Gebüsch ihre Notdurft. Doch dann sah er João Pedro draußen einen Armvoll Maniokwurzeln in einen der Seitenkörbe stecken, mit erdverschmierten Händen. Da wußte er, daß João Pedro den Maniok vom Feld gestohlen hatte. Das schmerzte ihn. Er selber hielt auf Anstand, beging keine Diebereien. Er wollte dem Bruder Vorhaltungen machen, doch ihm fiel ein, was sie für Hunger gelitten und auf dem Rest der Strecke noch leiden müßten, und er fragte nur: »Hast du Zefa gesehen?«

»Nein«, erwiderte João Pedro; wegen der finsteren Miene des älteren Bruders fühlte er sich zu einer Erklärung verpflichtet: »Du hast ja gesehen, was hier für eine Menge Maniok wächst. Gestern abend hab ich den Verwalter gebeten, mir ein paar Wurzeln zu verkaufen, aber er sagte, ich müsse mich an die Alte wenden, der diese Fazenda gehört, und die schlief bereits.«

Er hob den Kopf und fuhr fort: »Wir haben Frau und Kinder. Wenn wir's nicht tun, bleiben wir allesamt auf der Strecke. Nicht ein einziger erreicht das Ziel.«

»Ich hab ja nichts gesagt«, entgegnete Jerônimo, und um das Thema zu wechseln, fragte er ein weiteres Mal: »Hast du Zefa gesehen?«

»Als ich ging, war sie nicht da.«

Agostinho machte sich auf die Suche. Er lief die Felder der näheren Umgebung ab, bis hin zum Herrenhaus, fragte dort die Arbeiter, die gerade hinaus aufs Feld wollten. Nichts. Er kam ohne Nachricht zurück. Jerônimo drängte zum Aufbruch: »Sonst verlieren wir noch den Tag.«

Aber Jucundina widersprach, sie forderte die drei Männer auf, die Umgebung noch einmal gründlich abzusuchen. Sie selber begab sich zum Herrenhaus, erzählte der Besitzerin, was vorgefallen war, und erreichte, daß sie einen weiteren Tag bleiben durften. Indes, alles Suchen war vergeblich. Am Abend kehrten die Männer erschöpft zurück, ohne eine Spur gefunden zu haben. Was sie hatten erfahren können, betraf nicht Zefa, wohl aber den Beato Estêvão. Der hatte am Morgen das Nachbargut verlassen und war wieder hinein in die Caatinga gezogen. Er habe, so war zu erfahren, Wunder vollbracht und Prophezeiungen ausgesprochen.

16

Jucundina merkte sehr wohl, daß es zwischen Agostinho und Gertrudes ein Geheimnis gab, doch sie sagte nichts. Auch Dinah schien etwas zu vermuten und behielt die Tochter im Auge. Achtete man nicht darauf, liefen die beiden eng nebeneinander, in eindringlichem Gespräch. Wurde zum Mittagessen oder zum Schlafen Rast eingelegt, stahlen sie sich unter irgendeinem Vorwand davon, und wenn sie wiederkamen, machte Gertrudes ein erschrockenes und zugleich vergnügtes Gesicht, kicherte ohne ersichtlichen Grund, Agostinho hingegen hockte sich in seine Ecke, stumm und jegliches Gespräch meidend. Das wollte Jucundina nicht gefallen. Agostinho war zu jung zum Heiraten, und Gertrudes war noch ein halbes Kind. Ja und heiraten, wie denn? Keine Bleibe, nichts zum Beißen, keine Arbeit. Wäre man noch daheim, gäbe es keinen Hinderungsgrund, außer daß Gertrudes noch zwei Jahre zu warten hatte, ehe sie an ein Kind und einen eigenen Hausstand denken konnte. Jucundina freilich fühlte, daß es schwer sein würde, den Dingen zu wehren. Agostinho, noch ein Grünschnabel, war den Schürzen im Dorf schon hinterher gewesen. Um wieviel mehr mußte solches ihm auf der Reise fehlen, zumal die Cousine, so nah an seiner Seite, mit ihrem anhaltenden Lachen und den sich unter dem kurzen Kleid abzeichnenden Schenkeln für ihn eine ständige Versuchung war.

Was wohl Jerônimo und João Pedro sagten, wenn sie merkten, was sich hier zusammenspann? Doch diese beiden hatten keine Zeit für solche Dinge. Sie plackten sich den ganzen Tag mit der Reise, abends sanken sie todmüde aufs Lager und wollten nur noch schlafen. Den Frauen aber war es nicht entgangen. Dinah spitzte die Ohren, und Marta lächelte, wenn sich Bruder und

Cousine davonstahlen. Jerônimo war eine friedfertige Seele, aber wehe, wenn er in Zorn geriet. Durch einen ähnlichen Fall war Jão von zu Hause fortgegangen, für immer. Er hatte eine Liebelei mit der Tochter des alten Maneca, einem Gevatter der Familie, angefangen, und Abend für Abend traf sich das Pärchen am Fluß zum Schwatz. Maneca stellte Jerônimo zur Rede. Wenn der Bursche heiraten wolle, er habe nichts dagegen, doch er wolle nicht, daß seine Tochter ins Gerede käme und böse Zungen ihr die Ehre beschnitten. Jerônimo hatte schweigend zugehört und versichert, er werde die Sache regeln. Jão war noch keine zwanzig, kaum zeigte sich der erste Flaum über seinen Lippen.

Zu Hause, am Abend, nahm Jerônimo sich den Sohn vor: »Du kannst nicht heiraten, du hast noch kein Auskommen . . .«

Er brauche niemandem Rechenschaft abzulegen, er sei Manns genug, erwiderte Jão, und Arbeit würde er allemal finden, sobald er von zu Hause fortginge. Jerônimo packte die Wut, mit einer Latte stürzte er sich auf Jão. Jucundina war zugegen, getraute sich aber nicht einzugreifen. Marta, damals dreizehn Jahre alt, saß ängstlich in einer Ecke.

»Schlag mich nicht, Vater, bei Gott, schlag mich nicht . . .« rief Jão. Und als Jerônimo ihn dennoch bedrängte: »Wenn du mich anrührst, verlasse ich auf der Stelle das Haus.«

Jerônimo, blindwütig, zerdrosch die Latte auf Jãos Rücken. Der Junge stand reglos und fest da, schaute nur zu Jucundina herüber; ihr schwindelte, und sie warf sich ihrem Mann entgegen. »Laß mein Kind, du Scheusal.«

Da erst hielt Jerônimo inne, schnaufend. Er warf den Prügel fort und ging wortlos hinter das Haus. Jucundina tastete dem Sohn die Arme ab, den Kopf, die Rippen. »Mutter, ich gehe«, sagte Jão.

»Tu's nicht, Jão. Dein Vater war in Zorn, und zu Recht, du hast ihm widersprochen. Ein Sohn widerspricht dem Vater nicht.«

»Ich gehe, Mutter, hier bleibe ich nicht. Ich will mein Leben selbst in die Hand nehmen. Ich bitte um deinen Segen.«

Fest entschlossen stand er vor ihr. Da wußte sie, daß er auf keinen Fall blieb. Sie holte die hundert Mil-réis, die sie für einen Krankheitsfall oder sonst ein unabwendbares Ereignis beiseite gelegt hatte, und gab sie dem Sohn. »Kehr zurück, wenn du deinen Starrsinn abgelegt hast.«

»Ich komme nicht wieder, Mutter.« Er schritt zur Tür. Nichts in den Händen als den Geldschein, die in der Mitte eingerissene und mit Waschseife geklebte Banknote. Auf der Schwelle drehte er sich um: »Sag Vater, er möge mir verzeihen.«

Jucundinas Augen waren voll Tränen. Sie trat hinaus und sah gerade noch Jãos Gestalt ins Dunkel tauchen. Er war der erste, der fortging. Der zweite schloß sich Lucas Arvoredo an, und Nenén verschwand eines Nachts, einfach so, ohne etwas zu hinterlassen, und lange wußten sie nicht, was aus ihm geworden war. Es blieb Agostinho, der jüngste der vier. Und dieser nun hielt es mit Gertrudes, führte heimliche Gespräche, traf sich mit ihr im Busch. Das würde ein schlechtes Ende nehmen. »Heiraten, ehe es passiert und sie auf die schiefe Bahn gerät«, murmelte Jucundina.

Falls es geschah, was würde Jerônimo tun? Nicht auszudenken!

17

Von Jucundina und Dinah mit Sorge und Beben wahrgenommen, glomm die Liebe in der Caatinga. Der Proviant war gänzlich aufgebraucht, einen Teil des Tages verloren sie mit Nahrungssuche. Ein Gürteltier, gelegentlich ein Kaninchen oder ein Erdschweinchen, das war alles. Mühsam war die Jagd in der Caatinga. Stunden und Stunden folgten sie der Fährte des Tieres, und die Reise zog sich in die Länge. Agostinho vermutete bisweilen, der Vater habe den Weg verloren, und erst wenn sie Leuten begegneten, die ihm das Gegenteil versicherten, gewann er Ruhe und Vertrauen wieder.

Er wünschte, baldigst in eine Stadt oder auf eine Fazenda zu gelangen, wo er Arbeit fände und mit Gertrudes bleiben könnte. Der Hunger entnervte ihn, und sogar mit der Cousine stritt er, da sie ihm nicht mehr in den Busch folgen wollte. Je länger die Reise dauerte, je näher er den jugendlichen Körper des Mädchens beim Umarmen, Anschmiegen und Streicheln fühlte, desto ungestümer sein Drängen und desto fester sein Entschluß, das Mädchen da auf den Wegen schon zu besitzen, auch wenn er ihr versprochen hatte, es so lange nicht zu tun, bis der Priester sie getraut und sie eine sichere Bleibe hätten. Schon wollte er nicht mehr bis nach São Paulo mitreisen. Auf Fazendas, die sie passierten, bot man ihm Arbeit an, sehr schlecht bezahlte, doch er wäre mit allem zufrieden gewesen, sofern Gertrudes sich ihm anschloß.

Eines Abends erschien das Mädchen mit blutiger Lippe. Ein Dornenkratzer, behauptete sie, aber es sah nicht danach aus. Dinah nahm sie ins Gebet, und sie gestand, Agostinho habe ihr einen Schlag versetzt. Er hatte sie mit Gewalt nehmen wollen, sie hatte sich gewehrt, da hatte er zugeschlagen. Dinah geriet außer sich. Sie glich Zefa in deren schlimmsten Tagen. Jerônimo und João Pedro waren einem Gürteltier hinterdrein, und Agostinho hatte sich aus dem Staub gemacht. Nur die Frauen waren da und Tonho. Als Jerônimo und João Pedro — noch hatten sie an diesem Tage nichts gegessen — auf die Jagd gingen, war Agostinho unter dem Vorwand zurückgeblieben, den Frauen Schutz zu geben. Sein Plan stand fest, das Blut war in Wallung.

Nach Gertrudes' Geständnis ging Dinah stracks auf Jucundina zu. Die beiden verstanden sich gut, redeten einander mit Gevatterin an, wiewohl sie nur angeheiratet und miteinander nicht blutsverwandt waren; jedenfalls hatte João Pedros Familie immer etwas in Abhängigkeit von Jerônimo gelebt, der ältere Bruder hatte ihnen in den schlimmsten Jahren beigestanden, mit Rat und Tat, hatte bei Geschäften und schwierigen Entscheidungen stets das letzte Wort gehabt. Dinah geriet in Zorn, der Hunger machte sie alle aggressiv und rabiat, sie waren ausgemergelt, glichen Gespenstern, die Haare wuchernd, verlaust, die Körper ungewaschen, Kleider und Anzüge in Fetzen, sie sahen aus wie die letzten Überlebenden eines Krieges. Alles versetzte sie in Erregung. Sogar Jucundina fühlte sich krank, war leicht reizbar, immerzu nörgelte sie, hatte an allem etwas auszusetzen, wechselte rauhe Worte mit Jerônimo. Nur Marta bewahrte die Ruhe, nahm die Schicksalsschläge hin, behielt einen klaren Kopf, kümmerte sich um die Kinder — der Kleinste wurde immer hinfälliger, während Tonho ein trockener Husten plagte. »Hundehusten« sagte Jucundina.

Dinah rannte herbei und rief: »Gevatterin! Gevatterin, komm her!«

Doch sie kam selbst auf Jucundina und Marta zugelaufen, die Ernesto gerade ein bißchen Maisbrei einflößten. Tonho kümmerte sich um den Esel, dieser knabberte Rinde von den Büschen, die ihm sein Instinkt als besonders wasserhaltig anzeigte. Tonho selber kaute und verschlang an den ärgsten Hungertagen Rindenstücke, die Jeremias abgerissen hatte.

»Was ist los, Gevatterin?« Jucundina sprang auf, so sehr entsetzten sie Dinahs wilde Gebärden. Hatte eine Schlange sie gebissen? Das war Jucundinas größte Angst, daß eine Klapperschlange oder eine Viper jemanden von ihnen biß. Es wäre der sichere Tod gewesen, weshalb sie die Männer immer wieder zur Vorsicht mahnte. Eine Menge Schlangen hatten sie unterwegs getötet, Tonho wäre einmal beinahe gebissen worden, hätte er nicht schleunigst Reißaus genommen.

Schon bei Dinahs ersten Worten wußte Jucundina, worum es ging. So hatte es kommen müssen, sie war darauf gefaßt gewesen. Dinah drohte: »Wenn er sich an dem Mädchen vergreift, schießt ihm João Pedro eine Kugel in den Kopf, und zu Recht.«

»Reiß dich zusammen, verrücktes Weib!«

Dinah vergaß wohl, daß sie selber sich João Pedro im Busch hingegeben und lange Jahre ungetraut mit ihm gelebt hatte; erst viel später, als ein Priester zur heiligen Messe auf der Fazenda erschien, hatten sie geheiratet.

Jucundinas Schrei tat seine Wirkung. Die entnervte Dinah verstummte, ihr kamen die Tränen. »Oder ist mein Junge etwa nicht gut genug für deine Tochter?« kreischte Jucundina. »Zu gut ist er ... finde du ihr einen besseren!«

»Ich sage ja nicht, daß er schlecht ist«, erwiderte Dinah mit gedämpfter Stimme. »Wenn er das Mädchen heiraten will, ich sage nicht nein. Aber sie soll sich nicht das Unglück holen im Busch, soll nicht auf die schiefe Bahn geraten.«

Der Rest des Gesprächs verlief friedlich. Sie entschieden, Jucundina solle mit Agostinho reden, er habe sich zur Heirat in der Kirche der nächsten Ortschaft bereit zu finden.

»Es ist besser so ...«

Die Männer kamen gegen Abend zurück, sie hatten nichts erlegt. Agostinho kam noch später, am Blick der anderen erkannte er, daß es kein Essen gab. Er hielt nach Gertrudes Ausschau und sah sie abseits vom Feuer im Dunkel hocken, traurig, mit geschwollener Lippe. Der Kleine plärrte; die Katze miaute, sie war während der Reise gewachsen, war mager und wild, ließ sich nur widerwillig fangen, folgte ihnen aber wie ein Hund. Mehr als einmal hatte sie ein Erdschweinchen erjagt und es Marta, die sich seit Nocas Tod um sie kümmerte, vor die Füße gelegt. Freilich, wenn sie das tat, hatte sie sich zuvor selber erst einmal den Wanst vollgeschlagen. Jedenfalls verhinderte ihr Jagdinstinkt, daß man sie unterwegs aussetzte.

Agostinho spürte Hunger. Den ganzen Tag hatte er nichts gegessen, die letzte Mahlzeit, am Mittag des Vortages, hatte aus Maisbrei und einem Stück Rohzucker bestanden. Was an Mehl noch übrig war, wahrte Jucundina für Ernesto auf. Sie hatte Tonho ordentlich verprügelt, als sie ihn von dem letzten bißchen Mehl im Sack stibitzen sah.

»Agostinho, setz dich zu mir«, rief Jucundina ihrem Sohn zu.

Ehe er dem Befehl nachkam, warf er einen Blick auf Ernesto, dessen Gesicht nicht mehr das eines Kleinkindes war. Ein Rätsel, daß er überhaupt noch lebte. Fast stachen diesem in Lumpen gehüllten Etwas die Knochen durch die Haut. Agostinho gehorchte der Aufforderung, doch vor diesem Gespräch mit der Mutter bangte ihm. Sie alle waren von wenig Worten und kargem Vokabular, sie vermochten sich nicht gut auszudrücken, ihr Sagen enthüllte meist nur spärlich, was sie wirklich empfanden.

Er hockte sich vor Jucundina hin, wartete. Sie wußte nicht, wie sie beginnen sollte, leicht war es nicht, sie war nicht redegewandt, sie selber fürchtete, daß der Sohn in Verwirrung geriet, wie seinerzeit Jão. Schließlich, als das Schweigen lastend unangenehm wurde, griff sie den Stier bei den Hörnern: »Du willst Gertrudes heiraten?«

Agostinhos Gesicht verfinsterte sich, er zog die Stirn in Falten, senkte den Blick. Mit einem Holzstück stocherte er in der trockenen Erde der Caatinga. »Heiraten oder mich mit ihr zusammentun ... irgendwas ...«

»So warte wenigstens, bis wir in São Paulo sind und wieder in geordneten Bahnen. Es ist besser so, für uns alle. Da könnt ihr heiraten, wie es sich gehört, mit Priester und Standesamt. Juàzeiro ist bestimmt nicht mehr fern, der Vater sagt, nur noch wenige Tage. Dann Schiff und Eisenbahn, und wir sind am Ziel.«

Agostinho schüttelte den Kopf. »Ich gehe nicht nach São Paulo. Ich bleibe auf der erstbesten Fazenda, die mir Arbeit gibt.«

»In São Paulo, heißt's, verdient ein rechter Mann gutes Geld, wir sind fleißig, aber hier zählt ein arbeitsamer Mensch nichts, es sind zu viele, man bietet ihnen einen Hungerlohn.«

Agostinho fuhr sich nervös über das Gesicht. »Macht nichts, Mutter. Zieht ihr nur weiter, Vater ist ja versessen auf São Paulo. Kann sein, daß ihr bis dorthin gelangt und da euer Glück macht, vielleicht aber krepieren wir alle auf der Strecke, und das ist wahrscheinlicher. Ich will nicht sterben, ich hab zwei Arme, ich werde arbeiten, wo auch immer. Und Gertrudes nehme ich mit mir.«

Jucundina fühlte es, sein Entschluß war so unumstößlich wie der von Jerônimo, nach São Paulo zu gehen und vom dortigen Geld zu scheffeln. Sie kannte ihre Söhne, so waren sie alle — nach dem Vater geraten. Zwecklos zu reden, zu bitten, zu flehen, zu drohen. Nun ging der letzte, verließ sie, folgte seinem Schicksal. Und dieser hier nahm eine Frau mit, ein Kind, das noch zu nichts taugte. Wie würde es erst sein, wenn sie Kinder hatten? Jucundina dachte an die drei, die vor ihm ausgezogen waren, dachte an José, Jão und Juvêncio. Ob sie verheiratet waren? Ob sie Frau und Kinder hatten? José bestimmt nicht, ein Cangaceiro kann nicht ans Heiraten denken, darf keine Kinder haben. Sein Leben ist ein rastloses Umherstreifen, und nun, da sie selber durch die Caatinga zog, fühlte sie sich José noch mehr verbunden, für den dieses Leben der Alltag war, abgesehen von Schießereien und Überfällen.

Agostinho wartete, daß sie spräche. Hoffentlich würde es kein Flehen und Bitten geben, er jedenfalls hatte sich dagegen mit einem felsenfesten Entschluß gewappnet. Sollten sie ihm zusetzen, so würde er auf der Stelle gehen. Gertrudes nähme er mit, zu zweit würden sie sich auf die Suche machen nach einer Fazenda. Jucundina hob an zu reden, und sie sprach so sanft und liebevoll, wie es Agostinho von seiner Mutter nie gehört hatte.

»Wenn du sie heiraten willst, so tu es. Niemand kann es dir verwehren. Aber du hast kein Recht, uns hier einfach im Stich zu lassen, die wir hier im Busch mit geschultertem Bündel umherirren, hast kein Recht, nur an dich zu denken und einfach zu verschwinden. Ich darf so zu dir reden, ich habe dich geboren und an meinen Brüsten genährt. Wenn du es eilig hast, dann warte wenigstens, bis wir in Juàzeiro sind und das Schiff besteigen. Die paar Tage wirst du dich wohl noch gedulden, oder bist du so herzlos und läßt Vater und Mutter auf der Strecke wie ein paar wilde Tiere?«

»Nur falls ihr mich genervt, falls ihr euch in mein Leben eingemischt hättet, wollte ich euch verlassen«, entgegnete Agostinho. »Ich bin erwachsen, ich kann für mich selber aufkommen. Ihr geht nach São Paulo, ich will nicht dorthin.«

»So hör mir doch zu, ich sagte nicht, du sollst mit uns nach São Paulo, ich sagte, bis Juàzeiro.«

»Also gut. Bis Juàzeiro.«

Jucundina gab sich noch nicht zufrieden: »Da ist noch etwas.«

»Was denn?«

»Du läßt mir die Finger von dem Mädchen, bis wir dort sind. Da heiratest du, oder tue von mir aus, was dir beliebt. Unterwegs jedenfalls faßt du sie mir nicht an, es darf kein Unglück geben.«

Und sie schloß: »Sollte es dennoch passieren, ich glaube, ich würde es nicht überleben. Ich würde vor Gram sterben.«

Agostinho erhob sich wortlos. Aber sein Blick und die Gebärde seiner Hand sagten ihr, daß er ihrem Wunsch nachkam, und auf Agostinho war Verlaß. Gleichwohl, sie wartete auf ein Wort, und erst als er versicherte: »Abgemacht, Mutter! Kannst beruhigt sein«, lächelte sie.

Er ging zu den Männern, und Jucundina folgte ihm mit dem Blick. Ihr schmerzte der Magen vor Hunger.

18

João Pedro ging ganz vorsichtig, auf Zehenspitzen, aber die Katze entschlüpfte. Agostinho begriff, was er vorhatte, versperrte Marisca den Weg und rief dem Vater zu: »Komm du von der anderen Seite, Vater . . .«

 Die Katze verfolgte jede Regung. Ihre Augen schweiften von

einem zum anderen. Jerônimo hatte sich ebenfalls postiert, und zu dritt schlossen sie den Kreis. Die Katze schien ihre Absicht zu erraten. Mehr als einmal hatten sie entschieden, das Tier zu verspeisen. Immer wenn ihnen der Hunger arg zusetzte, musterten sie das Vieh gierig, trotz seiner Magerkeit. Doch jedesmal widersetzte sich Marta, und da das junge Mädchen seit der Reise auf alle einen gewissen Einfluß gewonnen hatte, blieb es bei den begehrlichen Blicken.

An diesem Tag nun aber war der Hunger übergewaltig. Marta war nicht in der Nähe, sie kümmerte sich um Tonho und Ernesto. Da nutzten sie die Gelegenheit. Kein Wort wurde geredet, sie setzten einen Fuß vor den anderen, verhielten, erforschten die Reaktion der Katze. Noch halbwüchsig und mager war sie, das gäbe eine ärmliche Abendmahlzeit, doch war es besser als gar nichts, besser als diese Magenschmerzen, die schlimmer peinigten als nagende Mäuse und die den Kopf benebelten und einen bitteren Geschmack im Mund zurückließen. Weil den Männern der Tabak noch vor dem Essen ausgegangen war, konnten sie den Hunger nicht betäuben. João Pedro litt am meisten darunter. Er kaute gern auf seiner Zigarre herum, und während der ersten Tage, die er nichts mehr zu rauchen hatte, glaubte er verrückt zu werden. Bald aber nahm der Hunger überhand, und nun dachte er nur noch an die Katze da vor ihm. So eng standen die drei, daß sie sich hätten die Hände reichen und einen Kreis bilden können. Agostinho beugte sich über das Vieh, mit vorgestreckten Händen, faßte zu, Marisca aber entwich, sprang zur Seite. Jerônimo machte einen Schritt nach vorn, das Tier schlüpfte ihm durch die Beine und hinein ins Gebüsch. Für die Katze war es eher ein Spiel. Als Noca noch lebte, tollten die beiden gern umher, Noca versuchte die Katze zu haschen, während diese das Mädchen mit ihren Sprüngen foppte.

Das Gerenne zwischen den Büschen ließ die Frauen aufmerken. Sie begriffen, was vorging, sagten aber nichts. Ehe Marta den Mund überhaupt auftun konnte, rief Jerônimo: »Wir haben keine Wahl. Oder sollen wir verhungern?«, und er befahl, Wasser aufzusetzen.

Das Heranschaffen von Wasser war eine sehr mühevolle Angelegenheit. Auf einer Fazenda hatten sie sich ein Fäßchen zugelegt; dieses füllten sie an jedem Brunnenloch, auf das sie stießen, und verwahrten es in einem der Körbe auf Jeremias' Rücken. Während die Männer die Katze von Strauch zu Strauch verfolgten, hörten sie Dinah Wasser in den Kanister abgießen, den sie dann zum Kochen auf die bis dahin unnütze Glut stellte. Das beflügelte ihre lächerliche Jagd, aber die Katze entwischte ihnen, schlüpfte ihnen durch die Beine. Die Zeit verstrich, und die Männer konnten sie nicht fangen. Tonho beteiligte sich, zerkratzte sich an den Dornen, kam heulend zu Marta, die der Hatz ihrer Leute und den Sprüngen der Katze stumm zuschaute.

Als erster ließ Jerônimo davon ab. Den ganzen Tag über war er im Busch auf der Jagd gewesen, das überstieg die Kräfte eines hungrigen Alten. Er stieß einen Fluch aus, und untätig verfolgte er, wie die beiden andern sich weiter abmühten. Schließlich hatte das Tier das Spielen satt und verschwand im Gelände. Agostinho wollte noch nicht aufgeben, wütend schaute er zu Marta hinüber, als gäbe er ihr die Schuld für das Scheitern. Auch João Pedro schaute hinüber, doch hatte das einen anderen Grund. Wenn sie nur wollte, ihr gelänge es ohne Mühe, die Katze zu fangen. Ihr vertraute Marisca, an ihrer Seite schlief sie, in der Wärme ihres Schoßes. Marta verstand den Blick des Onkels. Ob man sie bitten würde? Aber keiner wagte es, ein Wort zu sagen. Da war nur der Hunger in jedermanns Gesicht, in dem des heulenden Tonho, in dem von Dinah, die unnütz Wasser heiß machte, von Jucundina, die sich um das Kleinkind kümmerte. Die Männer spannten auf Martas Tun, und Marta wußte, daß sie diesen stieren, flehenden Blicken nicht lange widerstehen konnte.

Die Katze im Gestrüpp miaute. Marta gab sich einen Ruck. Langsam ging sie zu der Stelle hin und lockte das Tier mit liebevoller Stimme: »Marisca ... ps ... Marisca ...«

Die Katze kam aus ihrem Versteck, eilte Marta traulich entgegen.

19

Und da, inmitten von Hunger, Durst und Müdigkeit erkrankte Dinah. Das Fieber befiel sie am frühen Abend. Vier Tage zuvor hatten sie die Katze verspeist. Ein karges Mahl; Marisca war fast genau so mager wie sie alle. Sie hatten an den Knochen genagt, nur Marta wollte nichts, so sehr Jucundina auch drängte und Jerônimo schalt. Der Alte schimpfte die Tochter nur ungern aus, immer mehr schloß er sie in sein Herz, denn er spürte, daß sie ihnen eine große Stütze war. Dinah konnte schon nicht mehr helfen, sie klagte über Schmerzen und über die Plackerei mit den zwei Kindern, schon trug sie kein Bündel mehr und schleppte sich mühsam dahin. Ihren Teil Arbeit hatte Marta übernommen.

Als das Fieber kam, von Kälteschauern angekündigt, versuchte Dinah sich zu bezwingen. Nur wenige Meilen am Tag schafften sie mit schleppendem Gang, für längere Märsche fehlten die Kräfte. Dinah sagte nichts, noch nicht einmal zu Gertrudes, die neben ihr schritt – seit sie vom Techtelmechtel zwischen ihrer Tochter und Agostinho wußte, ließ sie das Mädchen nicht mehr von ihrer Seite, hielt sie die Augen offen, denn Jucundinas Versicherungen reichten ihr nicht aus. Sie schleppte sich weiter. An diesem Nachmittag hatte Agostinho in der Schneise eine Boa getötet. Die Schlange verdaute eine größere Beute, die sie Stunden zuvor verschlungen hatte, sie schlief und war leicht zu töten. Man legte eine Pause ein, briet ein Stück des Fleischs und nahm den Rest zum späteren Verzehr mit.

»Das ist keine Christennahrung«, sagte Jucundina, unterließ aber weitere Einwände. Ohne diese Stärkung hätten sie den Weg wohl schwerlich fortsetzen können.

Nach der Speisung rafften sie sich wieder auf. Da sie sich nun gekräftigt hätten, meinte Jerônimo, könnten sie gut noch ein Stückchen marschieren, bis zum Einbruch der Dunkelheit. Er trieb Jeremias an. »Auf, marsch, marsch!« rief er seinen Leuten zu.

Dinah kam nicht auf die Beine, Gertrudes schrie, die Karawane hielt an. João Pedro eilte herbei. »Was gibt's denn?«

»Fieber, schlimmes Fieber.«

Im Gepäck waren noch einige von den Tabletten, die João Pedro in einem ähnlichen Fall eingenommen hatte. Was es damals war, wußte er nicht, der Arzt hatte von Paratyphus gesprochen. Diesmal nun hatte es Dinah erwischt, das gnadenlose Fieber, das sie mehr als alles andere fürchteten. Dinah zitterte vor Kälte, trotz der Nachmittagshitze.

Sie deckten sie mit allen verfügbaren Kleidungsstücken zu. Und da blieben sie sechs Tage, verzehrten den Rest der Boa, erlegten einige Erdschweinchen, ruhten aus. Dinah starb am Morgen des Tages, an dem ihnen wieder die Nahrung ausging und sie keinen Tropfen Wasser mehr hatten. Sie begruben sie unter einer dünnen Schicht Erde, die Kraft reichte nicht weiter. Die Geier, ihre einzigen Wegbegleiter, kreisten in Schwärmen über ihnen. Jucundina betrachtete sie als böse Vorzeichen.

»Die warten nur, daß wir die Toten nicht mehr begraben können . . .«

20

Die Geier waren zurückgeblieben. Mühelos scharrten sie das bißchen Erde über Dinahs Körper fort. Auch sie fanden in der Ödnis der Caatinga kaum Nahrung. Als wild lärmender Haufen balgten sie sich um den Leichnam, hackten sie aufeinander los. Jerônimo bemerkte das Fehlen der Verfolger und konnte sich lebhaft ausmalen, was gerade vor sich ging. Auch João Pedro war sich dessen gewiß, daß sie den Kadaver seiner Frau verschlangen. Doch er hatte so wenig Mut, umzukehren und weitere Zeit zu verlieren, wie er Kraft hatte zu leiden und zu weinen. Bald mußten sie sich eingestehen, daß keiner von ihnen das Ziel erreichen würde, keiner São Paulos Reichtum je zu Gesicht bekäme. Doch sie schritten voran, schlimmer wäre es umzukehren. Umkehren wohin, sie hatten kein Zuhause, keine Hütte, kein Maniokfeld, kein Maisfeld mehr.

Am späten Nachmittag waren die Geier wieder da und zogen Kreise über ihnen.

21

Nur weil João Pedro in der Gegend umhergestreift war und in einem Brunnenloch einen Rest Wasser gefunden hatte, überlebten sie. Jeder trank, so viel er konnte; was übrigblieb, füllte nicht einmal das Fäßchen. Da es keine festen Mahlzeiten mehr gab und sie, was sie an Früchten und gelegentlich an Tieren im

Busch fanden, gleich so verzehrten, hielten sie wiederholte Male an. Vor Erschöpfung mußten sie alle zwei oder drei Kilometer eine Pause einlegen. Nur Jeremias drängte voran. »Außer Gott verdanken wir es dem Esel, daß wir noch am Leben sind«, sagte Jerônimo hin und wieder. Nun legte nicht nur Tonho ein Stück Weg auf dem Buckel des Tieres zurück, oben auf dem Tragegestell, auch Jucundina hockte, sooft ihr die Beine versagten, zwischen den Körben, und der Esel schleppte sie. Jerônimo schätzte ihn so sehr wie sonst einen aus seiner Familie. Während er mit müdem, wie von Zentnerlasten beschwertem Rücken unter der brennenden Sonne neben Jeremias einherging, sprach er liebevoll auf ihn ein, aufmunternd. Er nahm den Esel beim Maul, tätschelte ihn, versprach ihm fettes Weidegras, wenn sie am Ziel wären, obschon es ausgemachte Sache war, daß sie, sobald sie Juàzeiro erreichten, den dann nicht mehr benötigten Esel verkaufen müßten. Er würde, wiewohl mager, noch etwas Geld einbringen, das ihnen für den Rest der Reise nützlich wäre. Am liebsten hätte Jerônimo ihn nach São Paulo mitgenommen, ihn dort auf die Weide gesetzt, frei bis ans Lebensende. Lange genug hatte er gedient, seine alten Tage sollte er genießen bei saftigem Grün und reizenden Eselsweibchen, in Freude und Muße.

Doch zum Verkauf in Juàzeiro kam es nicht mehr. Als der Durst sie wieder quälte und ein letztes bißchen Wasser übrig war, das sie Ernesto Tropfen für Tropfen verabreichten, als sie sich schon am Ende wähnten und Jeremias beneideten, der feuchte Baumrinde kaute, da fraß der Esel in voller Verzweiflung, daß er selber nichts fand, womit er Durst und Hunger stillen konnte, Giftkraut. Sein Instinkt warnte ihn, jedoch vergeblich. Solange es da noch Baumrinde und Dornen vom Mandacaru und Xiquexique gab, hatte er das einladende grüne Tingi-Gras gemieden. Aber – so ergeht es allen seinen Artgenossen in der Caatinga – es kommt der Augenblick, da Hunger und Durst alles übersteigen. Er brüllte ein langes Iah, die Augen weit aufgerissen, als verabschiedete er sich von der verdorrten Landschaft.

Über ihm schwirrten die Geier. Noch ehe er hinfiel, hackten ihre Schnäbel drein. Und immer dreister gebärdeten sich die Geier, sie setzten dicht neben den Wandernden auf, stolzierten um sie herum, mit Knüppeln und Steinen mußte man nach ihnen werfen, um sie zu verscheuchen. Der Schatten, den sie auf die Erde warfen, war der einzige in dieser spärlichen krüppelhaften Vegetation ohne Getier und ohne Grün.

Sie sahen die Geier mit Fetzen vom Esel in den Schnäbeln auffliegen, noch ehe er richtig tot war. Jucundinas Schluchzen ließ die Sträucher erzittern.

22

Schmerzlich, wie bitteres Unrecht empfand es Jerônimo, daß Jeremias, hätte er einen Tag länger ausgehalten, mit dem Leben davongekommen wäre. Denn tags darauf gelangten sie zu einer prächtigen Fazenda, die einen Weiher besaß und unter der Dürre offenbar wenig gelitten hatte. Die Ernte war in vollem Gange, Arbeitskräfte wurden gebraucht. Sie verdingten sich allesamt für etliche Tage und konnten ausreichend Verpflegung für den Rest der Reise kaufen. Hier erfuhr Jerônimo, daß er vom geraden Weg abgeirrt war und sie bereits in Juàzeiro hätten sein können. Nun mußten sie, um in die Stadt zu gelangen, nach Osten wandern, noch etwa dreißig Meilen. Doch der Weg führte durch einen fruchtbaren Landstrich, nur stellenweise noch durch die Caatinga, es ging zumeist auf breiten, sogar von Lastautos befahrenen Straßen voran.

Wenn Jerônimo von der Feldarbeit kam (man hatte ihnen eine Hütte als Unterkunft zugewiesen), spürte er Stiche im Rükken. Einen feinen scharfen Schmerz. Er streckte die Glieder, doch der Schmerz blieb, als hätte ihm jemand eine Nadel zwischen die Rippen gesteckt. Er hatte einen bitteren Geschmack im Mund und spuckte Blut. Finster war seine Miene, seinen Leuten aber sagte er nichts, am Morgen kehrte er zur Arbeit zurück. Der Schmerz flammte zuweilen auf, und gegen Abend fühlte er sich wie im Fieber. Es mochte vom Hungermarsch herrühren.

Eine Woche lang arbeiteten sie auf der Fazenda. Am Sonnabend ließen sie sich den Lohn auszahlen, und das Verdiente setzten sie in Proviant um. Unangetastet blieb das zurückgelegte Geld, es war für die Schiffskarten bestimmt. Ernesto hatte sich während des Aufenthalts auf der Fazenda ein bißchen erholt, und falls die Reise gut verlief, war sein Leben nicht mehr in Gefahr. Am Abend vor dem Aufbruch zeigte sich Jucundina beinahe fröhlich. Obschon Jerônimo hinfälliger und magerer aussah denn je, mit einer neuen Trauer im Gesicht.

An diesem Abend saßen sie alle in der Hütte beisammen zu Tisch. Gertrudes hockte mit gesenktem Blick da, mochte nicht essen.

»Was hast du, Kind?« fragte Jucundina.

»Ach, nichts, Tante.«

»Bist wohl krank?« fragte João Pedro unwirsch.

»Nein, Vater.«

Jucundina suchte Agostinhos Blick zu erhaschen. Er machte eine Geste. Sie war gespannt, was geschehen würde. Der Sohn löffelte seinen mit Trockenfleisch versetzten Maniokbrei, stumm, aber auf dem Sprung loszureden. Jerônimo hustete.

»Vater . . .«

»Was ist, was willst du?«

»Ihr habt es nun bald geschafft. Von Juàzeiro bis ans Ziel, nur noch das Schiff und der Zug . . .«

Jerônimo ließ ihn reden, sich erklären. Gertrudes war unbemerkt hinausgeschlüpft, vor die Hütte. João Pedro lauschte angespannt.

»Ich bleibe hier«, fuhr Agostinho fort. »Ich habe einen Feldschlag zum Abernten übernommen, im Akkord, ich geh nicht mit euch.«

»Du willst hierbleiben?« rief Jerônimo. Wäre er nicht krank und schlapp gewesen, er hätte Agostinho womöglich totgeprügelt. Wie konnte es einer wagen, seine Familie mitten auf großer Reise im Stich zu lassen? Die Reise freilich hatte den alten Jerônimo in vielem verändert. Seine Familie war am Auseinanderfallen. Einige waren unterwegs gestorben, andere waren krank, er selber litt unter Schmerzen in der Brust und Glut im Gesicht.

»Du willst bleiben, also bleibe. Hab meinen Segen, damit Gott dir beisteht. Wir jedenfalls ziehen weiter, hier haben wir keine Zukunft.«

»Wer weiß, vielleicht stoße ich am Ende wieder zu euch; falls es mir hier nicht zusagt . . .«

»Gehen wir schlafen«, schloß Jerônimo.

»So warte doch, Vater.«

»Was denn noch?«
»Gertrudes will bei mir bleiben.«
»Hä?«
»Wir heiraten: Demnächst, zum Fest, so heißt es, kommt der Priester her.«
Jerônimo schaute João Pedro fragend an. Kein Protest, der hob nur die Hände und bemerkte: »Lieber er als irgendeiner. Hauptsache, es wird geheiratet, ich will keine verlorene Tochter, eine solche Schande hätte die Verblichene nicht ertragen.«
»Wir werden heiraten.«
»Hast du sie etwa angerührt?«
»Bewahre. Ich hatte es der Mutter versprochen und hab's gehalten. Aber nun bleiben wir hier.«
Jetzt meldete sich auch Jucundina: »Du versicherst mir, daß ihr heiratet? Bei der Seele ihrer Mutter.«
»Das schwör ich. Sobald der Priester kommt ...«
Am Tage darauf zogen sie fort, ohne die beiden. Gertrudes weinte nicht. Sie schien zufrieden in ihrer Hütte. Agostinho ging zur Feldarbeit, mit geschulterter Sense. Für Jerônimo stand die Frage, wie sie es sich in São Paulo einrichten sollten, er selber krank, der Bruder ohne rechten Unternehmungsgeist, und dann noch Jucundina, Marta und die Kinder. Ach, wenn er es bloß erlebte, daß sie ein Stückchen Land bezogen, João Pedro als Kolone, dann würde er in Frieden sterben. Wieder fielen ihm Artur und Doktor Aureliano ein, doch er war so erschöpft und niedergeschlagen, daß er schon keinen Haß mehr spürte.

23

Die Auswanderer kampierten hinter der Kirche, stets in großer Zahl. Die Stadt war zwangsläufig Zwischenstation für alle, die nach Pirapora strebten, von wo aus der Zug Richtung São Paulo fuhr. Am jenseitigen Ufer des Flusses, schon auf dem Gebiet des Bundesstaates Pernambuco, lag die Stadt Petrolina. Die von dort kamen, setzten in Booten nach Juàzeiro über, denn hier waren die Schiffsagenturen, hier bekam man die Tickets. Die Reisenden wollten sich so schnell wie möglich einschiffen, wollten das Erlebnis Caatinga, die Erinnerung an Tod und Leiden, rasch hinter sich lassen. Unter denen, die hier lagerten, gab es wohl kaum eine Familie, die nicht Verluste beklagte. Alle konnten sie Geschichten erzählen, und nicht eine war erfreulich. Deshalb wünschten sie schleunigst das Schiff zu besteigen. Die dritte Klasse war immer überbelegt, manche Auswanderer mußten auf den nächsten Transport warten, denn der Andrang war groß, und die Schiffe faßten nicht gar so viele Menschen, auch wenn die Sertanejos in der dritten Klasse beinahe übereinander hockten.

Es war ein heißer Sommernachmittag. In der Sonne wallte der Straßenstaub, und die Fensterläden der meisten Häuser waren geschlossen. Männer spazierten in Hemdsärmeln, im Auswandererkamp brodelte das Leben trotz Krankheit, trotz Erschöpfung, trotz Ärger bei der Beschaffung der Tickets.

Auf dem Markt herrschte immer reges Treiben, es wurde gekauft, verkauft. Da lagen Bastschuhe zuhauf, dringlichst benötigt von den mit zerfetztem Schuhwerk ankommenden Auswanderern, buntfarbenes Anziehzeug, billige Kleider für die Frauen, Rindfleisch, viele Sorten Gemüse. Am Hauptzugang war der Esel aufgetaucht. Ein Negerbursche, der ihn als erster gewahrte, meinte, er gehöre jemandem aus der Nähe, scheuchte ihn, doch der Esel hatte Durst und wollte aus einem Wasserbecken an der Stirnseite des Marktes trinken. Rein aus Neugier schaute der Junge in den einen Tragekorb des Esels, sah darin das tote Kleinkind und war sehr erschrocken. Er zerrte den Blinden, der vor dem Eingang um Almosen bettelte, am Ärmel.

»Was ist?«

Er merkte, daß es der Blinde war und rief die Frau an, die Jamswurzeln und Maniok feilbot. Schon gab es einen Menschenauflauf. In jedem der beiden Körbe lag ein totes Kind. Man eilte zum Polizeikommissar. Doch da war kein Geheimnis zu klären. Es handelte sich um eine Auswandererfamilie, die unterwegs verhungert war. Da machten sich tief im Sertão ihrer zwölf oder zwanzig Leute auf die Reise, und es konnte passieren, daß sie samt und sonders auf der Strecke blieben. Der Esel war durchgekommen, hatte die Stadt erreicht.

Ein Trupp von etwa sieben Mann verfolgte die Spuren des Esels zurück, um herauszufinden, was geschehen war. Sie hatten Waffen mit, Arznei und Milch. Nach anderthalb Stunden begegneten sie Jerônimos Familie, die unter einem Baum ausruhte. Der Alte hatte Blut gebrochen und war am Ende seiner Kräfte. Von ihnen erfuhren die Männer, daß die Besitzer des Esels, ein Ehepaar, wenige Kilometer entfernt tot auf der Straße lagen, verhungert. Sie selber nahe am Sterben. Die Männer betteten Jerônimo in die Hängematte, nur zwei begaben sich zu den Leichen, um sie gütigerweise zu begraben. Es war nicht selten, daß Vertriebene noch unweit Juàzeiros zu Tode kamen.

Sie trugen die Hängematte auf den Schultern. Jucundina hatte Ernesto im Arm, einer der Männer erbarmte sich ihrer, nahm ihr das entsetzlich magere Kind ab und wunderte sich, daß es überhaupt noch lebte. João Pedro und Marta schleppten sich mühsam dahin. Noch am besten auf den Beinen war Tonho. Einer der Männer, der die Hände noch frei hatte, nahm ihn huckepack.

»Ärmster...«

Sie hielten Einzug in die Stadt, Jucundinas Blick auf die Hängematte geheftet, in der Jerônimo lag. So begrub man die Toten im heimatlichen Sertão. Man schleppte sie, baumelnd in dem Gespinst, Meile um Meile hin zum Friedhof. Beim Anblick ihres so hinfälligen Mannes krampfte sich ihr das Herz zusammen. Blut rann ihm aus dem Mund, wie einen Toten schleppten sie ihn. Es fehlten nur noch die Kerzen und die Litaneien.

Sie schafften ihn direkt ins Hospital. Eine Schwester trat ihnen entgegen, einer der Männer gab Auskunft, Jucundina hörte ihn sagen: »Tuberkulose... Sieht schlimm aus.«

Dem folgte ein Wortwechsel, von dem sie nichts verstand. Von drin kamen Männer in weißen Mänteln, Ärzte. Diskussion auf der Schwelle. Das Hospital sei überbelegt. João Pedro hatte genau zugehört und konnte berichten. Sie hatten eingewilligt, daß Jerônimo zur Untersuchung dabliebe, man werde sehen, was sich machen ließe. Jucundina half mit hineintragen. Einer der Männer vom Trupp erklärte ihnen den Weg zum Auswandererkamp und wo sich der Markt befand, damit sie die nötigen Besorgungen machen konnten. Jerônimo könnten sie erst am folgenden Tag wieder besuchen, eher dürfe es nicht sein.

Nichts Schrecklicheres für Jucundina als ein Hospital. Des armen Mannes Weg führt vom Hospital allenfalls zum Friedhof. Das wußte sie von Kind an, und die lange Lebenserfahrung hatte es ihr noch fester ins Hirn gegraben. Als sie die Treppen hinunterstieg, war ihr, als schiede sie für immer von Jerônimo. Sie war gewiß, ihn nie mehr wiederzusehen.

Gegen alle Erwartung verließ er drei Tage später das Krankenhaus. Weniger weil sich sein Zustand gebessert hatte, sondern weil es an Betten mangelte. Als die Krisis überwunden war, konstatierten die Ärzte, daß sich sein Leiden erst im Anfangsstadium befand. Sie gaben ihm ein klein bißchen Medizin und viele gute Ratschläge. Ruhen sollte er, sollte Mittagsschlaf halten, sollte keine schweren Arbeiten verrichten, sollte reichlich und gut essen. Lauter Dinge, die er nicht tun konnte und ebensowenig unterlassen durfte.

DER FLUSS

1

Der Mann am Schiffskartenschalter hatte sie unterrichtet, daß die Reise per Flußdampfer im Schnitt eine Woche dauerte. Doch so gewiß sei das nicht, denn manchmal liefen die Schiffe auf Schlammbänke auf, und die Mannschaft hätte über Tage hin zu tun, sie wieder flott zu bekommen. All das erklärte er mißgelaunt, den ganzen Tag hatte er Auswanderer zu bedienen, die eine Schiffskarte begehrten; daran fand er nicht die mindeste Freude.

Als Jerônimo, von João Pedro begleitet, die Tickets kaufen wollte, hörte er einen anderen Auswanderer am Schalter sagen: »Könnten Sie mir vielleicht einen Nachlaß gewähren?«

Solche Bitte mochte dem Angestellten beileibe nicht neu sein.

»Ich bin kein fliegender Händler ... Hier gelten feste Preise.«

»Eine klitzekleine Ermäßigung?« seufzte der Mann.

Die Antwort blieb aus, doch er wich nicht von der Stelle, vielleicht ließ der andere sich erweichen.

»Platz da für den nächsten, Alter ... Ist zwecklos.«

»Beim lieben Herrgott, werter Senhor, geben Sie mir die Tickets ... Mir fehlen ja nur elf Mil-réis. Ich zahle den Rest später.«

»Aber ich sagte Ihnen doch, das geht nicht ... Ich bin nicht der Besitzer.«

Wäre er es, so überlegte er, säße er nicht hier in Juàzeiro und brauchte sich nicht die unsinnigen Bitten dieser Leute anzuhören.

»Und wo ist der Besitzer? Ich will mit ihm reden, er ist gewiß ein gütiger Mensch, er wird Mitleid haben.«

»Eigentümer ist der Bundesstaat Bahia.«

Und weil der Alte sich nicht vom Fleck rührte, hob der Verkäufer im Schalterhäuschen den Kopf und rief, an Jerônimo gewandt: »He Sie! ...« Und zum anderen: »Beschaffen Sie sich erst mal die elf Mil-réis, und dann kommen Sie wieder.«

Der Alte murmelte etwas, gab den Platz frei, und während Jerônimo das Geld für die Tickets hinzählte, redete der andere auf die Wartenden ein: »Man nannte mir einen Preis, und nun ist's ein anderer. Wo soll ich jetzt den Rest hernehmen? Arbeit gibt's hier keine ... Nur betteln kann man ...« Bei dem Gedanken schauderte ihm. Gleichzeitig fesselte ihn die Idee: »Ich alter Mann soll mit Schamröte im Gesicht um Almosen betteln, wie ein Krüppel!«

Die anderen verharrten stumm. Es fehlte nicht an Mitgefühl. Jedoch sie fürchteten, der Alte könne sie um Geld angehen. Man besaß just das geforderte, einige indes waren in der nämlichen Situation wie der andere und wollten es, ungeachtet der Reden des Schalterbediensteten, dennoch wagen.

Jerônimo hatte ausreichend Geld mit, sogar ein bißchen mehr, als es für alle Familienmitglieder zusammen, inbegriffen Dinahs volle und Nocas halbe Karte, kostete. Unterwegs hatten sie einiges ausgegeben, mehr als geplant, trotzdem brauchte er nicht wie der Alte vor ihm um Nachlaß zu bitten. Als er das Geld aus dem Tuchzipfel geholt und hingezählt hatte, glaubte er sich im Recht, einige Fragen zu stellen. Den genauen Abreisetag konnte ihm der Mann am Schalter nicht sagen. Eventuell Dienstag kommender Woche, es hinge vom Eintreffen des Dampfers ab und davon, wie schnell das Entladen und Beladen ginge. Der Mann, noch unter dem Eindruck des Wortwechsels mit dem Alten, dem elf Mil-réis für das Ticket gefehlt hatten, antwortete zunächst sehr geduldig. Aber Jerônimo fragte und fragte, da wurde er ungehalten: »Eine Woche, zehn Tage oder ein Monat, es hängt vom Fluß ab ... Wann Sie dort ankommen, das ist eben total ungewiß.«

Jerônimo dankte und ging. Die Medikamente hatten geholfen, er spürte kaum noch Schmerzen im Rücken und hatte auch kein Fieber mehr. Im Lager konnten sie kochen, es gab ausreichend Fleisch zu kaufen und auch Milch für den Kleinen, so daß sie sich während des Aufenthalts dort erholten.

Auf dem Rückweg ins Lager stellte Jerônimo Berechnungen an, die ihm volle Aufmerksamkeit abverlangten. Wären Agostinho und Gertrudes mitgekommen, hätte das Fahrgeld nicht gereicht, überlegte er. Tatsache aber war, daß er ihnen hundertzwanzig Mil-réis dortgelassen hatte. Jucundina hatte es ihnen ausgehändigt. Das hätte nicht sein sollen, die zwei hatten Arbeit, sie hingegen reisten weiter, benötigten es viel dringlicher. Andererseits sollten Sohn und Nichte nicht blank dastehen und auf die Abrechnung zum Monatsende warten müssen, auf einen Saldo, der bescheiden ausfallen würde, da Agostinho wenig verdiente und obendrein die Arbeitsgeräte aus eigener Tasche kaufen mußte. Das Geld hätte nicht gelangt, wenn die anderen vier noch dabeigewesen wären. Die Reise hatte mehr verschlungen als gedacht. Es ging hart auf hart, sehr sparsam sein hieß es in dieser einen Woche, die sie in Juàzeiro ausharren mußten. Sonst kämen sie ohne ein Nickelstück in Pirapora an, und Jerônimo wußte, daß man dort oft mehr als einen Monat auf die Weiterreise wartete, weil der Bundesstaat São Paulo die Zugfahrt bezahlte und viele Hunderte Menschen sich dort sammelten.

Er erreichte das Kamp und begab sich in den Winkel, wo die Seinen seit dem Ankunftstag mit ihren Bündeln lagerten. Er schritt zwischen Männern und Frauen hin, die um behelfsmäßige, mit Steinen eingefaßte Feuerstellen saßen, stieß mit umhertollenden Kindern zusammen. Wieviel Menschen mochten hier sein? Dreihundert, oder noch mehr, veranschlagte Jerônimo, aber seine Schätzungen waren immer etwas übertrieben.

Jucundina sah ihn kommen und erhob sich, mit dem Kleinen auf dem Arm. Ihm fiel da eine Szene ein: Am Abend von Atalibas Fest als auch der Verkündigung, daß sie die Ländereien zurückgeben mußten, war es gewesen; an jenem Nachmittag hatte er sie vom Pferch aus gesehen, genau so hatte sie dagestanden, das Kleinkind im Arm, während Zefa ihre Gebete brabbelte. Keine drei Monate war das her, und doch war ihm, als läge es viele Jahre zurück, so fern, daß er sich daran mit der gleichen Wehmut erinnerte wie an seine Jugendzeit, als er, ein Viehtreiber noch, die Straßen dahingezogen war und das hübsche Mädchen Jucundina kennenlernte.

Er hockte sich hin und gab Jucundina die Fahrkarten zum Aufbewahren. Es war ihr wertvollster Besitz, sie verbarg ihn am Busen, dann setzte sie sich neben ihn. »Fühlst du dich wohler?« fragte sie.

»O ja. Die Schmerzen sind wie weggeblasen.«

»Es war die Erschöpfung von der Reise.«

»O ja.« Er holte das Tüchlein hervor, zog den Knoten auf, in dem der Rest des Geldes steckte, und bat Jucundina: »Zähl. Wir wollen sehen, was übrig ist.«

Er schnitt sich Tabak zurecht, für eine Zigarette. »Wo ist João Pedro?« fragte er, Jucundina bei ihrem langsamen Zählen störend.

»Auf dem Markt, Essen besorgen.«

»Und Marta?«

»Hier irgendwo, sie hilft diesem und jenem. Sie kann nicht die Hände in den Schoß legen.«

Jerônimo lächelte, Marta hatte ein goldenes Herz, selbst hierin geriet sie nach Jucundina. Er wünschte, daß sie in São Paulo glücklich würde, daß sie einen ordentlichen und nicht ganz unvermögenden Burschen fände, der sie verdiente.

»Und Tonho?«

»Ist mit João Pedro mit.«

Sie blickte von dem Geld auf. »Jetzt hast du mich wieder durcheinandergebracht.«

Er war mit den Gedanken schon bei etwas anderem. »Die Familie ist zusammengeschrumpft«, bemerkte er.

Sie sagte nichts, senkte den Blick. Die Abenddämmerung währte nur kurz, denn die elektrischen Lampen brachten die Nacht desto schneller heran. Eine Minute herrschte Schweigen.

»Hilf mir beim Zählen«, bat Jucundina. Sie zählten hundertachtunddreißig Mil-réis und vierhundert Réis.

2

Sobald der Abend kam, zog irgend etwas sie hin zum Fluß. Drüben sahen sie die Lichter von Petrolina und die Umrisse der majestätischen Kathedrale, des einzigen stattlichen und prachtvollen Bauwerks jener Stadt von Pernambuco. Dort residiere ein Bischof, bemerkte einer, darum sei die Kathedrale so schön. Mit ihren Glasfenstern aus Frankreich erregte sie den Neid Juàzeiros, das größer war, belebter, fortschrittlicher, aber ohne ein auch nur annähernd vergleichbares Gotteshaus. Manche der Auswanderer opferten ein Nickelstück von vierhundert Réis und ließen sich im Boot übersetzen, um die Kathedrale aus der Nähe zu bewundern. Aber der Sakristan verwehrte ihnen den Einlaß, aus Angst, sie könnten sich an den vielen Goldgerätschaften vergreifen. Um die Kathedrale herum armselige, altersschwache, verfallene Hütten.

Mehr als das Gotteshaus zog sie der Fluß an. Dies nun war der São Francisco, von ihm war schon daheim, im sonnenverbrannten dürren Sertão, die Rede gewesen. Nie zuvor hatten sie so viel Wasser gesehen, und sie verbanden den Anblick mit Reichtum und Überfluß. Diese Auen mußten unvorstellbar fruchtbar sein. Umso mehr wunderte es sie, daß die Bauern aus den Ufersiedlungen mager, zerlumpt, verlaust, schmutzig und mit von der Malaria gelben Gesichtern einherliefen. Bei so viel Wasser hätte man meinen können, alle schwämmen hier im Geld. Recht bald freilich merkten sie, daß alles fruchtbare Akkerland einigen wenigen gehörte und die fieberverseuchten ausgemergelten Gestalten von Sonnenaufgang bis Sonnenuntergang mit der Platthacke auf fremder Leute Feld schufteten — auf den Anpflanzungen von Ouricuri und Karnaubapalmen, auf den Reis- und Baumwollfeldern. Und daß der Lohn noch geringer war als im Sertão.

Die meisten Auswanderer kamen aus Ceará, Paraíba, Rio Grande do Norte, aus von der Dürre heimgesuchten Regionen. Und ihre Gesichter leuchteten auf, sobald sie den breiten Fluß und das unermeßliche Wasser gewahrten. Da lehnten sie an der Ufermauer, wo die kleinen Raddampfer in Erwartung ihres Aufbruchs dösten, und trunken lauschten sie dem Rauschen des nimmermüd fließenden Stroms.

»Er fließt zum Meer hin«, bemerkte einer.

Und sie versuchten sich vorzustellen, wie das Meer wohl aussah. Barg schon der São Francisco so unvorstellbar viel Wasser, wieviel mehr erst der Ozean. Weitgereiste, die in Küstenstädten gewesen waren, warteten mit Einzelheiten auf: der Blick verlöre sich auf dem vielen Wasser, man könne nicht bis ans andere Ende des Meeres sehen. Solches jedenfalls behauptete ein Mulatte von kleinem Wuchs, der vorgab, schon einmal in Fortaleza gewesen zu sein.

»Und wenn es gegen das Ufer schlägt, wird es weiß wie die Milch, und man möchte es am liebsten trinken ...«

Ob das Wasser allen Ernstes salzig schmeckte, wollte einer wissen.

»Es ist ungenießbar salzig.«

»Taugt also nicht zum Essenkochen?« erkundigte sich eine ältliche Frau.

»Ganz und gar nicht.« Den Leuten schien das ein Rätsel. Wie könne es sein, so sannen sie, daß Meerwasser, obwohl so salzig, sich zum Essenkochen nicht eignete?

»Dabei wäre es eine gute Ersparnis ...«

Wenn der Abend kam, hielt es wenige im Lager. In Gruppen, mit Familie und hier geschlossenen Bekanntschaften, brach man auf, und immer war es das eine Ziel: die Ufermauer. Für die Ansässigen seit Jahren ein gewohntes Schauspiel. Bisweilen beherbergte das Kamp zwei auffallend unterschiedliche Gruppen: die Leute der einen kamen aus der Caatinga und wollten nach São Paulo, die der anderen waren aus São Paulo zurückgekehrt und rüsteten zum Marsch durch den Sertão. Letztere hielten sich nicht auf, sie schliefen eine Nacht in Juàzeiro, um Kräfte zu schöpfen, und stürzten sich in den Sertão. Die anderen, in Richtung São Paulo, blieben länger, warteten auf die Ankunft des Schiffs. Manch Unglücklicher harrte einen Monat und länger, bis das irgendwo aufgelaufene Schiff endlich eintraf. Viele nahmen zur Not mit dicken Barken vorlieb, die von Juàzeiro bis Pirapora Wochen und Wochen unterwegs waren.

Mehr noch als die Raddampfer mit ihrem eisernen Rumpf, ihrem Schornstein und ihrem Pfeifsignal hatten die hölzernen Barken mit ihren grob behauenen Skulpturen am Bug — Köpfe von Frauen oder Tieren — das Aussehen phantastischer Riesentiere, und sie beeindruckten die Sertãoleute gewaltig. Viele liefen bei Dunkelheit ein, wenn die Leute an der Balustrade lehnten. Sie führten ein rotes Licht am Heck, und ihre Besitzer riefen unverständliche Kommandos. Wie in fremder Länder fremder Sprache.

Die Auswanderer, verängstigt und mißtrauisch, mieden die ansässigen Städter, mehr aber noch die Flußschiffer, die etwas überhebliche Mienen zur Schau trugen, so als wäre das Leben auf dem Wasser ein erzheroisches Abenteuer, das sie über die verhärmten, leidenden und wasserscheuen Sertãobewohner erhob. Die Leute bestaunten diese Neger und Mulatten, die mit nacktem Oberkörper barfuß über die Laufplanken gingen, lange Stangen in den Fluß tauchten, bis sie Grund hatten, und stakend dem Schiff über die Schlammbänke halfen. Als blutunterlaufene

Schwiele zeichnete sich die Druckstelle der Stange auf der Brust ab. Die Sertanejos konnten nicht umhin, dieser entsetzlichen Schinderei Bewunderung zu zollen: »Das ist wirklich Schwerstarbeit!«

Und sie hörten das Lachen, die Lieder, die Musik der Schiffer. Das war eine andere Menschenrasse, ganz gewiß. Und doch ähnelte man ihnen sehr, war genauso blaß und hohlwangig, hatte ebensolche riesigen Plattfüße!

Das Gefährt stoppte, und die Stimmen klangen lauter. Der Schiffsführer rief Befehle, Männer warfen den Anker, andere stakten mit Stangen, und endlich lag die Barke, einem riesigen schlafenden Wasservogel gleich, reglos auf dem Fluß.

»Sieht wie eine Ente aus«, sagte einer.

Aber die Skulptur am Bug stellte einen Frauenkopf dar, mit wallenden blonden Haaren, blauen Augen aus Perlen, fleischigen roten Lippen, die eines Kusses würdig waren, rosigen Wangen. Die schwankende Lampe der Barke erhellte die Skulptur, und mehr als einem der Vertriebenen schlug das Herz schneller, von jäher heftiger Leidenschaft ergriffen für dieses Weib aus Holz, das zwar nur Kopf und Hals besaß, aber so schön war, so wunderschön, daß es lebendig schien und imstande zu reden.

Die Barke lag nah an der Balustrade, und zu der neben ihm stehenden Marta bemerkte Vicente, ein stattlicher junger Sertanejo: »Es ist Ihre Namensschwester.«

»Wer?«

»Dieses Mädchen am Schiff.«

Marta verstand nicht, er buchstabierte den Namen der Barke: »M . . . a . . . r . . . Mar . . . t . . . a . . . Marta.«

Sie hielt Ausschau, doch nun drehte sich die Barke aus dem Lichtkreis der elektrischen Lampe heraus, und der Name war nicht mehr zu lesen. Dennoch fühlte sich Marta geschmeichelt. Der junge Mann betrachtete ihr gebräuntes, von der Reise schmal gewordenes Antlitz, die tiefliegenden Augen, die spitzen Brüste. Sie war nicht so schön wie das blonde Mädchen der Barke, aber doch hübsch, eine junge Mulattin so recht zum Heiraten. Auch Vicente war nach São Paulo unterwegs, sein Vater befand sich auf Fernando de Noronha in Haft, weil er einen Fazendeiro getötet hatte, der ihm mit juristischen Tricks sein Anwesen — Haus und Acker — geraubt hatte. Die Familie hatte sich zerstreut, die Mutter lebte bei Vicentes älteren Brüdern, die auf einer Fazenda arbeiteten. Vicente selber zog es vor, nach São Paulo zu gehen, dort konnte er Geld verdienen und dann einen guten Anwalt engagieren, um den Vater aus dem Gefängnis zu holen. Dies hatte ihm der Priester seines Dorfes angeraten, also hatte er sich auf den Weg gemacht, war Meile um Meile gewandert, von Hunger und Durst geplagt, hatte hier und dort gearbeitet, um die Reise fortsetzen zu können. Fast hätte er sich dem Beato Estêvão angeschlossen, dem er begegnet war und dessen Worte auch er für bare Münze genommen hatte. Doch stärker war der Wunsch, das erforderliche Geld zu verdienen, um den Anwalt zu bezahlen, der den Vater verteidigen und aus dem Gefängnis freibekommen sollte. Zwei Contos langten vielleicht, den besten Rechtsanwalt von Paraíba zu verpflichten, hatte der Priester gemeint. Zwei Contos, das war viel Geld, doch mit etwas Glück konnte ein sparsamer Mensch sie in einigen Jahren Arbeit zusammenbringen. Wenn São Paulo wirklich so viel Arbeit und so guten Lohn bot, konnte Vicente sein Versprechen gewiß wahrmachen. Zu dreißig Jahren war der Vater verurteilt.

Die Barke, von den Wellen geschaukelt, kehrte den Bug wieder ins Licht. Der Name, in roten Lettern, war eher schlecht denn recht aufgemalt, aber gut lesbar, sogar für Marta, die kaum mehr als ein halbes Jahr die Schule besucht hatte.

»Stimmt!« rief sie und klatschte in die Hände.

»Sie sind hübscher als die Figur da«, sprach Vicente.

»Ach, das sagen Sie nur so.«

Den Leuten war der Fluß mit seinem unablässigen Wogen und süßen Wellenrauschen eitel Ergötzen. Denn Marta, Vicente und all die anderen kamen aus einem Land ohne Wasser, wo die Erde trocken und rauh war, wo nur die zähen Tiere widerstanden und das zäheste Wesen von allen: der Mensch. Gleichmütig zog der Fluß dahin, und auf den ankernden Schiffen erklangen Seemannslieder, sang man von Liebe und Scheiden, von Eifersucht und Sehnen, von Verrat und Tod. Stumm lauschten alle.

3

An der Balustrade wurde kaum gesprochen. Die Leute schauten auf den Fluß, genossen die Frische des Abends, starrten in das lehmige dunkle Wasser. Neu war alles, beinahe geheimnisvoll. Nur gelegentlich ein Ausruf der Bewunderung oder Verblüffung. Selten kam ein Gespräch auf, die kleinste Sache auf dem Fluß erregte Aufmerksamkeit, ließ es ersterben. Und legte zufällig ein Dampfer ab, die dritte Klasse voll von Auswanderern, dann beugten sich alle über das Geländer, beneideten die Glücklichen, die schon mit diesem Schiff aufbrachen. Scheu winkten sie Lebewohl, die Augen starr auf das Kielwasser des Schiffes und auf den Schaum gerichtet, den die Räder zu beiden Seiten schlugen. Es war für sie ein grandioses Schauspiel, sie empfanden Respekt und eine gewisse Furcht. Das ferne São Paulo mußte in der Tat ein Land gewaltigen Reichtums sein, weil alle, die hinstrebten, so viel aufopferten.

Im Lager, wo man lange und ausgiebig schwatzte, gab es nichts Schöneres, als für São Paulo Pläne zu schmieden. Berichteten die Rückkehrer, abgerissen und ärmer als sie selber, von den Schwierigkeiten im hochgelobten Land, dann zuckten sie die Achseln, versperrten die Ohren und pflichteten lieber der fatalen Bemerkung eines Optimisten bei, der sagte: »Dieser da ist auch nicht für die Arbeit geschaffen, er möchte herumvagabundieren, möchte sein Geld auf leichte Weise verdienen.«

Nein, niemand erwartete, daß in São Paulo das Geld auf der Straße lag, wohl aber daß es keine Dürre gab, vor allem daß es dort leichter sei, sich Land zu beschaffen.

»Es heißt, man kommt hin und kriegt sofort Land zum Bepflanzen ... Kaffeeland ... Große Schößlinge geben sie einem, alles kriegt man, auch Ackergerät und Vieh ...«

Solche Reden nährten die Hoffnung in den erschöpften Herzen. Land für jedermann, frei von Schwierigkeiten, ohne Gefahr, daß es, wenn das Land dann bestellt war, zu Prozessen käme, bei denen sich erwies, daß da bereits ein Eigentümer existierte und man es ihnen wegnehmen würde. Über solches Reden und Mutmaßen bezüglich São Paulo fanden die Menschen im Kamp zueinander.

In den ersten Tagen nach der Ankunft drängte es jede Familie zu erzählen, was sie auf der Reise erlitten, an Hunger und Durst, an Krankheit und Tod. Doch dann nahm das Interesse für das Schiff, für den Zug in Pirapora und schließlich für São Paulo überhand. Alle hatten sie gelitten, hatten Tote zu beklagen, doch das lag nun hinter ihnen, die Toten vermochte niemand aus ihren Gräbern zu erwecken, viele hatten noch nicht mal ein Grab gefunden, sie hatten als Hackfleisch in den Mägen der Geier geendet. Der lehmfarbene Fluß mit seinen rauschenden Wassern mutete ihnen wie eine Scheide zwischen Vergangenheit und Zukunft an. Nach den schlimmen Erlebnissen auf den Wegen der Caatinga waren Überfluß und Geruhsamkeit, die sie in São Paulo vorfänden, wohlverdient.

Mitunter kamen ihnen Zweifel ob dieser Aussichten, wenn die Rückkehrer grinsend bemerkten: »Fahrt nur hin, überzeugt euch selbst . . .«

Die Frauen waren leicht zu entmutigen, doch das hielt in der Regel nicht lange an, den Versicherungen der Rückkehrer setzten sie entgegen, was sie im Lager an Positivem vernommen hatten. Immer gab es da einen, der ein in São Paulo zu Reichtum gelangtes Familienmitglied vorweisen konnte. Einer gar hatte einen Onkel, der, vor zwölf Jahren dorthin ausgewandert, mittlerweile so reich war, daß er in der Landeshauptstadt ein Haus hatte und den Titel eines Obersten führte.

»Er wird immer mit Herr Oberst angesprochen . . . Er nämlich hat uns das Geld für die Reise geschickt . . . Wir werden auf seinen Ländereien arbeiten . . . Es heißt, er hat allein schon an Kaffeesträuchern so viele, daß man sie gar nicht zählen kann.«

Lachend wiesen sie die Reden der Rückkehrer als haltlos und falsch von sich. Im übrigen konnte nicht jeder ins Volle treffen, konnten nicht alle reich und glücklich werden. Manche blieben zeit ihres Lebens arme Schlucker. So überlegten die Frauen, und freilich rechnete eine jede sich selber zu den voraussehbar Reichen und Glücklichen. Solcherweise harrten sie in Juàzeiro des Schiffes.

Diese Menschen, die in der Caatinga fast verzweifelt und draufgegangen wären, hier im Kamp blühten sie wieder auf. Ein elendes Lager war's, doch man hatte zu essen, hatte Wasser, war nicht giftigen Schlangen ausgeliefert. Die Hoffnung kehrte wieder. Und dennoch starben weiter Menschen, von Malaria und

Lungenkrankheit ausgezehrt — hauptsächlich Kinder. Doch diese Fälle hatten nicht mehr schlimme Vorbedeutung, kündeten nicht diesem oder jenem das eigene Schicksal an. Die hier starben, waren noch Opfer der Caatinga.

Sie schliefen auf dem Erdboden. Wer etwas Geld hatte, half den Bedürftigsten, überließ ihnen einen Happen Fleisch, eine Handvoll Bohnen, ein bißchen Maniok. Der Markt in Juàzeiro bot von allem reichlich, doch waren sie mit knapp berechnetem Geld gekommen, bei manchen langte es noch nicht einmal für die Schiffstickets. Sie kauften nur das Dringlichste, wählten das billigste Fleisch, die schlechtesten Bohnen, das gröbste Mehl. Trotz dieser Einschränkungen, welch ein Unterschied zum Hunger in der Caatinga! Hier gab es Milch für die Kleinkinder, sofern die Eltern sie bezahlen konnten. Jucundina sparte am Essen der anderen, so hatte sie täglich Milch für Ernesto, einen halben Liter. Der Kleine kam wieder zu Kräften. Von dem Maisbrei hatte er den Dickbauch zurückbehalten, doch die Knochen zeichneten sich weniger stark ab. Er war zwar schmächtig, weinte aber kaum und krabbelte im Unrat des Kamps umher. Tonho, weiterhin mager, war freßgierig, er bestahl die Nachbarn und bezog von João Pedro und Jerônimo Prügel. Mit dem schmalen Gesicht, den lebhaften Augen, den flinken Händen glich er einer Maus. Die größeren Jungen scharten sich zu einer Meute, waren unausstehlich. Sie stahlen an den Marktständen, brachten Kürbisse, Quiabos und Christophinen.

So wuchsen sie auf und lernten. Sie lernten Dinge, die man im heimatlichen Sertão nicht kannte. Das Wissen der Straßenjungen, Dinge des Geschlechtslebens, Flüche und Zoten. Sie begleiteten die im Lager hausierenden Araber, die den Frauen bunte Glasperlen, Aufsteckkämme, geblümte Umhänge und billiges Parfüm aufzuschwatzen versuchten.

Die Frauen betrachteten voll Versuchung all die so begehrten schönen Sächelchen im Zauberkasten des Hausierers. Sie zählten das Geld aus ihrer Geheimkasse. Und wie eine verführerische Melodie klang das Kauderwelsch der Syrer ihren Ohren: »Alles wohlfeil ... wohlfeil ... echtes Gold ...«

Ringe, wundervolle! Und Halsketten in blau, rot und rosa! Und Kämme mit Perlmuttverzierung, die in der Sonne diamanten glänzte! Und Bilder der höchstverehrten Heiligen! Unsere

Liebe Frau von der glücklichen Niederkunft, der Herr von Bonfim, die heilige Barbara, der heilige Cosme, der heilige Damião und der heilige Pater Cícero von Juàzeiro, dem in Ceará gelegenen. Und da waren Parfüme, so kräftige, daß sie den Geruch nach Neger auslöschten, diesen Bocksgeruch, der ihren Körpern anhaftete und den nicht einmal Bäder, wiewohl jetzt im Fluß möglich, wegzuspülen imstande waren! Und da waren Kleiderstoffe in allen Farben, »Stoffe aus São Paulo«, betonten die Araber, »billiger als in São Paulo selbst!« Alles nur Erdenkliche bargen diese Bauchläden, die sich vor ihnen da auftaten.

»Ich habe kein Geld . . .«

Aber der Syrer kannte alle Geheimnisse: »Oh, Sie haben's im Tuchzipfel . . . Holen Sie es, ich biete lauter wohlfeile Dinge an . . .« Und er zeigte seine Kostbarkeiten vor. Augenblendender Krimskrams in den aufgeschlagenen Koffern.

Die Kinder drängten sich um den Mann, hätten gern etwas gegrapscht, für die Mutter oder die Schwester, oder um es für eine Münze irgendeinem der Auswanderer zu verkaufen. Der Syrer schwenkte die Elle, schlug den Burschen gegen die flinken Beine. »Kindsgesindel, verschwinde!«

Ohne sein verführerisches Lächeln abzulegen, lud er die weibliche Kundschaft ein: »Kaufen Sie, meine Dame . . . so gut wie umsonst!«

Bei Tag und bei Nacht erschienen sie, ohne feste Zeiten. Abends war es gar noch günstiger, da saßen die Auswanderer beisammen, die Araber wußten viel zu erzählen, sie brachten Neuigkeiten aus Pirapora, denn sie reisten mit dem Schiff. Sie berichteten über das Leben in der Gegend dort und unterbrachen sich nur, um ihre Waren zu loben. Sie nannten einen Preis, gingen auf die Hälfte herunter, zählten das Münzgeld der Landleute, steckten es in die Tasche. Trotz so viel Sonne und Sertãohitze waren sie in einen schwarzen Kaschmiranzug gekleidet, sogar mit Weste, in deren Taschen sie tausenderlei Dinge verstauten.

Und sie verkauften nicht nur, sie kauften auch, sie fragten nach seltenen Münzen, nach jenen alten Zwei-Mil-réis-Münzen aus Silber, die unter den Sertanejos noch kursierten. Drei Milréis zahlten sie pro Stück, sie kauften Goldschmuck und verschiedene Dinge, die den Leuten des Sertão wertlos schienen und an denen sie nur hingen, weil es Erbstücke waren.

Die Sertanejos im Kamp schlossen untereinander Bekanntschaft. Abendlicher Schwatz, geliehener Kanister, geliehene Nahrungsmittel, Altweibergewisper, bald kannte man sich mit Namen, wußte, woher der andere kam, warum er auswanderte. Unter den vielen Nachrichten im Lager beeindruckte Jucundina besonders eine. In der Runde war eines Abends vom Beato Estêvão die Rede. Jucundina war gerade nach Wasser unterwegs, mit dem Kanister auf dem Kopf. Sie blieb stehen und lauschte, denn da erzählte einer, in der Gefolgschaft des Beato befinde sich seit jüngster Zeit eine Beata.

»Man erzählt sich, sie vollbringt noch größere Wunder als der Beato selber. Niemand weiß, woher sie kommt, eines Tages war sie da, und nur sie versteht die Worte des Beato voll und ganz ...«

»Dann ist sie neu dort«, entgegnete einer. Er selber, erklärte er, sei vor etwa drei Monaten, auf seinem Marsch durch den Sertão, dem Beato begegnet, er sei etliche Tage mit ihm gezogen, dann hätten sich ihre Wege getrennt, der andere sei nach Norden gezogen, er nach Süden. »Zu der Zeit war da keine Beata ... Viele Frauen zwar, aber allesamt Frauen von Tagelöhnern. Sie beteten und taten Buße.«

»Die, von der ich rede, ist ganz neu dort. Als sie auftauchte, rief der Beato, die Muttergottes habe sie geschickt, damit sie den Frauen ein Zeichen gäbe ... Es heißt, sie hat die Geister so sehr in ihrer Gewalt, daß sie ihr jeden Wunsch erfüllen.«

Jucundina schritt weiter, hörte den Mann aber noch sagen: »Zefa heißt sie. Und sie selbst erklärte bei der Ankunft: ›Ich bin Zefa, mich schickt Gott, unser Herr‹.«

Das könnte sie sehr wohl sein, überlegte Jucundina, während sie dem Wasser zustrebte. Manch einer hatte eine »Heilige« im Hause, ohne es zu ahnen, behandelte sie wie sonstwen, hielt sie vielleicht für verrückt. Möglich, daß sie den ganzen Tag ihre wirren Reden vom Untergang der Welt führte. Jucundina hatte immer gemeint, in ihrer Schwägerin verberge sich ein Geist. Und warum nicht der Geist eines Heiligen, warum nicht der Geist des Allmächtigen Gottes, der fähig war, Wunder zu vollbringen, und der den Menschen warnend das Ende der Welt verkündete? Schon als Kind hatte Jucundina vom nahen Ende der Welt reden hören. Und eines Tages mußte sie ja zu Ende gehen, so wie sie begonnen hatte, alles hatte einen Anfang und ein Ende. Jetzt herrschten schlimme Zeiten, so voller Unglück, daß man getrost annehmen konnte, jener Augenblick, von dem die Ältesten sprachen, sei gekommen. Und wie würde die Welt enden? In Feuer oder in Wasser? Da am großen Fluß neigte Jucundina zur Annahme, es würde wohl das Wasser sein, das die Erde überflutete und Mensch, Getier, Baum und Gras verschlang. Vielleicht würde Zefa, die in der Gefolgschaft des Beato Estêvão eine »Heilige« war, sie alle retten.

Bei ihrer Rückkehr erzählte Jucundina der Familie, was sie vernommen hatte. Jerônimo ging es an diesem Tage nicht sonderlich gut, der Schmerz im Rücken hatte sich wieder eingestellt, er fühlte sich so schlapp, daß er nur dalag, sich am liebsten nicht rührte. Er äußerte sich noch nicht einmal zu der Sache, aber João Pedro lief, um von dem Mann nähere Einzelheiten zu erfahren, ob es sich wirklich um Zefa handelte, ihre in die Caatinga entwichene Angehörige.

Gegen Abend herrschte lastende Schwüle, und Jucundina zählte an den Fingern einer Hand die Tage, die bis zur Abfahrt des Dampfers fehlten. In dieser Nacht sollte er eintreffen, drei Tage würde er bleiben, um zu löschen und zu laden, am fünften würden sie abreisen, und an Bord hätten sie keine Ausgaben mehr, außer was die Milch für Ernesto betraf; Essen und Logis waren im Fahrpreis inbegriffen. In Pirapora hatten sie, so hieß es, ganz einfach den Zug nach São Paulo zu besteigen. Jeden zweiten Tag fuhr einer, und Jucundina überlegte, daß sie sich schlimmstenfalls zwei Tage in jener Stadt aufhalten mußten, sofern sie am Tag der Zugabfahrt eintrafen und keine Zeit mehr hatten, sich beim Einwanderungsbeamten den Passierschein zu besorgen. Traf man aber früh genug ein, konnte man die Formalitäten noch erledigen und am selben Tag weiter, was noch besser war. Nichts wünschte sie sehnlicher als baldmöglichst am Ziel zu sein, die Reise hinter sich zu haben, ihren Mann endlich unter eigenem Dach zu wissen, und sie war sicher, daß er dann bald genas. Dieser Husten und die Rückenschmerzen rührten von der Reise her. Wenn sie wieder eine Bleibe hatten und ihr geregeltes Leben, würde die Krankheit vergehen, es wäre alles wieder wie einst. Nun fühlte Jucundina, daß sie damals glücklich gewesen war, auf ihrem Landstück, in ihrer Hütte, mit den Kindern, den Enkeln und dem Ehemann.

Jerônimo lag ausgestreckt da, blickte verloren in den blauen Himmel. Die lästige Hitze setzte einem arg zu. Schon fand sich Vicente da an ihrem Lagerfleck ein. Der junge Mann machte Marta den Hof. Jucundina merkte es sehr wohl. Ein braver Bursche, so schien es, doch er war ein Habenichts, konnte nicht heiraten. Was gäbe sie drum, wenn sie schon in São Paulo wären, ein Landstück bebauten, Kaffee ernteten. Ach, was gäbe sie drum! Der Seufzer verlor sich im Lärm des Lagers. Jerônimo musterte sie mit dem kummervollen Blick des Kranken.

4

Auch Marta zählte die Tage, die man noch in Juàzeiro blieb. Vicente würde nicht mit ihrem Schiff reisen. Als er das Ticket lösen wollte, war das Boot schon ausgebucht. Er bekam eine Karte für den nächstfolgenden Dampfer.

Sie standen nebeneinander an der Uferbalustrade. Sie sprachen kaum, wußten nicht, was sie sagen sollten; verschämte Blicke ersetzten die Worte. Man schaute zu den Barken hinüber, lauschte den Liedern der Schiffer, Marta reckte den Hals, sah in den nächtlichen Fluß, wollte dessen Farbe erkennen. Sie spürte seine Schulter an ihrer Schulter und eine Hand, die sacht die ihre ergriff, aber sogleich losließ, wenn Schritte zu hören waren. Jerônimo und Jucundina saßen auf einer Bank weiter hinten, Tonho preschte mit den anderen Jungen in der Straße umher, und auch João Pedro hielt sich in der Nähe auf.

In einer Seitenstraße spielten Einheimische *footing*. Es spazierten Mädchen und Burschen vorbei, die jungen Damen der besseren Gesellschaft am Ort, die Handelsgehilfen, in angeregtem Gespräch miteinander, die Verliebten und die Verlobten. Marta und Vicente an der Balustrade fanden keine Worte, es war ein respektvolles Schweigen angesichts des Flusses, aber ein Schweigen süß und warm, das ein ganzes Leben lang hätte anhalten mögen.

Nur gelegentlich eine Bemerkung, um auf einen aus dem Wasser springenden Fisch zu weisen: »Da!«

»Wo?«

»Da springt er.«

»Ja, stimmt.«

Sie lachten. Und sie warteten, daß der Fisch sich wieder zeigte.

»Der war ganz schön groß.«

»Der andere war größer.«

»Hm, mir scheint eher ...«

Kein Liebeswort, keine Schmeichelei, nur die Wärme der einander begegnenden Schultern, die Schwielenhand auf der anderen Hand. Und das Mädchen mit gesenktem Blick und vor Scham glühendem Gesicht. Und später, auf dem Nachtlager, jene Beklemmung wie damals, als Doktor Aureliano zudringlich geworden war. Ihre Brüste hoben und senkten sich, ihr Atem ging schneller. Sie entsann sich der Augen von Gertrudes, wenn diese sich mit Agostinho in die Caatinga davonstahl.

Eine Brise wehte, hinweg über die Barken und die Menschen. Ein Schiff in der Ferne gab ein Pfeifsignal, man sah die schillernden Lichter. João Pedro bemerkte laut: »Da kommt das Viech«, und an Jucundina und Jerônimo gewandt: »Da kommt es ... unser Schiff ...«

Jucundina erhob sich, sie trug Ernesto auf dem Arm. Jerônimo begleitete sie zur Balustrade. Vicente zog die Hand flugs zurück, Marta fühlte sich verlassen, lehnte sich fester an ihn. Ja, es war das Schiff, das lang ersehnte, nun freudig begrüßte. Bewegung kam in die Sertanejos, das Stimmengewirr schwoll an. Viele von ihnen würden sich auf ihm einschiffen. Jucundina faßte instinktiv in ihren Ausschnitt und vergewisserte sich, daß die Tickets noch da waren, zwischen den Brüsten.

Das Schiff wurde größer, die Lichter strahlten, und wieder ein Pfiff.

»Dein Schiff!« bemerkte Vicente.

»Übermorgen soll die Abfahrt sein.«

Von Trauer erfüllt war beider Schweigen nun, sie waren verlegen, es fehlten ihnen die Worte.

»Ich werde dich vermissen.«

»Du wirst mich bald vergessen haben.«

»Ich bin nicht so einer.«

Das Schiff fanden sie riesig, obgleich es ein kleiner Flußdampfer war, alt und mit geflicktem Rumpf, langsam und schmutzig. Ihnen dünkte es ein Prachtstück, wie aus dem Märchen, mit seinen Lichtern und den Pianoklängen, die von der Brise herangeweht wurden. Marta, wenn auch mit schwerem Herzen, spürte einen gewissen Stolz beim Anblick des Schiffes, mit dem sie reisen würde.

»Schmuck sieht es aus.«

Vicente erwiderte nichts. Ihre Blicke begegneten sich und schweiften wieder ab.

»Falls ich dich in Pirapora nicht einhole, suche ich alle Ecken von São Paulo nach dir ab.«

»Von Pirapora fahren wir gleich weiter.«

»Vielleicht auch nicht. Die machen dort allerhand Umstände, hab ich gehört. Man muß sich ärztlich untersuchen lassen, muß erst das Zertifikat kriegen, muß den Einwandererzug abwarten. Es dauert, sagen sie. Möglich, daß ich dich einhole . . .«

»Wer weiß.«

»Möchtest du?«

»Ich möchte es schon.«

Das Schiff glitt vorüber. Sie sahen die Passagiere der ersten Klasse an der Reling lehnen, sahen ein Mädchen Klavier spielen, einen jungen Mann an ihrer Seite. Und oben stand der Kapitän mit seiner blendend weißen Mütze.

»Kapitän möchte ich sein, dann würde ich dich den Fluß hinauf und hinunter fahren, sogar bis ans Meer.«

Sie lächelte. Die Sertanejos begaben sich zur Anlegestelle, auch Jucundina und Jerônimo. Als sie an den beiden jungen Leuten vorbeikamen, rief Jucundina: »Marta, gehen wir!«

João Pedro war schon vorausgegangen, Marta sah Tonho in einer Horde Straßenjungen, die sich den Reisenden zum Gepäcktragen anboten. Vicente schritt neben ihr.

»Du wirst mir so sehr fehlen.«

»Du mir auch.«

»Auf dem Schiff ist viel los, du wirst mich vergessen.«

Ihr Blick ließ ihn wissen, daß sie nicht eine von denen war, die schnell vergaßen. Er faßte ihre Hand, schob die Finger zwischen die ihren. Dort vorn gingen die Alten, Marta senkte den

Blick. Am Kai Begrüßungen und Umarmungen. Ein feister Mann kam von Bord geeilt, küßte die ihn erwartende Frau, rief: »Wie geht es den Kindern?«

»Alle gesund, Gott sei Dank.«

Vicente und Marta gingen unter einem Lichtmast vorbei, dann wurde es dunkler, ein Baum warf Schatten. Vicente wandte den Kopf, wollte sie küssen, aber ehe er dazu kam, traten sie wieder ins Helle.

Sie sahen, wie der Kapitän seiner Frau, einer zarten Schönen, die lächelnd am Kai stand, zur Begrüßung zuwinkte. »Ein Kapitän darf seine Frau nicht mitnehmen«, sagte Marta.

»Wenn ich Kapitän wäre, würde ich dich mitnehmen, und ich würde mit dir aufs weite Meer hinausfahren ... Ehrenwort, ich würde dich mitnehmen.«

Tonho hastete vorbei, schleppte auf dem Kopf einen dicken Koffer, gefolgt von einer schwarzgekleideten Frau. »Hier entlang, Junge! Hier entlang!« rief sie.

5

Am Abend vor der Abfahrt des Schiffes traf ein großer Schub Auswanderer ein. Sie überschwemmten das Lager, die Behörden mußten einschreiten, denn es würde zu Streitigkeiten kommen. Männer und Frauen belegten Plätze, die andere schon seit Wochen innehatten. Ein Durcheinander. Der Ortskommissar erschien, von zwei Polizisten begleitet, und er wetterte gegen den Schmutz im Kamp.

»Bei euch hilft wohl nur der Knüppel«, sagte er zu den Leuten, die ihn umringten und um Vorkehrungen baten.

Jedenfalls aber war er in Sorge. Der große Ansturm von Flüchtlingen barg immer die Gefahr von Epidemien in sich. Abgesehen von der Malaria, die hier Dauerzustand war, brachten die Leute aus der Caatinga die Blattern mit. Der »Alastrim«, eine weniger gefährliche Variante der Blattern, grassierte im Sertão, und der Polizeikommissar ließ den Arzt der Präfektur und den Bürgermeister persönlich holen.

Man beratschlagte an Ort und Stelle, während der Arzt die Neuangekommenen oberflächlich untersuchte. Es wurde entschieden, die Schiffsgesellschaft zu bitten, all jene, die tags darauf abreisen sollten, schon in dieser Nacht auf dem Schiff schlafen zu lassen. Die Unterredung im Kontor der Gesellschaft zog sich noch über eine Stunde hin, erst am Spätnachmittag kam der Befehl zu packen und das Schiff zu besteigen. João Pedro mußte Tonho suchen gehen, der in den Straßen umherstreunte und abends, wenn er sich zum Schlafen einfand, stets ein paar Nikkelstücke mitbrachte und Zeugs, das er auf dem Markt gestohlen hatte. Jucundina und Marta packten, Jerônimo half ihnen dabei. An diesem Tag hatte er sich weitere Fläschchen Medizin aus dem Hospital geholt, denn die man ihm zuvor gegeben hatte, waren aufgebraucht. Er fühlte sich besser, doch überfiel ihn abends immer ein Frösteln. Mit der friedlichen Reise zu Wasser und erst recht nach der Ankunft in São Paulo gäbe sich auch das. An Pirapora dachte er wenig, da würde man lediglich das Verkehrsmittel wechseln.

Einer der Polizisten befahl ihnen, sich in langer Reihe aufzustellen. Es waren mehr als hundertfünfzig, obwohl die dritte Klasse nur hundert faßte. Die Leute trugen Holzkoffer, Blechbehältnisse, Bündel. Eine Familie hatte einen Papagei mit, andere einen Hund. Doch da für Tiere eine Taxe zu entrichten war, bot man sie im letzten Augenblick Leuten an, die auf einen der nächsten Transporte warteten.

»Kümmern Sie sich um ihn«, bat eine Frau und übergab einem Mann aus Ceará ihren Hund. »Der Ärmste ...«

Der Polizist war am Kauf des Papageis interessiert. Er bot fünf Mil-réis. Das sei kein Preis, wehrte der Besitzer ab, der Papagei könne sprechen, er beherrsche alle nur möglichen Flüche.

»Er ist im Bordell aufgezogen worden, er hat alle Schweinigeleien gelernt ...«

Und er spornte den Papagei an, sprach ihm üble Reden vor, bis das Tier sie krächzend nachplapperte. Der Polizist war begeistert und machte sechs Mil-réis locker.

Im Gänsemarsch verließen sie das Lager. Alles geschah so plötzlich, daß noch nicht einmal Zeit zu Verabschiedungen blieb. »Vorwärts, marsch!« rief der Polizist im Befehlston.

Marta wandte sich nach Vicente um. Da stand er, die erloschene Zigarette im Mundwinkel. Dann bestiegen sie das Schiff.

Ein Mann prüfte ihre Tickets. Aus der Kombüse wehten Essendüfte, es roch nach gekochtem Fisch.

»Wo ist unser Platz?« fragte Jerônimo.

Der Mann wies auf einen Fleck voller Taurollen, Eisenteile und sonstiger Gegenstände: »Dahinten ... Ihr werdet euch schon einrichten.«

Und sie richteten sich ein, sie verstauten die Bündel in den noch leeren Ecken, fragten, wo sich die Latrine befände und wann Essenszeit sei.

»Heute habt ihr noch kein Anrecht auf Essen. Erst wenn das Schiff ablegt.«

»Dürfen wir kochen?«

»Hier an Bord nicht.«

»Ja, wie denn?«

»Tja. Ihr hättet erst morgen, zu Abfahrt des Schiffes kommen sollen ... Idee vom Bürgermeister ... ein ausgemachter Esel ...«

Sie sahen sich an. Kein Abendessen, und Kochen verboten, was sollte das an diesem Tag werden? Man diskutierte weiter mit dem Mann und erfuhr, es sei untersagt, das Schiff zu verlassen. Doch sie erreichten, daß die Kinder auf den Markt eilen und Bananen und Brot kaufen durften. Einer zählte die Kinder, die losgingen. Endlich, nach vielem Bitten, durfte auch ein Erwachsener, ein einziger, die Kinder begleiten und das Bezahlen übernehmen. Dazu erwählten sie einen des Lesens und Schreibens kundigen stämmigen Mulatten, der während des Aufenthalts im Lager aller Sympathie gewonnen hatte. Wer großes Geld mitgab, fürchtete, beim Wechseln übers Ohr gehauen zu werden. Der Mulatte setzte eine Liste auf, mit Namen, Kaufwünschen, jeweiliger Geldsumme.

In fröhlichem Zug kamen die Kinder zurück mit Bananenbüscheln, Körben voll Brot und etlichen Melonen. Der Mulatte rechnete fein sauber ab, was ihn in gutes Ansehen brachte. Auf der Stelle aßen sie, und die Schalen warfen sie in den Fluß. Tonho hatte zwei Brote gestohlen und bezog von João Pedro eine Tracht Prügel. Das Gezeter der beraubten Frau war groß, und Marta brachte ihr die Brote zurück.

»Entschuldigen Sie ...«

»Wer Kinder nicht erziehen kann, soll sich keine anschaffen!«

Doch der Zorn verflog rasch, Kinder stibitzen nun mal, ausgenommen Kleinkinder wie Ernesto. Die Erwachsenen fluchten, doch dann verziehen sie. An diesem ersten Abend zeigten sich alle freundlich und hoffnungsvoll. Man spendierte Bananen und Brot, wer Melone gekauft hatte, gab Scheiben davon ab.

Jucundina wählte ihren Platz neben einer Taurolle. Sie breitete eine der Hängematten doppelt zusammengelegt über die Taue, das Nachtlager für Ernesto. Der Dampfer schaukelte sanft, der Kleine schlief. Tonho tauchte die Füße ins Wasser, er störte einen Matrosen, der am Heck angelte. Der raunzte ihn plötzlich an: »Hau ab, du Miststück!«

Die Nacht senkte sich herab, die Fahrgäste im Dunkel sahen die an Land Zurückgebliebenen spazierengehen. Marta hielt verzweifelt nach Vicente Ausschau, konnte ihn unter den Männern aber nicht finden. Manche kamen bis ans Schiff, und bald schwangen die Gespräche hin und her. Marta hatte die Hoffnung schon aufgegeben, da hörte sie leise ihren Namen rufen.

Auch Jucundina hatte es gehört. Marta rührte sich nicht, bestimmt würde die Mutter sie zurückhalten. »Geh, plaudere mit dem Jungen«, sprach Jucundina stattdessen.

Marta suchte Vicente unter den Gesichtern am Ufer. Er hockte auf der Zementsohle unter dem Aufstieg zur ersten Klasse.

»Hier bin ich!«

»Ich dachte, du kämst nicht.«

»Warum sollte ich nicht?« fragte er. Und dann traurig: »Mein Schiff, heißt es, wird sich verspäten, es ist noch nicht einmal in Pirapora eingetroffen, es sitzt unterwegs fest, und dann muß es immerhin erst zurückkehren . . .«

»Woher weißt du das?«

»Ich war heute bei der Schiffsagentur. Wenn du nicht mehr in Pirapora bist, klappere ich ganz São Paulo nach dir ab.«

Nun vermischte sich der Gesang der Auswanderer auf dem Schiff mit dem der Männer von den Barken, und die Stimmen verhallten im Rauschen des Flusses. Der Streifenpolizist, der da seinen Dienst versah, war schon zweimal nahe daran gewesen,

Vicente fortzujagen, denn dem jungen Mann hätte ein Sprung genügt, um sich unter die Abreisenden zu mischen. Doch der Polizist drückte ein Auge zu, sicherlich verabschiedete sich hier einer von seiner Braut. Warum stören? Auch er war einmal jung gewesen und kannte das.

Er lachte amüsiert, viel lieber säße er jetzt in einer Kneipe bei einem Gläschen Schnaps. Doch er hatte bis zum Morgengrauen hier Dienst zu schieben.

6

Mehr mit dem Gefühl als mit dem Auge nahmen sie die Einschiffung der Passagiere der ersten Klasse wahr. Abfahrt sollte um neun Uhr sein, und früh schon begann das Treiben. Sie hatten fest geschlafen, obwohl die Lasten schleppenden Träger Radau machten; das Schaukeln des Schiffes war dem Schlaf günstig gewesen. Am Morgen gab es keinen Kaffee, sie verzehrten den Rest Bananen und Brot. Allerdings, gegen sieben Uhr rief einer von der Mannschaft aus, der Koch verkaufe Kaffee, zu zweihundert Réis die Kanne. Kaum einer, der nicht Kaffee wollte, sie kamen mit Kannen und Nickelstücken.

»Kleines Geld! Bitte, kleines Geld!« rief der Koch.

Die Passagiere der ersten Klasse fanden sich unten ein, verabschiedeten sich von Angehörigen und Freunden. Familien mit Kindern, gepflegte Leute, Tränen und Lachen.

Nachdem der Kaffee verabreicht war, wurden Schweine verladen. Ein Mann im Khakianzug, die Reitpeitsche in der Hand, befehligte die Operation. Etwa zwanzig stattliche Schweine einer in dieser Gegend kaum bekannten Rasse waren es, für einen Fazendeiro in São Francisco bestimmt. Das Verladen kostete viel Mühe. Die Auswanderer lachten über das Durcheinander, und noch mehr lachten sie, als eines der Tiere ins Wasser stürzte und zwei Männer sich hinterdreinwarfen, um es wieder an Bord zu wuchten. Der mit der Reitpeitsche schrie: »Rettet das Biest, es gehört Oberst Juvenal!«

Die Schweine wurden zum Heck getrieben, wo man ihnen eine Art Pferch einrichtete. Dort hatten sich aber bereits einige Familien niedergelassen. Es gab Geschrei, Proteste, Flüche. »Ja wollt ihr etwa, daß die Schweine frei unter euch umherlaufen?« rief einer vom Personal.

Ein anderer mit jugendlichem und gutmütigem Gesicht sagte beschwichtigend: »Es ist ja nur zu eurem Besten . . .«

Die Betroffenen sahen das nicht ganz so. Sie suchten sich neue Plätze in der überbelegten dritten Klasse, unterdessen stiegen weitere Passagiere zu, bepackt mit Hühnern, Koffern und Kisten.

»Mein Gott, wo sollen wir denn schlafen?«

Sie würden auf den Kisten schlafen, da zwischen all dem Getier und den großen Koffern der Passagiere aus der Ersten, die nicht in deren Kabinen paßten. Einige hatten Hängematten ausgespannt, sie bedienten sich der Deckaufbauten, und man mußte beim Gehen den Kopf einziehen. Frauen machten sich das Wasser des Flusses zunutze und wuschen Wäsche.

Um neun Uhr ließ der Dampfer seine Sirene ertönen. Aber erst um halb elf legte er ab. Vorsichtig wendete er, um ja nicht, wie schon gehabt, gleich beim Auslaufen hängenzubleiben. Alles drängte an die Reling, rang um ein Plätzchen, wollte die weichenden, zurückbleibenden Häuser der Stadt noch einmal sehen, wollte Bekannten zuwinken und übrigen Auswanderern auf der Mole. Marta hielt angestrengt Ausschau nach Vicente, konnte ihn schon nicht mehr erkennen, er war ein in der Ferne verschwindender Punkt.

Die Kinder bestaunten das Räderkreisen. Das war ein Lärmen und Treiben in der dritten Klasse, und es legte sich erst, als die Glocke zum Mittagessen rief.

Über Mangel an Essen konnten sie nicht klagen. Jeder hatte einen Blechteller, eine Tasse und einen Löffel gefaßt. Sie stellten sich vor der Kombüse in einer Schlange auf, und die Gehilfen des Kochs verteilten aus riesigen Töpfen in Salzwasser gekochten Pirarucu-Fisch und Reis. Auch Maniok gab es, den sie mit der dicken fetten Fischbrühe zu einem schmackhaften gelblichen Brei verrührten. Viele legten den Löffel hin und machten sich mit den Händen über den Fisch her, so genüßlich, daß ihnen das Fett durch die Finger rann.

Solange das Schiff fuhr, spürten sie die Hitze nicht. Der Windhauch erfrischte, nach dem Mittag legten sich viele aufs Ohr. Jerônimo war's zufrieden. Die Rückenschmerzen plagten nicht, die Brise schläferte ein, das Essen hatte gemundet. Jucundina machte sich ans Abwaschen der Teller. Einige der Frauen waren damit schon fertig. Man tauchte die Teller ins Flußwasser, wischte mit der Hand die Speisereste ab, sah ringsum die Fischchen springen. An diesem ersten Tag fanden sie noch an allem Freude und Abwechslung. Andere Frauen kamen mit Schmutzwäsche, die sie durchs Wasser zogen und zum Trocknen auf die Taurollen auslegten. Die Kinder rannten umher, belästigten die Schweine, brachten den Mann mit der Reitpeitsche in Zorn.

»Hau ab, du Lausebengel ... Verschwinde, oder ich hau dich in Stücke!«

Jucundinas Sorge war die Milch für Ernesto. Am Abend, bei der überhasteten Einschiffung, hatte sie keine mehr holen können. Das letzte Quentchen, mit Wasser gestreckt, hatte gerade für die Nacht gereicht. Vom Koch konnte sie sich am Morgen während des Kaffeekaufs zwar ein bißchen beschaffen, doch die war nun auch schon aufgebraucht. Und mehr wollte er ihr nicht geben, sonst würde sie ihm, bis er sich in der nächsten Stadt wieder eindecken konnte, für die erste Klasse fehlen. »Füttern Sie ihn mit Fischbrühe«, riet der Koch.

Und mit einer Kelle schöpfte er ihr aus dem riesigen Topf gelbe Fettsauce. Der Kleine hatte Hunger, gierig trank er, löffelweise. Jucundina lachte. »Vielleicht brauche ich keine Milch mehr zu kaufen«, sagte sie zu Jerônimo.

»Das Essen ist gut ... und reichlich.«

Sogar der Nimmersatt Tonho, der alles verschlang, was ihm in die Hände geriet, schien nach dieser Mahlzeit bis zur Halskrause voll. Er durfte sich Nachschlag geben lassen. Ein Gehilfe des Kochs, dem der Junge mit dem Mausgesicht, den spitzbübischen Augen und der gellenden Stimme gefiel, hatte ihm eine so riesige Kelle Nachschlag verpaßt, daß Tonho nicht alles verdrücken konnte und den Rest Marta hintrug.

João Pedro setzte sich zu Jucundina und Jerônimo auf die Taue und bemerkte: »Wäre die Verblichene noch am Leben, wie würde ihr diese Reise gefallen! Sie wollte schon immer mal mit einem Schiff fahren.«

Er sprach von Dinah. Und da entsannen sich alle der Toten und der Abwesenden, sie waren in Gedanken bei Gertrudes und

Agostinho, bei Noca und Dinah, bei den fortgegangenen drei Söhnen, bei Zefa, die eine Beata geworden war, beim Esel Jeremias, der sich vergiftet hatte, und bei Marisca, die sie verspeist hatten.

7

Am reizvollsten war es, wenn sich im Wasser die Lichter spiegelten. Marta schaute, war in Gedanken fern, bei Vicente. Ob sie ihn je wiedersah? Alles war möglich auf der Welt, aber schwierig war's doch. Sie wußten nicht, wohin sie sich wenden sollten in São Paulo, ein Mann erzählte, sie blieben in der Einwandererunterkunft, bis irgendein Fazendeiro sie engagierte. Vielleicht traf sie ihn dort wieder? Auf dem Wasser funkelten die Lichter.

Die Spieler hatten keine Augen für die Schönheit schillernder Lampenreflexe. Die dritte Klasse war schlecht beleuchtet, und sie mußten bei den Tricks des Seemanns wachsam sein, um bei der nächsten Karte nicht hintergangen zu werden. Die Schiffsleute sind gewitzte Kerle, das Blatt war alt und speckig, und Ronda ist ein Spiel für Diebe. Sie setzten Streichhölzchen ein, jedes zählte 20 Réis, und das war sehr viel für ihre Börsen.

Der Matrose mischte die Karten, die Leute hockten in Gruppen und plauderten, saßen da wie eine große Familie. Der Mulatte, der für sie eingekauft hatte, war eine Respektsperson geworden, er schlichtete Platzstreitigkeiten, verhandelte mit dem Koch und dem Reisebeauftragten. Aristoteles war sein Name, und er sah gar nicht aus wie ein Auswanderer. Er sagte, er wolle in der Metropole São Paulo bleiben, dort könne man leicht Straßenbahnfahrer werden. Einige hatten keine Vorstellung, was eine Straßenbahn ist, und er erklärte es ihnen mit großen Gesten: »Das ist ein Züglein, das fährt durch die Straßen und befördert die Menschen von einem Ende zum anderen Ende der Stadt.«

»Oje, was für ein Unding!«

»Weiß Gott, diese Welt!«

Der Mulatte lachte über soviel Unwissenheit. Er war schon gereist, hatte etliches von der Welt gesehen, verwendete Worte, die sie nicht kannten. Man scharte sich um ihn, debattierte, tischte Geschichten auf: »Ich weiß nicht, aber plötzlich sah ich mich über dem Kerl und hatte ihm das Messer zwischen die Rippen gestoßen ... Das Gericht sagte, ich sei nicht bei Sinnen gewesen, und das stimmt ...«

Aus der ersten Klasse hallten Pianoklänge, Stimmen und Lachen. Marta hörte über sich auf dem Laufsteg ein Pärchen reden, Brautleute vielleicht. Er küßte sie hin und wieder, sagte ihr zärtliche Liebesworte. Marta starrte auf die schillernden Wellen. Ob sie ihn je wieder traf?, und wann? Unter den Spielern brach Streit aus. Männer und Frauen drängten herbei, man überwältigte einen, der sein Messer gezogen hatte.

»Bist wohl übergeschnappt, Mann?« rief einer vom Personal.

Leute aus der ersten Klasse kamen neugierig herbei. Die Verliebten rührten sich nicht von der Stelle. Sie küßten sich, mit stürmischen, zuweilen langen Zungenküssen. Marta sah ihre Schatten. Was mochte Vicente jetzt tun? Sicherlich stand er an der Balustrade, schaute auf den Fluß, auf die Schiffe, auf jenes mit dem Namen Marta. Nie würde sie ihn wiedersehen, dessen war sie sicher. Er hatte sie küssen wollen, im Schatten des Baumes, doch die Zeit war zu kurz gewesen. Warum hatte er es nicht dennoch getan? Sie fühlte sich bestohlen. Jucundina rief: »Marta! Marta!«

»Ja, Mutter, ich komme.«

Schnell noch einen Blick auf die Lichter über dem Wasser, noch einmal den Laut eines Kusses hören und die Stimme des Mannes: »Schatz! Ach Schatz! Wie liebe ich dich!« ... Langsam ging sie, ihr war zum Weinen zumute.

8

Vom Fluß sahen sie kaum mehr als das Wasser, durch das der Dampfer, wie ihnen schien, in äußerst schneller Fahrt glitt, während es den Reisenden der ersten Klasse sehr langsam vorkam. Sie sahen auch die Ufervegetation, sahen gelbgesichtige Bauern, sahen die kleinen Städte an der Strecke. Das Geheimnis des Flusses selbst entging ihnen, seine Dramen, seine tragische menschliche Geografie. Dem Leben ringsum schenkten sie nur geringe Aufmerksamkeit und zeigten lebhafteres Interesse nur, wenn das Schiff auflief, wenn die Schiffsknechte zu den langen Stangen griffen, diese an die Brust setzten und Stunden um Stunden gegen den Dampfer, den Sand und den Fluß ankämpften. Weil sie nichts von Ländern jenseits des Meeres wußten, außer Vagem, zufällig Aufgeschnapptem, verstanden sie auch nicht die literarische Bemerkung eines Handlungsreisenden der ersten Klasse, der, darauf bedacht, die Gefährten und vor allem die nach der Stadt Barra reisende Tochter von Oberst Menandro zu beeindrucken, ausrief: »Sie gleichen den Wolgaschiffern!«

Vielleicht, oder auch nicht. Der Handlungsreisende selber wußte nichts über die Wolga, außer was ihm Text und Melodie des Wolgaliedes sagten, und daß dort eine blutige Revolution stattgefunden hatte und nicht mehr Treidler die Schiffe mit den Schultern wuchteten. Er erklärte Clarice in seiner mit Gaunerausdrücken gespickten Sprache anekdotenhaft: »Das war ein gewaltiger Zeck... Die Schiffsknechte waren Kommunisten, sie töteten den König, und nun sind sie die Regierung.«

Clarice, die an einer Fakultät studierte, wußte besser Bescheid und lachte. Das Schauspiel dieser Männer, die sich gegen die Stangen stemmten und das Schiff über die tückischen Untiefen wuchteten, ließ sie kalt. Dieserart Szenen waren ihr seit der Kindheit vertraut. Kommilitonen aus anderen Gegenden hörten sie gern von solchen Dingen erzählen und rühmten ihre literarische Begabung. Darum lächelte sie über den Handlungsreisenden, dessen Aufdringlichkeit ihr ein klein bißchen lästig war.

Die Auswanderer hörten den Vergleich, denn der junge Mann gab sich stets lautstark, doch sie verstanden nicht. Hingegen faszinierte sie der Anblick dieser Männer mit nacktem Oberkörper, die durcheinanderriefen und die Stangen in den Fluß tauchten, nach den Kommandos des Kapitäns auf der Brücke. Harte Arbeit war's, noch anstrengender als die Feldarbeit, das Ziehen der Saatfurchen, das Pflanzen und das Ernten. Jucundina wies auf einen der Männer: »Er hat schon einen Schwielenfleck auf der Brust.«

Alle hatten diese Druckstelle. Man konnte sie sehen, wenn die Männer die riesigen Stangen wieder und wieder in die Tiefe tauchten und unter den Bootskörper schoben. Ein Kampf, der Stunden dauerte, ohne Ruhepause.

Das Schiff wurde langsam wieder flott, und das wunderte die Leute am meisten, nie hätten sie geglaubt, daß es sich jemals wieder bewegen würde. Sie musterten die Neger und Mulatten, die sich mit dem Schiff abmühten. Es waren Männer wie sie, von gleicher Statur und Hautfarbe, doch den Sertanejos muteten sie wie Hünen an, die den Fluß beherrschten, alles meisterten. Als das Gefährt nach fast einem halben Tag Schinderei seinen Weg fortsetzte und die Schiffsleute von der Bordwand auf Deck sprangen, umringten die Auswanderer sie, stellten ihnen Fragen, und die Kinder kamen und betasteten die Hornhaut auf der Brust. Die Flußschiffer lächelten, dies war nun mal ihr Brot, von etwas mußte der Mensch ja leben.

9

Ernesto war nicht das erste Kind, das starb. Und sogar Erwachsene, von der Ruhr hingerafft, endeten in den Fluten des São Francisco. Nach der Trockenheit und dem kargen Essen in der Caatinga, nach dem gebratenen Dörrfleisch und dem Maniokbrei, nach sparsamer Verpflegung in Juàzeiro, wo die Nickelstücke gezählt wurden, nun der Überfluß an Bord – reichlicher, nahrhafter Fisch. Es war wie ein Traum. Die Leute fühlten sich wohl. Manche Männer verschlangen zwei oder drei Portionen Fisch, leckten sich die Lippen, streckten sich auf den Planken aus, den Bauch gen Himmel, wärmten sich in der Sonne wie die Boa im Sertão nach dem Verzehr eines Kalbes oder eines Zickleins.

Schon vor Ausbruch der Ruhr war die Latrine nicht mehr benutzbar. Eine einzige gab es für die gesamte dritte Klasse, und bereits am zweiten Tag versagte die Spülung; Gestank breitete sich aus. Die Leute versauten den engen Raum dermaßen, daß sich nicht einmal mehr die Tür aufstoßen ließ. Da lernten sie es, auf der Bordwand das Gleichgewicht zu halten und – Hosen runter, Hintern raus – sich in den Fluß zu entleeren.

Jeden Morgen reinigte das Schiffspersonal die Latrine. Gegen zehn war sie schon nicht mehr benutzbar. Die Spülung am Ende gänzlich kaputt. Da blieb ihnen nichts übrig, als den Abend abzuwarten, die Dunkelheit, und ihr Geschäft in den Fluß zu verrichten. Oder bis man irgendwo anlegte und sich in die nahen Büsche schlug. Den Frauen widerstrebte es zunächst, sich über Bord zu hängen, belauert von den jungen Burschen und übel verspottet von den Kindern. Doch als die Ruhr überhandnahm, streiften auch sie den letzten Rest Scham ab und warteten nicht mehr, bis es finster war. Die Passagiere der ersten Klasse schauten tunlichst nicht hinunter.

Die Folgen der Veränderung und des reichhaltigen Essens zeigten sich zuallererst bei den Kindern. Ihre Exkremente waren grün, breiig und übelriechend. Als das erste starb, stimmte das ganze Schiff ein Gejammer an. An Bord war kein Arzt, obwohl ein unterdessen in Vergessenheit geratenes Regierungsgesetz dies forderte. Auf den Plan trat ein Krankenwärter, ein Mischling mit häßlicher Visage und schlechten Manieren. So ging es bei allen Auswanderertransporten zu. Ausgehungert bestiegen die Leute das Schiff, schlangen den Fisch in sich hinein, und etliche starben an der Ruhr. Der Krankenwärter musterte das tote Kind, schaute sich noch einige andere an, fragte sie, ob sie Bauchschmerzen hätten. Er spie aus und bemerkte: »Die Scheißerei hat begonnen.«

Er verabreichte keine Medizin und gab keine weiteren Erklärungen ab außer: »Da hilft nur eins: Weniger essen; je weniger, desto besser.«

Unmöglich, seinen Ratschlag zu befolgen. Der Fisch war zu verführerisch, war schmackhaft zubereitet, auf dem Schiff roch es nach Dendêöl. Bald aber stank es aus allen Ecken, denn die Schwerkranken konnten sich nicht mehr über Bord hängen, sie schissen auf die Planken, schissen Hosen und Kleider voll, die reinste Sauerei.

Ein weiteres Kind starb, dann starb Ernesto, den Jucundina mit Fischbrühe gefüttert hatte, weil die Milch fehlte. Näherte man sich einem Hafen, wurde der Tote zur Bestattung auf dem Friedhof vorgesehen. Die Familie stand weinend um ihn herum, es gab keinen Sarg, keine Blumen. Im Hafen überließ man den Leichnam der Polizei, das Schiff konnte nicht warten. War die Anlegestelle aber fern, dann blieb nichts anderes übrig, als den Toten in den Fluß zu werfen, den Piranhas zum Fraß. So geschah es mit Ernesto. Die Wellen trugen den kleinen Körper fort, das schmutzige Hemdchen flatterte wie ein Wimpel, glich einem Lebewohl winkenden Tüchlein.

Ein harter Schlag für Jucundina. Ganz am Anfang, in den ersten Tagen ihrer Wanderung durch die Caatinga, war sie jeden Augenblick darauf gefaßt gewesen, daß Ernesto sterben könne. Es fehlte die Milch, die besser nährte als Maniokbrei, und das machte ihr bange. Doch der Kleine widerstand, er war immer mehr abgemagert, jedoch nicht krank geworden, bald war sie gewiß, daß er mit dem Leben davonkäme. Nun, so nah dem Ziel, als das Leiden – wie sie meinte – bald ein Ende hatte und es reichlich zu essen gab, als sie schon sicher war, daß er heranwüchse zu einem ebenso sympathischen jungen Mann wie Nenén, just da war er gestorben. Und er wurde nicht einmal der Erde übergeben, sondern den Piranhas im Fluß zum Fraß vorgeworfen. In der Caatinga hätten sie ihm wenigstens ein Kreuz gesetzt, hätten eine Nacht lang Totenwache gehalten und gebetet. Mochten die Geier später auch kommen und ihn ausscharren, man wäre ja schon fern gewesen, hätte es nicht mit ansehen müssen. Nun aber sahen sie den Körper auf dem Wasser treiben, zwischen Gezweig, dürrem Laub und Unrat vom Schiff. Die Blätter hefteten sich an den Leichnam, zuweilen überspülte ihn das Wasser, nur die Füßchen waren dann noch zu sehen, die kleinen mageren Füßchen.

Aber Jucundina war nicht die einzige, die litt. Weitere Menschen starben, sogar Erwachsene wanderten auf den seltsamen Friedhof. Wenn die Essenszeit nahte, spielte sich in jedem Auswanderer ein Drama ab: Da war der Hunger, die Gier nach dem schmackhaften Fisch, und da war die Angst vor der Ruhr. In einem Hafen, den sie anliefen, ließ der Kapitän einen Ochsen kaufen und schlachten. Zwei Tage wurde Fleisch serviert, und die Darmkrankheit ging etwas zurück. Jucundina aber konnte das Bild ihres im Wasser treibenden toten Enkelkindes nicht vergessen. Viel hatte sie den drei Söhnen zu berichten, wenn man sich wiederfände, hauptsächlich Nenén. Viel Trauriges zu erzählen, viele Tränen zu vergießen an der Schulter der Söhne. Warum nur erinnerte sie sich ihrer, sobald ein Unglück sie traf? Nun blieben ihr fast nur noch die Söhne, ihre Familie war rasch zusammengeschrumpft, schon bedauerte sie nicht mehr, daß die drei fortgegangen waren, ob zu den Soldaten oder den Banditen; auf dieser Reise nach São Paulo zu krepieren war weitaus schlimmer.

Sie begann dieses São Paulo zu hassen. Warum fuhren sie dorthin? Warum hatten sie sich nicht unterwegs auf einer Fazenda verdingt? Was machte es schon aus, ob der Lohn karg war, das Landstück nicht ihnen gehörte und sie für einen Obersten pflanzten und ernteten? Jedenfalls wären alle noch am Leben, wären sie beisammen; zu Feierabend würde sie ihre Leute mit den Ackergeräten heimkommen sehen. Nun aber, trauriger und immer trauriger, sah sie einen nach dem anderen hinsterben. Gut, daß Agostinho und Gertrudes entschieden hatten, auf der Fazenda zu bleiben. Nun waren sie bestimmt schon verheiratet, in Jahresfrist käme ein Kind, das vielleicht Ernesto ähnelte, es wüchse heran, vielleicht kaufte Agostinho vom Barlohn eine Ziege, denn Ziegenmilch war sehr nahrhaft für Kinder, nahrhafter noch als Kuhmilch. Sie hätten die Ziege mitnehmen sollen, allen Umständen zum Trotz.

Gejammer und Stöhnen auf dem Schiff. In der ersten Klasse spielte das Piano, wurde gelacht. Dort aß man keinen Fisch, es gab Fleisch, ausreichend Brot, Milchkaffee. Dort erkrankte niemand. Dies hier aber war armer Leute Los, Jucundina fragte sich: Wozu leben, wenn man so hart leidet? So hart wie sie, die hier reisten, oder wie die sich gegen die Stangen stemmenden Schiffsknechte mit ihrer blutunterlaufenen Schwiele auf der Brust. Schlecht eingerichtet war diese Welt, viel Unrecht gab's. Sollte sie nur untergehen! Ganz bestimmt ging sie unter, das Ende war nahe, der Beato verkündete es, die Beata ebenso, ihr Ruf wurde überall im Sertão vernommen; blinde Gitarrespieler, die tapfersten Cangaceiros und die unglücklichsten Frauen, sie alle wiederholten es, der Weltuntergang stände bevor, das Leiden hätte ein Ende.

Daß doch alles bald vorbei wäre, noch ehe Jerônimo stürbe, wünschte Jucundina. Außer dem Wunsch, ihre drei Söhne wiederzusehen, hatte sie nur noch einen Wunsch: den Tod ihres Mannes nicht zu erleben. Zu viele Menschen, die sie geboren oder aufgezogen hatte, waren schon hingestorben. Warum erbarmte sich Gott nicht und nahm sie selber endlich zu sich? Warum ließ er sie weiter am Leben, nur damit sie litt? In Frieden wollte sie sterben, wenn sie die Söhne nur ein einziges Mal noch in die Arme schließen könnte. Den Polizisten Jão, den Banditen José, den Armeegefreiten Nenén. Wenn sie doch kämen, alle drei vereint, und ihre Mutter um den Segen bitten würden!... Allein, wohin kommen? Die da noch übrig waren von der Familie, hatten kein Haus und kein Landstück mehr, wußten nicht wohin.

Die Wasser des Flusses strömten zum Meer, hieß es, die wußten, wohin sie fluteten, kannten ihr Ziel. Jucundina wußte nicht, wohin ihr Weg führte, wo sie ihre Bündel absetzen konnte, wo sie für ihren Körper Ruhe finden könnte. Wohin sollten sie sich wenden, wenn sie in São Paulo eintrafen? Es hieß, dort sei es im Winter so kalt, daß einem die Ohren und die Lippen aufplatzten. Wer von ihnen noch am Leben war, würde vor Kälte umkommen. Mit ihrem Blick, der schon nicht mehr Ernesto suchte, umfaßte sie den Rest der Familie. Jerônimo lag lang ausgestreckt da, Marta trocknete sich die Tränen mit dem Handrükken, João Pedro stand rauchend an der Bordwand, Tonho tollte mit den noch gesunden Kindern umher. Ihrer dreizehn waren sie aufgebrochen, Dinahs Zählung nach — Esel und Katze inbegriffen. Nun waren sie noch fünf. Wieviel mochten das Ziel erreichen?

10

Die Ruhrepidemie ließ nach, aber einige Männer und Frauen lagen weiter darnieder mit Fieber — es war die Malaria. Wer sie nicht im Leib aus dem Sertão mitgebracht hatte, holte sie sich hier vom verseuchten Wasser des Flusses. Die dritte Klasse erlebte eine schlimme Heimsuchung. In den Fäkaliengestank der Kranken mengten sich die üblen Gerüche aus dem behelfsmäßigen Schweinepferch, aus den Hühnerkäfigen, aus der stets verstopften Latrine. Auch das Gestöhn, die Fieberphantasien und das Gejammer wurden so alltäglich, daß sich schon niemand mehr darum scherte. Die Passagiere der ersten Klasse indes waren in heller Aufregung, einige wollten aus Angst vor der Malaria das Schiff verlassen. Ein Handlungsreisender bekam Fieber, und die Passagiere verlangten vom Kapitän Vorkehrungen. An die Auswanderer wurde ausreichend Chinin verteilt.

Bei alledem nahm das Leben unter den heil und gesund Gebliebenen seinen Fortgang. Man spielte Karten, verlor Geld, spielte Gitarre, schmiedete Pläne für São Paulo. Noch ein paar Tage, und sie kämen in Pirapora an, wären fast am Ziel. Es galt, nur noch den Zug zu besteigen, mit Freifahrkarte, und zwei Tage später würden sie in São Paulo Einzug halten, wo es Arbeit und Geld, Überfluß und Freude gab. Gewaltig waren die Opfer gewesen, jedoch der Mühe wert, denn so groß waren die Wunderdinge, die man über dieses São Paulo erzählte, daß es sich, selbst wenn nur die Hälfte stimmte, immer noch lohnte.

Wenn sie einen weiteren Leichnam in den Fluß warfen und mit ansahen, wie die Piranhas darüber herfielen, beklagten sie nur, daß er nicht noch ein bißchen ausgehalten hatte. Die Malaria tötete weniger Leute als die Ruhr, wenngleich sie die Männer gelb färbte und den Frauen ein gespenstisches Aussehen verlieh, aber sie würde den einmal Erkrankten nie mehr loslassen. Jetzt schwand sie und packte im nächsten Jahr, wenn Winter und Regen wiederkehrten, abermals zu. In São Paulo, so hieß es, sei alles anders, im Winter herrsche trockene Kälte, mit Frösten und Nebel, und Regen fiele nur im Sommer; vielleicht gab es dort keine Malaria.

Schlimmerweise ging das Gerücht um, Erkrankte müßten in Pirapora bleiben, die Malariafälle dürften die Reise nach São Paulo nicht fortsetzen, die Regierung gebe ihnen die Fahrkarte nicht. Wer dennoch weiter wolle, müsse sie aus eigener Tasche bezahlen und habe keinen Anspruch auf Arbeit. Ein Arzt der Regierung würde jeden gesondert untersuchen, und nur dem, der die Prüfung bestände, und die war gründlich, sei die Fahrkarte sicher.

Niedergeschlagenheit machte sich auf dem Schiff breit, und sie war gegenwärtiger als der Gestank und das Gejammer, als die Tränen und das Fieber. Die Straßen des Hungers und der Krankheit hatten sie hinter sich gebracht, und nun sollten sie den letzten Schritt nicht tun dürfen? Sollten sie, dem Überfluß so nah, mit ihren klammen gierigen Händen nicht danach greifen dürfen?

»Ich bringe einen um!« stöhnte der Mulatte, der in Juàzeiro den Einkauf besorgt hatte, hier aber an Malaria erkrankt war.

 Jucundina hörte das alles, scherte sich aber wenig drum. Sie hatte ihren Glauben in die oft wiederholten Worte des Beato gesetzt: Das Ende war nahe, die Welt würde untergehen. Und hoffentlich bald, noch ehe sie Pirapora erreichten. So könnte kein Leid mehr geschehen.

11

Der Fluß brauste über die Kaskade, ohrenbetäubend. Sie sahen die Passagiere der ersten Klasse aussteigen. Der malariakranke Handlungsreisende wurde von Bord getragen, gleich ins Hospital. Alle in der dritten Klasse waren auf den Beinen, selbst jene, die noch Fieber hatten; keiner wollte krank aussehen. Es war die Angst, ohne Zertifikat für São Paulo zu bleiben. Jeden, der an Bord kam, fragten sie, wie man sich am besten die Reiseunterlagen beschaffte, an wen sie sich zu wenden hätten, was für ein Mensch der untersuchende Arzt sei, wann die Auswanderertransporte abfuhren.

Wieder herrschte Trubel, und obgleich alles auseinanderstrebte, zu den verstreuten Pensionsunterkünften, sagte man einander nicht Lebewohl, alle hofften, sich im ersten Zug nach São Paulo wiederzufinden.

Der redegewandte, gesprächige Mulatte befragte einen Gepäckträger, ließ sich sagen, wo sie Unterkunft finden konnten. In den winkligen Gassen, so erfuhr er, gab es billige Pensionen, die Auswanderer aufnahmen, gegen Vorausbezahlung. Und daß in Pirapora über dreihundert Auswanderer auf den Transport nach São Paulo warteten. Dies abgesehen von den Kranken, denen der Arzt das Zertifikat verweigerte. Letztere würden schon nicht mehr gezählt, sie irrten als Bettler durch die Straßen oder arbeiteten für Speise und Trank auf den Landgütern der Umgebung. Und voller Hoffnung, das Zertifikat doch noch zu erhalten, stellten sie sich immer wieder dem Arzt vor.

»Sie werden hier ohne weiteres zwei Monate festsitzen . . .«

Endlich verließen sie das Schiff, mit ihren Bündeln auf dem Kopf oder unter dem Arm. Sie standen da am Ufer, wo die Boote sie abgesetzt hatten, und wußten nicht wohin. Mitleidige Gepäckträger wiesen ihnen den Weg.

Die Sonne war rot und brannte heiß. Staub von der Farbe des

Blutes hing in den Straßen, füllte die Lungen. Zur Stunde hielt die Stadt Pirapora Siesta. Auf den Straßen waren fast nur Bettler, Dutzende und Dutzende baten die wenigen Passanten um Almosen. Und dieser dichte Staub färbte die Dinge rot, gab der Spucke eine satte Farbe. Weiter entfernt toste der Katarakt unter einer leeren Brücke. In Gruppen marschierten die Leute zu den billigen Pensionen.

DIE EISENBAHN

1

Als der Patient den Raum verlassen hatte, setzte sich Doktor Epaminondas Leite einen Augenblick, ehe er nach der Krankenschwester rief. Erschöpft fühlte er sich. Er starrte auf die von rotem Staub bedeckte Schuhspitze. Schuheputzen hier war zwecklos, war hinausgeworfenes Geld. Er gähnte lange, schlug dabei leicht mit dem Handrücken gegen den Mund. Die Hitze drang durch die offenen Fenster ins Sprechzimmer, sie setzte ihm zu, sein Hemd war durchgeschwitzt. Scheußliche Gegend! Hier blieb einem nur eines: aufstehen, weitermachen. Auf dem Tisch lagen die Papiere. Ein ganzer Haufen, der nur langsam abnahm. An diesem Nachmittag hatte er schon zwanzig Auswanderungswillige untersucht und nur neun von ihnen bestätigt, daß sie gesund waren und im Nebentrakt des Gebäudes, wo sich die Einwanderungsbehörde für São Paulo befand, das Zertifikat für die Übersiedlung holen könnten. Fast alle hatten Malaria, andere litten an Würmern, an Schwindsucht, sogar einen Leprakranken hatte Doktor Epaminondas an diesem Tag gehabt. Oberflächlich war seine Untersuchung, wiewohl er sich noch vor einem Jahr, als er die Stelle hier antrat, jeden Patienten gründlich vorgenommen hatte, ihn ausgiebig über Vorkrankheiten befragt und sich nach den Beschwerden der Eltern und Großeltern erkundigt hatte. Im Grunde standen die Krankheiten den Leuten ins Gesicht geschrieben. Viele glühten vor Fieber, das Leiden verriet sich in der auffälligen Blässe des Gesichtes, im Zittern der Hände, auf dem Grund der Pupillen. Ein Blick genügte; wozu den Ärmsten weiter examinieren? Bei anderen war's der gekrümmte Rücken, das eingefallene Gesicht, ein typisches Atemgeräusch. Man verfügte über einen Röntgenapparat, doch der war defekt, und trotz Reklamation kam niemand, um ihn zu reparieren. War ja auch nicht nötig. Fern lag die Zeit, da der Doktor noch in die Tiefe ging, nach den Gründen für jedes Leiden und jeden Tuberkulosefall forschte. Diese Dinge kannte er auswendig: Reise, Hunger, Überanstrengung. In den ersten Monaten verließen die Patienten das kleine Sprechzimmer noch mit der Bemerkung: »Der Doktor ist eher ein Beichtvater, er fragt einen das ganze Leben ab.«

Erschöpft fühlte er sich. An diesem Nachmittag jedoch nicht mehr als sonst. Eine Müdigkeit war's, die von fernher kam, Wochen und Monate alt; Ekel vor allem, was ihn umgab: die Hitze von Pirapora, dieser Staub, der einem in Nase, Ohren und Mund drang, das Weibergeschwätz in der Stille der Häuser, das Tosen des Flusses, die Krankheiten der Auswanderer, die Bitten, die Tränen, die dramatischen Geschichten. Überdrüssig war er der Krankenschwester, und satt hatte er sogar das Mädchen Filó, das ihn in der Bar erwartete und mit dem er die meisten Nächte schlief. Er hatte nur einen Wunsch: Raus hier, allem den Rücken kehren, der Stadt, der Praxis, den wenig nützlichen Papieren. Die Gesichter der Angestellten nicht mehr sehen, Schwester Amélias Feldwebelstimme nicht mehr hören, wenn sie den Patienten zurief: »Der Nächste . . .!«

Blödsinn! Der Nächste . . . Als ob die, in welcher Bedeutung auch immer, wüßten, was das hieß, »der Nächste«. Die Bibel – war es wirklich die Bibel? – gebot, dem Nächsten kein Leid zuzufügen. Aber schwierig war's, zwischen Gut und Böse zu unterscheiden. Wehe dem, der solches ernstlich versuchte; er mußte verrückt werden . . . Er, Epaminondas, hatte sich in den ersten Monaten just mit diesem Problem herumgeschlagen, hatte schlaflose Nächte gehabt; eine schlimme Zeit. Besser, sich nicht drum scheren, die Dinge laufen lassen. Diese Welt lief verkehrt, und er, Doktor Epaminondas Leite, mit zwei Jahren Berufspraxis und einem Gehalt von einem Conto fünfhundert Milréis, brachte sie nicht ins Lot . . . Zu diesem Schluß war auch Doktor Diogenes gelangt, nur daß der, anstatt sich darein zu schicken, zu saufen angefangen hatte, zu nichts mehr nutze. Auch Epaminondas hatte die Versuchung gespürt. Es gab Abende, da wünschte er, sich bis zur Besinnungslosigkeit vollaufen zu lassen, um nicht mehr denken zu müssen, am liebsten hätte er sich mit dem Alkohol von allem Schmutz ringsum gereinigt. Doch er widerstand; was er bei Doktor Diogenes gesehen hatte, war ihm eine Lehre gewesen. Es galt durchzuhalten, bis die Freunde in São Paulo seine Versetzung erreichten. Er sandte Briefe, einen um den anderen; sein Vater, nimmermüde, legte

Schere und Nadel aus der Hand, wurde bei einflußreichen Freunden vorstellig, hörte sich Versprechungen an, sprach ein weiteres Mal vor. Wenig kümmerte es Epaminondas, daß die anderen ihn lästig fanden. Die kannten dies hier ja nicht, diese Arztpraxis, die Auswanderer, deren Geschichten, sie wußten nichts von diesen flehentlichen Bitten, die in ihm fortklangen bis tief in die Nacht, ihn nicht einschlafen ließen ... Wenn sie wüßten, sie würden ihn nicht lästig finden.

Wäre doch unter den Auswanderern hin und wieder ein hübsches Mädchen! Das kam sehr selten vor. Monatelang untersuchte er schlaffbrüstige alte Frauen und spindeldürre Männer. Schändlich fand er es, unvereinbar mit seinem beruflichen Ethos, doch er konnte nicht widerstehen: Erschien eine hübsche junge Mulattin, befahl er ihr unter dem Vorwand einer gründlichen Untersuchung, sich auszuziehen, betatschte er ihr die Hinterbacken und die Brüste. Er sah das schamrote Gesicht, den gesenkten Blick, vor den Busen gehaltene Hände. Hernach hatte er Gewissensbisse, empfand er Ekel vor sich selber, aber dieses Pirapora und diese Arbeit erniedrigten, verdarben jedermanns Charakter. In Erinnerung waren ihm die Worte eines Auswanderers aus den ersten Tagen seines hiesigen Aufenthaltes. Wild schlug der Mann mit einem Holzschuh auf ein Kind ein, dem schon die Lippe blutete. Epaminondas war ihm in den Arm gefallen: »Aufhören, Mann! Sie Barbar!« Der Mann musterte ihn wild, doch als er hörte, daß er den Arzt vor sich hatte, zeigte er sich unterwürfig, ließ das schmutzige, flennende Kind los, das aber nicht von der Stelle wich, und sagte: »Herr Doktor, wir sind arm und unterwegs nach São Paulo. Wir haben nichts zu essen, weil wir ohne ein Nickelstück sind. Und nun stiehlt diese Kreatur gar Brot, um alles noch schlimmer zu machen.«

Und der Mann erzählte seine Geschichte, gleich da auf der Schwelle des Hauses. Damals brachte Epaminondas noch Geduld auf für die entsetzlichen Berichte. Als der Mann schloß, gab Epaminondas gute Ratschläge und fragte am Ende: »Nachdem Sie und Ihre Familie so Schlimmes erlitten haben, wie bringen Sie's da noch übers Herz, Ihr Kind zu schlagen?«

Der Mann schaute ihn an und antwortete mit seiner demutsvollen Stimme: »Das Leid bessert niemanden, Herr Doktor ... Das Leid macht den Menschen nur schlechter, verdirbt ihn.«

Nun wiederholte er die Worte des Auswanderers gern sich selber zur Mahnung, und er hatte sie gar in einem seiner wöchentlichen (zuvor täglichen) Briefe Marieta zukommen lassen, seiner Braut in São Paulo. Auch er war boshaft geworden, aber es war eine mäßige, kleinlich feige Boshaftigkeit, zu einer großen Schurkerei war er nicht fähig. Er forderte die jungen Mädchen auf, sich zu entkleiden, und seinen Untergebenen, die dem Auswandereramt gern einige Tage entflohen wären, verwehrte er den Urlaub. Zu mehr aber langte es nicht.

Selten war unter den Auswanderern ein hübsches Mädchen. Mit manch einer hatte er geschlafen; sie hatten Hunger, waren eine leichte Beute. Auch mit Verheirateten und mit solchen, die in wilder Ehe lebten, und mit Witwen, deren Männer unterwegs gestorben waren. Er gab ihnen fünf Mil-réis, das war für sie ein Vermögen. Von den vielen Dirnen in den Straßen erkannte er manche wieder: Sie waren einst in seiner Praxis gewesen, des Zertifikats wegen. Krank waren sie, zu nichts mehr nütze, er hatte ihnen den Weg nach São Paulo versperrt, sie endeten in den Freudenhäusern, wo sie binnen kurzem wegstarben. Es war alles so abscheulich, und er fühlte sich müde.

Wenn er wollte, konnte er die Sprechstunden auch ausfallen lassen. Er hatte es schon etliche Male getan, war zu Hause geblieben, in dem kleinen Mietshaus, das er allein bewohnte (zum Saubermachen kam tagsüber eine Negerin). Er speiste im Hotel, und an manchem Nachmittag um zwei Uhr, wenn die Hitze gar zu unerträglich war, ging er anstatt in die Praxis nach Hause und warf sich aufs Bett. Übermannte ihn der Schlaf nicht gleich (aus dem er schweißgebadet und mit Kopfschmerzen aufwachte), dann war er nervös, mußte er an die Männer und Frauen denken, die im Wartezimmer saßen und standen, seiner harrten, kummervoll nach der Tür zum Arztzimmer schauten. Manche kamen schon zum zweiten oder dritten Mal, immer schweigsam und mit bänglichem Blick wie ein Hund oder wie er, als er noch Student war. Er wälzte sich auf dem Bett, ging endlich hin, und an solchen Tagen war er noch mürrischer, noch verschlossener und finsterer. Dafür nun hatte er studiert!

Was blieb ihm denn übrig als sich zu erheben und an die Arbeit zu gehen? Der Warteraum brechend voll, mühsam bahnte er sich den Weg durch die Menschen, und später kamen immer noch Leute. Rasch hatte er etwa zwei Dutzend abgefertigt, die Kranken erkannte er auf den ersten Blick. »Momentan ist es nicht möglich, Sie haben ja noch Fieber vom Malariaanfall.«

Er gab Packungen mit Chininkapseln aus. »Nehmen Sie das. Wenn das Fieber vorbei ist, kommen Sie wieder. Wir werden sehen, was sich machen läßt.«

Was war das bloß für eine morbide Faszination, die Leute so anzuschauen und schon im voraus zu wissen, daß dann wieder das bekannte Entsetzen in ihren Augen auftauchte, daß sich ihr Mund zu einem Flehen verzog und die Verzweiflung hervorbrach.

»Hat keinen Sinn ... Ich kann da nichts machen ...«

Er hörte noch das Gejammer draußen und hörte Amélia mit keifender Stimme die Familie fortschicken. Brutales Scheusal Amélia! Er selber war kaum besser, tat gar noch schlimmere Dinge, zog die hübschesten Mädchen aus, jedoch die Art der Schwester, ihr unverschämtes Benehmen gegenüber den Auswanderern brachte ihn in Harnisch. All dieses Elend um sie her schien sie nicht zu berühren, sie lachte und witzelte mit den anderen Angestellten, ereiferte sich: »Diese Leute ... geradezu widerlich.«

Aber, so sagte er sich, er war nicht viel besser. Ein Rohling auch er, oft ein Ekel, und er führte mehr oder weniger die gleichen Reden im Munde wie Amélia. Und doch hatte er Wut auf sie, und er verbarg es nicht.

Er schaute zum Fenster hinaus. Mit hereinbrechendem Abend hatte der Staub sich etwas abgesetzt. Roter Puder lag auf den Rahmen. Draußen auf der Straße ging jemand vorbei und grüßte: »Guten Tag.«

Als könne es in dieser Stadt, mit den zu untersuchenden Auswanderern, überhaupt einen guten Tag geben .... Er schaute auf die Uhr. Gottseidank bald Feierabend. Noch einige wenige, und Schluß für heute. Abendbrot, und dann die Nacht in den Armen von Filó. Doch selbst dieser Gedanke munterte ihn nicht auf. Er war des Mädchens überdrüssig, den Laufpaß hatte er ihr nur deshalb noch nicht gegeben, weil ein ansprechender Ersatz fehlte. Und hier ohne Weib ...

»Amélia!« rief er.

»Ja, ich komme.«

Als die Schwester die Warteraumtür aufstieß, hörte Epaminondas Stimmengewirr.

»Noch viele Leute da?«

»Und ob. Heute ist ein Schiff angekommen.«

»Wer sind die nächsten?«

»Eine Familie von diesem Schiff. Zwei Männer, die Mutter, eine Tochter ...« Sie grinste. »Eine hübsche Tochter, und ein Junge.«

»Schick einen der Männer herein.«

Sie wandte sich nach draußen. »Nee, schick sie alle«, entschied er. »Und der Rest soll gehen, soll morgen wiederkommen. Die hier sind die letzten.«

Alle auf einmal zu verarzten, das ginge schneller. Handelte es sich doch um eine oberflächliche Überprüfung. Das Schiff hatte schlimme Ladung gebracht. Beinahe alle malariakrank, an Bord war es hoch hergegangen, das erkannte einer auf den ersten Blick.

Er stand mit dem Gesicht zum Fenster, schaute hinaus, als Jerônimo mit der Familie eintrat. Er hörte die Schritte, hörte Amélia die Tür schließen. Respektvolles Schweigen. Er senkte die Gardine und drehte sich um. Hübsch war das Mädchen. Amélia hatte recht. So etwas hatte er unter Auswanderern bisher selten gesehen ...

2

Als Epaminondas Leite vor etwas mehr als einem Jahr in Pirapora eintraf, optimistisch und hochgestimmt, plante er große Dinge. Viel Mühe hatte es ihn gekostet, diesen Posten zu bekommen, und den Zug in São Paulo hatte er in einer wahren Euphorie bestiegen. Aus Belo Horizonte telegrafierte er Marieta: »Reise verläuft bestens. Bin bald zurück. Für immer.«

Er schätzte, etwa ein halbes Jahr in Pirapora zu bleiben, so hatten es ihm die Freunde versprochen. Der Ressortchef, ein alter Angeber, der ein Buch über die Bandeirantes verfaßt hatte und sehr von sich eingenommen war, versicherte, er werde schon Sorge tragen, daß »dieses Exil in Pirapora nicht allzulange dauerte«. Und hatte in seiner Art, wie wenn er eine Ansprache hielte, noch hinzugefügt: »Mein junger Freund, unterdessen bekümmern Sie sich nicht. Ihnen ist eine einmalige Chance gegeben. Sie werden dort mit den zwei größten Problemen unseres Landes konfrontiert: mit der Landflucht im Nordosten und mit dem São-Francisco-Fluß. Letzterer insonderheit ist sehr verführerisch. Befolgen Sie meinen Rat. Nutzen Sie den Aufenthalt gründlich, studieren Sie die Probleme der Region. Ganz besonders fasziniert die eine Frage: Wie kann es sein, daß in jener so fruchtbaren und reichen Gegend die Menschen so träge und unfähig sind? Meiner Meinung nach liegt es an der Rassenvermischung. Jedenfalls werden Sie Gelegenheit haben, das Problem *in loco* zu studieren.«

Epaminondas versprach, sich mit dem Problem zu befassen und dem Ressortleiter seine Erkenntnisse in Briefen mitzuteilen, die, so drückte sich der Chronist der Bandeirantes seinerseits aus, »der Anbeginn einer gedeihlichen und von gegenseitiger Wertschätzung getragenen Korrespondenz sein mögen«. Epaminondas versprach es nicht aus purer Höflichkeit und auch nicht, um die Gunst dieses Mannes zu gewinnen, von dem fortan so viel abhing. Vielmehr, er plante weit gesteckte operative Studien. »Dort kann ich mich in Tropenkrankheiten spezialisieren, kann viel lernen, in einem lukrativen Fach.« Wenn er die Versetzung nach São Paulo geschafft hätte, wollte er dort eine Praxis eröffnen. Er sah sich schon reich und berühmt, mit edlem Haus, Marieta eine noble Dame, und sein Vater könne das erniedrigende Handwerk eines Schneiders an den Nagel hängen.

Doch es blieb beim ersten Brief, den er noch nicht einmal absandte. Seine Beobachtungen in den ersten zwei Monaten seines Aufenthalts zeitigten Ergebnisse, die dem Chef gewiß nicht schmeckten, und er hielt es für besser, alles bleiben zu lassen. Was würde der Chronist der Bandeirantes wohl sagen, wenn er erfuhr, daß die »Trägheit« und die »Unfähigkeit« nur eine Umschreibung für Hunger in diesem fruchtbaren, reichen Landstrich waren?

Während der langen Fahrt im Zug hatte er über allerlei Projekte nachgedacht. Er war nicht ins Blaue gefahren, wie etwa die Auswanderer, die durch die Caatinga zogen und über den São Francisco setzten; er kannte sein Ziel. Die Anstellung, die er zweifellos der Vermittlung des gerade noch im rechten Augenblick von einer Studienreise aus Europa heimgekehrten Floriano verdankte, war der Lohn dafür, daß er ein Jahr lang in kalten Amtszimmern bettelnd vorgesprochen hatte, Briefe und Empfehlungsschreiben vorweisend, unterwürfig, in abgelaufenen Schuhen, der dunkelblaue Prüfungsanzug immer stumpfer, die Hosen ausgebeult. Damals kam er abends niedergeschlagen nach Hause, ohne erklärende Worte dem Vater gegenüber, anschließend fand er sich bei seiner Verlobten ein, in Angst vor der immer gleichen Frage Dona Isolinas: »Haben Sie etwas erreicht?«

Da machte er eine verneinende Geste. Marieta zog ihn hinaus auf die Straße, um zu verhindern, daß Dona Isolina ihre Litanei anstimmte: eine lange Brautzeit tauge nichts, ein Doktorring öffne doch alle Türen, sofern der Betreffende nur einen festen Willen und genügend Tatkraft besitze. In solchem Fall geriet Epaminondas jedesmal in heftige Erregung, und zuweilen hatte er unwirsch geantwortet. Besser, draußen vor dem Haus flanieren, die Nachbarinnen grüßen und ein Schwätzchen mit diesem und jenem machen.

Der alte Leite hatte sich sehnsüchtig gewünscht, dem Sohn eine gute Ausbildung zu geben. Schon sein Vater war Schneider gewesen, und er selber hatte von Kind an die Nadel führen müssen. Am liebsten wäre er Arzt geworden, und da es ihm nicht möglich gewesen war, hatte er geschworen, daß es ihm bei seinem Sohn gelänge. Er hatte größte Opfer auf sich genommen, hatte die Nächte durch gearbeitet, für eigene Kundschaft, die er dem Schneideratelier abkappte. Tagsüber arbeitete er in einem großen Haus für Herrenmoden und nachts für seine Kundschaft. Er verwendete sogar Etiketten der Firma, nähte sie an seine Mantelkragen; die Kunden wußten, daß es der nämliche Schnitt war, der das Renommee des Schneiderateliers begründet hatte. Die Entlohnung war in bar, für sich kaufte er nur das Dringlichste, damit sie nicht gerade Hunger litten, der Sohn auf dem Gymnasium jedoch besaß alle Bücher, hatte eine ansehnliche Schulmappe, und sein Anzug war stets makellos.

Als er die Vorprüfung mit guter Note schaffte, einer glatten Acht, da war der Schneider aus dem Häuschen. Er lief und erzählte es der ganzen Nachbarschaft, und die engsten Freunde lud er auf ein Bier ein; schon sah er Epaminondas als Doktor. Und schon titulierte er ihn Doktor, halb im Spaß, halb im Ernst.

»Damit ich mich dran gewöhne.«

Und er begann für den Doktorring zu sparen. »Es soll ein Ring mit einem funkelnden echten Smaragd sein. Keine übliche Imitation«, rief er lachend und vergnügt.

Schon früh fand Epaminondas das alles ein bißchen lächerlich. Aber er hatte ein gutes Herz, er begriff, welches Opfer die Eltern da brachten, und konnte die naive Freude des Schneiders nachempfinden, der vor Kommilitonen seines Sohnes, wenn er sie als Kunden der Firma bediente, sogar seine Vaterschaft verheimlichte. Hatte er einen Medizinstudenten vor sich, dann legte er das Gespräch so an, daß er auf seinen Sohn zu sprechen kam. »Kennen Sie ihn? Er ist einer meiner Kunden.«

Der junge Mann kannte ihn.

»Ein intelligenter Bursche, nicht wahr? Arzt wird er, und was für einer! Er hat Talent und spürt Berufung. Er büffelt ja auch genug.«

Epaminondas verhehlte seinen Kommilitonen nicht, daß der Vater Schneider war. Ebendas brachte ihn Floriano nahe, einem reichen Knaben und Sohn eines Senators, den die Studenten beneideten und die Professoren hätschelten. Sein Vater war in der Politik ein großes Tier, hatte Leute in seinen Diensten, kommandierte. Alle trachteten danach, dem Sohn zu gefallen. Mit ihm, der seinen Kreis hatte: Freunde mit Auto und Liebchen, die sich auf eleganten Festen einfanden, im Kasino spielten, wenig studierten, ohne daß die Professoren sich getraut hätten, sie durchfallen zu lassen, vielmehr geschmeichelt waren, wenn sie die Visitenkarte des Senators empfingen, auf der um Rücksichtnahme für den Sohn gebeten wurde ... mit ihm war Epaminondas nie befreundet.

Eines Morgens in der praktischen Übung sprach Floriano ihn an: »Gestern bin ich einem deiner Bewunderer begegnet.«

»Bewunderer?«

»O ja, einem Schneider. Ich lasse meine Anzüge im ›Salon Robles‹ machen, dem besten Atelier von São Paulo. Kaum hatte der Schneider gehört, daß ich Medizin studiere, kam er gleich auf dich zu sprechen, erzählte mir Einzelheiten von dir, lobte dich in vollen Tönen. Er sagte, er kenne dich.«

Epaminondas blickte den anderen fest an, er konnte Floriano nicht ausstehen, denn alles, was ihn so entsetzliche Anstrengung kostete, war dem anderen leicht gemacht.

»Er ist mein Vater.«

»Dein Vater?« wunderte sich Floriano.

Mehr wurde zunächst nicht geredet. Die Freimütigkeit von Epaminondas aber hatte den reichen jungen Mann beeindruckt, diese Haltung fand er edel und würdevoll. Am Schluß der Stunde sprach er Epaminondas wieder an: »Willst du ins Zentrum?«

»Ja.«

»Steig ein, ich nehme dich mit.«

Sie stiegen in Florianos Chausseefloh, einen braunen Packard, der die Mädchen närrisch begeisterte. Man redete, kam sich näher. Epaminondas fand Aufnahme in den Kreis von Florianos Freunden. Diese mochten es nicht, daß er sich verausgabte, und das demütigte ihn zunächst. Doch was sie ihm zum Ausgleich für dieses Unterlegenheitsgefühl gaben, das war viel, und er konnte nicht widerstehen. Zu dieser Zeit ging er schon mit Marieta, im dritten Studienjahr verlobten sie sich. Floriano versprach, er werde ihm gleich nach dem Studium eine gute Anstellung im öffentlichen Gesundheitsdienst verschaffen.

»Und wir richten eine gemeinsame Praxis ein. Ich weiß nichts, du aber hast Ahnung. Ich werde mir auf deine Kosten einen Namen machen.«

Der Schneider war glücklich über diese Freundschaft. Nun unterhielt er sich ausgiebig mit Floriano, wenn der sich einen neuen Anzug anfertigen ließ, und bemühte sich eifrig um den Studenten. Epaminondas speiste zu Abend im Hause des Senators, begleitete Floriano in die Kasinos, zu den Festen, zu Empfängen. Sogar im Regierungspalast war er schon gewesen, auf einem Ball. Der Senator persönlich hatte während einer Anprobe im Atelier Epaminondas' Vater die Hand zu drücken gewünscht — das war dem Alten so viel Ehre, wie er es sich nie erträumt hatte.

»Wenn Ihr Sohn das Studium absolviert hat, werde ich mich um seine Zukunft kümmern.«

Der Besitzer des Ateliers, der den Senator begleitete, behandelte den Schneider von diesem Tage an zuvorkommender.

»Sein Sohn studiert Medizin und ist ein Protegé von Senator Nogueira. Sein Leben ist gemacht. Man erzählt sich, der Senator finanziert ihm das Studium.«

Auch Marieta lebte in Zukunftserwartungen. Hin und wieder begleitete sie Epaminondas, fuhr mit im Auto von Floriano, der neben sich seine augenblickliche Geliebte sitzen hatte. Sie fuhren einen Whisky trinken nach Santo Amaro oder zum Tanzen nach Guarujá. Das erlegte dem Schneider noch größere Opfer auf, ein solches Leben kostete viel Geld, doch er wollte, daß es Epaminondas an nichts mangelte.

Bei der Abschlußfeier im Stadttheater konnte der Schneider die Tränen nicht zurückhalten, als er den Sohn mit Talar und in dem blauen Anzug sah, den er mit ganzer Hingabe nachts daheim geschneidert hatte. Gebannt lauschte er der Rede des Dekans und des Studentensprechers. Als der Name seines Sohnes verlesen wurde, applaudierte er heftig. Auch als der alte Dekan Floriano Nogueira nannte. Der Senator saß in der Ehrenloge und grüßte mit einem Kopfnicken den Schneider.

Marieta hatte sich eigens für den Ball ein Kleid anfertigen lassen. Sie fuhren im Taxi hin, es war wie ein Traum. Zu Hause verspürte der Schneider keinen Schlaf, er war in Gedanken noch beim Fest und beschrieb seiner Frau alle Einzelheiten: »Im Moment wird getanzt . . .«

Er hatte dem Sohn den Ring geschenkt, überdies eine goldene Uhr. Und auch den Füllfederhalter zum Ausschreiben der Rezepte. Floriano bedachte ihn mit einem prächtigen Thermometer.

Ein halbes Jahr später befand sich alles auf der Pfandleihe. Epaminondas wollte Floriano wegen der Anstellung nicht drängen, er hoffte, der Freund werde sich seiner erinnern und beim Senator ein Wort einlegen. Aber zwei Wochen nach dem Abschluß hatte sich Floriano mit den Eltern nach Europa eingeschifft. Drei Monate später kehrte der Vater zu den Legislativsitzungen zurück, Floriano blieb weiter, zu irgendeinem Spezialisierungskurs. Der Senator beehrte São Paulo nur zwei Tage und eilte, wegen der angespannten politischen Situation, sogleich nach Rio, Epaminondas konnte ihn noch nicht einmal begrüßen.

Und es begann die Zeit der Angst. Er konnte sich ein Empfehlungsschreiben beschaffen, hörte Versprechungen bedeutender Persönlichkeiten, fand es unziemlich, daß der Vater ihn, der das Studium abgeschlossen hatte, weiter aushielt. Er sah den Alten bis zum Morgengrauen über der Nadel sitzen, am liebsten hätte er die Ärmel hochgekrempelt, zur Schere gegriffen und mit Hand angelegt. Auch blieben ihm Dona Isolinas Blicke nicht verborgen, wenn er bei der Verlobten erschien. Manchmal fehlte ihm sogar das Geld für die Straßenbahn, er schämte sich, den Vater zu bitten, und ließ sich von der Mutter fünf Mil-réis zustecken, für Zigaretten und die kleinen Ausgaben. Er saß in den Vorzimmern der Ämter, nun schon mit abgelaufenen Sohlen, harrte stundenlang, um vorgelassen zu werden. Kleinmut und Empörung bemächtigten sich seiner.

Das ging ein Jahr so. Als er schon alle Hoffnung aufgegeben hatte, kehrte Floriano aus Europa zurück, mit einem neuen Auto, einem Sportwagen Marke Fiat, überdies mit einer kleinen entzückenden Französin und einer Bescheinigung, derzufolge er an irgendwelchen berühmten Kliniken Praktika absolviert hatte. Epaminondas wollte schon auf das Angebot eines Kollegen eingehen und zweimal die Woche drei Stunden in dessen Praxis ordinieren, doch er wußte, das war keine Lösung. Es war nur, damit er sagen konnte, daß er überhaupt etwas tat. Der blaue Anzug lag im Pfandhaus, und mit Ingrimm sah er, wie der Vater ihm einen neuen Anzug schneiderte und das Haushaltsgeld noch mehr beschnitt.

Floriano kam persönlich. Als er erfuhr, daß der Freund noch ohne Anstellung war, rief er ungehalten: »Ist denn das die Möglichkeit! Ich habe den Alten wer weiß wie gedrängt. Diese verteufelte Politik, die einen nicht einen Augenblick zur Besinnung kommen läßt. Wir nehmen uns der Sache jetzt auf der Stelle an. Und es soll die Mühe lohnen. Ein bombiger Posten!«

Und er verkündete das Programm für den Abend. Nach Santos würden sie fahren, ins Kasino ... Epaminondas wies auf seine Kleidung.

»Kriegst einen Anzug von mir und behältst ihn gleich. Nein, spiel mir nicht den Stolzen. Immerhin ist es meine Schuld.«

Als sie zurückkehrten, bemerkte Epaminondas: »Was die Anstellung betrifft, mir ist alles recht, Hauptsache, ich habe sie bald.«

In der Tat, es dauerte nicht lange. Floriano erklärte, bei etwas Geduld spränge was Besseres raus. Aber Epaminondas in seiner Eile griff beim ersten Angebot zu. Es war der Arztposten im Auswanderungsbüro von Pirapora.

»Es ist nur für kurze Zeit. Ich arrangiere umgehend deine Versetzung hierher oder sonst eine bessere Stelle. Ein zweites Mal soll uns das nicht passieren.«

Aber Epaminondas war's zufrieden. Ein Conto und fünfhundert Mil-réis, immerhin, das war kein Pappenstiel. Daheim sagte er nichts, auch nicht zu Dona Isolina und Marieta, bis die Ernennung amtlich war. An jenem Tag brachte er Käse und Wein mit nach Hause, und Blumen für die Verlobte. Floriano hatte ihm Geld geliehen, damit er den Ring, die Uhr, den Füllfederhalter und das Thermometer aus der Pfandleihe holen konnte, und noch weiteres Geld für die Reise. Das »Amtsblatt« schwenkend, trat Epaminondas herein. Der Schneider freute sich über die Maßen, so daß Epaminondas fürchten mußte, er sei übergeschnappt. Der Vater umarmte den Sproß und rief: »Sagte ich's doch, eines schönen Tages ...«

Nicht minder groß war Marietas Freude. Dona Isolina fragte an, wie es um die Hochzeit stünde.

»Sobald ich hierher versetzt werde. Eine Sache von wenigen Monaten, fünf, sechs allenfalls.«

Er sollte dort die Nachfolge eines Doktor Diogenes antreten, eines altgedienten Arztes, der vier Jahre in Pirapora praktiziert und nun seine Versetzung nach Santos durchgedrückt hatte. Ein sehr fähiger Mann, von ausgezeichnetem Ruf, hieß es.

Während der Reise machte Epaminondas Pläne. Wie mochte diese ferne, am Ufer des São Francisco gelegene Stadt Pirapora sein? Er erinnerte sich, was der Ressortchef über den großen Fluß und dessen Probleme gesagt hatte. Er selber kannte die Städte im Landesinnern nicht, ausgenommen Campinas und Jundiaí; Santos zählte da nicht mit. Diese Bergarbeiterstadt nun aber war bestimmt anders. Mochte er auch nur einige wenige Monate dort bleiben, so wollte er sich die Praxis doch gut einrichten und die Zeit gründlichst nutzen zum Ordinieren und Studieren.

Merkwürdig, daß Doktor Diogenes ihn nicht auf der Bahnstation erwartete. Von São Paulo und von Belo Horizonte aus hatte er sein Eintreffen telegrafisch angekündigt. Ein Dienstmann schleppte die Koffer.

»Wissen Sie vielleicht, wo Doktor Diogenes Mendes wohnt?«

»Doktor Dioges? Der wohnt im Hotel Internacional.«

»Ist es weit?«

»Gleich hier.«

»Schaffen Sie meine Koffer hin. Ich folge Ihnen, damit ich den Weg kennenlerne.«

»Da ist es.« Der Gepäckträger wies mit einer Kopfbewegung hin. »Nur diese Straße hinauf.«

Epaminondas eilte dem Mann voraus. Die Hitze war unerträglich, Staub reizte die Netzhäute. Er müsse sich eine dunkle Brille kaufen, überlegte er. Doch die Stadt mit ihren weißen Häusern gefiel ihm, und der unter der Brücke tosende Katarakt begeisterte ihn. Er blieb stehen und ließ den Blick über den São Francisco schweifen. Ein Armer bat ihn um ein Almosen. Er fuhr mit der Hand in die Tasche, wollte ein Nickelstück hervorholen, blickte den Mann an. Entsetzt kniff er die Augen zu. Kein Zweifel, vor ihm stand ein Leprakranker.

Stille herrschte im Hotel; es war wie .ausgestorben. Er klatschte in die Hände, vergebens. Der schwarze Kofferträger unternahm es seinerseits, den Siesta haltenden Besitzer zu wekken. Weitere mit dem Zug eingetroffene Gäste scharten sich in der Vorhalle.

»Seu Juca, Kundschaft!«

Seu Juca hatte es gar nicht eilig. Er schlappte in Pantoffeln daher und fuhr sich mit den Handrücken über die verschlafenen Augen. Epaminondas trat auf ihn zu.

»Wohnt hier Doktor Diogenes?«

Der Hotelbesitzer musterte ihn. »Sie sind der Arzt, der wegen der freien Stelle kommt?«

»Ja, der bin ich.«

»Ihr Zimmer ist reserviert . . . Nummer 19.«

Der Neger verschwand mit den Koffern. Epaminondas aber drängte es, den Kollegen sofort zu sprechen. Vielleicht hatte ihn ein dringlicher Fall, am Ende gar eine Operation vom Bahnhof ferngehalten. Es gebot sich nachzuforschen.

»Und wo ist der Doktor? Im Hospital oder in der Praxis? Oder auf Krankenbesuch?«

Seu Juca fixierte ihn mit einem Auge; eine vage Geste.

»Wer? Doktor Diogenes?«

»Ja«, sagte Epaminondas irritiert.

»Pah! Doktor Diogenes und Kranke besuchen!«

Er wies mit ausgestrecktem Arm hinüber zur Kneipe auf der anderen Seite des Platzes. »Da ist er. Am Tisch dort, der im weißen Anzug ... beim Schnapstrinken.«

3

Das war eine Unhöflichkeit. Er bat den Hotelbesitzer, Doktor Diogenes wissen zu lassen, daß er eingetroffen sei, und begab sich auf sein Zimmer. Er nahm ein Bad, kleidete sich um, hoffte, daß der Doktor ihn diesmal im Foyer erwartete. Mit dem Bad spülte er Staub und Reisemüdigkeit hinweg. Beschwingt und erwartungsfreudig eilte er zurück, doch da war kein Doktor. Er spähte hinüber zur Kneipe, dort saß er, hockte da in unveränderter Körperhaltung, wie es schien. Epaminondas rief nach Seu Juca. Der Hotelbesitzer kam, träge, und wartete mit einem ausdruckslosen Gesicht, das einen entnerven konnte, daß der Gast sich erklärte.

»Haben Sie nach dem Doktor geschickt?«

»Nein, mein Herr.«

»Aber ich hatte Sie doch angewiesen. Ich muß ihn sprechen, die Sache ist wichtig.«

»Ich habe niemanden geschickt, ich selbst bin hinübergegangen. Die Dienstboten hier sind faule Hunde, ich mußte es selber tun.«

»Haben Sie es ihm ausgerichtet?«

Der Mann bejahte mit einem Kopfnicken.

»Und was hat er gesagt?«

»Er wisse schon Bescheid ... Er hat mich Scheißstück genannt. Es ist so seine Art. Für ihn ist alles Scheiße, ausgenommen der Schnaps, seiner Ansicht nach das einzige, was taugt auf der Welt. Wenn er eine Tochter hätte, so sagt er, würde er sie auf den Namen Parati taufen.« Der Wirt gab ein mattes, kraftloses Lachen von sich. Wie eine Nachtschnecke, wenn sie nur lachen könnte, war Epaminondas' Gedanke.

Er wandte sich dem Ausgang zu, dem Schnapssäufer dort drüben wollte er ein paar Wahrheiten an den Kopf werfen. Ziemte es sich, einen Kollegen so zu empfangen? Auf dem Bahnhof hätte er ihn erwarten müssen, hätte ihm die Praxis zeigen, ihm das Amt übergeben, ihn den Mitarbeitern vorstellen müssen. Er würde ihn zur Rede stellen, ihm gehörig die Meinung sagen.

Zuvor aber holte er noch den Hut, die Sonne stach gewaltig. In der Regel ging er ohne Kopfbedeckung, das würde hier nicht möglich sein. Auch eine dunkle Brille mußte er sich unbedingt zulegen. Diese Sonne! ... Abermals hatte er dieses Schauspiel vor Augen, die Kaskaden, das über die Steine brodelnde Wasser und den wie Spitzenschleier aufwallenden Schaum. Das war die Mühe wert. In dem langen Brief, den er gleich am Abend Marieta schreiben wollte, würde er ihr dies alles schildern. Doch an diesem Abend schrieb er Marieta nicht, erst am Morgen, denn die Nacht verbrachte er mit Doktor Diogenes in der Bar, »lernte die Mädchen kennen«, wie der andere es nannte.

Daß dies geschähe, ahnte er noch nicht, als er den Platz überquerte und auf die Kneipe zuschritt. Den Doktor wollte er tüchtig abkanzeln, er würde sich allein einrichten und dann die Dienststelle informieren. Floriano bekäme einen vertraulichen Bericht über diesen Arzt. Hielt der ihn für einen Nichtskönner und für einen Mann ohne Beziehungen? Vielleicht war ihm zu Ohren gekommen, daß er ein Schneidersohn war, und darum ...

Doktor Diogenes schaute auf, mit trüben Augen. Sein Bart, so schien es Epaminondas, war mindestens eine Woche alt. Ein spärlicher rötlicher Bart, der dem Doktor das Aussehen eines Irren gab. Seine zittrigen Hände strichen durch das ungekämmte Haar. Säuferdelirium, konstatierte Epaminondas, möglicherweise aber erst im Anfangsstadium. Die schmutzige Kleidung wies an verschiedenen Stellen Brandlöcher vom Rauchen auf, die Asche der Zigarre, die der Doktor gerade paffte, rieselte ihm auf den Jackenspiegel und das fleckenübersäte Hemd.

»Guten Tag.«

Tote Augen starrten ihn an. »Sie sind mein Nachfolger? Na prima, nehmen Sie Platz ...«

Epaminondas griff ruckartig nach dem Stuhl und setzte sich, etwas entfernt vom Tisch. Diogenes war, der Schätzung nach, hoch in den Fünfzigern, war beleibt und hatte dickliche, leicht zitternde Hände. Epaminondas wollte zu reden anheben, wollte mit seiner Strafpredigt beginnen, aber der andere schaute ihn schon nicht mehr an, er rief mit einem Händeklatschen den Kellner. Auf dem Tisch stand eine zur Hälfte geleerte Flasche Schnaps.

»Noch ein Glas, Scheißstück; aber dalli . . .«

Der Kellner lachte, solche Behandlung durch den Doktor schien er gewöhnt.

»Sofort.«

»Und spül das Glas wenigstens ein bißchen aus.«

Seine Stimme klang tönend und warm, wie die eines ehemaligen Sängers. Epaminondas war gewärtig, daß der Doktor ihm Schnaps anbieten würde, doch er würde ablehnen. Der Kellner stellte das Glas hin, griff zur Karaffe, der Doktor wies ihn mit einer Geste ab.

»Verschwinde, Scheißstück.«

Er goß das Glas voll, erhob sein eigenes: »Zum Wohl.«

»Ich trinke nicht.«

Die matten Augen, in Fettpolster gebettet, musterten ihn, schienen zu lächeln, strahlten einen Funken Ironie aus.

»Sie trinken nicht? Ah . . . dann fangen Sie schleunigst damit an.«

»Schleunigst? Warum?«

»Das werden Sie schon noch merken . . . Dies ist alles, was einem hier bleibt . . .« Er wies auf die Schnapsflasche. »Sankt Cachaça, der wirksamste Heilige von Pirapora. Vollbringt größere Wunder als Pater Cícero oder dieser neue ›Heilige‹, der im Sertão umherstreicht, dieser Estêvão.«

Er näherte sein Glas dem anderen. »Legen Sie Ihren Stolz ab, und das Schnäpschen gekippt! . . . Taugt nichts, das Scheißgesöff, ist aber noch das beste hier. Kommt aus Januária. Nicht zu vergleichen mit dem aus Pernambuco.«

Epaminondas zögerte noch.

»Legen Sie Ihren Stolz ab, junger Mann«, wiederholte der Doktor. »Hier verliert einer seinen ganzen Stolz, und auch . . .« — seine Stimme klang jetzt tief, verinnerlicht — »auch allen Anstand.«

Epaminondas erhob das Glas. »Auf Ihre Gesundheit.«

»Besten Dank.« Der andere kippte sein Glas in einem Ruck, spie aus, goß wieder nach.

Der Schnaps war stark, Epaminondas spürte, wie er ihm den Schlund verbrannte. Schweiß rann ihm von der Stirn, die entsetzliche Sonne blendete. Er zog das Taschentuch hervor (mit dem von Marieta gestickten Monogramm), strich sich über das Gesicht. »Eine Hitze ist das!«

»Es gibt Schlimmeres ... o ja. Schlimmeres!« Wieder hatten Diogenes' Augen diesen ironischen Ausdruck.

»Schnaps tut gut bei Hitze«, konstatierte er mit einem matten Lächeln auf den weichen Lippen.

Und übergangslos, Epaminondas mit dem Zeigefinger aufspießend, fragte er unverhofft: »Sie, wie alt schätzen Sie mich?« Er lehnte sich im Stuhl zurück, damit der andere ihn besser in Augenschein nehmen konnte.

Epaminondas versuchte zu schätzen. Achtundfünfzig bis sechzig, mutmaßte er. Fünfundfünfzig würde er sagen.

»So um die fünfundfünfzig ...«

Diogenes lachte auf. »Da sehen Sie, was Pirapora und der Posten eines Amtsarztes der Einwandererbehörde von São Paulo aus einem machen!«

Er kippte das Glas, füllte es wieder, auch das von Epaminondas.

»Seit reichlich vier Jahren bin ich hier. Als ich auf dieser Scheißstation ausstieg, war ich achtunddreißig. Jetzt müßte ich zweiundvierzig sein, sofern ich noch rechnen kann. Fünfundfünfzig bin ich, jawohl ... Also siebzehn Jahre seither und nicht vier ... Eher scheint's mir wenig, mir ist, als seien dreißig Jahre vergangen ...«

Er kraulte sich den roten Bart. Epaminondas war gefesselt von dieser Stimme.

»Dreißig Jahre, das ist die Höchststrafe in diesem Scheißland, nicht? In den vier Jahren hier habe ich dreißig Jahre gebüßt.«

Epaminondas entgegnete, er sei ein bißchen verwundert über solche Äußerungen. Noch kenne er diese Stadt kaum, und die Hitze mache ihm gewaltig zu schaffen, doch was er bisher gesehen, bringe ihn nicht zu dem Schluß, daß es übermäßig schlimm sei. Für eine Stadt im Innern mute ihm Pirapora noch gar nicht so übel an.

»Ei gewiß! Die Stadt ... sie hat einen Flugplatz, hat einen Tanzclub, wo Tricktrack gespielt wird, hat gute Kaufhäuser, alles in allem eine Scheiße. Aber ich spreche nicht von der Stadt an sich, nicht sie macht einen kaputt, trotz Hitze und Langeweile ...«

Seine Augen starrten nun verloren über den Platz. Epaminondas wußte nicht, was er anpeilte, so sehr er auch Ausschau hielt. Der Platz war leer. Drüben in der Straße stand ein Araber mit Weste gähnend vor einem Laden. Vielleicht hatte der Arzt ihn im Blick. »In Kaschmirweste bei dieser Hitze ... So ein Pferd!« bemerkte Epaminondas mit einem Lächeln.

Aber Diogenes hörte gar nicht zu, war mit den Gedanken sonstwo. »Warten Sie, bis Sie Ihre Patienten zu Gesicht bekommen, die Auswanderer ... Wie alt sind Sie?«

»Siebenundzwanzig.«

»Ein junger Mann noch ... In Ihrem Alter lebte ich in Rio de Janeiro; schöne Frauen, nicht diese Scheiße hier ...«

Wieder kratzte er sich den Bart. »Ich hatte geschworen, mich nicht mehr zu rasieren, bis mein Nachfolger käme. Haben Sie sich sehr geärgert, daß ich nicht auf dem Bahnhof war?«

»Nun ja, ich hatte gemeint ...«

»Ich wollte ja, aber heute morgen ...«

Er unterbrach sich, kippte das Glas Schnaps hinter, pries einmal mehr das Getränk: »Es wärmt einem das Herz ...« Und ohne Übergang fuhr er fort: »Sie waren aus Crato gekommen, waren über sechs Monate unterwegs. Das Gros ist auf der Strecke geblieben, und die mit dem Leben davongekommen sind ...«

»Auswanderer?«

»Unsere Patienten ... Ein Papier ist auszufüllen. Und das wird nur ausgefüllt, wenn der Bürger gesund ist. Alsdann ist es im anderen Flügel des Hauses vorzulegen, zur Entgegennahme der Fahrkarte. Fehlt dem Bürger etwas, gibt's kein Papier. Sie, haben Sie einen Revolver?«

»Nein. Welche Frage!«

»Besser, Sie legen sich einen zu, zur Bewachung der Papiere, zumindest aber sollten Sie ein Herz aus Eisen haben ... Meines begieße ich mit Schnaps, damit es standhält, meines ist aus Scheiße ...«

»Sind die Leute gewalttätig?«

»Gewalttätig?« Er wunderte sich über den Ausdruck. »Gewalttätig ... Das Schlimme sind die Augen ... mit Fischaugen starren sie einen an. Wenn sie mich mit ihren Augen so anstarren, bedaure ich, keinen Revolver zu haben, um sie abzuknallen ... Jetzt noch sehe ich vor mir die Augen des Mannes, als ich ihm sagte, seine Lungen seien kaputt. Er fing an zu weinen ...« Er unterbrach sich und fuhr nach wenigen Augenblicken fort. »Haben Sie jemals einen alten Mann weinen sehen?«

Epaminondas erinnerte sich: Sein Vater hatte am Tage der Abschlußfeier geweint. Aber er verneinte.

»Machen Sie sich auf einen solchen Anblick gefaßt. Die allergrößte Scheiße. Wie konnte ich da zum Bahnhof kommen? Heute nachmittag mache ich blau, Ihre Ankunft war mir Vorwand, der Praxis fernzubleiben, morgen früh übergebe ich Ihnen das Amt, steige in den nächsten Zug und ade ... Meine Qual hat ein Ende, die Ihre beginnt.«

»Aber ist es denn gar so schlimm?« Es kostete Epaminondas Mühe zu glauben, daß dies wirklich ein so entsetzlicher Ort sein sollte. Es galt, Auswanderer zu untersuchen, den Gesunden das Zertifikat auszustellen, die Kranken fortzuschicken, weiter nichts. »Was geschieht mit den Kranken?«

»Na was schon? Nichts. Sie können nicht weiterfahren, das ist alles. Nachher sterben sie, alle müssen wir sterben auf dieser beschissenen Welt.« Er wies auf den Platz. »Hier bleiben sie, als Bettler. Davon hat Pirapora übergenug: Bettler. Und sie kommen jeden Tag in die Sprechstunde, zu neuerlicher Untersuchung, und versichern, daß sie wieder gesund sind.«

»Und Sie untersuchen sie wieder?«

Diogenes schaute ihn mit seinen trüben Augen an. »Was taugt's? Tuberkulose und Lepra lassen sich so schnell nicht wegkurieren. Auch nicht die Malaria.«

Er breitete beide Arme aus; eine Geste, die bei jedem anderen theatralisch gewirkt hätte, bei ihm aber nur traurig anmutete. »Nie hab ich so viel Hunger erlebt. Er bringt die Menschen um, der Hunger.«

Dann lachte er und erzählte: »Hier haben wir einen Dichterling, der beschissene Verse schreibt. In einem seiner Gedichte, einem leidlich gelungenen, sagt er, daß sie – die Auswanderer

— die Straßen des Hungers ziehen, ehe sie hier eintreffen. Die einzig taugliche Sache, die er bisher geschrieben hat ... Die Straßen des Hungers führen geradewegs zum Friedhof.«

»Und das Personal der Dienststelle?«

»Beschissen ...« Allerdings schien ihm das nicht kräftig genug, sondern fast beschönigend, er korrigierte: »Nein, Schufte, Hurensöhne ... Sie treiben Geschäfte mit den Zertifikaten, begehen alle nur denkbaren Schurkereien. Ich verkehre mit keinem von ihnen ...« Er resümierte es in einem Wort: »Eiterbeulen!«

Und er setzte Epaminondas ins Benehmen: »Zwecklos, ans Büro in São Paulo zu schreiben und sich beschweren zu wollen. Jeder hat dort einen, der ihn deckt, und was hier vorgeht, ist denen dort sowieso schnuppe. Seit zwei Jahren verlange ich meine Abberufung. In meinem letzten Brief versicherte ich, falls sie mich nicht versetzten, würde ich einfach quittieren, würde den ganzen Krempel hinschmeißen ... Ich gab mir selber eine Frist: bis zum Ende dieses Monats. Endlich las ich Ihre Ernennung, ein Amtsschreiben ging ein. Und wenn ich nicht schon längst Schluß gemacht habe, so aus Mitleid für diese Unglücklichen, denn ohne Arzt würden alle hier hängenbleiben. Selbst die paar, die in so guter Verfassung sind, daß sie gleich weiterkönnten.«

»Man hat Sie nach Santos versetzt ...«

»So ist es ... Aber zu spät, ich bin am Boden. Dies hier hat mich kaputtgemacht. Meinen Sie, ich hätte getrunken, als ich herkam? Freilich, Abstinenzler war ich nicht, hin und wieder trank ich einen Schluck; einen Aperitif vor dem Mittag. Wie jeder sonst auch.«

Er rief den Kellner: »Schreib es an, Scheißstück.«

Er warf eine Silbermünze auf den Tisch, der Kellner murmelte einen Dank.

»Ich nerve Sie mit diesem Gerede. Aber es ist besser, Sie wissen von vornherein, wie das hier läuft. Damit Sie nicht wie ich damals die Praxis voller Illusionen übernehmen. Ich wollte helfen, wollte mit meiner Arbeit als Arzt für die Auswanderer ein zutiefst soziales Werk leisten. Projekte ...« Er ruderte mit den Armen. »Alle sind schiefgegangen ...«

Sie erhoben sich. Die Sonne funkelte über der Kaskade; sie gingen in diese Richtung. Epaminondas wunderte sich, daß Diogenes nicht torkelte. Er hatte viel getrunken, doch er schritt manierlich dahin, nur eben mit gekrümmtem Buckel und zitternden Händen, und er merkte, daß der andere ihn aus den Augenwinkeln beobachtete.

»Ich habe noch nicht meine Dosis«, sagte er lachend. »Aber abends bin ich dann voll.« Und noch heftiger lachend, setzte er hinzu: »Keine andere Möglichkeit einzuschlafen als im Suff.«

»Die Hitze ...«

»Hitze? ... Sie sind es und ihre Geschichten ... Und die Augen ... Am liebsten möchte man töten ...«

Und am Abend erlebte Epaminondas den Arzt betrunken, wie er im Bordell tanzte. Er kannte alle Welt, sie schienen ihn zu mögen, rauhe Männer aus dem Hafen, Ladengehilfen, der schon erwähnte Poet, der ein schmächtiger Mulatte war, und die Schiffer. Er wies auf die Frauen und schärfte Epaminondas ein: »Sagen Sie es mir vorher, ehe Sie mit einer gehen wollen. Ich weiß, welche den Tripper hat und welche gesund ist. Sie sind, abgesehen von den Auswanderern, meine einzigen Patienten.«

Am Nachmittag waren sie in der Praxis gewesen. Diogenes hatte ihn in die Dinge eingeführt und ihm auf scherzhafte Weise Amélia vorgestellt: »Dieses Rhinozeros ist die Krankenschwester. Das wildeste Tier, das Gott in die Welt gesetzt hat.«

Dann hatte sich Epaminondas mit Amélia in den anderen Flügel der Dienststelle begeben, um sich mit den übrigen Angestellten bekannt zu machen. Alle zeigten sich sehr entgegenkommend, er war die höchste Amtsperson, er bekam Einladungen zum Mittagessen – alle stellten sich unter sein Kommando. Keiner äußerte sich abfällig über Diogenes, im übrigen hätte Epaminondas das auch nicht geduldet.

Sie aßen zusammen im Hotel, dann schleifte Diogenes ihn ins Bordell. Er wies auf dieses und jenes Weib, auf junge unschöne Mulattinnen: »Die habe ich untersucht. Sie war gesund, aber der Rest der Familie konnte nicht weiter. Die betteln jetzt hier, während sie auf den Strich geht und mittlerweile so krank ist wie die anderen ...«

Er kannte die Geschichte jeder einzelnen. Und die Auswanderer verfolgten ihn bis hierher, im Bordell hatte Epaminondas den ersten Kontakt mit jenen, die ab kommendem Tag durch seine Praxis marschieren würden, um den Gesundheitspaß zu holen. Ein Mann, in Begleitung zweier junger Burschen, trat an den Tisch des Arztes. Diogenes musterte ihn aus seinen trüben Augen. »Was wünschen Sie, Cardoso?« fragte er lallend.

»Sie möchten mich morgen erneut untersuchen ... Ich bin jetzt gesund, ich spüre nichts mehr.«

»Sie denken wohl, die Kaverne schließt sich von einem Tag auf den andern?«

»Ich huste schon nicht mehr und hab auch kein Fieber.«

Gleich da legte Diogenes dem Mann das Ohr auf den Rücken, klopfte ihm die Rippen mit den Fingergelenken ab. Er wandte sich an Epaminondas: »Überzeugen Sie sich.«

Der tat es ihm nach und bemerkte: »Die beiden Lungenflügel.«

»Noch nicht, noch nicht, Cardoso, aber bald«, sprach Diogenes zu dem Mann. »Kommen Sie morgen in die Praxis, damit ich Ihnen ein Mittel gebe.«

»Morgen werden Sie mich noch gründlicher untersuchen, Doktor«, sagte der Mann und zog sich zurück.

»Der macht nicht mehr lange ...«

Wieder ruderte Diogenes mit den Armen und faßte alles in seinen Lieblingsausdruck: »Eine Scheiße!«

Und er kippte das Glas Schnaps hinter. Auch Epaminondas trank, diesmal schien ihm der Schnaps nicht so stark.

4

Warum, zum Teufel, hatte er angewiesen, daß sie alle auf einmal einträten? Unabänderlich befahl Epaminondas den hübschen Mädchen, sich auszuziehen, und untersuchte sie dann umständlich. Es war kaum mehr als ein zaghaftes Befummeln, aber am Abend, wenn er sich zu Filó legte, sah er im Geiste das Mädchen aus der Sprechstunde vor sich und gebärdete sich wie ein Brunfttier. »Bist heute wieder ganz wild«, bemerkte dann Filó.

Vor ihm stand Jerônimos Familie. Er hörte den Mann husten und konstatierte im stillen: Schwindsucht.

Just da kam ihm die Idee. Amélia, die noch dastand, schickte er mit einem Wink aus dem Raum. Sie ging und schloß die Tür hinter sich. Epaminondas setzte sich auf den Stuhl, er begann Fragen zu stellen, blickte diesen und jenen an, notierte die Namen, das Alter, den Herkunftsort.

»Heute eingetroffen?«

»Ja, Senhor. Und wir sind gleich gekommen, es heißt, daß viele Leute mit Billet auf den Zugtransport warten, und wir wollen möglichst bald weiter.«

Der Arzt nickte verständnisvoll. »Also, untersuchen wir. Falls alle gesund sind, sollen Sie mich noch heute los sein. Und die Zertifikate bekommen Sie morgen ausgehändigt. Was aber das Fahren betrifft, müssen Sie warten, bis Sie an der Reihe sind. Wer den Paß eher kriegt, reist auch eher.«

Er blickte Marta an. »Jedenfalls ließe es sich einrichten, daß Sie vor den anderen fahren können«, sagte er.

»Gott vergelt's Ihnen, falls Sie es möglich machen könnten«, erwiderte Jucundina. »Wir müssen uns mit der Ankunft dort sputen, unser bißchen Geld ist bald alle.«

»Also, beginnen wir . . .«

Sein Plan war es, im Beisein aller zunächst das Kind zu untersuchen, dann nacheinander die übrigen, und zwar jeden einzeln. So könnte er dieses junge Mädchen, das mit gesenktem Blick und hängenden Armen dastand, begaffen und betatschen.

»Zuerst der Kleine . . . Wie war doch sein Name?« Er überflog die Notizen, tat freundlich und gütig. »Aha, Antônio.«

»Wir nennen ihn Tonho«, sagte Jucundina.

»Also gut, junger Mann. Laß mal sehen, Tonho. Freimachen, ganz.«

Tonho verkroch sich in eine Ecke, hängte sich dem Großvater an die Hose. Als der Arzt näher trat, flennte er los.

»Keine Angst, junger Mann. Aber, aber! Ein so großer Junge und weint? Ich beiße ja nicht.«

João Pedro mußte ihn mit Gewalt in die Mitte des Raumes zerren; Jucundina zog ihn aus, scheltend und drohend. Tonho heulte jämmerlich.

Der Arzt legte den Jungen auf die Pritsche. »Ein bißchen mager, hä?«

»Er ist als einziger durchgekommen.« Jucundinas Stimme klang traurig, und Epaminondas verspürte Mitgefühl. »Drei waren es, zwei Knaben und ein Mädchen mit Namen Noca. Nur er ist uns geblieben. Er war der älteste, er hat's noch am besten durchgestanden.«

Die sich ewig wiederholenden Geschichten ... Recht hatte Diogenes, diese Arbeit machte jedweden kaputt, hier verlor einer allen Stolz, und auch jeglichen Anstand.

»Woran sind die beiden gestorben?« Epaminondas hob den Kopf von dem Rücken des Jungen, den er gerade abgehorcht hatte.

»Noca an einer Fußverletzung, sie hatte sich unterwegs gekratzt, es hat geeitert, und das Fieber hat sie getötet. Der andere ist auf dem Schiff gestorben ...«

»Ruhr oder Malaria?«

»An der Ruhr ... Er war noch ein Säugling, er vertrug die Fischbrühe nicht ... er hat sich andauernd vollgemacht.«

Epaminondas nickte verständnisvoll, untersuchte weiter, sorgfältig. Tonho flennte, der ungewaschene kleine Körper bebte unter den Händen des Arztes. Epaminondas sah die Läuse auf dem Kopf des Jungen kriechen – mager war er, aber gesund. Dem fehlte nichts.

Er gab ihm einen Klaps auf den Hintern. »Kannst dich wieder anziehen, junger Mann.«

An Jucundina gewandt, sagte er: »Alles in Ordnung. Er muß nur tüchtig essen. Vielleicht hat er Würmer.« Er rief Tonho zurück und prüfte seine Augen. »Ja, hat er. Wenn Sie in São Paulo sind, geben Sie ihm ein gutes Abführmittel. Und lassen Sie ihm gleich hier die Haare schneiden, damit es mit diesen Läusen ein Ende hat.«

»Jawohl, Herr Doktor.«

Er füllte den Schein aus. »Dieser hat schon den Paß. Und jetzt die anderen. Gehen Sie alle nach nebenan, nur einer soll bleiben.« Er wies wie zufällig auf João Pedro. »Sie, wenn ich bitten darf.«

Er öffnete die Tür, die anderen gingen hinaus. João Pedro spürte fast so große Angst wie Tonho.

»Setzen Sie sich hierher, an den Tisch.« Er griff nach anderen Instrumenten. »Jackett ausziehen!«

João Pedro legte das Jackett über die Stuhllehne.

»Hemd auch.«

Unter der gebräunten Haut zeichneten sich die Rippen

ab. Malaria hatte er nicht, zumindest nicht im akuten Stadium.

»Sagen Sie dreiunddreißig.«

Die Lunge war gesund. Doch er nahm sich mit der Untersuchung Zeit, damit es später nicht auffiel, wenn er sich mit dem jungen Mädchen abgab.

»Wiederholen Sie ... Sprechen Sie so lange, bis ich was sage.«

João Pedro wiederholte ängstlich: »Dreiunddreißig ... dreiunddreißig ...«

»Langt.«

Epaminondas richtete sich auf, horchte nun das Herz ab, machte ein bedenkliches Gesicht. »Was ist, Herr Doktor?« fragte João Pedro erschrocken.

»Nichts, nichts«, Epaminondas lächelte. »Keine Bange. Sie können reisen.«

Er füllte das Formular aus und befahl: »Ziehen Sie sich wieder an.« Er überreichte den Schein und sagte: »Schicken Sie die Senhora herein.«

Jucundina blieb an der Tür stehen. Epaminondas blickte auf ihre Füße, sah die Zehen durch die zerrissenen Schuhe lugen.

»Kleid ausziehen. Die Unterwäsche können Sie anbehalten.« Er drehte sich um und wartete.

»Sind Sie bereit?«

»Noch nicht.«

Sie hatte noch nicht einmal angefangen, Scham loderte ihr im Gesicht. Die modernen Ärzte, so hatte man ihr gesagt, zögen die Patienten splitternackt aus.

»Beeilung, Senhora. Die Unterwäsche können Sie anbehalten.«

Er hieß sie auf der Pritsche Platz nehmen, dann hatte sie sich flach hinzulegen. Alt und schlaff sah ihr Körper aus. Wieviel Jahre mochte er noch durchhalten? Diese Überlegung drängte sich dem Arzt viele Male am Tag auf.

»Ihr Mann ist der älteste hier, stimmt's? Der da hustet ...«

»Ja, Herr Doktor.«

»Der andere ist Ihr Schwager? Und das Mädchen ist Ihre Tochter?«

 »Ja, Herr Doktor. Und der Junge ist mein Enkel.«

»Sehr gut.«

Er untersuchte bedächtig, nahm sich Zeit. Der Plan in seinem Kopf nahm Gestalt an. Der Alte hatte mit Sicherheit Tuberkulose. Diese Leute könnten nicht weiterreisen.

»Sagen Sie dreiunddreißig.«

Er lauschte, das Ohr auf ihrer Brust. Dann klopfte er mit den Fingern ihren Rücken ab. »Wir müssen den Auswurf untersuchen lassen. Die Senhora ist für morgen wieder bestellt, ich werde mit der Schwester reden.«

»Was ist, Herr Doktor? Beim Allmächtigen, so sagen Sie es mir.«

»Nichts ist. Wir wollen nur Gewißheit haben, daß Ihnen wirklich nichts fehlt.«

Sie schien sehr niedergeschlagen. Epaminondas versuchte sie zu beruhigen: »Keine Sorge, es ist reine Routinesache, morgen oder spätestens übermorgen haben Sie alles hinter sich.«

Dann fragte er: »Ihr Mann, hat er diesen Husten schon lange?«

»Seit etwa zwei Monaten. Wir waren auf einer Fazenda, da fing er an, über Rückenschmerzen zu klagen.«

»Hat er jemals Blut gespuckt?«

»Als wir nach Juàzeiro kamen. Aber die Ärzte dort haben ihm Medizin gegeben, es wurde wieder gut.«

»Schön, schön.«

Sie streifte sich hastig das Kleid über. Er rief: »Amélia! Amélia!« Die Schwester kam herein. Er befahl: »Morgen den Auswurf prüfen. Das Weitere besprechen Sie mit ihr draußen«, und an Jucundina gewandt: »Schicken Sie Ihren Mann herein.«

Man brauchte Jerônimo nur anzuschauen. Wie befohlen, hängte er das Jackett über den Stuhl. Die eingefallene Brust kam zum Vorschein. Ein hoffnungsloser Fall. Epaminondas untersuchte ihn und kannte das Ergebnis im voraus.

»Morgen kommen Sie wieder, zur Prüfung des Auswurfs. Die Schwester draußen erklärt Ihnen das Weitere. Ist nichts von Belang, Sie brauchen keine Angst zu haben.«

»Der Herr Doktor geben mir den Paß nicht?«

»Noch nicht. Nach der Untersuchung.«

Der Mann wurde leichenblaß. Es war, als hätte man ihm den Tod eines nahen Angehörigen gemeldet.

»Fassen Sie sich! Es geht nur um den letzten Beweis, daß Sie gesund sind. Morgen kriegen Sie Ihr Zertifikat . . .«

In der ersten Zeit war dies seine Methode. Über Tage hin täuschte er die Leute, kam mit der niederschmetternden Wahrheit erst, wenn es nicht mehr anders ging. Später streifte er solche Sentimentalitäten ab und sagte es brutal heraus. Doch die Gegenwart des Mädchens da im Nebenraum hinderte ihn daran. Er tat, als erinnere er sich nicht mehr recht: »Fehlt noch jemand?«

»Meine Tochter«, sagte der Mann unterwürfig.

»Sie soll kommen.«

Er begleitete den Alten zur Tür. »Dieser auch, Amélia. Untersuchung morgen«, rief er.

Marta trat herein. Epaminondas empfing sie mit einem Lächeln und sagte: »Ausziehen! . . . legen Sie sich dorthin.« Er wies auf die Pritsche, schritt dann zum Fenster und schaute hinaus.

»Sagen Sie, wann Sie bereit sind.«

Draußen dämmerte der Abend, bald würden die Lampen angehen. Das Zimmer mit dem geschlossenen Vorhang lag im Halbdunkel. Er knipste das Licht an.

»Fertig?«

Keine Antwort. Er drehte sich um. Sie starrte ihn an, mit dem Kleid in der Hand, getraute sich nicht, die Unterwäsche abzustreifen.

»Na los, ausziehen. Alles! Und keine Angst, es ist nur für die Untersuchung. Sie können sich mit dem Laken da zudecken, wenn Sie liegen.«

Zunächst untersuchte er sie gründlich. Sie war gesund. Dann begann er sein schändliches Tun. Lustgefühl übermannte ihn, und seine Hände zitterten wie die des betrunkenen Doktor Diogenes. Jedem Menschen sein eigenes Elend, war seine Überlegung. Er drehte das Mädchen auf den Rücken und zog das Laken bis auf den Bauch herunter. Ihre Brüste waren prall, waren schön. Er legte seinen Kopf darauf, das Ohr auf dem weichen Gewebe. Beklemmung und Ergötzen!

Er betatschte und begaffte Martas Körper, lernte ihn kennen und begehren. Mit blutunterlaufenen Augen und zusammengebissenen Zähnen befahl er ihr endlich, sich wieder anzukleiden.

Marta erhob sich, streifte die Sachen über, das Gesicht abgewandt.

»Nehmen Sie Platz, hier bitte, wir müssen einen Moment miteinander reden.«

Sie folgte der Aufforderung mit gesenktem Blick, die Hände auf den Knien, wie um sich zu schützen.

»Ich habe es Ihrer Mutter nicht gesagt, um ihr den Kummer zu ersparen. Aber Sie sind ein erwachsenes Mädchen, Sie sollen die Wahrheit wissen.«

Jetzt keimte Vertrauen auf, sicherlich war es nicht vermeidbar, daß er sie beim Untersuchen so betastete ... Zum erstenmal blickte sie ihn an. Er war ein hübscher Kerl, mit gütigen Augen.

»Ihr Vater ist schwer krank.«

»Was fehlt ihm?«

»Tuberkulose.«

»Das ist dieses Brustleiden?«

»Jawohl. In dem Zustand kann er nicht reisen.«

»Kann er nicht ... Und was sollen wir tun?«

»Zunächst muß er sich behandeln lassen ... Dann werden wir sehen. Und Ihre Mutter, da weiß ich nicht ... Gesund, nicht gesund? Die Laboruntersuchung wird es zeigen. Und Sie, Sie müssen geimpft werden.«

Auf ihr lastete eine große Verantwortung. In kurzer Zeit, jawohl, war sie zur Hauptperson der Familie aufgerückt; sie arbeitete am meisten, hatte für die Familie zu entscheiden. Nun aber saß sie wie eine Törin da, wußte nicht, was tun.

»Ich will Ihnen helfen, soweit ich kann. Kommen Sie morgen mit Ihrem Vater und Ihrer Mutter, dann werden wir das Ergebnis sehen. Und Sie bekommen die Impfung.«

Er gab ihr noch eine letzte Empfehlung mit: »Daß keiner aus dem Glas Ihres Vaters trinkt oder vom selben Teller ißt! Verstanden?«

Er faßte sie unters Kinn, in freundschaftlicher Geste. »Ich will helfen, Ihretwegen. Sie gefallen mir.«

An diesem Abend im Bordell soff er sich einen an, und der kokett tuenden Filó, die sich diesmal gar zu sehr bitten ließ, verabreichte er eine Tracht Prügel.

5

In der Stadt wimmelte es von Bettlern. Sie stürzten sich auf die Reisenden der ersten Klasse, drängten sich an der Anlegestelle und vor den Hotels, waren eine schauerliche Masse, mit Geschwüren bedeckte schmutzige Kreaturen. Ein Museum der Krankheiten, nannte es ein Reisender, der mit dem Schiff aus Belo Horizonte eintraf.

Sie waren der Abschaum der Auswanderer, sie hatten nicht nach São Paulo weiterreisen noch in den Sertão zurückkehren können. Hier waren sie hängengeblieben, die Gesünderen arbeiteten in der Umgebung, zumeist auf den Fazendas, arbeiteten für Essen und Unterkunft und harrten ihres Sterbens. Die anderen vermehrten die Legion der Bettler, sie sparten Geld für die Fahrkarte nach São Paulo. Ziel ihrer Träume blieb der reiche, im Überfluß schwelgende Bundesstaat. Sobald sie das nötige Geld beisammen hatten, bestiegen sie den Zug, um dort in São Paulo zu sterben. Andere kehrten nach Juàzeiro zurück, stießen wieder hinein in die Caatinga, um im Sertão ihr Leben zu beschließen.

Einige blieben für immer in Pirapora. Sie schliefen am Flußufer, im Gebüsch, bauten sich jenseits der Brücke Hütten, stahlen, überfielen sogar Menschen.

Nicht einfach war es, die Bettler und die vertriebenen Sertanejos voneinander zu unterscheiden, es sei denn durch die lauten flehentlichen Bitten. Einer apokalyptischen Vision glich die Stadt, mit diesen Hunderten zerlumpter und ausgemergelter Gestalten, die auf den Zug warteten, die unerschütterlich des Zertifikats harrten, die aus São Paulo zurückgekehrt waren, die Schlange standen vor dem Einwanderungsbüro ... Die Kinder streunten durch die Straßen, schlossen sich den Bettlern an, ihre feinen Stimmen vermischten sich mit dem gemessenen Baß der Alten.

Jener Poet, der von den Straßen des Hungers gesprochen hatte und ein Skeptiker war — ein armer Angestellter einer Schiffahrtskompanie und verbittert, weil die Zeitungen der Hauptstadt bisher keines seiner Gedichte veröffentlicht hatten —, er behauptete, Piraporas Bettler ließen sich in hundert Kategorien einteilen. Es gab die Ansässigen, die seit Jahren durch die Straßen streiften, deren Gesichter man kannte und ebenso ihre Gebrechen; Blinde und Krüppel, die sich mit dem Sterben Zeit ließen und ihren festen Spenderkreis hatten. Und da waren die Provisorischen, die sich wiederum in Untergruppen schieden. Zunächst die Kinder: Alle bettelten sie, selbst die, deren Eltern nicht ganz mittellos waren. Bei ihrer Ankunft sahen sie, daß die anderen Kinder den Passanten die Hand entgegenreckten, sie machten es nach, ein einträgliches Vergnügen. Sodann, in Fetzen gekleidet und mit Kleinkindern auf dem Arm, waren da jene Frauen, deren Männer auf der Schiffsreise oder nach Ankunft in Pirapora gestorben waren, und die nicht mehr wußten wohin, ob sie den Weg nach São Paulo fortsetzen sollten oder in den Sertão zurückkehren. Sie blieben in Pirapora, die Jüngeren gaben sich der Prostitution und der Bettelei hin, während die Verbrauchten noch nicht einmal auf den Strich gehen konnten. Auch die Männer schieden sich in mehrere Kategorien. Da waren die unrettbar Kranken, denen Epaminondas jede Hoffnung auf das Zertifikat geraubt hatte und die heimlich Geldstücke sparten, um die Fahrt, sei es für den Zug oder für die Rückreise mit dem Schiff, aus eigener Tasche zu bezahlen. Die Chinin schluckenden Malariakranken hofften felsenfest auf das Zertifikat und die Reisevergütung. Und da waren jene, die aus São Paulo zurückkamen, ohne Geld für die Weiterfahrt mit dem Schiff. Einer bestahl den anderen, sie drängten sich im Bahnhof, an der Anlegestelle, vor dem Eingang der Hotels. Sie sonnten sich auf dem Platz, ernährten sich von Essenresten, wühlten in den Abfallkübeln. Im Sommer unter der gnadenlosen Sonne schlug man sich noch eher durch. Aber wenn der Winter mit seinen über Tage und Nächte hin währenden Regengüssen kam, dann suchten sie Schutz in eilends errichteten Hütten, verkrochen sie sich auf den Fazendas der Umgebung, starben sie zu Dutzenden.

Pirapora glich einer Bettlerstadt, und wäre der Poet etwas talentierter, dafür aber weniger verbittert gewesen, vielleicht hätte er ein unsterbliches Gedicht zustande gebracht. Doch in letzter Zeit schrieb er vorzugsweise Liebessonette für die Huren und durfte dafür umsonst mit den weniger häßlichen schlafen.

In der Pension, die sie pro Mann und Tag drei Mil-réis für Übernachtung und Speise (Bohnen mit einem Happen Dörrfleisch) kostete, zählten sie ein weiteres Mal ihr Geld. João Pedro ging auf Arbeitssuche, wie Dutzende andere Männer auch. Tonho streunte schon mit den Gassenjungen umher und bettelte. Jerônimo hatte ihn verprügelt, es konnte doch nicht sein, daß jemand aus seiner Familie die Hand nach einer milden Gabe ausstreckte. Doch nun sah er, daß ihnen vielleicht nichts anderes übrigblieb. Einer wollte vom anderen wissen, was der Arzt gesagt hatte. Nur João Pedro und Tonho hatten das Zertifikat gleich bekommen.

Marta unterrichtete Jucundina über die Krankheit des Vaters: »Er sagt, du bist offenbar gesund, aber Vater ist ernsthaft krank. Doch er will helfen.«

Jucundina fand in ihrer Verzweiflung Lobesworte für den Arzt: »Ein guter Mensch! ... Wir werden noch betteln gehen müssen ...«

Sie dachte an die drei Söhne. Wenn sie hier wären, würde alles anders sein. Wirklich? Aber vielleicht war es besser so, wie es nun einmal war. Die drei jedenfalls brauchten nicht in den Straßen zu betteln. Jucundina fiel auch Gregório ein, der auf Artur geschossen hatte. Hoffentlich hatten sie ihn nicht gefaßt. Gut, daß er es getan hatte. Besser noch, er hätte den Doktor Aureliano umgelegt.

Marta ihrerseits mußte an Aureliano denken, der sie so betatscht hatte wie dieser Arzt im Sprechzimmer. Sie fühlte eine Beklemmung in der Brust, die sie Hunger und Traurigkeit vergessen ließ, ihr die Lichter der Stadt zu Bewußtsein brachte. Wo mochte Vicente jetzt sein? Er hatte sie nie berührt, er, den Marta mochte.

6

Gemeinsam suchten sie die Praxis wieder auf. Amélia hieß sie warten. Sie hockten im vollen Wartezimmer, die Tür ging auf und zu, sie sahen die Leute eintreten, sahen sie heraustreten, mit freudiger Miene die einen, in der Hand das Zertifikat und die Freifahrt in Aussicht, niedergeschlagen die anderen, die Frauen mit verweinten Augen. Endlich wurden Jucundina und Jerônimo zur Abnahme von Proben hereingerufen. Sie müßten am

Tag darauf wiederkommen, wegen des Bescheids, sagte Epaminondas. Er versprach: »Die Laboruntersuchung erledige ich gleich heute.«

»Herr Doktor, bei der Liebe Ihrer Mutter, ich bitte um Beeilung. Wir sind blank. Morgen müssen wir die Pension verlassen, das Geld reicht gerade noch für heute . . .«

»Morgen haben Sie den Befund. Und jetzt schicken Sie mir das Mädchen zur Injektion. Sie ist sehr blutarm, aber eine Spritze gibt ihr Stärkung, sie bekommt das Zertifikat.«

Ungeduldig wartete er, daß Marta einträte. Er sterilisierte Spritze und Nadel, die Injektion aber würde nur ihm guttun. Sie grüßte und lächelte scheu.

»Morgen liegt der Befund zum Auswurf Ihrer Eltern vor. Ich will hoffen, ein günstiges Ergebnis. Aber wenn ich ehrlich sein soll, ich fürchte, die Lunge Ihres Vaters ist angegriffen.«

»Kann er in dem Fall reisen?«

»Nicht auf Staatskosten. Und wenn er es auf eigene Rechnung tut, fällt jede Unterstützung flach, also Arbeitsbeschaffung, Unterbringung bis zur Kontraktierung, und so weiter. Im Grunde erreicht er nichts auf eigene Faust, selbst wenn er Geld hat.«

»Wenn Sie ihm helfen könnten . . .«

»Was in meiner Macht steht, liebes Kind, will ich tun. Ihnen zuliebe.« Er lächelte.

Sie senkte den Blick. Sie verstand nicht recht, was er wünschte, doch spürte sie, daß sich hinter diesen Worten und dieser Miene etwas verbarg, dessen eigentlicher Sinn ihr entging. Sie dankte.

»Machen Sie sich frei für die Spritze.«

Sie wußte nicht, was sie zu tun hatte. »Kleid hoch und Hose runter«, befahl er. »Die Injektion ist ins Gesäß.«

»Wohin?«

»In den Hintern.«

Er strich mit dem alkoholgetränkten Wattebausch darüber, drückte das straffe Fleisch, stach die Nadel hinein. Das Mädchen stöhnte leicht.

»Tut einem richtig weh, etwas so Hübsches zu beschädigen.«

Sie sagte nichts, sie spürte, wie er die Nadel herauszog, mit den Händen aber weiter massierte.

»Damit es keine Entzündung wird, kein Geschwür gibt.«

Und die Hände strichen über ihre Schenkel und wieder die Backen hinauf, umschlossen den Unterbauch, berührten die Scham. Sie zuckte zusammen, die Glut schoß ihr ins Gesicht, sie machte eine Abwehrbewegung und entwand sich ihm.

Epaminondas erhob sich, er fürchtete, sie schockiert zu haben, und redete von ganz anderen Dingen, während sie sich, ohne ihn dabei anzuschauen, wieder ankleidete.

»Ihre Mutter sagte, daß Ihnen das Geld für die Unterkunft fehlt, daß es gerade noch für heute reicht.«

»Onkel João Pedro ist auf Arbeitssuche.«

Epaminondas fingerte in der Brieftasche, holte einen Fünfzig-Mil-réis-Schein hervor, reichte ihn ihr hin. »Da, eine kleine Hilfe, für den Fall, daß der Aufenthalt noch etwas dauert. Sie brauchen Ihrer Mutter nicht zu sagen, daß ich es Ihnen gegeben habe.«

Sie wollte es nicht annehmen. Doch sie wußte, das Geld ging zur Neige und sie wären ohne Unterkunft und Essen. Und dann der Vater in diesem Zustand! Sie nahm es.

»Herr Doktor, Sie sind so gütig!«

Er wagte einen neuerlichen Vorstoß: »Sie könnten noch viel mehr haben.«

Aber schon streckte ihm Marta zur Verabschiedung zaghaft die Fingerspitzen hin.

In der Pension erzählte sie Jucundina, daß der Arzt ihr Geld zugesteckt hatte, doch sie verschwieg, daß er ihr Schenkel und Bauch betastet hatte. »Gott schenke ihm Glück, ein so braver Junge«, sagte Jucundina bewegt.

»Er ist im Zweifel, ob Vater . . .«

»Ach, Kind, was soll das noch werden!«

Jerônimo hustete kummervoll gequält. João Pedro fand keine Arbeit. Nicht einmal gegen bloße Verpflegung. Zu viele Auswanderer gab es in der Stadt, und die Landgüter der Umgebung waren alle voll eingedeckt.

7

Epaminondas war diese Komödie gewöhnt, fürchtete sie aber dennoch jedesmal.

»Liegen die Befunde schon vor?«

»O ja. Sie, Senhora, sind gesund, Sie hingegen, mein Bester«, — er wandte sich an Jerônimo — »Ihre Lunge ist angegriffen. In diesem Zustand können Sie nicht reisen.«

»Der Herr Doktor wird mir die Bescheinigung nicht geben?«

Epaminondas schien es taktisch klüger, die Hoffnungen nicht auf einmal zunichte zu machen. »Im Augenblick jedenfalls kann ich es nicht. Wir werden eine Stoßkur machen: Tagtäglich Spritzen, Ruhe, gutes Essen. Nach einer gewissen Zeit vielleicht kann ich Ihnen das Zertifikat geben.«

»Und von was sollen wir derweil leben?«

Jerônimo hob den Kopf. »Herr Doktor, reden Sie offen mit mir. Falls es hoffnungslos ist, dann sagen Sie es, dann fährt meine Familie ohne mich. Und wenn sie erst mal dort sind und João Pedro arbeitet und die beiden Frauen ebenso, dann schikken sie mir das Geld für den Zug.«

Schon wollte Epaminondas auf Marta verzichten, wollte er dem Alten sagen, daß er ihm nie und nimmer das Zertifikat geben könne, wollte er es bei der Dienststelle arrangieren, daß João Pedro und die Frauen mit dem allernächsten Zug führen, wollte er Jerônimo die Fahrt aus eigener Tasche bezahlen, aber dann spürten seine Handflächen die Wärme von Martas Hinterbacken.

»Vielleicht können Sie fahren, nach einer guten Behandlung, die ich Ihnen kostenlos gebe. Und was Arbeit betrifft, für Marta kann ich welche besorgen. Sofern sie kochen kann, biete ich ihr an, daß sie für die Dauer ihres Aufenthalts in meinem Hause kocht. Das wäre schon eine Hilfe. Und ich will zusehen, ob ich eine Unterkunft für Sie alle finde. Hierbleiben und abwarten ist wohl das gescheiteste. Und sobald es Ihnen besser geht, sorge ich dafür, daß Sie den frühestmöglichen Zug nehmen. Was meinen Sie?«

»Sie sind zu gütig ... Sie hat Gott uns geschickt ...«

Diese Worte schmerzten ihn, als würde man ihm fluchen und

ihn ohrfeigen. Doch es war an der Zeit, Marta die Injektion zu verabreichen, und wieder packte ihn die Begierde. »Bei allem Anstand«, pflegte Diogenes zu sagen.

8

In einem Winkel der Straße lebten ein paar Schwarze, die ihm eine Gefälligkeit schuldeten. Genauer gesagt, Epaminondas hatte die Negerin vom Typhus geheilt. Sie hausten in einer großen alten Hütte, und dort brachte er Jerônimo und seine Familie unter. Die Schwarzen waren hocherfreut, sich gefällig erweisen zu können und wollten noch nicht einmal die zwanzig Mil-réis, die er ihnen gab.

»Es sind Leute, die ein Freund mir empfohlen hat.«

Die Schwarzen verlangten keine großen Erklärungen. Und Marta kam nun jeden Morgen ins Haus des Doktors, um zu kochen und die Wirtschaft zu besorgen. Die Negerin, der dies bisher oblag, war fassungslos, daß ihr der Arzt Urlaub gab, denn Urlaub kannten Hausbedienstete nicht.

Bald begriff Marta, weshalb Epaminondas ihnen half. Bei jeder Gelegenheit faßte er sie an, betatschte er ihr Brüste und Schenkel. Sie entwand sich ihm, konnte aber nicht immer Abstand wahren, zumal sie noch regelmäßig die Injektion bekam, die er ihr nun zu Hause verabreichte. Immer verrückter war er nach dem Mädchen, unter allen Umständen wollte er sie besitzen. Mit dieser Hinwendung zu Marta erregte er Filós Eifersucht und nahm dies gleich als Vorwand, um mit dem Flittchen Schluß zu machen.

Die ganze freie Zeit verbrachte er zu Hause, er schlich zwischen Wohnzimmer und Küche hin und her, rief Marta unter nichtigsten Vorwänden, scharwenzelte um sie herum, wenn sie das Zimmer fegte, packte sie an der Hand.

Sie begriff, anfänglich wollte sie fliehen, wollte sie alles hinwerfen und es Jucundina erzählen. Doch sie überlegte es sich, denn dann blieb ihre Familie ohne Dach über dem Kopf, und es fehlten die vierzig Mil-réis, die der Arzt ihr im Monat zahlte, als auch das, was er Tonho für Botengänge gab. Das Schlimmste aber: Ihr Vater hätte absolut keine Chance mehr, von hier fortzukommen, und ohne ihren Vater, wie sollten sie sich in São Paulo einrichten?

Dies alles bedachte Marta. Sie spürte, daß es für sie kein Entrinnen gab. Bald würde sie Gefallen finden an den Tatschereien, Epaminondas war ein gutaussehender junger Mann, sie würde ihm nicht lange widerstehen können. Da entschied sie, den größtmöglichen Nutzen aus der Sache zu ziehen. Sie wußte: Falls Jerônimo dahinterkäme, würde er sie verstoßen, und was Epaminondas betraf, machte sie sich keine Illusionen, er würde ihr bald den Laufpaß geben. Heiraten würde er sie nicht. Er würde sie noch nicht einmal als Freundin behalten. Er war ein Doktor, und er war verlobt mit einer aus São Paulo. Buchstabierend hatte sie die zärtliche Widmung auf Marietas Foto, das auf seinem Nachttischchen stand, gelesen: »Meinem allerliebsten Epaminondas in unendlicher Sehnsucht von seiner kleinen Braut Marieta«.

Da beschloß sie fast kaltblütig, sich ihm hinzugeben, vorausgesetzt, daß ihr Vater das Zertifikat bekam und alle zusammen die Freifahrkarten. Sie natürlich ausgenommen. Wenn es zu entscheiden galt, ob sie oder der Vater, so sollte allemal er reisen.

Ihr Instinkt als Frau riet ihr, füglichst ihre weiblichen Reize auszuspielen. Gesagt, getan. Sie tat spröde und kapriziös, lächelte von fern, warf ihm vielversprechende Blicke zu, immer auf Abstand. Epaminondas wurde von Mal zu Mal verrückter.

Endlich, an einem Nachmittag, packte er sie, bedeckte ihre Lippen wild mit Küssen. Unter Mühen konnte sie sich befreien, sie wehrte ein Gefühl wohliger Ohnmacht ab, das sie zu überwältigen drohte. Und es begann die Jagd. Er ihr hinterdrein, in einem fort, sie fliehend, stumm alle beide, Marta spürte, der Augenblick war nahe. Manchmal, abends bei ihren Leuten, weinte sie, wenn sie Vater und Mutter und den Neffen und den Onkel so vor sich hatte und daran dachte, daß sie allein zurückbleiben würde. Sie wußte, was ihr Schicksal war: die Nachtbar, das Hurenviertel. Doch ihr Entschluß stand fest. Es tat ihr leid, daß sie sich in Juàzeiro Vicente nicht hingegeben hatte. Dann wäre dem Doktor nur der schmähliche Rest geblieben, anders verdiente er es nicht.

9

Tonho kam hereingerannt. »Großmutter! Großmutter!«

Jucundina pflegte gerade Jerônimo, nach den Anweisungen des Doktors. Sie sah Tonho da vor sich, in Lumpen, mit flackernden Augen, die Füße vom Staub der Stadt ganz rot.

»Was ist los?«

Er lachte, wie nur ein Gassenjunge lacht. »Ich hab gesehen, wie der Doktor Tante Marta geküßt hat.«

Jucundina nahm den Enkel beiseite, damit Jerônimo es nicht hörte, ließ sich genau berichten, befahl ihm sodann Stillschweigen.

»Ich ging hin, ich wollte die Tante um ein Nickelstück bitten, da hatte der Doktor sie im Arm und küßte sie auf den Mund ... Ich bin gleich weggerannt, sie haben mich nicht gesehen ...«

Als Marta am Abend heimkehrte, sah sie erschöpft aus, sie ging wie unter Schmerzen, aber sie lächelte. In der Hand schwenkte sie das Zertifikat, demzufolge Jerônimo kerngesund war und reisetauglich. Jucundina wollte mit Marta reden, wollte erfahren, was es mit jenem Kuß auf sich hatte. Als sie aber die Bescheinigung sah, war sie im Bilde. Es zerriß ihr das Herz vor Schauder. Marta merkte, daß die Mutter begriffen hatte, und beide blieben stumm, während die Männer sich in Reden ergingen.

»Nun können wir also fahren.«

»Es sind noch viele vor uns.«

»Der Doktor richtet es ein, daß wir eher drankommen.«

Schließlich legten sie sich zur Nachtruhe hin. Sie lagen auf Matten in dem einzigen Raum voller Regenlöcher. Jucundina wartete, bis alle schliefen, dann faßte sie Marta an der Schulter. Das Mädchen schluchzte.

Die beiden gingen hinaus vor die Tür, Marta mit gesenktem Blick. Der war beredt. Aber Jucundina sagte: »Erzähl!«

Marta blieb stumm.

»Hat er dir Böses angetan?« fragte Jucundina.

Sie nickte.

»Die Bescheinigung hat er dir erst danach gegeben?«

Marta schaute die Mutter mit tränenfeuchten Augen an. Sie war auf Vorhaltungen gefaßt. Aber Jucundina sagte kein Wort, hockte da, mit hängenden Schultern, in Gedanken. Dann nahm sie die Tochter bei der Hand, zog sie zu sich heran und tat, was sie seit Jahren nicht mehr getan hatte: Sie küßte die Tochter auf die Stirn. Und beider Tränen vermengten sich.

Dann sagte sie: »Wenn dein Vater es erfährt, er ist imstande und bringt den Doktor um ... und dich jagt er auf die Straße.«

»Er wird es erfahren.« Beide hatten sie da keinen Zweifel.

»Wenn wir doch schleunigst fahren könnten«, sagte Jucundina. »Bitte ihn drum.«

Sie empfand keinerlei Haß auf Epaminondas. So hatte es kommen müssen, es war das Schicksal. Nur gut, daß die drei Söhne nicht hier waren. Sie in ihrer Art hätten ein Unglück heraufbeschwören können.

»Geh schlafen, mein Kind.«

Sie selber blieb draußen. Sie lauschte dem Rauschen des Flusses; ihr Haar, das während der Reise ganz weiß geworden, hüllte der Sternenhimmel in silbrigen Glanz.

10

Epaminondas wollte sie möglichst lange zurückhalten. Seine Begierde war noch nicht gestillt. Er bestimmte für ihre Reise den übernächsten Zug, und der sollte erst in dreiundzwanzig Tagen fahren. Hatte er nun mal die Dummheit begangen und die Bescheinigung ausgehändigt, wollte er denn auch weidlichst von dem jungen Mädchen Gebrauch machen. Es war das erste Mal, daß er einen kranken Auswanderer mit einem Gesundheitspaß versah. Allem Flehen hatte er bisher widerstanden, wie stand er jetzt moralisch vor den Leuten der Dienststelle da? Amélia kannte den Befund, die Angestellten tuschelten, es war kein Geheimnis mehr. Sogar die Auswanderer erfuhren davon. Einer, der einen Wortwechsel mit João Pedro hatte, rief ihm ins Gesicht: »Ihr Taugenichtse ... Habt die Ehre des Mädchens gegen die Gesundschreibung des Vaters eingetauscht.«

Als Jerônimo davon erfuhr, bekam er einen Tobsuchtsanfall. Hätte Jucundina nicht eingegriffen, er wäre fähig gewesen, seine Tochter umzubringen. Mit einer Latte stürzte er sich auf sie, brüllte: »Mir aus den Augen, Hurenweib, schamloses! Unselige du! Unselige! Daß dieses Unglücksgeschöpf mich noch auf meine alten Tage in den Dreck zieht!«

Marta lief hinaus auf die Straße, sie war im Gesicht verletzt. Es war später Nachmittag, Auswanderer standen herum. Jerônimo polterte drin weiter. Jucundina redete besänftigend auf ihn ein. Er bekam einen Hustenanfall und mußte sich hinlegen. Jucundina versuchte Marta zu verteidigen, Jerônimo aber mochte nichts hören. Er wolle sie nicht mehr sehen, rief er, und der Familie verbot er jeglichen Kontakt mit ihr.

Sobald er sich von dem beklemmenden Husten erholt hatte, befahl er, alles zusammenzupacken, sie würden das Haus sofort verlassen. Nicht eine Minute länger wolle er in dieser Unterkunft bleiben, die ihnen der Arzt besorgt hatte, der Liebhaber seiner Tochter. Sie ließen sich nahebei unter Bäumen nieder, wo schon andere Auswanderer kampierten. Die Neger sahen das alles, ohne zu begreifen. Die Auswanderer schauten und sagten kein Wort.

11

Marta konnte nicht lange in Epaminondas' Haus bleiben. In der Dienststelle zerrissen sie sich die Mäuler, sogar in der Stadt, der Dichterling hatte den Doktor eigens auf den Fall hin angesprochen. Es ging das Gerücht, er habe dem jungen Mädchen eine Wohnung eingerichtet. Dahingegen verflog seine Leidenschaft. In sexuellen Dingen war sie gänzlich unerfahren, Epaminondas aber hatte sich an die in allen Lastern erfahrenen Huren gewöhnt. Da war ein Neuzugang aus Januária, ein Flittchen, das mit einem Sergeanten aus Bahia gekommen war, ihm jedoch den Laufpaß gegeben hatte, um auf den Strich zu gehen, und auf dieses Mädchen war Epaminondas neuerdings scharf.

Marta wechselte hinüber in die Bar und in die Hurenstraße. Weil sie neu war, hatte sie viel Kundschaft. Tage später war sie krank, doch sie wußte es nicht so bald, von solchen Dingen hatte sie keine Ahnung. Epaminondas behandelte sie (diesen Kundenkreis hatte er von Diogenes übernommen), doch tat er es mit solchem Abstand und so kalt, daß er nicht im mindesten mehr der entflammte Mann von vor vierzehn Tagen schien. Marta war abgemagert, nun schminkte sie sich Wangen und Lippen, sie hatte sich zwei Kleider geschneidert und ein Paar Schuhe gekauft.

12

Nun war sie es, die ihre Familie ernährte. Jerônimo und Tonho bettelten, doch an Bettlern gab es eine Legion. Sie lagerten weiter unter dem Baum, mit Dutzenden anderen Auswanderern, und alle warteten sie auf den Zug oder das Zertifikat. Kein einziges Mal erwähnte Jerônimo seine Tochter, aber bald merkte er: das Geld, für das Jucundina Mehl und Bohnen, Zucker, Kaffee und Dörrfleisch kaufte, kam von ihr, von den Männern, die mit ihr schliefen. Auf dieser Reise hatte nichts ihn so verletzt, nichts ihn so in der Seele treffen können. Er liebte diese Tochter, und sogar jetzt, da er sie von sich stieß, trug er ihr Bild im Herzen.

Als er gewahr wurde, daß Marta das Geld lieferte, machte er Jucundina eine heftige Szene. Doch dann schickte er sich drein. Sollten sie alle Hungers sterben? Die Bissen in seinem Mund nahmen einen bitteren Geschmack an, immer hohler klang seine Brust, der Husten verstärkte sich.

Er sah Jucundina fortgehen, um sich mit der Tochter zu treffen. Und wenn sie wiederkam, mit Lebensmitteln bepackt, hatte sie vom Weinen gerötete Augen. Er sagte kein Wort, und dies alles tötete ihn noch rascher.

13

Endlich kam der Zug, tags darauf würden sie fahren. Am Abend ging Jucundina zu Marta in deren Straße, um ihr Lebewohl zu sagen. Erstmalig sah sie die Tochter in dem Kleid, in dem sie nachts, geschminkt und ein aufreizendes Parfüm im Nacken, die Bar besuchte.

»Wir fahren morgen . . .«

Sie umarmten einander und weinten. Jucundina hatte Tonho mitgebracht; auch João Pedro begleitete sie. »Willst du dich nicht von der Ärmsten verabschieden?« hatte sie zu Jerônimo gesagt. Er hatte nichts erwidert. Er saß da mit blutendem Herzen, mit gesenktem Kopf, am liebsten wäre er gestorben, dann hätte alles ein Ende gehabt.

Sie redeten eine ganze Weile. Marta erzählte, Vicente sei am Abend zuvor mit dem Schiff angekommen und habe die Bar aufgesucht. Sie verschwieg, daß er sich, als er sie mit etlichen Männern trinken sah, zurückgezogen hatte, ohne sie auch nur anzusprechen.

Sie überließ ihnen alles, was sie an Geld besaß. Jucundina schluchzte. »Morgen komme ich zum Bahnhof«, sagte Marta. »Ich will Vater sehen . . .«

14

Da stand der dampfende und rauchende Zug. Die Auswanderer kamen in Gruppen, die drei letzten Wagen, mit Abteilen dritter Klasse, waren für sie reserviert. Sie würden bis São Paulo durchfahren, und endlich wären sie am Ziel, im Land des üppigen Wohlstands. Alle waren guter Dinge, alles, was sie gelitten, schien vergessen. Die anderen, die nicht mitfahren konnten, schauten neidisch, sie streckten den Reisenden der ersten Klasse die Bettelhand hin.

Jerônimo setzte sich auf die Holzbank. Jucundina, neben ihm, hatte einen Fensterplatz, und der Alte spürte, daß es sie drängte, sich zu erheben. Marta war gewiß auf dem Bahnhof, aber Jucundina wagte nicht zu spähen, sie fürchtete Jerônimos Zorn. João Pedro und Tonho auf der Bank gegenüber mit der gleichen verschwörerischen und bangen Miene. Der Junge hatte schon zweioder dreimal aufstehen wollen. Jerônimo aber hatte ihn angefahren: »Bleib ja sitzen, oder ich brech dir alle Knochen!«

Auswanderer spannten in den Abteilen Hängematten aus; etliche, die nicht zum erstenmal reisten, zeigten ihnen, wie man es machte. Der Wagen war überbelegt. Leute drängten herein und hinaus, riefen Namen, fluchten, schwatzten. Und mitten in diesem Durcheinander entdeckte João Pedro, der nach Marta Ausschau hielt, in dem Gewimmel auf dem Bahnsteig Gregório.

 »Seht, wer da steht! Gregório!«

»Wer?« Jucundina wollte sich erheben, aber Jerônimo legte ihr die Hand auf die Schulter, verwehrte es ihr.

»Gregório! Gregório!« rief João Pedro hinaus.

Gregório erkannte ihn, zwängte sich durch die Menge, drängte sich in den Wagen herein.

»Ich bin gestern mit dem Schiff angekommen. Ich wußte nicht, daß Sie hier sind. Sonst hätte ich Sie gesucht.«

Er musterte Jerônimos eingefallenes Gesicht und merkte, daß von der Familie einige fehlten. Jucundina fragte: »Ist Ihnen nichts passiert?«

»Ich hab mich in die Büsche geschlagen, hab eine weite Runde gemacht, bis ich endlich Juàzeiro erreichte. Ich hatte ein bißchen Geld mit.«

Die Untersuchung habe er schon hinter sich und den Schein schon in der Tasche, erzählte er. »In einem Monat komme ich nach.«

»Suchen Sie uns dort.«

Der Zug pfiff. Schnell fragte Gregório noch, an Jerônimo gewandt: »Und der Rest der Familie?«

Der Hustenanfall hätte die Antwort fast vereitelt. »Der Hunger hat sie unterwegs aufgezehrt.«

Die Lokomotive schnaufte, setzte sich langsam in Bewegung, wurde schneller und schneller. Gregório sprang ab. Plötzlich richtete sich Jucundina auf, befreite sich von Jerônimos Hand, lehnte sich aus dem Fenster. Auch Jerônimo erhob sich, wollte sie gewaltsam auf die Bank drücken. Stattdessen beugte er sich über ihre Schulter, und gerade noch konnte er am Ende des Bahnhofs Marta im roten Kleid erkennen, die ihnen zuwinkte. Der Zug pfiff in der Kurve.

Zweites Buch DIE STRASSEN DER HOFFNUNG

JOSÉ

1

José, den sie Zé Trevoada nannten, warf sich bäuchlings hin. Die Kugel pfiff vorbei, sie hätte ihn, wäre er nicht flink genug gewesen, am Kopf getroffen. Er hatte sich mitten ins Dornengestrüpp geworfen, doch das Lederwams schützte ihn, überdies war er es gewöhnt. Er zielte durch das Strauchwerk, schoß aber nicht gleich, sondern spannte über Kimme und Korn. Beim Abdrükken stieß er einen wilden Schrei aus, gleich dem eines zornigen Tieres. Andere Schreie hallten durch die Caatinga, barbarisch und fremd. Zé Trevoada sah, wie dem Mann die Waffe entglitt, er sah den Mann mit rudernden Händen hinklatschen. Er rief Lucas Arvoredo zu, der sich auch hingeworfen hatte: »Ich habe einen erledigt.«

Lucas Arvoredo lächelte. Er selber hatte das Gewehr im Anschlag, wollte sein Ziel nicht verfehlen, umso weniger als Zé Trevoada einen der verfluchten »Makaken« erwischt hatte.

»Jetzt ich!« schrie er, und die Polizeigendarmen auf der anderen Seite erkannten seine Stimme. Der Schuß krachte, der Leutnant blieb wie durch ein Wunder unverletzt. Einen kurzen Augenblick spürten die Gendarmen den Drang, ihre Waffen hinzuwerfen, fortzulaufen. Der Leutnant kommandierte: »Feuer!«

Und die Schießerei ging weiter. Die Kugeln schlugen durch das Dornendickicht, schreckten die Schlangen und Echsen auf. In den Gendarmen stieg neuerlich die Hoffnung auf, daß sie Lucas Arvoredo und seine Räuberbande vernichten könnten.

Der Verwundete stöhnte dumpf. Ein Bauchschuß. Blut und Fetzen von Eingeweiden quollen aus der Uniform. Ein alter Gendarm, Cândido mit Namen, gab dem Verletzten Wasser. Der Leutnant wandte sich ab, er war fast noch ein Kind, der Anblick des Sterbenden bereitete ihm Übelkeit. Unlängst erst hatte er die Polizeikadettenschule seines Bundesstaates absolviert, er war jung verheiratet und Vater eines Kleinkindes. Sein Vorgesetzter mochte ihn wegen seiner guten Führung und seines Lerneifers; er hatte ihn zum Leutnant befördert und ihm die kleine Garnison einer Stadt im Landesinnern anvertraut.

Die Gendarmen schossen, aber die Banditen erwiderten das Feuer nicht.

Sind sie am Ende geflohen? überlegte der Leutnant. Es war sein erstes Gefecht, er kannte die Kampfmethoden des Jagunços nicht, der alte Soldat warnte ihn, dies sei erst der Beginn. Der Leutnant wollte sie einkreisen, er befahl einigen Gendarmen, einen Umgehungspfad nach der Rechten hin zu nehmen und Lucas von hinten anzugreifen. Cândido wiegte den Kopf und schwieg, er hatte sich daran gewöhnt zu gehorchen. Er ließ von dem Verwundeten ab, der im Sterben lag, und führte die Patrouille auf dem Pfad davon.

Der Leutnant wußte nicht, ob er es Glück oder Zufall nennen sollte. Am Abend zuvor (erst seit einer Woche befand er sich in der Stadt und half seiner Frau beim Beziehen des Hauses, stolz auf den kleinen Sohn) brachte der Fahrer eines Zementlasters die Nachricht, er sei der Bande des Lucas etwa vier Meilen von da entfernt begegnet. Sie hatten ihn angehalten, hatten ihn mit der Waffe bedroht, der bewußte Zé Trevoada hatte ihm das Messer an die Gurgel gesetzt. Sie hatten Informationen gewollt, hatten sich nach der Anzahl der Gendarmen in der Stadt erkundigt und nach der Art ihrer Bewaffnung. Er hatte es ihnen gesagt, wer hätte es nicht getan? Sie hatten ihm sein Geld abgenommen, hatten die Ladung untersucht, und als sie merkten, daß es Zement war, durfte er weiter. Weit konnten sie nicht sein, der Fahrer hatte sie, als er abfuhr, in die Caatinga tauchen sehen.

Der Leutnant verschwieg es seiner Frau, er ging und besprach sich mit dem Bürgermeister. Es sei am besten, so fand er, Lucas in der Caatinga zu stellen, ihn zu töten oder zu fangen, ihn zumindest so gehörig zu jagen, daß ihm die Lust verging, sich hier jemals wieder blicken zu lassen. Der Bürgermeister pflichtete ihm bei. Gut gerüstete Städte mied die Bande des Lucas in der Regel. Sähe sich Lucas von den Gendarmen angegriffen, so würde er meinen, dies sei erst die Vorhut der Truppen in der Stadt. Und selbst wenn der Leutnant ihn nicht finge oder tötete, so würde er mit Sicherheit das Weite suchen. Zeit genug für den Bürgermeister, die Männer der Stadt um sich zu scharen, die Mutigsten würden sich bewaffnen, und sollte Lucas dennoch kommen, würden sie ihm entgegentreten. Der Bürgermeister erwog außerdem, durch einen Boten aus der Nachbarstadt Verstärkung anzufordern. Es würde aber bis zu deren Eintreffen mehr als ein Tag vergehen, weil die Autostraße von den Banditen unterbrochen war und der Bote zu Fuß durch die Caatinga mußte. Der Leutnant fand, das sei nicht erforderlich. Ihm ständen achtzehn Mann zur Verfügung, die würden genügen. Der Bürgermeister könnte in der Stadt noch dreißig Mann bewaffnen. Die Bande des Lucas bestand, der üblichen Meinung nach, allenfalls aus zwanzig Mann.

»Weniger!« sagte der Bürgermeister. »Als er Graúna überfiel, waren es elf.«

»Na dann ...«

Erst im letzten Augenblick sagte er seiner Frau Bescheid. Sie erbleichte. Als der Kommandeur ihm Beförderung und Versetzung vorgeschlagen hatte, war sie dagegen gewesen. Jene ferne Stadt, im Sertão verloren, grenzte an Lucas Arvoredos Gebiet. Lucas selber nannte sich »Statthalter des Sertão«, seit mehr als zehn Jahren streifte er durch die Caatinga, er plünderte, mordete, vergewaltigte. Er war weithin berühmt, noch nie hatten sie ihn geschnappt. Nur einmal hatte ihn eine Kugel verletzt, am Oberschenkel, doch nun, nachdem der Beato Estêvão seinen Körper versiegelt hatte, wähnte er sich unverwundbar. Seit der Begegnung mit dem Beato, in dessen Gemeinschaft er vor knapp zwei Monaten vier Tage verbracht hatte, streifte er nun noch ungebärdiger durch die Caatinga.

Der Leutnant wußte nicht, ob er es Glück oder Zufall nennen sollte. Das konnte, wenn er nur tapfer genug war und Lucas Arvoredo schnappte oder tötete, seine Beförderung zum Hauptmann bedeuten, sein Bild in den Zeitungen, sogar in Rio de Janeiro spräche man von ihm. Es konnte aber auch den Tod bedeuten. Die Schützen des Lucas verfehlten ihr Ziel nicht. Der junge Leutnant mit Lippenbärtchen liebte die Uniform, er träumte von Ruhm. Ezequiel da Silveira war sein Name. Die Soldaten schätzten ihn, für sie war dies alles Zufall.

Als die Schießerei begann, war der Leutnant in Gedanken bei seinem Sohn. Wenn der einst groß war, konnte er stolz sein auf seinen Vater, auf den Leutnant, der Lucas Arvoredo den Garaus gemacht hatte. Aufrecht stand er zwischen den Büschen, achtete nicht der Worte des alten Soldaten, der ihn wie einen Sohn behandelte, ihn anflehte, in Deckung zu gehen. Er befolgte seine Bitte nicht, stand da, dirigierte stolz lächelnd den Kampf.

Am späten Nachmittag waren sie aufgebrochen, und am Morgen hatten sie Arvoredos Spuren auf der Autostraße gefunden. Sie waren in die Caatinga vorgedrungen, die Gendarmen waren im Fährtenlesen nicht unbewandert, sie hielten sich an geknickte Zweige, an zertretenes Blattwerk, da knallten die ersten Schüsse. In der Eile wußten sie gar nicht, woher sie kamen.

»Das sind sie!« sagte der alte Soldat.

Die Gendarmen suchten hinter den Büschen Deckung, lokalisierten die Banditen dort drüben im dichten Gestrüpp. Von hier aus führte ein Pfad im Bogen zur Autostraße hin, hinter der sich die Banditen verschanzt hatten. Diesen Pfad schlug der Alte mit sechs weiteren Gendarmen ein.

»Wenn Sie am Ziel sind, geben Sie drei Schüsse ab, warten fünf Minuten, dann greifen Sie an«, befahl der Leutnant.

Der alte Soldat salutierte und zog ab. Er sah sich ans Messer geliefert, doch tat ihm vor allem der Leutnant leid, ein so braver Junge, und noch so jung. Dieser Umzingelungsversuch war eine ausgemachte Dummheit, Lucas kannte die Caatinga wie den eigenen Handteller, niemand könnte ihn einkreisen, schon gar nicht mit so wenig Leuten. Wäre er Leutnant Miranda, er hätte allenfalls versucht, die Banditen zu erschrecken und zu verscheuchen.

Die Banditen sahen, daß sich die Gendarmen in Bewegung setzten und meldeten es dem Chef. Lucas begriff, was der Leutnant bezweckte: »Einkreisen will er uns.«

Er entwickelte seinen Schlachtplan: »Zunächst räumen wir mit diesen hier auf, sobald die anderen hinter der Wegbiegung verschwunden sind. Von da aus ist Hilfe nicht möglich. Dann nehmen wir uns die anderen vor, liquidieren wir diese Makaken samt und sonders.«

Die Schüsse kamen aus der Richtung des Leutnants, aber Lucas' Männer rührten sich nicht, die Kugeln pfiffen über sie hinweg. Sie saßen auf dem Sprung, warteten nur auf das Zeichen, daß der alte Cândido und seine Männer am anderen Ende des Pfades anlangten. Ein Pfiff wie der Lockruf eines Vogels — das verabredete Signal! Da schossen sie drauflos, stürzten hervor, schrien wie die Teufel. Sie schossen, schmissen sich irre zu Boden, mit einem Heidenlärm, so daß selbst der Mutigste von Entsetzen gepackt wurde. So rückten sie auf die Stellung des Leutnants vor. Drei Gendarmen waren schon gefallen, die restlichen waren im Begriff, auf und davon zu rennen. Der Leutnant spürte, wie groß die Angst seiner Leute war; er hatte die leise Hoffnung, daß Cândido die Banditen nun von hinten angriff, im Grunde aber wußte er, daß die Zeit zu kurz war und jener nicht zu Hilfe kommen konnte. Die Soldaten schauten ihn an, einer sagte: »Herr Leutnant, verschwinden wir, sonst gehen wir noch alle drauf.«

Die Schreie der Banditen klangen gräßlich laut, und die Schüsse fielen in nächster Nähe. »Flieht nur, ihr Feiglinge!« entgegnete der Leutnant. »Ich bleibe, ich lasse Cândido und die Männer nicht im Stich.«

Einer trat vor: »Ich bleibe, Herr Leutnant.«

Ein anderer kratzte sich den Schädel und legte das Gewehr an. Aber die übrigen Soldaten rannten schon, tauchten in die Caatinga, warfen die Waffen fort.

Lucas Arvoredo konnte in aller Ruhe sein Ziel anvisieren. Die Kugel zerriß dem Leutnant die Brust. Als die zwei Gendarmen ihn fallen sahen, warfen auch sie das Gewehr hin und verschwanden.

Zé Trevoada war als erster bei den angeschossenen Gegnern. Der Leutnant war tot, aber zwei Gendarmen lebten noch. Mit dem Dolch machte er ihnen den Garaus. Sie durchsuchten die Toten. Lucas sah sich die Gewehre an. »Gute Waffen«, bemerkte er.

Sie sammelten die umherliegenden Patronen ein. Auf diese Weise versorgten sie sich mit Munition, jedoch auch durch im Sertão verstreute Mittelsmänner, die für Lucas und seine Bande Munition kauften.

»Und jetzt erledigen wir den Rest.«

Da war der Pfad, sie aber tauchten in die Caatinga. Jeder andere hätte davon Abstand genommen, aber Lucas Arvoredos Männer scheuten das Dornengestrüpp nicht. Alle waren sie wie Viehtreiber gekleidet: Bastschuhe, Patronengurte über dem Lederwams. Lautlos war ihr Gang, gleich dem schleichender Jaguare.

Cândido allerdings war ein altgedienter Soldat. Als er die Schießerei hörte, schloß er daraus, daß Lucas von seinem Abmarsch wußte und den Plan des Leutnants durchschaut hatte. Doch er setzte den Weg fort, umkehren war nicht möglich. Vielleicht konnte er die Bande angreifen, ehe sie den Widerstand des Leutnants gebrochen hatte. Er erreichte den festgelegten Punkt, just als die Schießerei aufhörte. Ein vereinzelter Schuß fiel, und er ahnte, was geschehen war.

»Sie haben einen erledigt.«

Er marschierte mit seinen Männern zur Autostraße. Dort würde Lucas den Angriff nicht wagen. Er eilte so schnell es ging, trieb die Gendarmen an. Wenn er gekonnt hätte, wäre er zum Leutnant zurückgekehrt, hätte sich um den Toten gekümmert.

Als er die Straße erreichte, saßen Arvoredos Leute schon in den Büschen auf dem Sprung. Aber wie er es vorausgesehen, kamen sie nicht näher, sie schossen aus Distanz, und Cândido kommandierte: »Weitermarschieren.« Da befahl Lucas seinen Leuten, dem Gegner parallel zur Straße durch die Büsche zu folgen. Sie töteten einen weiteren Gendarmen. Aber Cândido hatte Glück, ein Laster kam ihnen entgegen, er ließ ihn wenden und sie alle mitnehmen.

Die Nachricht, daß Lucas im Anzug sei, erreichte die Stadt noch vor ihnen. Die Soldaten, die den Leutnant im Stich gelassen hatten, waren schon eingetroffen, hatten das Vorgefallene berichtet. Die Einwohner begannen zu fliehen.

Cândido lief geradenwegs zum Hause des Leutnants. Dessen Frau war jung und schlank, hatte große Augen und strahlte eine irgendwie rührende Traurigkeit aus. »Der Leutnant ist nicht mit? . . . Ist etwas vorgefallen?«

Cândido wollte schon eine Notlüge vorbringen, aber der Bürgermeister kam, um Näheres zu erfahren, und in der Gewißheit, daß die Senhora schon unterrichtet war, sprach er ihr sein Beileid aus. Sie fiel in Ohnmacht, und der Bürgermeister beeilte sich, helfend einzugreifen. Außer sich rief er: »Nun auch noch das!«

Sie wurde auf ein Lager gebettet und der Obhut des Dienstmädchens anvertraut. Der Bürgermeister bemerkte: »Am besten ab in den Busch, raus aus der Stadt!« Und an Cândido gewandt: »Holen Sie die noch verbliebenen Soldaten zusammen, erwarten Sie mich im Rathaus.«

Das war ein Gerenne in den Straßen, die Kaufleute schlossen ihre Läden, manche schafften ihre Habe hinaus aufs Land, in die nähere Umgebung. Die wenigen Autos waren praktisch zu nichts nutze, niemand wagte es, die Straße zu nehmen. Eine kleine Schar zog bewaffnet vor das Rathaus.

2

Lucas Arvoredo warf die Fotografie hin, nachdem er die Frau und das eingewindelte Baby kurz gemustert hatte. Zé Trevoada zeigte sich interessierter, versenkte sich in den Anblick des weiblichen Gesichts, dann säuberte er das Bild mit dem Ärmel und steckte es ein. Die Fotografie stammte aus der Brieftasche des Leutnants.

»Prächtige Stute!« sagte Zé Trevoada.

Wild in die Luft schießend, hielten sie Einzug in der Stadt. Die Straßen waren wie leergefegt, von den Männern, die der Bürgermeister und der Ortsrichter zusammengetrommelt hatten, keine Spur mehr. Eigentlich hatten sie nicht recht glauben wollen, daß Lucas wirklich käme, sie meinten, der Bandit werde nach dem Scharmützel eine andere Richtung wählen. Die restlichen Gendarmen leisteten kurze Zeit Widerstand. Zwei oder drei flüchteten, die anderen wurden getötet, sogar die drei, die sich freiwillig ergaben. Um Munition zu sparen (sie hatten nicht übermäßig viel), befahl Lucas, sie mit dem Messer zu erledigen. Da lagen sie auf der Straße, mit blutenden Wunden. Cândido schnitten sie die Zunge ab und stachen ihm die Augen aus. Lucas hatte es schon lange auf ihn abgesehen.

Ein Händler wollte noch in aller Eile sein Geschäft schließen. Lucas legte die Flinte an. »Auflassen, diesen Schweinekoben!«

Der Mann rettete sich zitternd hinter den Ladentisch. Lucas rief: »Los, alle Läden auf!«

Das Licht flutete ins Haus. Draußen war einer dieser Nachmittage von strahlender Sonne und makellos blauem Himmel, wie es sie nur im Sertão gab.

»So ist's schon besser, jetzt sieht man wenigstens was.«

Zunächst machten sie sich über die Riechwässer her. Die paar Fläschchen reichten aber noch nicht einmal für alle, die da im

Laden oder wachend vor der Tür standen. Die Banditen schraubten die Verschlüsse auf und gossen sich Kölnischwasser, Extrakte und Haaröle über Kopf und Körper. Tief in der Caatinga, wo es keine Bäche gab, nahmen sie selten ein Bad. Sie verströmten einen sauren Geruch, den man von weitem wahrnahm. Mit Parfüm vermengt, roch es noch abscheulicher, ihnen aber gefiel das.

»Ich rieche besser als eine Dame ...«

Lucas zog das Geldfach auf. Gähnende Leere. Er machte Zé Trevoada ein Zeichen, der zückte das Messer und kitzelte den Mann am Bauch. »Moneten her!«

Der Mann holte das Geld aus der Tasche, einen Packen Scheine, obenauf eine Banknote zu fünfhundert Mil-réis.

»Bei der Liebe Gottes, tun Sie mir nichts an!«

Zé Trevoada nahm ihm das Geld ab und reichte es Lucas. Sie verließen den Laden und begaben sich zum Rathaus. Verwaist war es, nicht eine Menschenseele drin. Lucas setzte sich in den hohen Sessel des Bürgermeisters und lachte aus vollem Herzen. Auch die anderen lachten. Doch sie gingen wieder hinaus, und auf der Straße schnappten sie sich vier oder fünf Leute.

»Der Bürgermeister soll kommen, oder ich bring euch alle um.«

Durch die Fensterläden spähten ängstliche Augen. Lucas gab einige Schüsse in die Luft ab. Einer der Gefangenen versprach, den Bürgermeister zu bringen.

»Daß du ja nicht fliehst, sonst wird alles nur noch schlimmer.«

Der Bürgermeister kam mit dem Ortsrichter, der hier Prätor hieß. Fast mußte man sie herbeischleifen. Der Bürgermeister hatte sich unter dem Bett verkrochen, er grüßte Lucas unterwürfig und reichte Zé Trevoada die Hand.

»Warum sind Sie geflohen? Hatten Sie Angst?«

Der Bürgermeister verneinte. Er habe gerade kommen wollen, als der Mann ihn holte, versicherte er. »Ich weiß ja, daß Sie kein Unhold sind«, versicherte er.

»Mit Schmus lasse ich mich nicht gewinnen. Wenn nicht schlimmes Unglück über die Stadt kommen soll, dann treiben Sie mir dreißig Contos auf, und zwar bis abends sechs Uhr. Andernfalls garantiere ich für nichts.«

Das sei aber viel Geld, flehte der Bürgermeister, der Handel in der Stadt blühe keineswegs, die Leute besäßen wenig. Woher dreißig Contos beschaffen? Er jammerte mit Fistelstimme. Ihm fiel dabei die Frau des Leutnants ein. Er hatte sie ohnmächtig zurückgelassen. Ob sie in den Busch geflüchtet war?

Lucas rief barsch: »Keine langen Reden und kein Gejammer! Her mit den dreißig Contos oder aber wir holen sie uns. Und unterwegs befehlen Sie den Händlern, ihre Läden zu öffnen, ich will Einkäufe machen. Ich und meine Leute. Sie sollen aufmachen, wir kaufen, und wir zahlen. Anderenfalls schlagen wir alles kurz und klein, und ihr seht kein Nickelstück.«

Der Bürgermeister zog sich zurück, begleitet vom Richter, der sich noch etwas um Haltung bemühte. Lucas rief: »Herr Doktor!«

Der Richter drehte sich um. »Meinen Sie mich, Senhor?«

»Sie, jawohl. Von mir aus mögen Sie Doktor sein und ein kluger Kopf, aber in meinen Augen sind Sie ein Nichts, bestimmt wissen Sie noch nicht einmal, wie man ein Gewehr bedient. Falls Sie mit dem Leben davonkommen wollen, tun Sie Lucas einen Gefallen: Gehen Sie zum Hotel und bestellen Sie dort für mich und meine Männer ein Essen, wir haben Hunger, wir möchten speisen.«

Dann verteilten sie sich auf die Geschäfte. Eine größere Gruppe begleitete Lucas, die anderen gingen mit Zé Trevoada, der sich gewissermaßen als Stellvertreter gab. An das Foto dachte Zé Trevoada nicht, erst beim Essen würde er sich dessen erinnern.

Sie betraten die Läden und kauften die unsinnigsten Dinge. Halsketten, Rosenkränze, Ringe mit falschen Steinen, Seidenstoffe, Geschenke für Freundinnen, die sie an fernen Zufluchtsorten und gelegentlich aufgesuchten Plätzen hatten.

Chico Gogó schwenkte eine mit viel Glas besetzte Brosche: »Das nehme ich für Nair mit, die wird entzückt sein ...«

Sie bezahlten mit alten schmutzigen Scheinen. In einem Laden hatte Zé Trevoada den Eindruck, der Türke wolle ihn übers Ohr hauen, und da täuschte er sich nicht. Wütend rief er: »Schlagt das hier kurz und klein, und bezahlt wird nichts!«

Der Türke flehte in seinem Kauderwelsch. Aber die Männer

hatten schon einiges getrunken, es machte ihnen einen Heidenspaß, Stoffe zu zerfetzen, Spielzeug zu zerschlagen, Hüte mit dem Messer zu durchlöchern.

3

Da war auch eine mit einer Stahlfeder angetriebene kleine Ente: Man zog sie auf, sie watschelte, bewegte den Schnabel, quakte. Diese rettete dem Türken das Leben. In der Feder war wohl noch etwas Spannung, denn als die Ente am Boden aufschlug, setzte sie sich in Bewegung. Sie machte ein paar Schritte, öffnete und schloß den Schnabel, tat ihr lustiges Quakerchen. Zé Trevoada war entzückt: »Oh, wie niedlich!«

Doch dann blieb der Mechanismus stehen, das Tier verhielt, mit aufgesperrtem Schnabel. Der Türke war unter den Ladentisch gekrochen. Zé Trevoada kitzelte ihn mit dem Messer.

»Heraus da, Gringo, Hurensohn!«

Der Türke kam hervor, grün vor Angst.

»Mach, daß das Ding wieder läuft!«

Der Händler suchte den Schlüssel unter den Trümmern. Zé Trevoada, umringt von den andern, war Feuer und Flamme: »Ihr sollt sehen, wie niedlich . . .«

Der Türke fand den Schlüssel nicht, er kroch suchend auf dem Fußboden herum. Vor seinen Augen die zerfetzten Stoffe und zerschlagenen Gegenstände, ihm war zum Heulen zumute. Zé Trevoada: »Los, los, Gringo, oder ich bring dich um!«

Endlich fand er den Schlüssel. Er zog das Spielzeug auf, zeigte dem Banditen, wie es gemacht wurde. Die Ente watschelte los, alles lachte. Zé Trevoada griff in die Tasche, holte einen Hundert-Mil-réis-Schein hervor.

»Da, für das Entlein! Alles andere bezahlen wir nicht, du diebischer Gringo. Schätz dich glücklich . . .«

Draußen kamen ihnen Lucas und seine mit gekauften Sachen bepackten Männer entgegen. Zé zog die Ente auf und setzte sie zum Laufen auf den Gehsteig ab. Lucas lachte, klatschte in die Hände. »Wie eine quicklebendige Ente!«

Da standen sie dichtgedrängt um das kleine mechanische Spielzeug und sahen gar nicht aus wie schreckliche Cangaceiros, wie seelenlose Banditen des Sertão, wie stehlende und mordende Jaguncos. Sie waren wieder die unschuldigen Bauern, rein wie Kinder, leichtgläubig und vertrauensselig. Die Feder lief ab, Lucas schrie zornig: »Ist kaputtgegangen!«

»Ach wo, man muß nur die Feder aufziehen.«

Und wieder lief die Ente. Die Cangaceiros marschierten hinterdrein, stießen sich mit den Ellenbogen an, amüsierten sich, wie die Ente watschelte, den Schnabel auf- und zumachte, heiser quakte. In Leder gekleidete Rauhbeine, mit Revolvern, Gewehren und Dolchen bis an die Zähne bewaffnet, mit wilden Gesichtern und wuchernden Bärten, übelriechend, aber naiv und rein, verwundert lachend, glücklich wie Kinder beim Anblick des erträumten Spielzeugs.

4

Die mechanische Ente, nun in Zé Trevoadas Tasche, hatte Lucas Arvoredo in fröhliche Stimmung versetzt. Davon profitierte die Stadt, denn der Bürgermeister konnte lediglich achtzehn Contos auftreiben. Lucas und seine Leute saßen im Hotel gerade zu Tisch (vor dem Eingang zwei bewaffnete Wachposten), als der Bürgermeister sich einfand.

Die Hotelgäste hatten sich aus dem Staub gemacht, bis auf einen Handlungsreisenden, dessen Neugier und auch dessen Wunsch, in der Landeshauptstadt zu brillieren, größer waren als die Angst. Er war geblieben, und nun saß er mit an der von Bier und Wein feucht gehaltenen Tafel, er stellte Fragen, spornte den Banditen, der prahlerisch von ihren Heldentaten berichtete, zum Erzählen an. Herzlich und angeregt war das Gespräch, als der Bürgermeister eintrat. Seu Clemente, der Besitzer des Hotels, servierte persönlich, weil der Kellner, eine Memme von Mulatte, sich im Garten versteckt hielt und keine zehn Pferde ihn hätten herbeischleifen können. Der Bürgermeister, noch auf dem Korridor, hörte den Handlungsreisenden fragen: »Warum nehmen Sie nicht all Ihr Geld, ziehen nach dem Westen, über die Grenze, und lassen sich als Fazendeiro in Bolivien nieder?«

Er befand sich schon im Speisesaal, als er Lucas erwidern hörte: »Wozu denn das, mein Bester? Ich bin Bandit, weil sie meinem Vater das Land geraubt haben, und mehr als das: Sie haben den armen Alten, der nie auch nur einer Fliege etwas zuleide getan, umgebracht. Alles wegen einem lumpigen Fetzchen Land von nicht einmal zwei Acre. Ich soll mir dort Land zulegen, damit sie auch mich bestehlen? Seit mehr als elf Jahren bin ich Bandit, und als Bandit will ich sterben, durch eine Kugel vielleicht, mich soll, Gott steh mir bei, kein Makak lebendig kriegen.«

Der Bürgermeister blieb neben Lucas stehen, der an der Spitze der langen Tafel thronte, den Handlungsreisenden an seiner Seite. Erst als der andere geendet hatte, meldete er sich. »Guten Abend, Seu Lucas . . .«

Lucas wandte sich ihm zu, lächelnd, denn an diesem Abend war er bester Stimmung. Er hatte am Nachmittag in den Läden Cachaça getrunken, und jetzt war es Wein, doch ohne daß diesmal jene Vision erstand, die ihn jedesmal in Zorn und Haß versetzte: das Bild seines von den Meuchelmördern des Obersten umgebrachten Vaters. Die Watschelente auf dem Gehsteig, der Schwatz mit dem Handlungsreisenden, das unterwürfig freundliche Getue von Clemente, all das vermochte ihn zu beflügeln. Die Männer teilten seine gute Laune, und am ausgelassensten war Zé Trevoada, mit der Ente in der Tasche. Nach dem Essen wollte er das Spielzeugtier aufziehen und es über die Tafel marschieren lassen. Maricota wollte er es mitnehmen, einem Negermädchen mit Zahnlücken, das seine Liebste war und auf der Fazenda eines Coiteros von Lucas lebte, der zugleich das Amt eines Bundessenators bekleidete. Lucas hatte gewichtige Coiteros. Einer, Oberst João Batista, war der Vater des Gouverneurs eines Bundesstaates.

»Ach, Sie sind's. Setzen Sie sich zu uns, essen Sie einen Happen.«

»Besten Dank, ich habe schon gespeist«, beeilte sich der Bürgermeister. Das stimmte zwar nicht, doch er wollte die Angelegenheit so schnell wie möglich hinter sich haben.

»Dann trinken Sie ein Glas Wein. Oder möchten Sie Bier?«

Er nahm das Bier an. Abschlagen war gefährlich, das wußte er sehr wohl. Lucas hätte sich beleidigt gefühlt, da wäre des anderen Leben keinen Pfifferling mehr wert gewesen. Er setzte sich zu dem Banditen und trank das Bier. Ein Glück, daß er Frau und Tochter noch rechtzeitig auf die Fazenda eines Freundes hatte schicken können. Sonst hätte Lucas gar gewünscht, ihnen vorgestellt zu werden. Vom Brandeisen, das der Jacunço bei sich trug und mit dem er die von ihm vergewaltigten Frauen wie das Vieh zeichnete, hatte er schon gehört.

»Meine Kühe ...«, sagte der Bandit dann.

Der Handlungsreisende war verstummt, er wartete, daß der Bürgermeister das Wort ergriffe. Die Höhe der eingesammelten Summe kannte er bereits, er selber hatte zweihundert Mil-réis beigesteuert. Er erwog, sich mit einzuschalten, falls Lucas in Zorn geriete. Hatte er sich mit dem bisherigen Tischgespräch genügend Prestige erworben?

Der Bürgermeister setzte das Glas ab. Wie beginnen? Lucas schob den Teller beiseite (er und seine Männer aßen mit den Händen, schmähten die Eßbestecke) und rief dem Hotelbesitzer zu: »Jetzt das Kompott ... Von allem, was da ist ... Aus der Büchse schmeckt's mir am besten.«

Er fixierte den Bürgermeister. »Nun, haben Sie den Packen mit?« fragte er.

Der legte das Geld auf den Tisch, zu je einem Conto gestapelt. »Achtzehn Contos. Mehr habe ich nicht auftreiben können. Die Leute hier sind arm, mehr war nicht drin. Der Herr müssen die Güte haben, sich mit dem hier zu begnügen.«

Lucas schaute die Männer ringsum an, ließ den Blick vorübergehend auf dem Handlungsreisenden ruhen, dann rief er im Befehlston: »Borboleta und João Tainha!«

Die zwei Banditen merkten auf.

»Ihr eßt euer Kompott, dann bezieht ihr Posten vor der Tür und schickt Arueira und Rubem zum Essen herein ...«

Seu Clemente räumte das Geschirr ab und trug den Nachtisch auf, mit zitternden Händen. Die Jagunços grinsten.

»Hast Schiß, mein Bester?« fragte Zé Trevoada. »Wir sind doch keine Unmenschen, wir sind wohlerzogen.«

Seu Clemente wurde blaß, ein Teller entglitt ihm, zersprang in Stücke. Lucas feixte und rief: »Zé, erschrick mir den Mann nicht so! Sonst kackt er sich noch hier vor den Augen seines Stadtvorgesetzten voll.«

Die Männer lachten schallend, donnerten mit den Fäusten auf den Tisch, warfen die leeren Flaschen auf den Boden. »Wein! Noch mehr Wein!« schrie einer.

Endlich wandte sich Lucas an den Bürgermeister: »Rechnen Sie selber ... Hier sind ihrer siebzehn. Weitere zwei stehen vor der Tür, das macht neunzehn. Ein Conto für jeden und weitere sechs für mich, das macht fünfundzwanzig. Beschaffen Sie die noch fehlenden sieben, und ich krümme keinem Menschen ein Haar, so wahr ich Lucas Arvoredo heiße.«

Der Bürgermeister flehte: »Das ist unmöglich. Ich weiß nicht, wo ich die sieben auftreiben soll. Zur Not noch zwei. Haben Sie Erbarmen!«

Der Handlungsreisende meldete sich, verwandte sich für den Bürgermeister: Die Leute hier hätten alle keine größeren Rücklagen, und die Fazendeiros, die helfend einspringen könnten, wohnten weit fort.

»Die nehm ich mir schon selber vor«, sagte Lucas. »Weil aber Sie darum gebeten haben, gehe ich auf zwanzig runter.« Und er steckte das Geld in die Tasche. Zum Bürgermeister sagte er: »Gehen Sie und besorgen Sie den Rest, ich warte hier. Aber Moment mal, wem gehört das Kino hier am Ort?«

»Doktor Gentil, dem Apotheker.«

»Sagen Sie ihm, ich will heute einen Film sehen. Ein unterhaltsamer Streifen soll's sein, mit Männern, die auf die Indianer schießen.«

Die Banditen klatschten in die Hände. Lucas löffelte das Pfirsichkompott, trank den Saft aus dem Schälchen. »Ist noch mehr da?«

Clemente brachte eine weitere Portion. Lucas kratzte sich den Schädel. Die Läuse, riesige schwarze Biester, spazierten ihm bis in den Nacken hinab. Er löffelte und fragte dabei den Handlungsreisenden: »Tanzen Sie gern?«

»O ja.«

»Ich nicht, aber meine Männer.« Er wandte sich an Zé Trevoada: »Veranstalten wir ein Tänzchen, Zé?«

»Nun, warum nicht?«

Da entsann sich Zé Trevoada des Fotos. Er griff in die Tasche, spürte die Ente, suchte nach dem Bild, zog es hervor, zeigte es den Anwesenden. »Mit dieser Dame hier will ich tanzen.«

Der Handlungsreisende erkannte in ihr die Gattin des Leutnants, sie hatten, bis sie ein eigenes Haus bezogen, im Hotel gewohnt. Ihm war nicht wohl in seiner Haut. »Die Frau eines betreßten Makaken!« rief Zé. »Die soll heut mal erleben, was ein richtiger Mann ist!«

Lucas erkundigte sich bei dem Handlungsreisenden nach dem besten Saal in der Stadt.

»Einen guten, der Ihren Ansprüchen genügen könnte, gibt es hier nicht«, sagte der Handlungsreisende, darauf bedacht, den Tanz zu vereiteln. »Nichts Geeignetes!«

»Um das Tanzbein zu schwingen, ist jeder Saal gut genug.«

»Aber sagten Sie nicht, daß Sie beizeiten abrücken wollten?«

»Junger Mann, meine Männer müssen sich auch mal ein bißchen vergnügen. Wir leben im Busch versteckt, ziehen durch die Caatinga, zerkratzen uns an den Dornen. Da möchte der Körper hin und wieder mal Auflockerung haben. Diesen Tag heut wollen wir gut nutzen.«

Seu Clemente servierte den Kaffee. »Und Sie werden sich mit uns vergnügen«, fuhr Lucas fort, »Sie werden sehen, daß wir besser tanzen können als die Burschen aus der Stadt.«

»Und die Damen? Wo nehmen Sie die Damen her?« gab der Handlungsreisende zu bedenken, doch dann kam ihm eine Idee: »Es gibt hier nicht viele Freudenmädchen, aber die's gibt, sind in Ordnung.«

»Bah, keins von diesen Weibern! Heute tanzen wir mit den Mädchen und Ehefrauen der Stadt. Alle haben sich einzufinden. Wir werden sie selber holen.«

»Wo finde ich denn diese Dame?« fragte Zé Trevoada.

Der Handlungsreisende schwieg. Seu Clemente war es, der stockend, als preßte ihm einer die Kehle zu, den nötigen Bescheid gab.

5

Der Handlungsreisende hoffte, er habe während der Kinovorstellung ausreichend Zeit, die Leute zu warnen. Der Bürgermeister kam mit den noch fehlenden zwei Contos und meldete, die Vorstellung könne binnen einer halben Stunde beginnen. Der Handlungsreisende überlegte: Sie würde mindestens anderthalb Stunden dauern, Zeit genug, die Ehemänner und Väter zu warnen, damit sie ihre weiblichen Angehörigen in Sicherheit brachten, in den Busch führten. Er selber wollte die Witwe des Leutnants holen, er wußte ein Versteck, das die Banditen nie fänden.

Er ahnte aber nicht, daß Lucas sie allesamt ins Kino entführen würde. Kaum hatte der Bürgermeister seine Nachricht gebracht, befahl Lucas: »Geht und holt die Leute zusammen. Alles, ob Weib oder vornehmer Herr, ins Kino! Und daß mir nicht einer fehlt.« Den Bürgermeister wies er an: »Und Sie gehen und sagen der Musikkapelle, sie soll sich bereithalten, Lucas Arvoredo will heute tanzen.«

»Aber sagten Sie nicht, daß Sie, sobald Sie die zwanzig Contos hätten, abreisen wollten?« wandte der Bürgermeister ein, zitternd.

»Ich sagte, daß ich dann keinen umlege, und mein Wort halte ich. Aber ich habe nicht gesagt, daß ich auf die Vergnügungen verzichte. Sie möchten mich wohl am liebsten von hinten sehen?« Zorn blitzte in seinen Augen auf.

Einige der Männer waren bereits betrunken, beim Rest fehlte nicht viel. Der Bürgermeister schaute den Handlungsreisenden an, der aber, da sein Plan vereitelt war, saß bedrückt da, bemerkte ohne rechte Überzeugung: »Nicht darum geht's . . .«

»Sie, junger Mann, halten die Klappe! Mischen Sie sich nicht in fremde Angelegenheiten ein, sagen Sie mir lieber, welcher Saal sich hier am besten zum Tanzen eignet.«

»Der große Saal der Philharmonie.«

»Na also, dort findet der Ball statt. Gehen Sie, Herr Stadtvorsteher, und geben Sie es öffentlich bekannt.«

Der Bürgermeister zauderte, einer der Männer trat drohend auf ihn zu, und wie ein Betrunkener taumelte er hinaus. Lucas rief ihm hinterdrein: »Bringen Sie Ihre Familie mit.«

»Sie ist nicht in der Stadt. Sie ist außerhalb, bei Freunden.«

»Geflohen?«

»O nein. Seit einem Monat sind sie dort.«

»Gehen Sie, aber dalli.«

Lucas Arvoredos gute Laune war verflogen. Im Salon befanden sich nur noch die beiden Banditen, die draußen vor der Tür gewacht hatten, die anderen waren losgezogen. Er wartete, daß die beiden das Essen beendeten.

»Was schulde ich Ihnen?« fragte er Clemente.

 »Was der Herr zahlen möchte.«

Lucas warf einen Schein von fünfhundert Mil-réis auf den Tisch. »Langt das?«

»Ist mehr als genug.«

»Ziehen Sie Ihre Jacke an, wir wollen zum Fest. Und sagen Sie, Ihre Frau?«

»Ist krank.« Clemente zitterte.

»Sie war doch hier, als wir ankamen. Raus mit der Sprache!«

Clemente fiel auf die Knie und rief händeringend: »Herr Lucas, behalten Sie Ihr Geld, das ganze Essen schenke ich Ihnen. Aber verschonen Sie meine Frau, sie ist krank, die Ärmste, allein schon wenn sie es erfährt, könnte sie sterben.«

Lucas steckte das Geld ein, stieß den Hotelbesitzer mit einem Fußtritt von sich. Clemente verlor die Balance und fiel hin.

»Mir aus den Augen! Kannst von Glück reden, daß dein Weib eine alte Schachtel ist, die sogar ein Makak verschmäht.«

Im Regal standen noch etliche Flaschen Schnaps und Wein. Lucas befahl seinen Leuten, sie mitzunehmen: »Um dem Fest Stimmung zu geben.«

Er wandte sich an den Handlungsreisenden: »Junger Mann, Sie sind mein Gast. Sie brauchen ja keine Angst zu haben, Sie sind unverheiratet. Sie können sich die Frauen nach Belieben wählen.«

Der Handlungsreisende malte sich aus, was der Witwe des Leutnants bevorstand. Unterwegs ins Kino taten ihm bei dem erzwungenen Lachen über Arvoredos Witzeleien die Gesichtsmuskeln weh. Nun bedauerte er es, nicht mit den anderen Gästen geflohen zu sein. In den Straßen führten die Banditen die erschrockenen Familien — Frauen mit wirrem Haar und entsetzte Männer — mit vorgehaltenem Gewehr ins Kino. Einer der Cangaceiros stimmte ein altbekanntes Lied aus dem Sertão an, das Lucas Arvoredo besang:

»Da kommt Lucas Arvoredo,
der Dolch ist sein Panier.
Weh, Männer, erzittert!
Euch, Frauen, bin ich Kavalier.

Da kommt Lucas Arvoredo,
kommt mit seinem Messer.
Mädchen, hab nicht Angst,
ich bin kein Menschenfresser . . .«

6

Die Frauen und Männer wurden in den Saal hineingestoßen. Neben dem Parkett gab es an der Seite noch Logen, und in die erste setzte sich Lucas mit einem Banditen und dem Handlungsreisenden. Im Parkett kauerten etwa fünfzig Personen in den Sitzen. Lucas wies auf den Richter, der da, aller Würde bar, neben seiner Frau und den Töchtern hockte. Er rief nach einem seiner Männer, und gleich drei erschienen.

»Führt den Richter in eine der Logen.«

Die Gemahlin des Richters war unmäßig fett, und die Töchter, drei Mädchen im Alter zwischen zwanzig und dreißig, nicht minder. Ihre riesigen Brüste wogten. Alle weinten sie, und Lucas verzog bei ihrem Anblick das Gesicht. »Oh, die reinsten Zeburinder!«

Der Handlungsreisende lachte gequält. Von einem Banditen bewacht, nahm der Richter in der Loge nebenan Platz, und Minuten später wurde auch der Bürgermeister herbeigeführt. Lucas, in Erwartung der Vorstellung, musterte die weinerlichen Damen im Parkett. Sein Blick heftete sich auf eine in hellblauem Kleid, mit blassem Gesicht und blonden Haaren. In den Augen der Burschen am Ort mochte sie keine Schönheit sein, Lucas aber war verzückt von diesem über die Schultern wallenden Blond und diesen Stirnfransen, die das Antlitz des Mädchens noch schmaler und blasser erscheinen ließen.

»Wer ist denn die da?« fragte Lucas den Handlungsreisenden.

»Die Lehrerin.«

Er machte dem Leibwächter neben sich ein Zeichen. »Geh, bring sie her«, sagte er.

Das Mädchen wurde herbeigezerrt, unter den entsetzten Blikken der anderen. Überhaupt waren alle in Panik, keiner wußte, was ihm und den Seinen noch bevorstand. Sie konnten sich glücklich schätzen, wenn sie mit dem Leben davonkamen, denn die Chronik des Lucas Arvoredo war eine Abfolge von Verbrechen, Mord, Plünderung, Notzucht an Minderjährigen.

Als die Lehrerin in die Loge trat, rief Lucas tröstend: »Weinen Sie nicht, meine Dame. Ich bin kein wildes Tier aus dem Busch. Nehmen Sie Platz, und Schluß mit diesem Geflenn.«

 Das Mädchen ließ sich in den Sessel daneben nieder, saß

ganz geduckt da. Lucas streckte die noch vom Essen bekleckerte Schwielenpranke nach ihrem seidenweichen goldenen Haar aus, vergrub die Finger darin; mit einem Wonnegefühl, das ihn bis in die Zehenspitzen durchflutete. Er lächelte ihr zu, mit seinen großen Zahnlücken, das Mädchen duckte sich noch mehr. Seine Hand strich abwärts, verhielt auf ihrem schmächtigen Nacken, spielte dann weiter mit ihrem Haar.

Zé Trevoada zerrte die Witwe des Leutnants am Arm in den Saal. Unterwegs hatte er ihr schon ein paar Ohrfeigen verabreicht. Sie kam häuslich gekleidet, in Pantoffeln, unfrisiert. Er stieß das schluchzende Bündel auf einen Stuhl. »Setz dich, Mauleselin!«

In den stummen Blicken der Leute Haß und Entsetzen. Frauen vergruben das Gesicht in den Händen. Was würde ihnen widerfahren? Nur Quinquina, eine Ledige von beinahe vierzig Jahren, schien nicht verängstigt. Als der Bandit sie auf dem Weg ins Kino anfaßte, hatte sie ihm zugelächelt, hatte sie den jungen Mann angehimmelt. Bico Doce – »Süßschnabel« – war's, ein Bandit von übelstem Schlag, obwohl noch keine zwanzig Jahre alt.

Lucas fand, die Vorführung ließe lange auf sich warten, er argwöhnte Verrat. Er befahl, die Wache um das Kino herum zu verstärken, an jede Ecke einen Posten zu stellen. Dem Bürgermeister und dem Richter drohte er: »Falls hier ein Makak auftaucht, erschieße ich euch zwei, und diese Kühe ebenso ...« Er wies auf Frau und Töchter des Richters. »Und noch etwas: Wenn das jetzt nicht sofort losgeht, knöpf ich mir den Kinobesitzer vor.«

Der Bürgermeister in der Loge erhob sich (der Richter hatte schon keine Kraft mehr), er rief stammelnd »Gentil!«, und der Besitzer erschien.

»Herr Lucas wünscht, daß Sie unverzüglich anfangen.«

»Ich habe auf seinen Befehl gewartet.«

Das Licht ging aus. Der Handlungsreisende sah, wie Lucas das Haar des Mädchens losließ und zum Revolver griff. Die Lehrerin nutzte die Gelegenheit und duckte sich möglichst tief in den Stuhl. So sehr drückte sie sich gegen die Holzwandung, daß sie noch nicht einmal die Schrift des Films sah.

Ein Cowboystreifen aus der Stummfilmzeit war's. Das »Rex«

verfügte noch nicht über einen Tonapparat, doch das scherte Lucas und seine Männer nicht. Sie begeisterten sich an der Ballerei, an den wilden Ritten, am unbesiegbaren Helden Tom Mix (dessen Namen sie nicht kannten). Bei besonders draufgängerischen Aktionen klatschten sie Beifall, feuerten sie den »Jungen« an. Wieder waren sie die von einer Spielzeugente verzückten Kinder. Lucas vergaß das goldene Haar des Mädchens an seiner Seite.

In einer Szene kämpfte Tom Mix gegen mindestens zwanzig Mann, und alle besiegte er sie mit seinem starken Arm. Lucas war hingerissen, er verlangte, den Film ein zweites Mal zu sehen, er befahl, das Band langsam, schön langsam laufen zu lassen. Lautlos verfolgten die Zuschauer die Abenteuer auf der Leinwand. Die Banditen, die Tom Mix' Braut verfolgten, nahmen sich lächerlich aus neben Lucas und seinen Leuten, diesen so schrecklich gegenwärtigen Cangaceiros, die im Dunkeln dem Auge nicht recht erkennbar waren, wohl aber der Nase, durch den widerlich säuerlichen Geruch, den sie verströmten. Und die Leute hörten das Gelächter und die Einwürfe der Banditen.

»Mann, der Schnurrbärtige, ein echter Hundesohn!«

Als der Film zu Ende war und das Licht anging, gab sich Lucas immer noch nicht zufrieden. Er befahl, den Film verkehrt herum, auf dem Kopf, laufen zu lassen. Das war eines seiner speziellen Vergnügen.

Besetzte er eine Stadt, in der es ein Kino gab, dann ließ er sich den Filmstreifen möglichst auf zweierlei Weise vorführen. Hier nun begann die Tortur von neuem. Nur Quinquina lachte, als die Gestalten verkehrt herum, mit den Beinen nach oben liefen, Erde und Himmel vertauscht.

Auch ein Streifen mit Chaplin wurde gezeigt, und die Banditen lachten über die Gags des kleinen Mannes. Der Böse war ein gewaltiger Hüne, und als er auf Charly losdrosch, konnte sich einer der Banditen nicht beherrschen und schoß drei Kugeln in die Leinwand. Frauen fielen in Ohnmacht, aber der Bösewicht scherte sich nicht drum. »Hau den Kleinen nicht, du Hurensohn!«

Endlich ging das Licht an. Die Witwe des Leutnants war bewußtlos. Zé Trevoada trug sie auf der Schulter aus dem Saal. Die Banditen postierten sich um die Zuschauer, und der Zug marschierte geschlossen zum Sitz der Philharmonie. Lucas hatte sich bei der Lehrerin eingehakt, er näherte seine Nase dem goldigen Haar, schnupperte das Parfüm des Mädchens, lachte vergnügt.

Eine Tochter des Richters, von panischer Angst gepackt, wollte fliehen. Einer der Banditen verpaßte ihr eine Ohrfeige, daß sie umfiel. Die weinende Mutter half ihr auf. Auch dem Richter standen die Tränen in den Augen. Als der Zug um die Ecke kam, fingen die Musiker der Philharmonie an zu spielen. Aus der Bar war der gesamte Schnaps und Wein herbeigeschafft worden. Am Himmel, flach über den Dächern, strahlte ein gelber runder Mond, goß sein Licht über das blonde Haar der Lehrerin, ließ es in noch schöneren Tönungen schillern.

7

Lebhaft bewegt war nicht der rechte Ausdruck für dieses Fest. Doch auch das Gegenteil traf für Lucas Arvoredos Ball in dieser besetzten Stadt nicht ganz zu. Eher glich es einem Begräbnis bei fröhlicher Musik – mit Sambas und Foxmelodien. Mehr oder weniger die Hälfte der Musiker war zusammengeholt worden, sofern sie in der Stadt waren, sich nicht rechtzeitig in den Busch abgesetzt hatten. Und etwa dreißig Frauen, alte und junge, tanzten im Saal, geführt von ihren Kavalieren, in der Mehrzahl Banditen. Lucas verlangte, daß alle tanzten, auch der Richter, der Bürgermeister und der Handlungsreisende. Den Musikanten hatte er Getränke vorsetzen lassen, und die Frauen mußten Schnaps trinken. Die Lehrerin, die Füße wie gelähmt, unfähig eines klaren Gedankens und schicksalsergeben, drehte sich in seinen Armen.

»Gottes Wille geschehe«, murmelte sie.

Sie hatte einen Verlobten in der Stadt, doch dünkte er ihr fern, wie in einem Traum, der angesichts der neuen Wirklichkeit verflog. Lucas drückte ihr Küsse ins Haar.

Es war ein infernalischer Ball. Wäre der Ortsgeistliche nicht als einer der ersten geflohen, kaum daß Lucas gemeldet wurde, dieses freudlos hektische Getanze, diese mit Schüssen und Schreien durchmengten Melodien, diese zügig geleerten Flaschen, diese am Schnaps fast erstickenden Frauen – es hätte reichen Stoff abgegeben für seine Predigt.

Zé Trevoada schleifte die Witwe des Leutnants mit sich. Geistesabwesend bewegte sie die Beine im Rhythmus des Tanzes. Ihre Gedanken waren bei dem getöteten Ehemann, bei dem Söhnchen, das sie zu Hause allein gelassen hatte. Nichts von dem, was ihr hier widerfuhr, konnte ihrer Ehre Abbruch tun.

Als die Musik aussetzte, die Paare anhielten und die Ehemänner auf ihre in den Armen der Banditen zitternden Frauen und Töchter starrten, da rief Lucas die von den Kaufleuten und sonstigen Städtern schon lange befürchteten verhängnisvollen Worte: »Es ist sehr heiß, Leute, jetzt wollen wir die Kleidung ablegen.«

Er klatschte in die Hände und befahl: »Ausziehen! Alle, ausnahmslos alle!« Er wandte sich an die Lehrerin: »Du auch, Goldschöpfchen!«

Die Männer und Frauen standen wie angewurzelt da. Der Handlungsreisende wollte vermitteln. Lucas fauchte: »Sie auch, ausziehen!«

Von den Messern der Banditen bedroht, begannen sie sich zu entkleiden. Die Gemahlin des Richters war so dick wie ein Elefant, die Brüste fielen ihr auf den Bauch herab. Ihr Mann hingegen war ein dürrer Hering, bei dem man die Rippen zählen konnte. Wie das wohl aussähe, wenn die beiden mitten im Saal nackt tanzten, überlegte Lucas. Er befahl der Kapelle, einen Walzer zu spielen. Der Richtersfrau setzte er das Messer an den Bauch. Sie schämte sich unsäglich und hatte die Hände vor das Gesicht geschlagen.

»Ihr zwei werdet jetzt tanzen.«

Die Banditen lachten. Einer der Händler lachte ebenfalls, obwohl seine Frau mit im Saal war, nackt wie alle anderen. Mehr denn daß sie tanzten, schritten der Richter und seine Gemahlin durch den Raum, es war ein lächerliches Schauspiel, sie nach allen Seiten hin quellendes Fett, er ein magerer Hecht, und beide hatten Tränen in den Augen.

Der Walzer verklang, es folgte eine Samba. »Und alles tanzt!« rief Lucas.

Er schnappte sich die Lehrerin, spürte, wie der nackte Körper in seinen Armen hinsank. Zé Trevoada hielt die Witwe des Leutnants, er hatte ihr die Kleider vom Leibe reißen müssen; nun stierte sie abwesend und stumm vor sich hin.

Und der Ball zog sich hin, die Banditen immer betrunkener und immer lüsterner. Jeder hatte sich eine Liebste gesucht, und als Lucas die Lehrerin in den Raum im Hintergrund zerrte, machten die anderen sich da vor aller Augen über die Frauen her. Unvorstellbar! Gebrüll und Gejammer, einige der Ehemänner wollten einschreiten, wurden aber von zwei, drei Banditen mit vorgehaltener Waffe in eine Ecke getrieben.

Ganz schlimm wurde es, als Zé Trevoada sich über die Witwe des Leutnants hermachte. Sie begriff, was nun geschehen würde, und rannte wie irre durch den Saal. Er ihr hinterdrein, schon sehr betrunken, er stolperte über die Stühle, fiel hin. Doch ihr versagten die Kräfte, und er fing sie ein. Sie kratzte und biß ihn, wand sich hin und her. Das Schmerzgestöhn vergewaltigter Frauen schwang durch den Raum.

Zé Trevoada hielt sie umarmt, hatte ihre Schenkel auf den seinen. »Makakenweib, jetzt sollst du erleben, was ein richtiger Mann ist!« Sie meinte, ihr Kind weinen zu hören, ganz fern. Für einen Augenblick war sie bei vollem Verstand. Sie riß sich von dem Banditen los, der sie nun endlich besitzen wollte, sie blickte ihm fest in die verschleierten Augen. »Erbärmlicher Mensch, haben Sie denn keine Mutter?«

Die Frage kam so überraschend, daß Zé Trevoada stutzte. Selten dachte er an die alte Jucundina. Schon gar nicht wollte er gerade jetzt an sie erinnert sein. »Laß die Alte in Frieden.«

»Wenn Sie eine Mutter haben, dann bedenken Sie, auch ich habe einen Sohn. Reicht es Ihnen nicht, daß Sie meinen Mann getötet haben? Lassen Sie mich gehen, beim Wohl Ihrer Mutter.«

Ganz ernst stand sie vor ihm, und nichts von ihrem Körper verbarg sie. Zé Trevoada sah im Geiste die alte Jucundina, wie sie durch die Hütte schritt, zankend oder gütig schauend. »Ich bitte Sie, beim Wohl Ihrer Mutter«, sagte die Frau. »Oder möchten Sie sich mit ihrem Fluch beladen? Ich werde Ihnen nicht mehr weglaufen, tun Sie, was Sie für richtig halten ... Beim Andenken an Ihre Mutter!«

Zé Trevoada fuhr sich mit der Hand über die Augen, es wollte ihm nicht gelingen, das Bild der alten Jucundina fortzuwischen.

»Verschwinden Sie ... Aber schnell, ehe ich's mir anders überlege.«

Die Frau eilte zur Tür, raffte im Laufen ein Kleidungsstück auf, bedeckte ihre Blöße, stürzte hinaus auf die Straße.

Zé Trevoada stand da, unschlüssig. Immer noch sah er die alte Jucundina vor sich, sah sie nun nackt mitten im Saal. Er stieß einen Mann zur Seite, der ihm im Weg stand. »Verschwinde, Scheusal ...!«

Er griff sich eine Flasche Schnaps.

Aus dem Raum nebenan, wo sich Lucas aufhielt, drang ein entsetzlicher Schrei. Im Tanzsaal roch es nach versengtem Fleisch.

»Lucas hat die Weiße gezeichnet«, sagte einer der Banditen.

Dem Handlungsreisenden wurde schwindlig, er ließ sich auf den Stuhl fallen, wie ein Schleier war's vor seinen Augen. Lucas erschien im Saal, mit dem Brandeisen in der Hand. Er zerrte das Mädchen an den Haaren hinter sich her, auf dessen Schulter, die weiß wie Milch war, ein blutiges L prangte. Und er warf sich ein zweites Mal auf das vor Entsetzen wie gelähmte Opfer. Zé Trevoada schaute sich im Saal um, nur die alten und häßlichsten Weiber waren unbehelligt geblieben. Schon reute es ihn, daß er die Leutnantswitwe hatte laufen lassen. Jucundinas Bild vor seinen Augen hatte sich verflüchtigt, die Gier übermannte ihn wieder. Keiner hatte die dicken Töchter des Richters bisher haben wollen. Zé Trevoada schrie: »Komm her, du Brutente!«

Das Mädchen wollte fliehen, fiel hin, er setzte ihm den Dolch an die Gurgel: »Wenn du dich vom Fleck rührst, stech ich dich ab.«

Langsam verzog sich der Geruch nach verbranntem Fleisch Die Musiker entflohen durch das Fenster. Das Orchester bestand jetzt aus Gejammer, Schluchzern und Gestöhn, der Tanz des Lucas Arvoredo ging zu Ende.

Mit dem Lastwagen verließen sie am Morgen die Stadt, Bico Doce hielt dem Fahrer den Revolver an die Rippen. Nachdem sie viele Meilen weit gefahren waren und die Sonne schon hoch stand, befahlen sie Halt, schossen die Reifen kaputt und tauchten in die Caatinga.

8

Sie zogen sich in den tiefsten Winkel der Caatinga zurück, denn sie wußten, daß der Überfall auf die Stadt weithin bekannt würde und sie ihre Gegner nun desto mehr auf den Plan riefen. Die Zeitungen würden darüber schreiben, die Abgeordneten der Opposition würden die Regierung angreifen, wieder würden Gendarmerietrupps gegen Lucas Arvoredo ins Feld geschickt. Darunter litten hauptsächlich die Sertanejos und nicht die reichen Fazendeiros, deren Eigentum die Polizei schützte und unangetastet ließ, so wie auch Lucas dies tat, wenn der Fazendeiro zufällig sein Coitero war oder sofern er den auferlegten Tribut willig zahlte. Weigerte sich der Mann jedoch, dann überfiel Lucas seine Fazenda, äscherte die Pflanzungen und das Herrenhaus ein, mordete, verschaffte sich Respekt.

Aber die kleinen Landbesitzer, die Siedler und Kolonen, die armen Sertanejos, sie mußten jedesmal leiden, ob die Bande des Lucas durchzog oder – und da noch mehr – ob die Gendarmerie kam. Leutnant und Hauptleute, zur Verfolgung von Lucas Arvoredo für zwei Jahre im Sertão stationiert, stießen sich dort gesund, sie bekamen Geld, um Proviant und Pferde zu kaufen, forderten aber alles von den armen Bauern, sie raubten und vergewaltigten genauso wie die Cangaceiros, oder noch schlimmer. Die Sertanejos fürchteten die Polizeiuniformen noch mehr, diese erlebten hier eine Veränderung, die Männer streiften das Lederwams über den Soldatenrock, vertauschten die Käppis mit den geschwungenen Hüten der Viehtreiber, kleideten sich ganz nach Art der Cangaceiros. Die Polizei nahm sich Rechte heraus, sie stahl, tötete und vergewaltigte, mit dem Gesetz auf ihrer Seite. Und sie machte nicht einfach Beutezüge wie die Cangaceiros. Wo es Rinder und Federvieh gab, da blieben die Gendarmen, die Leutnants schliefen mit den hübschesten jungen Mädchen, und auch die gemeinen Chargen taten nach Belieben. Viele Soldaten stammten aus der Gegend, manch einer war sogar Cangaceiro gewesen, sie als einzige taugten zur Verfolgung der Bande, sie allein wußten sich im Caatingadickicht zu bewegen. Die Leutnants und Hauptleute steckten von den zur Kriegführung erhaltenen Geldern möglichst viel in ihre eigene Tasche, sie ließen den Soldaten freie Hand, sich nach Belieben zu versorgen. Und diese fielen wild über die Sertanejos her, raubten ihnen ihre Habe, ihre Töchter, ihre Herden.

Auch die Cangaceiros gaben keinen Pardon. Obwohl sie ärmstem Sertãomilieu entstammten und durchweg Opfer des Großgrundbesitzes waren, Opfer eines ungleichen Kampfes mit den Obersten, die ihnen ihre Ländereien und die Früchte ihrer Arbeit stahlen, zeigten sie den Leidensbrüdern gegenüber nicht das geringste Verständnis. Sie raubten, mordeten, schändeten. Der Unterschied zwischen Cangaceiros und Gendarmerie bestand einzig darin, daß letztere die Großgrundbesitzer respektierte, während Lucas auch diese angriff.

Die Banditen zogen sich in den tiefsten Winkel der Caatinga zurück, wohin nur Arvoredos Spitzel und Nachrichtenleute gelangten. Von allen Seiten, aus fünf Bundesstaaten, war die Armee im Anmarsch. Die Oppositionspolitiker hatten diesmal noch heftiger gewettert, der Überfall war bis vor die Bundeskammer gelangt. Die Zeitungen zeigten Bilder von der Lehrerin, die verrückt geworden war; ihre Schulter wies das Brandzeichen des Lucas auf, ein L — seine Marke für sein seltsames Vieh, für all die Frauen, die er besessen hatte. Auch Bilder von der Witwe des Leutnants brachten sie, für die ein Abgeordneter eigens eine staatliche Rente gefordert hatte; daneben ein Interview, aus dem zu erfahren war, wie sie sich aus den Händen Zé Trevoadas befreit hatte. Der Reporter, ein auf Sensationen erpichter, ambitionierter, wiewohl sentimentaler junger Mann, hatte dazu eine den Familiensinn zutiefst bewegende Schlagzeile gewählt: »DAS GEWISSEN LÄHMTE DEM BANDITEN DIE HÄNDE.«

Die Gendarmen kamen auf Straßen und Wegen herbei, sie kreisten jenes Stück Caatinga ein, in dem sich Lucas mit seinen Männern aufhielt. Von allen Seiten kamen sie, bald würde sich der Ring fest schließen. Das Kommando war einem mit den Befugnissen eines Obersts versehenen Hauptmann der Armee übertragen. Dieser gab vor Aufbruch in die Caatinga der Presse ein Interview und eiferte, nun werde Lucas Arvoredo und seiner Räuberbande der Garaus gemacht. Lucas bekam eine Zeitung mit besagtem Interview in die Hand, mühsam buchstabierte er des Hauptmanns Erklärungen, und er schaute sich das Bildnis des Mannes genau an, um es sich gut einzuprägen. Für den bewahrte er sich eine Kugel auf.

Als der Hauptmann mit dem Gros seiner Leute vor Ort eintraf, war Lucas schon über alle Berge, ruhte er sich friedlich auf der Fazenda eines seiner Coiteros aus, eines Obersts, der ein hohes Tier in der Politik war: Senator eines Bundesstaates. Der Oberst rief in seinen Reden zur Verteidigung der christlichen Zivilisation auf, bediente sich aber andererseits des Lucas Arvoredo, um von den Ländereien ringsum all jene Pflanzer zu vertreiben, deren Besitz er sich aneignen wollte. Waren die Menschen erst einmal geflohen und wagten sich nicht mehr zurück, kaufte er deren Ländereien für einen lächerlichen Betrag auf. Und im Senat seines Bundesstaates hörte er den Reden zu, in denen die Regierung beschuldigt wurde, daß sie mit Lucas nicht aufräumte. Er selber tönte während der Kaffeerunden: »Soll er sich nur erdreisten und auf meiner Fazenda auftauchen. Das wird sein Ende sein!«

Er stimmte für die Bewilligung der Fonds zur Verfolgung der Banditen. Er wußte, daß die ganze Aktion nur einen Zweck hatte: ein paar Leutnants und Hauptleute reich zu machen.

Und weil der Hauptmann die Banditen nicht fand, andererseits aber auch nicht umkehren wollte, ließ er seine Soldaten im Sertão ausschwärmen, ließ er sie stehlen, vergewaltigen, morden. Auch diese Verbrechen schoben die Zeitungen dem Banditen Lucas Arvoredo in die Schuhe.

9

Als der Senator eintraf, begab sich Lucas mit Zé Trevoada zu ihm, um ihn zu begrüßen. Die Banditen kampierten unter einem Schuppendach nahe dem Herrenhaus und ließen aus dem Dorf Huren kommen — ihre Geliebten in dieser Gegend. Wenn Lucas und seine Bande hier Zuflucht nahmen, war es jedesmal ein Fest. Dann kamen Gitarre- und Harmonikaspieler, abends gab es Tanz; Arbeiter entschlossen sich, die Platthacke und die Sense aus der Hand zu legen und sich der Bande des Lucas anzuschließen, das Abenteuer Caatinga zu wählen, frei und ohne Pflichten.

Der Senator begrüßte Lucas mit Handschlag. Auf der Veranda setzten sie sich auf die Holzbank und sprachen miteinander. Lucas legte seinen Lederhut vor sich, zwischen seine Füße. Zé Trevoada hockte ihm gegenüber. Der Senator rauchte eine parfümierte Zigarre, Lucas schnupperte den Rauch, es sah fast wie Bettelei aus. Etwas widerwillig ließ der Senator die Schachtel bringen, denn diese Zigarren kosteten ihn acht Mil-réis das Stück. Er spendierte Lucas eine und auch Zé Trevoada, der sie in die Tasche steckte mit der Bemerkung: »Die schenk ich Maricota.« Das war sein Schatz hier.

Der Senator wollte mit Vorwürfen kommen. Diesmal hatte Lucas es wirklich zu toll getrieben. Das konnte dem Senator noch zum Schaden gereichen, ihm mehr als sonst einem Coitero, denn niemand hatte eine so hohe Führungsposition inne. Freilich, er wußte, daß Oberst João Batista – der Vater des Gouverneurs eines Nachbarstaates – Lucas ebenfalls Unterschlupf gewährte, doch hatte er ihm strikt untersagt, auch nur eine Stadt seines kleinen Bundesstaates zu überfallen. Lucas wählte die Farm von Oberst João Batista nur in äußerster Not, dort würde ihn die Polizei niemals suchen. Am meisten beehrte er die Fazenda des Senators, und Schuld daran war der Senator selbst, denn er bediente sich seiner sehr oft, um den anderen die Ländereien wegzunehmen. Der Senator auf der Veranda überlegte, ob er selber damit nicht übertrieben hatte.

»Seu Lucas, verzeihen Sie meine Offenheit, aber Sie sind da zu weit gegangen.« Warnend hob der Senator den Finger. »Es nimmt noch mal ein böses Ende mit Ihnen, und ich werde Ihnen dann nicht helfen können.«

Lucas schaute unschuldig drein. »Wovon sprechen Sie? Ich weiß von nichts. Ich bin doch ganz friedlich, jetzt in diesen Zeiten.«

»Tun Sie nicht so, Sie wissen, wovon ich rede. Mußten Sie jenes arme Mädchen unbedingt mit dem Brenneisen zeichnen?« Der Senator hatte die Wunde gesehen und stand noch ganz unter dem Eindruck des Bildes.

»Ich hatte ein bißchen getrunken, und das Biest zeigte sich bockig. Sie wissen ja, wie das ist, wenn man in Zorn gerät. Ich konnte mich nicht mehr beherrschen.«

 Eine Weile herrschte Schweigen.

»Sehr übel, Lucas! So nimmt das noch ein böses Ende mit Ihnen ... Eines Tages werden Sie geschnappt.«

»Sie wissen nur zu gut, daß niemand Lucas lebend kriegt. Dieser Kerl hier vor Ihnen wird nicht im Gefängnis enden. Dann schon lieber im offenen Kampf fallen. Ich bin Bandit, ich lasse mich nicht schnappen.«

»Und das Gewissen?« fragte der Senator. Ihn plagte das Gewissen selten; allenfalls, wenn er, der jungen Frauen überdrüssig, nachts nicht einschlafen konnte und so etwas wie einen Schauder verspürte. »Und das Gewissen?« wiederholte er, »meldet es sich nicht?«

»Meine Erinnerungen, Herr Senator? ... Sie wissen nur zu gut, daß nicht ich dieses Leben gewählt habe. Wir lebten gut auf unserem Stück Land, aber einer hat es uns weggenommen, so wie Sie es tun, und mein Vater wurde erschossen. War das nötig? Ich habe den Mann getötet und bin Bandit geworden. Soll ich da noch Mitgefühl haben? Ich räche mich und räche auch die anderen. Sie wissen, daß diese Menschen im Sertão unglücklich dran sind und schlimmer leiden als ein Aasgeier, der ein Tier ist, doch aber wenigstens Aas zu fressen hat.«

Dem Senator paßte dieser Wink mit dem Zaunpfahl nicht. Lucas war jeden Tag dreister, widersetzlicher, versagte ihm gänzlich den Respekt. Er beschloß, das Gespräch abzukürzen. »Werden Sie länger bleiben?«

»Ein paar Tage, bis sich die Männer ausgeruht haben und die Polizei sich beruhigt. Die Caatinga, heißt es, hat jetzt mehr Soldaten als ein Mandacaru Dornen.«

»In der Tat, viele Soldaten, aber sie verteilen sich allmählich, verstreuen sich im Sertão. Besser, Sie wechseln über den Fluß, hinüber auf die andere Seite.« Lucas drüben im Nachbarstaat, da wäre ihm entschieden wohler.

»Vielleicht ist es wirklich besser so. Bin schon lange nicht mehr drüben gewesen, dort hab ich noch ein paar Rechnungen zu begleichen ... Hier bleibe ich nur ein paar Tage, bis die Makaken abgezogen sind.«

»Gut so, Lucas. Es hat mich gefreut, Sie heil zu sehen. Jetzt will ich mich noch ein bißchen ausruhen und dann Licurgo einige Anweisungen geben.« Licurgo, das war der Großknecht.

»Suchen Sie mich noch mal auf, wenn Sie die Fazenda verlassen.«

Aber Lucas blieb sitzen. »Ich wollte mit Ihnen noch über eine Sache reden«, sagte er.

»Und worüber?«

»Ich hab wenig Munition, ich wollte fragen ...«

Der Senator hatte sich erhoben, er war leicht verärgert über Lucas' Ansinnen. »Tja, es ist nicht einfach, Munition zu besorgen.«

»Licurgo sagt, daß Sie mehr als dreihundert Gewehrpatronen im Hause haben ...«

Diesem Licurgo will ich heut abend beibringen, was ein geschwätziges Maul kostet, sann der Senator. Die Munition war für andere Fälle gedacht, die Politik im Sertão wurde ebenfalls mit Kugeln und Gewehren gemacht. »Ach ja, die hatte ich ganz vergessen. Aber alles können Sie nicht haben. Nur einen Teil. Ich muß mir ein bißchen Munition aufheben, man weiß ja nie ...«

»Niemand soll sie auch nur anrühren, wenn Lucas es nicht erlaubt ... Ich schicke zwei Mann wegen der Patronen.«

»In Ordnung. Und jetzt will ich ruhen. Also bis später.«

Lucas erhob sich, Zé Trevoada stand schon. Der Senator hielt ihm seine Fingerspitzen hin. Er trug einen gestreiften Seidenpyjama. Lucas rührte sich nicht von der Stelle.

»Ist noch was?« fragte der Senator.

»Möchten Sie mich nicht zum Abendessen einladen? Sie tun es doch sonst immer. Lucas würde sich freuen ...«

Der andere rang sich erneut ein Lächeln ab. »Kommen Sie morgen, ich werde ein kastriertes Schwein für Ihre Leute schlachten lassen.«

Er schaute den beiden Banditen nach, die zum Schuppen hin gingen. Lucas wurde ihm lästig. Nun, noch konnte er von Nutzen sein, falls sich die Dinge in der Politik, wie es den Anschein hatte, weiter komplizierten. Besser aber, er ließe sich nie wieder auf dieser Fazenda blicken. Wenn die Polizei Lucas liquidierte, konnte ihm das nur recht sein. Zum erstenmal kam dem Senator der Gedanke, er könne den Banditen verraten und den Polizeikräften ausliefern. Der Gedanke nahm in seinem Hirn feste Gestalt an.

10

Abends wurde im Schuppen immer tüchtig gefeiert. Lucas bestellte sich Harmonikaspieler und treffliche Gitarristen, bis zum Morgen wurde getanzt, die Frauen wußten, daß ihre Männer anschließend Monate und Monate in der Caatinga versteckt lebten, darum zeigten sie sich zärtlich, die Liebesseufzer hörten sich wie Musik an.

Einer der Knechte erwähnte Lucas gegenüber einen Harmonikaspieler, den er wenige Tage zuvor auf einer Nachbarfazenda gehört hatte. Der Mann sei nach dem Süden unterwegs, über Juàzeiro in Bahia. Seit etlichen Tagen halte er sich mit seiner Familie auf der Fazenda auf, um sich mit Feldarbeit etwas Geld zu verdienen, für die Weiterreise. Der Knecht lobte den Harmonikaspieler über den grünen Klee. Einen besseren habe er noch nie gehört, der reinste Genuß, es lohne die Mühe, ihn holen zu lassen. »Wenn er nicht schon weiter ist. Er macht ja nur Station, er ist unterwegs nach dem Süden, nach São Paulo.«

Lucas schickte einen Boten, und noch am Abend erschien Bastião mit seiner Harmonika. Er hatte die Familie drüben gelassen, war allein gekommen, das war sicherer. Oft, sehr oft schon hatte er von Lucas reden hören, von dessen Untaten, jedoch auch von seiner Großherzigkeit, wenn er an irgendwem oder irgendwas Gefallen fand. Auch war ihm zu Ohren gekommen, José, Jerônimos Ältester, sei Mitglied der Bande, und er hätte ihn gern wiedergesehen, hätte ihm gern berichtet, was auf der Fazenda von Oberst Inácio vorgefallen war. Er kam mit der Harmonika unterm Arm, in Begleitung des Arbeiters, der ihm die Nachricht gebracht hatte. Männer und Frauen erwarteten den berühmten Musikanten. Zé Trevoada erkannte ihn sofort: »Aber das ist ja Bastião!«

»Du kennst ihn?« fragte Lucas.

»Und ob! Er ist ein Nachbar meiner Familie dort auf der Fazenda des verstorbenen Obersts Inácio. Erinnere dich: Dort, wo ich mich deiner Bande angeschlossen habe.«

Lucas konnte sich noch gut erinnern. Wie hätte er denn Zefa vergessen können, Zefa und ihre Prophezeiungen und Drohungen gegenüber der Welt und der Menschheit? Bastião aber hatte er damals nicht gesehen, der war mit seiner Familie geflohen, war erst zurückgekehrt, als die Banditen sich fortgeschert hatten.

Von Bastião erfuhr Zé Trevoada, was sich auf der Fazenda zugetragen hatte und was seiner Familie widerfahren war. Doktor Aureliano hatte das Anwesen verkauft, hatte den Kolonen das Land weggenommen und sie vertrieben, Gregório hatte auf Artur geschossen, ihn aber nicht tödlich verletzt. Die letzte Neuigkeit über Josés Familie, mit der Bastião aufwarten konnte, stammte von Leuten, die aus dem Süden zurückgekehrt waren. Sie waren Jerônimo auf der anderen Seite der Caatingà begegnet, wußten zu erzählen, daß die Familie nur noch aus zwei Kindern, Marta, den Eltern und João Pedro bestand, alle sechs so ausgemergelt, daß sie eher Tieren glichen.

»Und die anderen?« Zé Trevoada blickte finster drein, mit zusammengekniffenen, bösen Augen.

»Alle unterwegs gestorben, sagten sie. Auch ich habe zwei Kinder auf dieser Reise verloren ... Ein Verbrechen, was sie da mit uns gemacht haben!«

Er spielte die ganze Nacht. Alles tanzte. Die Frauen waren glücklich. Welch ein Musikant! Lucas war begeistert, er hörte gern Harmonikamusik, und Bastião hatte eine angenehme Stimme, er sang Weisen aus dem Sertão, ABCs, Spottlieder. Er gab das Lied zum besten, das Lucas Arvoredos Taten pries, und die Banditen sangen im Chor mit:

»Da kommt Lucas Arvoredo,
der Dolch ist sein Panier.
Weh, Männer, erzittert,
Euch, Frauen, bin ich Kavalier.

Da kommt Lucas Arvoredo,
kommt mit seinem Gewehr.
Dem Sertão an Leichen
viel tausend ich bescher.

Da kommt Lucas Arvoredo,
kommt mit seinem Messer.
Mädchen hab nicht Angst,
ich bin kein Menschenfresser.

Da kommt Lucas Arvoredo,
kommt mit seinem Gewehr.
Ich schenk euch das Leben,
gebt ihr die Pinke her.

Da kommt Lucas Arvoredo,
kommt mit seinem Messer . . .«

Die Gesänge hallten über Feld und Flur, weckten die Vögel in den Nestern, ließen das Laub der Bäume erzittern. Der Name Lucas Arvoredo bedeutete Blut und Tod, Traurigkeit und Trauer. Das von rauhen Stimmen gesungene Lied klang wie ein Aufbruchsignal. Es sei an der Zeit, wieder von dannen zu ziehen, überlegte Lucas. Seit mehr als zehn Tagen hielten sie sich hier auf. Die Caatinga harrte ihrer. Wenn er nicht wieder Gesprächsstoff lieferte, würde er bald vergessen sein; irgendein anderer Draufgänger würde seinen Platz in den Gesprächen der Sertanejos und in den Liedern der Gitarrespieler einnehmen.

Die Nacht ging zu Ende, einige der Männer hatten sich mit ihren Frauen bereits zurückgezogen, in irgendwelche Winkel oder in die Büsche. Lucas selber war schlafensmüde. Bastião rüstete zur Rückkehr, wollte Zé Trevoada zum Abschied noch umarmen. Der hatte die ganze Zeit stumm und traurig auf einer Bank gehockt, hatte nicht mit gesungen, nicht getanzt. Als Maricota ihn aufforderte, mit ihr schlafen zu gehen, hatte er sie so merkwürdig angestarrt, daß sie ihn nicht mehr anzusprechen wagte, sondern ihn nur von weitem musterte. Was war los mit ihm? Was hatte ihm der Neger anvertraut? Bastião trat auf Zé zu.

»Also, José, bis zum nächsten Wiedersehen!«

Beim wahren Namen genannt, wie das hier niemand tat, verspürte Zé einen noch heftigeren Schmerz, ihm war, als tauchte er in die Kindheit zurück. »Sei getrost, das lasse ich nicht auf sich beruhen, Bastião. Ich spreche mit Lucas, wir ziehen hin, und wehe dem, den wir dort im Herrenhaus antreffen . . . Nicht das Geld lockt uns . . . Töten wollen wir, nur töten . . .«

Zé gab dem alten Neger hundert Mil-réis. Lucas hatte ihm schon zweihundert gegeben, Bastião schätzte sich reich. Das wäre mehr als genug, um bis nach Juàzeiro zu gelangen. Und mehr als über das Geld und das Lob aus Lucas Arvoredos Mund freute er sich über Josés Ansinnen. Diesmal sollte Artur nicht entkommen. Und vielleicht traf es sich sogar, daß Doktor Aureliano, und sei es besuchshalber, am Ort war ... Auf dem Rückweg sang er aus reiner Zufriedenheit:

»Da kommt Lucas Arvoredo
kommt mit seinem Messer ...«

11

Lucas sah seinen Lieblingsgefährten Zé Trevoada trübselig in der Ecke hocken. Unvergeßlich war ihm die erste Schießerei, an der José teilgenommen und die ihm den Beinamen Trevoada eingetragen hatte. Als die anderen, nach der von Lucas ausgeheckten Kriegstaktik, springend und schreiend angriffen, mit Gehüpf und Gegröl, das größeren Schrecken einflößte als die Schüsse, da hatte auch José so entsetzlich gebrüllt, daß es einem Donner glich und einer der Männer ausrief: »Man könnte meinen, ein Donner ... Du bist Zé Trevoada – Zé Donnerhall!«

Den Namen behielt er. Und ebenso zeichnete er sich durch Mut und Draufgängertum aus. Bald gab Lucas ihm vor den anderen den Vorzug, er betraute ihn mit schwierigen Gängen, schickte ihn auf die Fazendas, den Tribut einzutreiben, mit dem sich die Fazendeiros Schonung erkauften. Er vertraute ihm und schätzte ihn. Also ging Lucas zu ihm, als er ihn da in einem Winkel des Schuppens hocken sah. Schon beim Fest hatte er ihn vermißt und gemeint, José habe sich mit seiner Maricota in die Büsche geschlagen. Dann aber hatte er Maricota selbst gefragt: »Was ist denn mit Zé los?«

»Keine Ahnung, was für eine Laus ihm über die Leber gelaufen ist ... Diese Leichenbittermiene ...«

»Was hast du denn?« fragte Lucas ihn jetzt.

Zé Trevoada hob den Kopf. »Ob du mir eine Bitte erfüllst?«

»Brauchst's nur zu sagen.«

»Ich habe erfahren, daß sie meine Leute von Zuhause fortgejagt haben. Meinen Vater, meine Mutter und die Familie meines Onkels. Alle, die da auf der Fazenda Land bearbeiteten. Der

Harmonikaspieler stammt von dort. Wie ich höre, sind meine Leute unterwegs nach São Paulo, und viele kommen auf der Strecke um. Du weißt ja, von den Vertriebenen erreicht in der Regel nicht einmal die Hälfte Juàzeiro.«

»Und was hast du vor?«

»Ich will zur Fazenda, ich will es dem neuen Besitzer heimzahlen, vor allem aber dem Verwalter. Einer hat auf ihn geschossen, ihn aber nur verwundet.«

»Und deine Tante?«

»Auch sie verjagt. Aber sie ist wohl unterwegs gestorben, sie ist nicht mehr bei ihnen, nur ihrer fünf sind noch am Leben.«

»Auch sie verjagt? Das hätten die nicht tun sollen.«

»Was schert die das?«

»Morgen brechen wir auf. Geh und ruh dich aus, damit du gut zu Fuß bist. In zehn Tagen sind wir dort, falls alles glattläuft ... Besser, du legst dich jetzt aufs Ohr, die Sache ist entschieden.«

José aber konnte nicht einschlafen. Er sah Jucundina durch das Haus gehen, hörte die Stimmen im Hof, Marta noch so jung, wie sie auf dem Platz herumlief, Jerônimo auf dem Feldstück. Und er sah das Haus, in dem er aufgewachsen war und wohin er eines Tages hatte zurückkehren wollen — wann genau, das war nicht von Belang. Wichtiger war, daß es existierte, daß er wann immer heimkehren konnte, die Mutter umarmen, den Vater um den Segen bitten, die Platthacke schultern und hinaus aufs Maniokfeld gehen ... Seine Hand umschloß das Messer fest, an diese Leute wollte er keine Kugel verschwenden.

12

Als sie vom Überfall auf die Fazenda zurückkehrten, stießen sie auf eine Polizeipatrouille. Borboleta wurde am Bein verwundet, und Lucas Arvoredo suchte einen seiner Coiteros auf, um den Jagunço dort in der Obhut eines Arztes zu lassen. Artur hatten sie auf der Fazenda nicht vorgefunden, er war unterwegs, kaufte Vieh ein, denn der neue Besitzer beabsichtigte, einen großen Teil der Fazenda in eine Viehfarm umzuwandeln. Die Banditen packte der Zorn, weil ihnen der Verwalter auf diese Weise entkam, sie steckten das Herrenhaus in Brand und stachen möglichst viele Rinder ab. Zé Trevoada zündete die Maniok- und Maisfelder rings um sein Vaterhaus an. Er trat in die Hütte, zum Schrecken der darin wohnenden Pflanzerfamilie, er musterte die Wände aus gestampftem Lehm, nichts mehr hier erinnerte an Jerônimo und Jucundina. Er überlegte, ob er auch die Hütte anzünden sollte, doch diese Leute hatten ihm ja nichts getan. Ob das Angepflanzte ihnen gehörte oder dem Fazendeiro, fragte er.

»Wir sind nur die Pächter.«

Da steckte er auch die Hütte an. Das Herrenhaus brannte, aber Zé Trevoada war's nicht zufrieden. Allerdings erfuhr er, Doktor Aureliano hielte sich in der Nähe auf; vor zwei Tagen noch, mit einem Regierungsauftrag unterwegs, hatte er auf der Fazenda logiert. Zé Trevoada beriet sich mit Lucas, sie dachten sich Pläne aus. Er sollte allein aufbrechen und an vereinbarter Stelle wieder zur Bande stoßen. Noch am selben Tag schoß er auf Aureliano, war sich aber nicht sicher, ihn getötet zu haben. Er streifte in der Nähe umher, und endlich erfuhr er, daß er den Spielgefährten seiner Kindertage nur verwundet hatte. Aureliano war ins Dorf geschafft worden und von da mit einem Auto in die Stadt.

Zé Trevoada fluchte. Am liebsten wäre er ihm hinterdrein, um ihn in der Stadt zu erledigen, auf die Gefahr hin, geschnappt zu werden. Doch dann fand er, es lohne nicht. Der entginge ihm nicht, und müßte er, Zé, wie einer, der ein Gelübde erfüllt, Jahr für Jahr in diese Gegend zurückkehren.

Er schlug sich in die Büsche, zwei Tage später war er bei der Bande. In jener Nacht stießen sie auf einen Polizeitrupp, im offenen Gelände gab es eine Schießerei, was Lucas gar nicht schmeckte. Zum Glück bestand die Patrouille nur aus acht Mann. So trug Borboleta die Verwundung davon, die Gendarmen aber entkamen heil. Lucas zeigte sich verdrossen, das unverhoffte Auftauchen dieser Uniformierten hatte ihn erschreckt. Was taten sie hier? Obschon immer gut informiert durch seine überall im Sertão verstreuten Spione, hatte er von ihrer Anwesenheit nichts gewußt.

Er entschied, in einen anderen Bundesstaat überzuwechseln, im Eilmarsch. Tage und Nächte zogen sie durch die Caatinga und hielten nur an, um sich auf Fazendas mit Proviant zu versorgen. Auf einem der Güter gab es bewaffneten Widerstand;

der Besitzer hatte geschworen, sich von Lucas nie auch nur ein Hälmchen rauben zu lassen. Lucas geriet in Wut, er rottete die ganze Familie aus.

Als er die Caatinga endlich hinter sich hatte und den Grenzfluß zum Nachbarstaat überqueren wollte, erfuhr er, welche Bewandtnis es mit der unverhofften Patrouille hatte: Es waren noch weitere Dutzende und Dutzende Soldaten unterwegs, und alle in die eine Richtung. Sie waren aufgeboten, den Beato Estêvão samt Gefolgschaft zu vernichten — gerüchtweise waren es weit über tausend Sertanejos, die sich um den Propheten scharten. Die Polizei hatte entschieden, mit der Sache ein für allemal aufzuräumen.

Der Sertanejo, der dies berichtete, wußte es aus sicherer Quelle. Lucas nahm den zerkauten Zigarettenstummel aus dem Mund und bemerkte: »Aber der Beato ist doch ein guter Mensch, warum wollen sie ihm das antun? Er ruft zum Beten auf, predigt denen, die es hören wollen. Warum hetzen sie die Polizei auf ihn?«

Er konnte es nicht begreifen. Daß sie ihn selber verfolgten, weil er raubte und mordete, das leuchtete ihm ein, er war ein Bandit, ein Krimineller, stand außerhalb des Gesetzes. Estêvão war nichts dergleichen, er rief die sündigen Menschen lediglich zur Buße auf, da das Ende der Welt nahe sei.

Etwas später erfuhr er von einem anderen Sertanejo weitere Nachrichten, und diesmal betrafen sie nicht den Beato, sondern ihn, Lucas Arvoredo. Der Mann meldete, die Polizei halte alle Flußübergänge besetzt und erwarte ihn schon seit Tagen; irgend jemand müsse ihn verpfiffen haben.

»Jemand, der weiß, daß Sie über den Fluß wollen. Erraten haben können sie es nicht.«

Lucas verabschiedete den Mann, er rief Zé Trevoada und Bico Doce zu sich, und sie berieten sich lange. Dann versammelte er alle und sprach: »Leute, wir sind verraten worden, und es kann nur der Senator gewesen sein.«

Einige schauten verdutzt, aber Lucas ergänzte: »Nur er wußte, daß wir über den Fluß wollen. Ausgerechnet er hat es mir empfohlen, indem er versicherte, hier auf seiner Seite sähen die Dinge düster aus. Und er hat mir nur ein lumpiges bißchen Munition gegeben.«

Alles in allem schien ihm die Angelegenheit klar: »Er ist, so hab ich erfahren, gleich nach uns abgereist, in die Stadt. Wozu die Eile? Doch nur, um die Soldaten gegen uns in Bewegung zu setzen . . .«

Die Jagunços hockten in erwartungsvollem Schweigen auf der Erde. Sie wollten möglichst bald aufbrechen, und Lucas ebenso.

»Dem Hundesohn werden wir's zeigen! Statt über den Fluß zu setzen, kehren wir zu seiner Fazenda zurück.«

»Und wenn er nicht dort ist?«

»Dann warten wir, bis er kommt. Eines Tages wird er schon kommen.«

Wieder zogen sie durch die Caatinga, in größter Eile. Lucas überdachte die Zusammenhänge noch einmal. Der Senator wußte nur zu gut, daß sein Ziel, falls er in einen anderen Bundesstaat überwechselte, die nahe der Grenze gelegene Fazenda von Oberst João Batista sein würde. Er grübelte und grübelte, was der Senator mit dem Verrat wohl gewänne. Und endlich hatte er es: Der Senator stand mit dem Gouverneur des Nachbarstaates auf gespanntem Fuß. Fand Lucas auf der Fazenda von dessen Vater Unterschlupf und wurde dort geschnappt oder getötet, dann wäre der Skandal perfekt. Ein himmelschreiender Skandal! Ja, das war es wohl.

Sie folgten der Landstraße, bis ein Lastwagen entgegenkam. Mit ihm fuhren sie ein gutes Stück, dann, als der Verkehr dichter wurde, tauchten sie wieder in die Caatinga. Sie marschierten grimmig und brüteten grausigste Pläne aus. Lucas schwor sich, den Senator auf der Fazenda abzupassen, und wenn er darüber alt und grau würde!

13

Doch er brauchte nicht zu warten. Als er sich dem Besitz näherte, erfuhr er, der Senator sei zurückgekehrt, wegen des Erntebeginns. Wenige Tage nur wollte er bleiben, so hieß es, gerade um die nötigen Anweisungen zu geben, damit für die nächsten Monate, solange ihn der Senat an die Hauptstadt band, alles in geordneten Bahnen liefe.

Die Bande traf am späten Nachmittag ein, ganz unverhofft für die Frauen. Das war ein Gerenne! Maricota warf sich Zé Trevoada in die Arme. Doch dann merkten sie, daß etwas Ungewöhnliches vorging; es langte, das grämliche Gesicht von Lucas zu sehen.

Die Männer begaben sich geradenwegs zum Herrenhaus. Der Senator hatte vom jähen Auftauchen der Banditen erfahren. Er trat auf die Veranda hinaus, in einem eleganten Hausanzug, am Finger einen Ring mit blitzendem Edelstein.

»Sie hier, Lucas? Gibt's was Neues?«

Lucas trat vor, schritt die Stufen hinauf, blieb vor dem Senator stehen. Und bevor er den Mund auftat, wußte der andere, daß der Bandit im Bilde war. Der Senator wurde bleich, er wich einen Schritt zurück, ein einziger Gedanke durchzuckte ihn: Mariana wollte kommen, mit Jaime. Seine Ehefrau und der Medizin studierende Sohn.

»Sie haben uns an die Polizei verraten!«

Der Senator bestritt es, aber mit schwacher Stimme. »Ich ... ich bin Ihr Freund.«

»Freund von Hunden, aber nicht eines Lucas Arvoredo!«

Lucas hob das Schnellfeuergewehr. Der Senator schrie auf: »Lucas, sind Sie wahnsinnig? Nein!«

»Da, du Hurensohn!« Lucas schoß das Magazin leer, der Mann sackte zusammen. Arbeiter, Frauen, Knechte kamen von allen Seiten angelaufen. Von den Banditen ferngehalten, standen sie in etlichem Abstand da und schauten.

Die Banditen versammelten ihre Frauen, trieben einige Tiere zusammen, Pferde und Esel, und begaben sich zu einem abgelegenen und auch sichereren Versteck. Ohne Unterbrechung ritten sie, Tag und Nacht, Lucas Arvoredo wußte, daß er jetzt die gesamte Polizei auf den Fersen hatte.

14

Wie bisher stets ließ die Verfolgung bald nach. Die Bande des Lucas blieb fast zwei Monate verschwunden. Ein kleiner Fazendeiro, dem Lucas einst auf einer Reise das Leben gerettet hatte, gab ihm in dieser Bedrängnis Unterschlupf. Und hier auch suchte der Bote des Beato Estêvão ihn auf. Lucas dachte bereits an Aufbruch, wollte wieder den Sertão durchstreifen, Dörfer und Städte überfallen und Tribut von den Fazendas eintreiben, da kam der Mann, kam bei Einbruch der Dunkelheit an, auf einen Knotenstock gestützt. Viele Wege war er gewandert, und er hatte Mühe gehabt, Lucas aufzuspüren.

Die zur Verfolgung Estêvãos als auch Arvoredos ausgesandte Polizei hatte den Beato in der Nähe von Juàzeiro eingekreist. In Estêvãos Begleitung waren über dreihundert Menschen, die aber kaum Waffen besaßen und keinerlei Kampferfahrung und darum nur auf die Hilfe Lucas Arvoredos hoffen konnten.

»Pater Estêvão bittet Sie, möglichst viele Leute mitzubringen, hauptsächlich aber Waffen, denn es wird großen Rabatz geben.«

Lucas schickte, ehe er aufbrach, seinerseits Boten aus, um Anhänger zusammenzuholen: Gevattern; Bauern, die ihn verehrten; Männer, die sich zeitweilig der Bande anschlossen; und sonstige Leute, von denen er wußte, daß sie für ihn durchs Feuer gingen. Eine ganze Schar fand sich ein; die einen, um ihm dienstbar zu sein, und die anderen, um dem Beato Estêvão Schutz zu geben. Noch nie hatten sie den Beato gesehen, doch für sie war er ein Heiliger, durch seinen Mund sprach Gott.

Früh am Morgen zogen sie von dannen, ließen die Frauen zurück, nahmen auf den Fazendas, die sie passierten, alle nur erreichbaren Waffen an sich. Der Bote des Beato, ein Schwarzer mit schon etwas grauem Schopf, drängte zur Eile. Doch sie bewegten sich so schnell, daß der Neger selber nur mühsam folgen konnte. Sechs Tage und sechs Nächte ging es durch Dornengebüsch, in der siebenten Nacht endlich gewahrten sie die Lagerfeuer des Beato. Der Wind trug die Litaneien seiner Gefolgschaft herbei, Lucas befahl Halt, er kniete nieder, und die ganze Banditenschar tat es ihm gleich. Sie schlugen das Kreuz, dann erst kamen sie demutsvoll näher.

JÃO

1

João, den sie Jão nannten, hob den Kopf und lauschte angespannt, mit einem fragenden Ausdruck im Gesicht. An diesen Gesang, der gegen Abend einsetzte und sich bis zum Beginn der Nacht hinzog, war er schon gewöhnt. Er griff zum Gewehr, stieg die kleine Anhöhe hinan, auf der sich große verlassene Ameisenbauten befanden. Da setzte er sich hin, vor seinen Augen der weite Horizont. Er sah die Lehmhütten der »Pilger«, sah Bewegung, sah Menschen dichtgedrängt vor der größten Hütte – der des Beato Estêvão. Die sanfte Brise fächelte Jãos Mulattengesicht, er setzte das Käppi ab, um sich Kühlung zu geben. Nachhaltig empfand er den Zauber der Abenddämmerung, besonders aber bewegte es sein Gemüt, wenn die Feuer im Lager der Sertanejos aufflammten. Auch im Kamp der Polizeistreitkräfte wurden Feuer angezündet, kleine, zum Kochen und zum Verscheuchen der Schlangen. Dort drüben aber erfüllten sie einen anderen Zweck. Es war nicht einfach gehäuftes Knüppelholz, über dem man das Abendessen bereitete und das Kaffeewasser erhitzte. Sie hatten religiöse Bedeutung, waren Opferfeuer für den Gott, der die Welt zerstören und die Menschen bestrafen wollte. Sie waren symmetrisch angeordnet, in gleichbleibender Anzahl, stets einundzwanzig, und nur der Beato wußte, weshalb. Die Prozession, die sich um sieben Uhr abends langsam durch die Gassen des Lagers bewegte, hielt vor jedem Feuer, der Gesang schwoll an, die Gestalten im roten Licht warfen lange Schatten. Am letzten Feuer in der Mitte des Platzes, vor seiner Hütte, hielt Estêvão eine Predigt und rief fast immer mit den üblichen Drohungen zur Buße auf. Wenn die Gläubigen auseinandergingen, wußte Jão, daß es neun Uhr war, gleich würde der Wachposten auf dem Horn den Zapfenstreich schmettern und die Nachtruhe verkünden. Dann schlenderte Jão den Hügel hinab, die melancholischen Litaneien noch im Ohr. Wenn der Wind wehte, konnte er Worte des predigenden Beato verstehen, sie hallten wider in seinem Bauernherzen, er glaubte an die Botschaft, die sie verkündeten. Er war ein guter Soldat, pflichtgetreu und gehorsam. Sollte der Leutnant es befehlen, so würde er auf den Beato schießen, jedoch in der Gewißheit, daß er schlimmste Sünde beging. Der Beato war ein Mann Gottes, warum umzingelte man ihn wie einen Kriminellen?

Jeden Nachmittag stieg Jão auf den Hügel, manchmal in Begleitung weiterer Soldaten. Sie warteten, daß drüben die Feuer gezündet würden, sahen dann, wie Bewegung in die Leute kam, wie sie sich zur Prozession formierten, hörten sie mit klagendem Gesang beten:

»Gelobt in Ewigkeit ...«

Aber an diesem Abend, schon war die Prozession zur Hälfte an den Feuern vorbei, vornan in seinem langen weißen Gewand, wie alle Tage, der Beato, da meinte Jão andere Laute zu vernehmen, die sich störend in die monotone Litanei mengten. Eine andere Melodie war's, festlich schien sie und stolz, sehr im Widerspruch zum unterwürfigen Gebet, gleich einem Trompetenschall, der das weihevolle Spiel einer Orgel zerschneidet. Zunächst hielt er es für eine Täuschung, es war wohl das Geräusch eines Tieres im Busch, vielleicht eines nächtlichen Vogels, doch die Melodie schwang fort, und bald übertönte sie die der Pilger. Jão reckte den Kopf, hielt Ausschau, lauschte. Seine ans Dämmerlicht gewöhnten Augen erkannten fremde Gestalten, die drüben außerhalb des Lagers aufgetaucht waren. Sie waren es, die da sangen, die Melodie wurde immer klarer, schon konnte Jão einzelne Worte verstehen. Ihm stockte das Herz, er glaubte zu erraten, was da vorging. Er sah die Schattengestalt des Beato mit den Armen rudern, sah die Prozession gegen alle Gewohnheit vom Pfad abweichen. Auf einen Wink von Estêvão hin brach der Betgesang ab, und in der jähen Stille konnte Jão die Worte jenes anderen Liedes klar und deutlich verstehen:

»Da kommt Lucas Arvoredo,
kommt mit seinem Gewehr ...«

Er sah, wie Pilger und Cangaceiros einander freudig begrüßten und die Prozession sich wieder formierte, größer nun, und mit hallenden Gebeten. Er sah sie zum Platz vor Estêvãos Hütte ziehen, sah den Beato auf die Kiste steigen, mit wehendem

Baumwollhemd. Seltsame Gefühle spürte Jão da in der Brust unter dem Soldatenrock. Gleichzeitig wurde er sich der Veränderung bewußt, die sich mit dem Erscheinen von Lucas Arvoredos Banditen in der belagerten Stellung vollzog, und er empfand unverhohlene Genugtuung, denn aus der Jagd auf Wehrlose wurde nun ein bewaffneter Kampf gegen die gefürchtetsten Jagunços des Sertão. Als Soldat schwankte er nicht einen Augenblick, führte er treu die Befehle aus, versah er Streifendienste, hielt er Wache, war er bereit, gegen die Sertanejos des Beato vorzugehen, und dennoch, irgendwie faszinierten ihn jene anderen. Trüge er nicht die Polizeiuniform, er wäre ein Gefolgsmann des Beato, er würde mit in der Prozession marschieren, würde Gebete sprechen, würde den Beato um den Segen bitten, würde mit gesenktem Haupt seinen Worten lauschen. Gut so, daß Estêvão nun nicht mehr allein und der Übermacht der Belagerer ausgesetzt war, genötigt, sich zu ergeben, falls er nicht Hungers sterben wollte. Nun, da Lucas bei ihm war, sah die Sache anders aus, nun konnten sich die Leutnants schon nicht mehr über ihn lustig machen, der Oberst müßte viel von seiner Arroganz ablegen. Es war selbiger Oberst, der Lucas Arvoredo hatte jagen sollen. Nun leitete er die Belagerung der Pilgerschar und gefiel sich darin, Nacht für Nacht etliche Meter vorzurücken und alle vierundzwanzig Stunden das Terrain weiter einzuengen, auf dem die Pilger noch Wasser fanden und Tiere jagen konnten. Sein Plan war es, sie auszuhungern, sodann den Beato und seine Männer gefangenzusetzen und den Rest der Leute auf die Fazendas zu verteilen.

»Diese Vagabunden mal ordentlich arbeiten lassen!« sagte er.

Aber nun? Was gedachte er nun zu tun? Jão schätzte, der Bewegung nach, daß Lucas mehr als fünfzig Mann mitgebracht hatte. Ihnen standen achtzig Gendarmen gegenüber, darunter etliche Burschen aus der Hauptstadt, die zum Kampf mit Lucas Arvoredo nicht taugten. Jão war wohlgelaunt, obschon ihm bewußt war, daß dies sein Leben kosten konnte. Er fürchtete den Tod nicht, so oder so würde die Welt untergehen, das jedenfalls behauptete der Beato. Der Zapfenstreich wurde geblasen, widerwillig schlurfte er den Hügel hinab. Der Beato hatte seine Predigt ebenfalls beendet. Und abermals hallte, jetzt von vielen hundert Kehlen gesungen, das Lied auf Lucas Arvoredos Ruhmestaten durch die Lüfte, und diesmal hörten es alle Gendarmen.

»Da kommt Lucas Arvoredo,
kommt mit seinem Messer . . .«

Regenfeuchter Wind trug das Lied hell und klar herbei, die Melodie hallte Juàzeiro entgegen, verlor sich in der Richtung des großen Flusses, wo auch Schiffer es sangen, denn sie hatten es von den am Ufer stehenden, das Wasser und die Barken betrachtenden Auswanderern gelernt. Jão ging langsam, mit pochendem Herzen.

Die Gendarmen liefen beim Klang des Horns herbei, die Wache wurde verstärkt. Der Oberst marschierte zwischen den Leuten hin und her, eiligen Schritts, flankiert von zwei Leutnants. Sie erörterten die Situation. Jãos Mulattengesicht heiterte sich in einem Lächeln auf. Er summte die vom Wind herbeigetragene Melodie.

2

Tief im rauhen Sertão, wo der Hunger die Menschen tötete, wo die sengende Sonne die Bäche austrocknete, wo die Obersten den Bauern das Land wegnahmen und die Widersetzlichen ermorden ließen, wo die Auswanderer in Scharen nach Süden zogen und ihre Toten auf der Straße blieben, wo Kinder zu Hunderten starben und die Heranwachsenden krank und traurig waren, wo die Malaria sich wie ein Trauermantel über alles breitete und die schwarzen Blattern tödliche Zeichen in Tausende von Gesichtern schrieben, wo das Fleckfieber schlimmer als das Unkraut wütete, wo die erschöpften Herzen der Sertãobewohner schon bar jeder Hoffnung waren — dort tauchte eines Tages der Beato auf.

Niemand wußte, woher er kam, wer er war, wie alt er war, wie er mit vollem Namen hieß. Estêvão nannte er sich, einen Nachnamen hatte er nicht, sein Pilgerstab, schlangenhaft gewunden, trug den Staub vieler Pfade, die alten Bastschuhe hingen in Fetzen, das Überhemd war bespritzt mit inzwischen getrocknetem Straßenkot. Der wirre, aber schüttere weiße Bart wallte über die

Brust; die Kopfhaare, ebenfalls weiß, fielen ihm über den Nakken auf die Schultern und waren bis hinab zum Hemd voller Läuse. Zu Mittag und am Abend setzten sich ihm die Vögel auf die Schultern und zwickten ihn in die von Strähnen verdeckten Ohren.

Er verkündete das Ende der Welt, das Böse im Menschen sei unüberbietbar groß, Geduld und Mitleid im Herzen Gottes hätten sich erschöpft. Schreckliche Strafe sei im Anzug und die Stunde der Buße gekommen. Wehe denen, die sich nicht Asche aufs Haupt streuten. Es galt, alles aufzugeben, Haus und Arbeit, Herrschaften und Ernte, und zu beten. Anderenfalls gäbe es, wenn erbarmungslos die letzte Stunde schlug, keine Rettung.

Seine Stimme war aufmunternd und voll Gefühl, eher die eines Kindes denn eines Greises, doch in den Augenblicken der Verwünschungen donnerte sie und schmerzte wie ein Peitschenhieb. Dann vergaßen alle, daß er ein über den Wanderstock gebeugter Greis war. Einem majestätischen Baum glich er, einem breiten Strom, einem tosenden Wasserfall. Seine blauen und sonst so gütig warmen Augen, die den Kontakt zum Mitmenschen suchten, blickten dann starr, in die Ferne gerichtet, als erspähten sie Dinge, die andere Menschen nicht sahen, und sie waren zum Fürchten eisig. Er war groß und hager, schwankend im Wind wie ein Bambusrohr und doch zäh wie Eisen. Meile um Meile eilte er mit so raschem Schritt, daß die Begleiter kaum mithalten konnten. »Er verzehrt weniger als ein Sperling«, sagten die Frauen, und es ging die Wundermär, Jesus Christus speise ihn des Nachts und verleihe ihm neue Kräfte.

Estêvão hieß er, doch für alle war er der Beato Estêvão, und die Pilger sprachen ihn zärtlich mit »Mein Väterchen« an. Gesenkten Hauptes empfingen sie seinen Segen, wenn er mit erhobener Hand und fast lautlosem Gemurmel vorbeischritt. Sein Segen wirkte Wunder, heilte Krankheiten, ließ Wunden vernarben, bannte Pflanzenschädlinge, hielt Krankheiten von den Tieren fern, trieb die bösen Geister aus, machte den Körper der Männer für Schlangenbiß und Mörderkugel unverwundbar.

Wie konnte einer an seiner Heiligkeit und seinen Wunderkräften zweifeln, da doch selbst die gefürchtetsten Schlangen — die Klapperschlange, die Jararacuçu und die Jararaca — dem Daherschreitenden den Weg freigaben und sich seinem Zug anschlossen? Sie ließen sich von ihm anfassen und verstanden seine wirre Sprache. Wie konnte einer zweifeln, redete er doch vom Hunger der Menschen, von allem Unglück, das da passierte, und auch davon, daß sich kein Oberst und keiner der reichen Fazendeiros Gottes Zorn entziehen könne, dem drohenden Strafgericht?

Gegen ihn kam kein Wort an, noch nicht einmal das der Pfaffen, die wider den Beato wetterten. Die Sertanejos wußten: Die Priester ließen sich das Taufen und das Trauen bezahlen, bei ihrem Aufenthalt auf den Fazendas logierten sie im Herrenhaus, am Tisch des Obersten schlugen sie sich den Bauch voll, aber in ihren Predigten verloren sie kein Wort über den Landraub und die Hungerlöhne, da loderten die Höllenfeuer, sie wetterten gegen die wilde Ehe, gegen Säumigkeit beim Taufen der Kinder, gegen jener Männer Unzucht mit Tieren, die keine Frau hatten, mit der sie schlafen konnten. Der Beato sprach eine andere Sprache. Kein Wort gegen die Dirnen, gegen jene Männer, die ohne den Segen des Vikars mit einer Frau lebten, gegen all jene, die es mit Stuten und Eselinnen taten. Dafür wetterte er gegen die sündigen Reichen, er klagte sie an, daß sie die Armen Hungers sterben ließen und daß ihr Wucher und ihre Habgier der Grund dafür seien, daß Gott in seinem Zorn der Welt Vernichtung beschieden habe. Estêvão hatte auf seinen Wanderungen nie in einem Herrenhaus ausgeruht, und die wenigen Male, die er einem Oberst begegnet war, hatte er dazu verwandt, diesem die wildesten Verwünschungen an den Kopf zu werfen und ihn aufzufordern, den Kolonen die geraubten Ländereien zurückzugeben und seinen Arbeitern das Geld zu erstatten, das ihnen im Magazin bei den Abrechnungen unrechtmäßig abgenommen wurde. Und mehr als einer war geflohen, beeindruckt von diesem auf seinen Wanderstock gestützten Greis, dessen Bart im Wind wehte, dem sich Vögel sanft auf die Schulter setzten, den Giftschlangen auf seinen Wegen begleiteten.

Allein war er aufgetaucht, und er sprach sogar, wenn kein Mensch bei ihm war, so als verstünden ihn die Dornbüsche der Caatinga, die Echsen und Schlangen und die hungrigen Aasgeier. Doch dann fanden seine Worte Gehör, weitum, die Gläubigen strömten herbei, scharten sich um ihn, folgten ihm auf seinem Weg. Wenig oder nichts hatten sie zu verlieren, wenn sie

Axt und Platthacke hinwarfen und von den Fazendas flohen, um in den blauen Augen des Beato den Schimmer der Hoffnung zu sehen. Schauerliche Dinge prophezeite er, und doch fühlten sich die Sertanejos an seiner Seite, in der Wärme seiner Stimme, unter seinem schirmenden tagtäglichen Segen geborgen.

Als erste schloß sich ihm eine Witwe mit ihren fünf kleinen Kindern an, und noch am selben Tag folgten ihm einige Männer. Nimmermüd zog er dahin; nur an den Sonntagen legte er Rast ein, da veranstaltete er Prozessionen und streute sich die Asche der Lagerfeuer auf das weiße Haar. Er wanderte zum Meer, hin zu den großen Städten, wo die Züge fuhren und von wo aus die märchenhaften Schiffe in See stachen, deren Form, Größe und Farbe die Bewohner der Fazendas sich in den monotonen Nächten gern ausmalten.

Klein war die Schar zu Beginn. Aber wo sie vorbeikam, warfen die Menschen alles hin, zogen die Bastschuhe an, stülpten sich den Lederhut auf, schlossen sich dem Beato an, wollten noch und noch jene Worte wider die bösen Obersten, den Landraub und die Hungerlöhne hören. Nacht für Nacht predigte der Beato, auch die Männer öffneten ihm ihr Herz, sie erzählten ihm ihre leidvollen Geschichten, empfingen seinen Frieden spendenden Segen. Und sie scharten sich um ihn, besorgten Essen für ihn, zündeten am Sonntagabend die Holzfeuer an, schliefen an seiner Seite längs der Straßen oder auf offenem Feld. Und so zogen sie durch den Sertão, ein schwellender Strom. Der Beato forderte die Sertanejos auf, ihre Arbeit niederzulegen und Buße zu tun, und sie folgten seinen Worten. Aber auch Kranke mit allen möglichen Leiden kamen, Heilung erhoffend vom Segen, den der Beato austeilte.

Und von einem Ende des Sertão zum anderen, in diesem riesigen Land voll Elend und Reichtum, auf allen Wegen des Fiebers und des Hungers, gewann der Name Estêvão Klang. Von überallher strömten ihm die Pilger entgegen: Banditen und blinde Gitarrespieler, gedungene Mörder mit vielen Morden auf dem Gewissen, von ihrer Landparzelle verjagte Menschen, im Magazin verschuldete Knechte, Greise und Jugendliche, Frauen mit Kindern, ledige junge Mädchen, Lungenkranke und Malariageplagte, Lepröse und Irre. Alle kamen sie, fluteten über die Straßen herbei, stahlen sich ihr Essen zusammen, marschierten Tag und Nacht, auf der Suche nach dem »Heiligen«. Nur er vermochte zu heilen und zu trösten. Da zog er unaufhaltsam seinen Weg, mit großem Gefolge, betete, prophezeite und hatte doch für jeden ein persönliches Wort, für jede Geschichte wußte er eine Lösung, die wie Balsam besänftigte.

Sein Ruf eilte ihm voraus bis in die Städte, sein Name tauchte in den Zeitungen auf. Unruhe erfaßte die Obersten, weil die Arbeiter sich nicht mehr um die Ernte kümmerten und die Kolonen rebellierten. Die Priester erhoben sich gegen ihn, denn diese Sekte mit ihrem Aberglauben untergrub das Prestige der Kirche. Indes, der Beato ging seinen Weg ungerührt, er wußte noch nicht einmal, daß sein Name so sehr im Gespräch war. Die Vögel ließen sich auf seiner Schulter nieder, die Gitarrespieler sangen ihm zu Ehren, die Frauen küßten den Saum seines Hemdgewands, und die Schlangen ringelten sich in seinen mageren Händen, schmiegten sich an seine eingefallene Brust. All das geschah im Sertão, wo der Hunger Banditen und Heilige gebiert.

3

Jão ahnte nicht im mindesten, daß sein um ein Jahr jüngerer Bruder José bei der Bande des Lucas Arvoredo war und mit anderen Cangaceiros ganz nahe der Stelle Wache hielt, an der er selber mit einigen Gendarmen Posten schob. Er hatte die Familie und die Fazenda damals als erster verlassen, auf der Suche nach einer aussichtsreicheren Zukunft, zumal die kleine Parzelle, die der Vater bearbeitete, fremder Besitz war. Als sich José damals, in der Nacht nach dem Angriff auf die Fazenda, Lucas Arvoredo anschloß, diente Jão bereits als Polizeisoldat in einer fernen Stadt und erfuhr erst viel später, daß der Bruder das Elternhaus gleichfalls mit unbekanntem Ziel verlassen hatte. Nachdem einer von Dinahs raren Briefen ihm dies mitgeteilt, war er einige Tage lang wachen Auges durch die Straßen der Stadt gegangen, vielleicht daß er José zufällig begegnete, doch allmählich hatte er von der nutzlosen Suche abgelassen. Sicherlich arbeitete der Bruder auf irgendeiner Fazenda oder beim Bau des endlosen Schienenstrangs. Unzählige Bauern verließen das Land und wurden Straßenarbeiter – eine Plackerei, doch der Lohn war allemal höher als auf der Fazenda.

Später erfuhr er, daß auch Nenén fortgegangen war; der Jüngste und Gescheiteste, der sie bei den Spielen immer angeführt hatte. Zurückgeblieben war allein Agostinho, beinahe noch ein Kind, doch auch er – so überlegte Jão – würde, sobald er erwachsen war, fortgehen. Warum auch nicht? Die Parzelle ernährte ja kaum die Alten und die Schwestern.

Jão entsann sich seiner Flucht, seiner Reise in die Stadt, seines Staunens angesichts all der schönen Dinge – mit offenem Mund war er durch die Straßen gelaufen. Er erinnerte sich: Arbeiter, die dies alles bereits gesehen hatten, wußten zu Hause wahre Wunder zu erzählen, so daß Jão nachts davon träumte und die Lust an der schweren und aussichtslosen Feldarbeit verlor. Noch blieb er zwar und half dem Vater, ihm fehlte der Mut zu gehen. Neunzehn Jahre alt war er damals, ein kräftiger Mulatte, die Huren umwarben ihn, wenn er ins Dorf kam, sie schliefen mit ihm, auch wenn er die zwei Mil-réis nicht zahlen konnte. In dieser Zeit begann er ein Techtelmechtel mit der Tochter des alten Maneca, traf er sich mit ihr hinter dem Pferch. Da gab es dann den Ärger mit dem Vater, der ihn aus dem Hause trieb. Zuerst hatte er erwogen, das Mädchen zu entführen und Artur um eine Anstellung zu bitten oder auf eine andere Fazenda überzuwechseln. Doch die Verlockungen der Stadt mit ihren Lichtern, so wie er sie sich vorstellte, waren stärker gewesen als die Reize des jungen Mädchens. Und er war auf und davon, hatte hier und hatte dort gearbeitet, um die Zugfahrt bezahlen zu können. Nachts marschierte er, am Morgen machte er halt auf einer Fazenda, bat er um Arbeit. Für mehr als einen Monat verdingte er sich beim Straßenbau, das war Knochenarbeit, die einen fast kaputt machte. Er brachte ein bißchen Geld zusammen, und weiter ging es. Schon hingen die Bastschuhe in Fetzen, lief er barfuß, zerschrammte er sich die Sohlen.

Endlich aber war die Stadt erreicht, und er fand, das Opfer habe sich gelohnt. Am meisten faszinierte ihn das Meer. Es wechselte die Farbe, war mal grün, mal blau, war schaumweiß am sandigen Ufersaum. Etwas so Schönes hatte er noch nie gesehen, er ließ sich auf einer Bank nieder und schaute, schaute. Die riesigen Schiffe ankerten am Kai, sie glichen gewaltigen Tieren, die Masten waren Bäume ohne Zweige und Blätter, und als eine Sirene heulte, erschrak er. Aber dann lächelte er, und innerlich erregt sah er das Schiff ablegen, sah er Leute winken und andere Leute zurückwinken und Tränen vergießen. Er sah das Schiff ins grenzenlose Wasser hinausstreben und seine Geschwindigkeit vermehren. Alles dünkte ihm in Hast. Als das Schiff bereits ein ferner Punkt auf dem Meer war, hatte Jão immer noch das Bild des am Kai ruhenden, qualmenden Kolosses vor Augen.

Hier gab es keine Dämmerung. Auf der Pflanzung war sie lang und traurig, der Abend zog sich hin, die Nacht wollte nicht kommen, da gab es eine anhaltende Phase zwischen der Helle des Tages und den ersten Schatten der Nacht. Doch hier fehlte die Dämmerung. Kaum tauchte die Sonne unter, glühte rot über dem Meereshorizont, gingen auch schon die elektrischen Lichter an, und die Nacht war da, gleichsam als zauberten die Lampen sie noch eiliger herbei, als verschmelze sie mit den Resten der Helligkeit. Es fehlte jene geheimnisvolle Stunde, in der für einen Augenblick alles zur Ruhe kommt und man spürt, daß ein weiterer Tag verstrichen ist. Schon weil in der Stadt nichts zu Ende ging, war die Dämmerung keine Scheide zwischen gewissen Beschäftigungen, das Leben ging unverändert weiter, der Trubel wurde noch größer.

Jão hatte kein Bett für die Nacht, hatte kein Gepäck, hatte ganze zwölf Mil-réis in der Tasche. Er spürte Hunger und verließ den Kai. Er schlenderte durch die belebteste Straße. Hier flanierten gut gekleidete Männer und schöne Frauen. Ängstlich ging er dahin, blieb vor den Auslagen stehen, den Lederhut in der Hand. Er hatte gemerkt, daß die Leute über ihn lachten. Er wagte sich in kein Restaurant und gewann das Selbstvertrauen erst in den Vorstadtstraßen wieder, die denen des heimatlichen Dorffleckens ähnelten. Hier sah er die gleichen Huren, Negerinnen und Mulattinnen, und an der Aussprache erkannte er manch eine aus dem Sertão. Er fand eine Pension, in der das Essen zehn Tóstões und die Übernachtung drei Mil-réis kostete. Noch am selben Abend machte er in einer Kneipe die erste Bekanntschaft. Ein Bäckergeselle, wie er aus dem Sertão, hörte sich seine Geschichte an. Man trank Cachaça, der Mann versprach, ihm eine Arbeit zu besorgen. Sie verabredeten sich für den folgenden Tag, und Jão kam im Hause eines Schankwirts unter. Er machte Botengänge, hielt den Garten sauber, bohnerte das Haus so blitzblank, daß es eine reine Freude war. Bald kannte er sich in der Stadt gut aus, pflegte Bekanntschaften, hatte Umgang mit Polizeisoldaten, die abends in die Vorstadt kamen, um einen zu trinken, Rabatz zu machen, Frauen zu finden. Unter ihnen fand er alte Bekannte wieder, Nachbarn von der Fazenda daheim – junge Männer, die sich noch vor ihm davongemacht hatten. Sie fragten, wie es ihm ginge, stellten ihn dem Sergeanten vor. Jão ließ sich anmustern, machte die Grundausbildung, sie lehrten ihn auch ordentlich lesen und schreiben, und da erst setzte er einen Brief an die Familie auf, unterrichtete sie über seinen Verbleib.

Als er sich in Uniform sah, fühlte er sich wie neugeboren. Zwar zeigte er sich noch schüchtern, der Soldatenjargon war ihm nicht geläufig, er hatte noch nicht die Übung, den jungen Mädchen hinterherzurufen, sich auf die fahrende Straßenbahn zu schwingen und in voller Fahrt wieder abzuspringen. Doch die Uniform erfüllte ihn mit Stolz, bald legte er sich eine Liebste zu, die ihm Geld zusteckte, und er lernte alles, was die Soldaten ihm nur beibringen konnten. Allmählich fühlte er sich heimisch in der Stadt, der Sertão rückte in immer weitere Ferne. Nach wie vor lauschte er gern den Gitarreklängen und den Blinden, wenn sie irgendeine Weise aus dem Sertão sangen. Dann hatte er die heimatliche Fazenda vor Augen: die alten Eltern beim harten Tagwerk, die wirres Zeug redende Tante Zefa, Marta, die über die Freifläche lief, seine verheiratete Schwester, die mit ihrem Ehemann fortzog. Heimweh packte ihn da jedesmal, an solchen Abenden trank er übers Maß, schlug er auf die Dirnen ein, suchte er mit anderen Soldaten das Bordell auf, verjagten sie die Zivilisten mit Schüssen.

Er versah auch in anderen Städten Dienst, konnte aber immer wieder zurückkehren, stets fand er einen Dreh oder sicherte sich die Protektion eines Leutnants. Es war vor allem das Meer, das ihn anzog, es waren die einlaufenden und ausfahrenden Schiffe, der Anblick des grenzenlosen Wassers mit seinem Farbenspiel.

Er hatte im Arrest gesessen und hatte einem Hauptmann als Adjutant gedient. Das war ein geruhsames Leben, das Regimentshorn galt nicht für ihn. Dem Hauptmann hatte er die Stiefel zu wichsen, seine Gattin schickte ihn Einkäufe tätigen auf dem Markt, und die schöne sechzehnjährige Tochter bat ihn, ihrem Liebsten, einem Jurastudenten, der in Zeitungen Verse veröffentlichte, Briefchen zu bringen.

So gingen die Jahre dahin, er wollte die Prüfung zum Zugführer machen, verschob es aber, das Lernen behagte ihm nicht, schön war's auch so, als einfacher Soldat. Er hatte Vergünstigungen, Straßenbahn war für ihn kostenlos, und die Uniform flößte Respekt ein. Hin und wieder rauften sie mit Armeesoldaten, es gab Schießereien im Nuttenviertel, mit Verletzten und zuweilen einem Toten, was jedesmal Aufsehen erregte. Sie rotteten sich zusammen, heckten Pläne aus, die Stadt erlebte Stunden voller Aufregung. Doch die Vorgesetzten trafen Maßnahmen, sie strichen den Urlaub, und zum Zapfenstreich hatte alles in der Kaserne zu sein. Dann vergaß man die Händel, arrangierte sich wieder mit den Armeesoldaten.

Schließlich überraschte ihn der Befehl, mit der Kompanie zur Vernichtung Estêvãos auszurücken. Der Name des Beato war ihm nicht fremd, seit Monaten kannte man ihn in der Kaserne, aus Zeitungsmeldungen und aus den Berichten jüngst eingetroffener Sertanejos. Für Jão war Estêvão ein »Heiliger«, Befehle aber stellt man nicht in Frage.

4

Es war ein Wiedersehen mit der wilden Caatinga, mit den Bildern seiner Kindheit und Jugend. Bald hatte er das Käppi durch den ledernen Viehtreiberhut ersetzt. Hier wußte er sich besser zu bewegen als in der Stadt. Anstelle der Stiefel trug er Bastschuhe, der Leutnant bat ihn wegen der Caatingapfade zuweilen um seine Meinung. Er lachte über die Städter, die nicht wußten, wie sie sich zwischen den Dornen bewegen sollten und die den ganzen Tag maulten und fluchten. Für ihn aber war es, als wäre er heimgekehrt. Nur daß er jetzt Gewehr, Bajonett und Tornister trug und seine Waffen gegen die Sertanejos des Beato richtete.

Dies war es, worüber er nachsann, wenn sich die Dämmerung feierlich und stimmungsvoll über die Caatinga senkte. Hier, o ja, dauerte es lange, bis die Dunkelheit kam. Elektrisches Licht hätte nichts bewirkt, ganz allmählich tauchten die Sterne am wolkenlosen Himmel auf. In seinen Augen war der Beato ein Gesandter Gottes, der niemandem etwas zuleide tat. Der Leutnant spottete über die Prophezeiungen, daß die Welt unterginge und die Menschen beten und sich Asche aufs Haupt streuen sollten. Jão lachte nicht, dünn war die Schale der Kenntnisse und Laster, mit denen die Stadt ihn umhüllt hatte, hier in der Caatinga, zur Stunde der Abenddämmerung, beim unheilverheißenden Schrei der Eulen, barst sie.

Nicht nur Jão, auch viele andere Gefährten aus dem Sertão legten ihr soldatisches Aussehen immer mehr ab, glichen zunehmend wieder den Arbeitern der Fazenda und den Bauern der Caatinga. Die ledernen Westen ersetzten die Uniform, vergessen waren die Redensarten der Kaserne und der Straße, die anderwärts gesprochene neue Sprache; nun war es wieder die schwerfällige, karge Sprache der Sertanejos. Der Sertão gewann seine Kinder zurück. Warum den Beato verfolgen?, überlegten sie. Das sei doch Sünde.

Über all dies dachte Jão nach, während er Wache stand, ohne im mindesten zu ahnen, daß sein Bruder José sich auf der anderen Seite befand, an der Spitze einer kleinen Abteilung von Jagunços, und die Bewegungen der Polizeisoldaten verfolgte. Der Sertãohimmel war übersät von Sternen, die Jão wiedererkannte. Am Himmel der Stadt strahlten sie weniger hell, die elektrischen Lampen ließen alles andere matt erscheinen, ein solcher Himmel erregte geringe Aufmerksamkeit. Jão schaute zu den Sternen auf, der Geruch nach Erde, vom Nachtwind herbeigetragen, stieg ihm in die Nase, er dachte an sein Zuhause auf der Fazenda, mit dem Pferch und mit dem Maisfeld im Hintergrund. Wo mochten die Eltern jetzt sein? Vor seinem Aufbruch hatte ihm Dinahs Brief die bevorstehende Reise nach São Paulo gemeldet. Über zwanzig Jahre hatte sein Vater jenes Feldstück bearbeitet, hatte seinen Schweiß vergossen, hatte sein Leben da verausgabt. Nichts dergleichen zählte, recht hatte der Beato, eine Sünde war's, daß sie hier den Kreis um Estêvão und seine Pilgerschar immer enger zogen. Und nun war alles zum Endangriff vorbereitet, der Hauptmann wollte nach Lucas Arvoredos Erscheinen nicht mehr nur zuschauen. Es galt, die Leute des

Beato gänzlich einzukreisen und sie dann ein für allemal zu vernichten. Und ebenso dessen eilig herbeigerufene Verstärkung.

Ein Sergeant verkündete einem Trupp Soldaten, in dem sich auch Jão befand, der Hauptmann und die Leutnants hätten Kriegsrat abgehalten und den Angriff beschlossen. Ursprünglich wollten sie den Beato aushungern. Da der Ring noch nicht dicht war, konnten sich die Pilger nachts in den Magazinen Nahrung besorgen oder auf den Feldern der Fazendas stehlen. Die Polizei wollte den Ring fest schließen, damit keiner mehr hinausgelangte, und dann einfach darauf warten, daß sich der Beato ergab. Ihn und die Rührigsten seiner Bande wollten sie einsperren und den großen Haufen auf die Fazendas verteilen, als Arbeitskräfte. Sie wußten, daß ein solches Überangebot die Löhne drückte, doch das scherte sie wenig. In den Augen des Hauptmanns waren es Spitzbuben, denen der Beato mit seinen Reden nur als Vorwand diente, nicht zu arbeiten. Hätte ihm jemand von Hunger geredet, von geraubtem Land, von Krankheiten und fehlender Medizin und von sonstigem Unglück des Sertão, er hätte ihm ins Gesicht gelacht. Für ihn rührte das alles von der Faulheit her.

Nach Lucas Arvoredos Auftauchen hatte er sich zur Änderung der Taktik entschlossen. Nun war's nicht mehr nur ein Faulenzerpack, sondern eine schreckliche Horde von Banditen, und da halfen nur Kugeln. Auf den zaghaften Einwand eines Leutnants hatte der Hauptmann scharf reagiert: »Wozu hat der Beato diesen Lucas Arvoredo herbestellt, wenn nicht um meine Leute bluten zu lassen?« Der Leutnant hätte erwidern können, daß sich der Beato lediglich verteidigte, da die Polizeipatrouillen jeden Nahrung suchenden Pilger gnadenlos abknallten. Doch er sagte nichts, sondern hörte sich schweigend den Rest des Plans an.

Jão meinte zu begreifen, was in diesem Hauptmann vorging, der die Funktion eines Obersten versah. Wenn er den Beato fing und die Sertanejos zerstreute, würde das zweifellos sein Echo haben. Brachte er hingegen Lucas Arvoredo zur Strecke, einen Banditen, der zwölf Jahre lang unangefochten im Sertão gewütet hatte, dann wäre sein Ruhm perfekt, würde sein Name im ganzen Land bekannt. Jão, in seinen melancholischen Gedanken, verurteilte den Hauptmann nicht, er an dessen Stelle würde genauso handeln, doch war er eben nicht Hauptmann in der Funktion eines Obersten, sondern nur einfacher Soldat, und noch weniger: Hier fühlte er sich schlicht als Bauer, leichtgläubig und einfältig, im Grunde seines Herzens solidarisch mit dem Beato Estêvão, dessen drohenden Worten er Glauben schenkte. Er fürchtete Lucas, jawohl, haßte ihn aber nicht, denn Lucas war einer der Seinen, war aus dem gleichen Schmerz und gleichen Unglück geboren wie die Sertanejos. Und wenn Lucas raubte und vergewaltigte und tötete, so weil sie seinen Vater getötet hatten, um ihm sein Land zu rauben. Weil Lucas Manns genug war, hatte er sich gerächt und war Bandit geworden. Jão hätte es vielleicht genauso gemacht, wenn er daheim gewesen wäre, als sie den alten Jerônimo von seinem Land vertrieben, ihn hinausstießen auf die Straße nach São Paulo. Dinah berichtete in ihrem Brief, Gregório habe auf Artur, den Verwalter, geschossen. Vielleicht gehörte Gregório jetzt der Bande des Lucas an, war einer von diesen Cangaceiros, die am Abend ins Lager gekommen waren und mit ihren Gesängen die Prozession unterbrochen hatten.

Allerdings wußte Jão nicht, daß sein Bruder der berüchtigte Zé Trevoada war, Lucas Arvoredos rechte Hand, und daß er sich unmittelbar vor ihm befand, bestenfalls fünfhundert Schritte entfernt, und die Bewegungen seiner Patrouille beobachtete, bereit, sich ihr in den Weg zu stellen, falls sie sich weiter vorwagte. Andererseits hätte es Jão nicht überrascht, zu erfahren, daß sein Bruder hier war, und er hätte ihn weder bedauert noch angeklagt.

5

Der Beato war durch den Sertão gezogen und durch die Caatinga, hatte in der Nähe der Ortschaften kampiert. Seine Gefolgschaft war unaufhaltsam gewachsen, sie waren ihrer zehn, zwanzig, dann ihrer hundert, von allen Seiten strömten Männer und Frauen herbei. Sie fanden sich in seinem Zeltlager ein, sanken da vor ihm nieder, berichteten von ihren Nöten und Leiden, erzählten ihre Geschichte, baten um den Segen und um Rat, blieben bei ihm, zogen am nächsten Tag mit ihm weiter. Andere paßten ihn unterwegs ab, wenn er an der Spitze des Zuges daherkam, gestützt auf seinen gewundenen Wanderstab, Sätze murmelnd, die Augen auf den fernen Horizont gerichtet. Sie wußten, daß er sich ihrer auf der Strecke nicht annehmen würde. Also schlossen sie sich der Schar an, befolgten sie, wenn Halt eingelegt wurde, das Ritual. Niemand machte abfällige Bemerkungen, man gab ihnen Speise und Trank, keiner erkundigte sich nach ihrem Woher und ihrem Namen. Am Abend würden sie dem Beato den Saum des Gewandes küssen und seinen Schutz erbitten. Dann verließen sie ihn nicht mehr, sie waren gefangen von seinen blauen Augen, seiner sanften, warmen Stimme, seinen balsamischen Worten.

Wie viele es waren, die in der Gegend von Juàzeiro auftauchten, vermochte niemand genau zu sagen. Vielleicht zweihundert, vielleicht dreihundert mit den Männern von Lucas. Diese und jene Zeitung sprach von über fünfhundert, andererseits gab es Gewährsleute, die bestritten, daß die Zahl jemals hundertfünfzig erreicht habe. Ein schmutziger Haufen von Kranken und Unglücksmenschen. Männer, Frauen und Kinder, hellhäutige Mischlinge, Mulatten und Neger.

Sie stahlen, o ja. Wer noch über Geld verfügte, kaufte sich Essen, sofern möglich. Ging das Geld aber zu Ende, blieb nichts weiter übrig, als die Magazine auf den Fazendas zu überfallen, schon da das Jagen in der Caatinga schwierig war und wenig einbrachte. Sie stahlen Hühner, Ziegen und Schweine, Dörrfleisch, Säcke mit Bohnen. Wo sie vorbeikamen, wurde geplündert, sie holten sich Maniok, Bataten, Yamswurzeln und reifende Maiskolben von den Feldern, doch war es nur Mundraub, der Beato verbot ihnen, mehr als das unmittelbar Notwendige zu nehmen. Dies war für Estêvão kein Diebstahl. Die Früchte der Natur seien für alle da, sagte er, Gott ließe sie für die Armen wachsen, alle hätten ein Recht darauf. Doch er verwehrte ihnen, sich sonst etwas anzueignen, einen Teller oder ein Trinkglas, ein Wams oder ein Nickelstück. »Einem etwas wegnehmen ist Sünde«, betonte er. Nicht aber im Falle der Nahrung – die Tiere liefen frei herum, und die Pflanzen, vom Erdsaft getränkt, wuchsen von selbst. Die Erde war die reiche, gute Mutter. Daher das Recht. Für den Beato hatten Besitzeinfriedungen keine Gültigkeit, er scherte sich nicht um verbriefte Eigentumsrechte. »Das ist nur

Einbildung und Vermessenheit der Reichen«, wiederholte er. Die Welt würde untergehen, Gott war es leid, sich von seinem Wolkenthron aus die ganze menschliche Verworfenheit weiter anzusehen. Und wenn das Ende nahe war, was scherten einen da noch Zäune und Eigentumstitel, keinem mehr stünde etwas persönlich zu, außer den Bösen das Höllenfeuer. Jenen Armen hingegen, die Sense und Axt beiseite gelegt hatten und gekommen waren, um Buße zu tun, ihnen würden die Wonnen des Himmels zuteil.

Er duldete keinerlei Handgreiflichkeiten; erfuhr er, daß einer der Pilger einen Ladenangestellten niedergestochen hatte, weil der ihm keine Streichhölzer hatte verkaufen wollen, dann schickte er ihn fort, wollte ihn nicht mehr bei sich wissen. Er war nicht hart, verwehrte ihm nicht den Segen, verstieß ihn aber, weil er nach Antreten der Buße Menschenblut vergossen hatte, was Sünde war und dem Gesetz des Beato zuwider.

Was sie vorher getan, das scherte ihn nicht. Es kamen berüchtigte Mörder, gedungene Werkzeuge von Obersten, die für zehn Mil-réis und eine Flasche Schnaps getötet hatten. Sie erzählten dem Beato ihre Untaten – haarsträubende Morde und sinnlose Schurkereien –, er verbot ihnen lediglich, weiter zu töten, und erteilte ihnen seinen Segen.

Selbst Cirilo, der aus unbegründeter Eifersucht seine Frau und seine beiden Kinder umgebracht hatte, in den Busch geflohen war, dort wie ein Tier gehaust, später dem Obersten Bragança als Jagunço gedient hatte, ein Mann von üblem Ruf, mit vielen Morden auf dem Gewissen, ein Name, dessen Erwähnung Kindern und Frauen Furcht einjagte, selbst er bekam den Segen des Beato.

Er fand sich eines Nachmittags ein, alle erkannten ihn sogleich, doch keiner sagte etwas, sie ließen ihn mitten unter sich laufen. Cirilo war bewaffnet, er trug einen Dolch und sein Repetiergewehr, jenen Dolch und jenes Gewehr, die soviel Unheil angerichtet hatten. Als sie am Abend ihr Lager aufschlugen, brachten ihm die Frauen Essen, wie jedem Neuankömmling. Er saß schweigend da, mit abgewandtem Blick, schloß sich der Prozession um die Lagerfeuer an, versuchte die Gebete mitzusprechen, lauschte der abschließenden Predigt des Beato.

Alsdann kam der Augenblick, da die Neuen sich vorstellten,

Estêvão den Saum küßten und ihm ihr Anliegen vorbrachten. Cirilo war nicht der erste, doch als er niederkniete, sperrten die Umstehenden Augen und Ohren auf.

»Mein Vater, Sie sind ein Heiliger«, sprach Cirilo, »erbarmen Sie sich dieses sündigen Negers, legen Sie die Hand auf sein Haupt, befreien Sie ihn von dem Bösen. Verzeihen Sie mir, mein Vater, meine Knochen sind es müde, soviel Sünde zu tragen, soviel Unglück mit mir zu schleppen! Ich halte diese Last nicht mehr aus, wenn Sie mich nicht bald von ihr befreien, werde ich büßend sterben, ohne Aussicht auf Erlösung.«

Estêvãos blaue Augen ruhten auf dem Krauskopf des vor ihm knieenden Negers. Er legte ihm die Hand auf die Schulter, der Neger hob den Blick. Und in Estêvãos Augen war soviel Mitleid und Güte, daß Cirilo die Kraft hatte, sein Herz zu öffnen und seine ganze Bosheit herauszureißen, alle Gewissensqual, so wie einer sich einen Dorn herauszieht und mit ihm den Schmerz, den dieser verursacht.

»Mein Vater, Sie sollen wissen, ich habe viele Menschen getötet, die dem Neger Cirilo nichts zuleide getan hatten ... Ich tötete für Geld, im Auftrag des Obersten ... Ich tötete, um zu rauben, ich tötete ohne Verstand, ich tötete um des Tötens willen ... Ich bin ein böser Neger, mein Vater, so böse wie kein zweiter ...«

Und auch das mit der Frau erzählte er: »Ich tötete sie ganz ohne Grund. Sie war treu, sie schaute nach keinem anderen Mann ... Ich tötete sie einfach aus Angst, sie könnte es eines Tages doch tun, sie würde dem bösen Neger den Laufpaß geben und mit einem anderen fortgehen. Mein Vater, ich habe sie getötet, weil ich sie töten mußte. Und ich tötete die Kinder, weil ich dachte, daß sie möglicherweise von einem anderen waren, jawohl, von einem anderen, denn ich war ein böser Mensch, sie aber war so gut, daß sie es mit mir aushielt, ohne mich zu betrügen ... All das redete ich mir ein, sie aber war treu, ein treueres Weib gab es nicht. Ich tötete aus Verworfenheit, weil ich sie über alle Maßen liebte, ich sah sie lachen, mit blitzenden Zähnen, mit feinem Mund, und auch die Augen lachten, und ich sah sie einem anderen zulachen, mit Mund und Augen begierig auf einen anderen aus. Und damit sie es eines Tages nicht wirklich täte, brachte ich sie um. Und daß ich sie getötet hatte, versetzte mich in solche Wut, daß ich sie ganz zerstückelte, damit ich nicht mehr mit ansehen mußte, wie ihre Augen lachten, ihre Lippen lachten . . .«

Er schluchzte laut, und alle waren gespannt, was der Beato dazu sagen würde. Wieder senkte Cirilo den Blick und fuhr fort: »Die Last des Verbrechens drückt mich nieder, ich halte es nicht mehr aus, befreien Sie mich von ihr, mein Vater!«

»Du hast für das Getane schon gebüßt, und du wirst keine Schändlichkeiten mehr begehen, du bist jetzt rein wie ein Vögelchen . . .«

Der Beato hob die Hand und segnete den Neger . . . Cirilo kroch davon, aller Schmerzen frei, überglücklich. Und er schloß sich der Pilgerschar an, folgte den Schritten des Beato wie ein Sklave seinem Herrn.

6

Aufsehen hatte es auch bei Zefas Erscheinen gegeben. Abend war's, die Sertanejos standen schweigend um Estêvão geschart, gerade begann die Prozession, da reihte sich Zefa, deren Kommen zunächst kaum jemand bemerkt hatte, unter die betend dahinschreitenden Frauen ein.

Während der Ansprache des Beato stand sie angespannt lauschend in der vordersten Reihe, gliederzuckend, mit den Armen wirbelnd, sich windend; dabei lachte und gluckste sie. Den Leuten neben ihr fiel die Erregtheit dieser Neuen auf, die sicherlich am Nachmittag eingetroffen war. Der Beato sprach, und er schien niemanden da vor sich zu sehen, die Flammen des offenen Feuers hüllten ihn in eine rote Aureole. Zefa schien es, als schwebte er in einer vom Himmel herabgesunkenen Feuerwolke. Sie erkannte ihn wieder, in ihren Halluzinationen zur Dämmerstunde hatte sie ihn oft gesehen. Nun fühlte sie sich befreit, alles Vergangene war aus ihrer Erinnerung geschwunden, sie vermeinte, seit jeher an der Seite von Estêvão gelebt zu haben. Als der Beato endete und segnend die Hand hob, sprang sie vor, drehte sich den Leuten zu, mit wehendem Haar, rauchumwallt, und mit Schaum vor dem Mund rief sie: »Gott hat ihn gesandt, auf einer Feuerwolke. Verdammt sei, wer ihm nicht folgt!

Er ist Gottes Heiliger, er ist Gottes Mund, er ist Gottes Ohr. Wer ihm nicht Folge leistet, ist verloren, der wird verfaulen, und seine Seele bleibt im Körper, bleibt gefangen in der Erde. Er ist Gottes Ohr, er lauscht in die Menschen hinein, hört sogar die Kinder im Bauch der Mutter ... Er ist Gottes Fuß, der durch die Welt schreitet, er ist die Hand Gottes, die alle Sünden von uns nimmt. Wer ihm nicht folgt, über den kommt das Unglück ...«

Sie kniete sich vor den Beato hin, küßte ihm den Rocksaum, dann erhob sie sich und stellte sich an seine Seite. Die Sertanejos schauten verdutzt, doch dann begriffen sie, daß diese Frau aus anderem Holz war, ihnen überlegen war; sie stand Estêvão näher als irgendeiner von ihnen, näher noch als Cirilo, der dem Beato nicht von der Seite wich, zu seinen Füßen schlief, mit dem Dolch auf der Brust. Estêvão legte Zefa die Hand auf das wirre Haar und sprach: »Du trägst keine Sünde, du tust Buße für die anderen, du bist eine Heilige, dich müssen alle respektieren ... Auf dich habe ich gewartet, du wirst uns das Wasser segnen, das wir trinken, und die Speisen, die wir essen. Wie heißt du?«

Unter Anstrengung erinnerte sie sich ihres Namens. »Zefa«, sagte sie.

»Sie kennt die Wahrheiten, sie steht in Gottes Gnade«, sprach Estêvão zu den Versammelten.

Da griff Zefa in die noch helle Glut des Feuers und streute sich eine Handvoll Asche auf den Kopf. Sie kauerte sich neben den Beato hin, die Frauen kamen und verneigten sich vor ihr, und sie gab ihnen den Segen. Nun waren es zwei »Heilige«.

7

Die Nacht zog sich hin; es gab Länder, so hieß es, in denen herrschte solche Kälte, daß das Wasser zu Eis gefror. Wache stehen zu müssen mochte dort eine Qual sein. Jão ging auf und ab, er starrte ins Dunkel und belauerte die Schatten im Lager des Beato. Es herrschte Stille, in dieser Nacht würde die Polizei den Ring schließen, würde alle Durchgänge abschneiden, keiner mehr könne hinaus und Proviant besorgen. Lucas Arvoredo war im letzten Augenblick gekommen. Vierundzwanzig Stunden später, und er hätte nicht mehr passieren, hätte mit seinen Cangaceiros nicht mehr zu den Pilgern des Beato durchstoßen können. Die Gendarmen wollten weiter vorrücken und in den nächsten Tagen die Brunnenlöcher besetzen, dann würde denen im Lager das Wasser ausgehen. Es käme der Augenblick der Erstürmung, der Hauptmann würde befördert, statt kommissarischer Oberst wäre er dann Major, aber ein richtiger, mit Belobigung im Tagesbefehl.

Wie erging es einem Posten in Ländern, wo in der Winterszeit das Wasser zu Eis wurde? Die Umhänge hielten sicherlich gut warm, vielleicht zündeten die Soldaten Holzhaufen an, aber konnte das Feuer über dem Eis brennen? Es hieß, die Erde bedecke sich dort in Gänze mit gefrorenem Niederschlag, den sie Schnee nannten. Jão hatte einmal auf einem farbigen Kalenderblatt eine wundervolle Schneelandschaft gesehen, die weißer war als Baumwolle. In der Caatinga herrschte keine Kälte, andernfalls wären die Sertanejos alle erfroren, denn sie gingen zerlumpt, in Schuhen aus blauem Tuch, in Hemden aus grobem Leinen. In der Caatinga regierte die Hitze, nachts wehte eine Brise, in guten Wintern fiel Regen, ansonsten nicht ein Tropfen, sondern Tag für Tag glutheiße Sonne. So glühend wie die noch leuchtenden Feuer drüben im Lager des Beato. Dort an den Brandstellen wurde gebetet, streuten sich die Leute Asche aufs Haupt. Genau einundzwanzig Feuer waren es, und immer am gleichen Fleck; das habe etwas mit dem Zauber des Beato zu tun, meinten welche, im Ernstfall würden sich die Pilger in deren Kreis zusammenscharen, und keinem Gendarmen und keiner Kugel gelänge es, diesen Zauberkreis zu durchbrechen, nie mehr könnten sie den Beato von hier vertreiben. So hieß es, und Jão glaubte es. Der Beato gebot über Kräfte, die einem einfachen Soldaten unvorstellbar waren, denn hatte es das je gegeben, daß einer mit einer Schlange auf der Brust umherging? Die Schlange war ein verräterisch böses Tier. Und für Jão waren die Schlangen stets Feinde gewesen, im Busch hatte er sich von Kind an umsichtig bewegt, hatte er auf das geringste Knacken geachtet. In der Stille der Caatinga wußte er alle Schlangenarten an deren Geräuschen zu erkennen, er unterschied die Jararaca, die Surucucu, die Klapperschlange, die Pico-de-Jaca. Und erbarmungslos, wo auch immer, zerquetschte er ihnen den giftigen Schädel, zerschmetterte er ihnen das gelenkige Rückgrat.

Der Beato aber trieb sein Spiel mit den Schlangen, behandelte sie so liebevoll wie die schönen Vögel, die sich auf seine Schulter niederließen und ihn ins Ohr zwickten. Oft trug er tagelang eine Schlange auf der Brust, zwischen den Haaren da gleichsam in einem Nest, und die Schlange schlief wie ein unschuldiges Tier. Jão kannte niemanden sonst, der solches fertigbrachte, wundern würde es ihn nicht, wenn es den Gendarmen nicht gelang, den Kreis der Feuer zu durchbrechen, und wenn die Kugeln sich gegen die Gendarmen kehrten. Es passierten ja die unwahrscheinlichsten Dinge. Da gab es zum Beispiel Länder, in denen im Winter alles gefror. Wäre ihm das Kalenderblatt nicht vor Augen gekommen, er hätte diese schauerliche Sache nicht geglaubt.

Er schritt auf und ab. Und wenn der Beato ringsum alles zu Eis gefrieren ließ? Meile um Meile im Umkreis alles Eis, und der Frost würde die Soldaten, die Leutnants und den Hauptmann töten. Schon beim Gedanken daran spürte er jähe Kälte. Oder war's ein Malariaanfall? Diese Wasser da, in der Nähe des São Francisco, sie verseuchten alles. Doch die Hitze der abendlichen Caatinga siegte. Nirgendwo Schnee, mit dem Feuer wußte der Beato besser umzugehen, jenen Kreis würden sie nicht durchbrechen können. Und die Kugeln würden sich gegen die Brust der Gendarmen wenden, eine jede gegen den, der sie abgeschossen hatte. Jão war überzeugt, daß sie den Beato nicht töten könnten. Wehe dem, der die Waffe gegen ihn erhob ... Wo hatte es das je gegeben, daß man auf einen »Heiligen« schoß, auf einen Propheten, auf einen Verkünder von Gottes Wort?

Den Hauptmann scherte das alles nicht, er würde den Befehl geben zu schießen. Jão wünschte sehnlichst, daß nicht er auf den Beato zielen müßte, sein Gewehr nicht auf den Beato schießen würde. Da schon lieber im offenen Kampf sterben, einem von Lucas' Banditen unterliegen, oder auf Posten abgeknallt werden von einem der Cangaceiros, die da drüben ebenfalls Wache hielten. Vielleicht war Gregório, der auf Artur geschossen hatte, bei ihnen. Unter seiner Kugel zu sterben würde Jão nicht mit Haß erfüllen, denn wozu war Gregório Cangaceiro geworden, wenn nicht, um Gendarmen zur Strecke zu bringen, und wozu war die Polizei da, wenn nicht, um in der Caatinga Jagunços zu jagen? Krieg ohne Ende, und ohne Sinn. Ohne Sinn, weil sie einander so ähnlich waren, Polizisten und Cangaceiros, im Grunde waren sie einander gleich, sogar in ihrer jetzigen Uniform: Lederwams und Bastschuhe, denn andere Kleidung und andere Schuhe taugten nicht für die Caatinga. Keinen Unterschied gab es, aber so war nun mal die Welt, voll unerklärlicher Dinge. Die einen waren reich, besaßen eine riesige Fazenda, eine Villa in der Stadt, Auto und Dienstgesinde, und auf der anderen Seite waren die so schrecklich Armen, die nichts hatten, nur Krankheiten. Jão suchte nicht nach einer Erklärung. Nur eines wußte er: daß die Nacht ermüdend lang war und daß es Sünde war, auf den Beato zu schießen. Dann schon eher mit einer Kugel in der Brust selber sterben.

8

Der Beato war über ein Jahr durch den Sertão gezogen, und als er in die Nähe von Juàzeiro gelangte, war sein Gefolge auf mehrere hundert Menschen angewachsen. Seine Wunder erregten überall in der Caatinga Aufsehen, mehr aber noch seine Worte, in denen sich Verzweiflung und Hoffnung mischten — Worte, die das Ende der Welt ankündigten, mit all seinem Unglück, und zugleich das Leben im Himmel verhießen, mit all seinen Schönheiten. Seine Predigten lockten die allen Daseins müden Bauern herbei. Und sie kamen eher, um zu lauschen, denn um zu bitten. Sie wollten von den Dingen hören, die da geschehen würden und die der Beato im Anschluß an die allabendliche Prozession verkündete. Und wer es schon mehr als hundertmal gehört hatte, spürte dennoch ein nicht minder starkes Gefühl von Angst und Freude, von Erschrecken und innerem Ergötzen. Nichts würde stehen bleiben, nicht die Lehmhütten, in denen sie wohnten, nicht die Herrenhäuser mit ihren Sälen, Zimmern, Gebetskapellen und riesigen Küchen, nicht die Ackerparzellen der kleinen Bauern, nicht die sich über Meilen hinziehenden Plantagen der Obersten. In jener letzten Stunde würden sie alle gleich sein, nackt würden sie hinüberwechseln, nichts könnten sie mitnehmen von dieser Erde, niemand mehr könnte Arme und Reiche unterscheiden, denn jählings gäbe es Krankheit und Auszehrung nicht mehr. Auf der Erde wäre das ewige Schweigen, und jenseits der Erde nur Himmel und Hölle.

Der Herrgott hatte den Beato gesandt, damit er dies verkündete und die Menschen zur Einkehr rief. Das war seine Mission, und die Sertanejos streuten sich Asche aufs Haupt, sie beteten, folgten seinen Schritten. Sie stahlen auf den Fazendas, es gab Zusammenstöße mit Polizeitrupps, die Lucas Arvoredo hinterher waren. Nun aber war Lucas zum Beato gestoßen, hatte mit ihm gesprochen, hatte seinen Segen empfangen. Und alle waren Zeuge gewesen, daß der Beato Lucas keineswegs gebot, sein bisheriges Leben als Caatingabandit aufzugeben. Er hatte ihn ziehen lassen, hatte ihn nicht aufgefordert, das Verwunden und Morden zu unterlassen. Vorerst begriffen sie nicht, wieso. Erst viel später, als sie schon fast gänzlich eingekreist waren, erkannten sie den Grund: Der Beato hatte die Dinge vorausgesehen. Nun kehrte Lucas zurück, er durfte verwunden und töten, er würde sie vor den Gendarmen schützen. Vielleicht daß der Beato ihm später, wenn seine Schüsse die Gendarmen zum Abziehen nötigten, befahl, Gewehr und Dolch aus der Hand zu legen und sich Asche auf das Haupt zu streuen. Der Beato war imstande, die Zukunft vorauszusehen, für ihn gab es keinerlei Geheimnis. Er sagte: »Heute braucht ihr kein Wasser zu holen, in der Nacht wird es regnen.« Keine Wolke am Himmel, kein Regen in Aussicht, aber in der Nacht gab's einen Wolkenbruch, man brauchte nur Töpfe und Tiegel ins Freie zu stellen, um das von Estêvão erflehte und vom Himmel gesandte Wasser aufzufangen. Wie konnte einer da noch zweifeln, daß die Welt unterginge, daß sie allesamt sterben und Gott Rechenschaft geben müßten für ihre auf der Erde begangenen Untaten? Der Beato im Lichtschein des Holzfeuers, gleichsam als schwebte er über dem Boden, wiederholte Abend für Abend: »Nichts bleibt, nicht Wurzelstock, nicht Quecke, nicht Flußschlamm. Kein Vögelchen, kein kriechendes Tier, kein Fisch, kein Frosch, kein Lebewesen mehr! Alles stirbt in einer einzigen Stunde. Zunächst das Getier, dann die Menschen, die guten wie die bösen, die reichen und die armen, die gesunden und die kranken. Das ist Gottes Beschluß . . .«

Wie ein Echo wiederholte Zefa: »Das ist Gottes Beschluß . . .«

»Jedermann hat Rechenschaft abzulegen, peinlich genau,

nicht die kleinste Lüge ist mehr möglich, denn wer vermag zu lügen vor Gott, der alles sieht?«

Zefa, mit ausgebreiteten Armen, rief: »Wer vermag zu lügen vor Gott, der alles sieht? . . .«

Estêvão wartete, bis Zefas Stimme verhallte, dann fuhr er fort: »Gott ist es leid. Er hat sein Auge voll Überdruß geschlossen angesichts all des Schlimmen, das böse Menschen seinen Kindern antun. Gottes Augen streiften über den Sertão und gewahrten nichts als Unglück. Kinder sterben Hungers, Erwachsene sterben, weil ihnen Behandlung versagt wird. Landlose Bauern vergießen ihren Schweiß auf anderer Leute Acker. Da sind Leute, die haben alles, andere haben nichts . . . Gott findet das schlecht, findet es nicht recht . . .«

»Gott findet das schlecht, findet es nicht recht . . .«

Jene andere Stimme half mit, den Menschen die Wahrheit ins Herz zu pflanzen.

»Gott hat mich gerufen, er befahl mir zu kommen . . .« Und Estêvão verkündete den Menschen, daß es mit der Welt zu Ende ginge. »Retten kann sich nur, wer Buße tut, alle anderen sind verloren . . . Wer nicht Buße tut, ist verloren, spricht der Herrgott . . .«

»Wer nicht Buße tut, ist verloren, spricht der Herrgott . . .«

»Er ruft nur die Armen, die Reichen sind unrettbar verloren, sie haben schreckliche Untaten begangen, sie will er nicht einmal sehen. Die Reichen sind verloren, nicht einen rettet er . . .«

»Nicht einen rettet er . . .«

»Sie haben schon auf Erden genossen, die Armen aber haben gelitten, und ihnen befiehlt er, Buße zu tun. ›Denn ich werde die Welt ein für allemal vernichten, die Tiere, die Baumwurzeln, die Schmetterlinge und die Menschen!‹ So sprach der Herrgott voll Zorn, und er zürnt den Reichen, zürnt den Menschen . . .«

»Und er zürnt den Reichen, zürnt den Menschen . . .«

»Meine Brüder, ich sage euch, die Welt hat keinen Fortbestand. Es ist soweit, das Ende ist nahe, der Tag unabwendbar. Gott hat entschieden, er ist dieses viele Elend leid . . .«

»Er ist dieses viele Elend leid . . .«

»Er hat so Entsetzliches gesehen, daß sich seine Augen geschlossen haben. Meine Brüder, ich sage euch, das Ende ist nahe, tut Buße jetzt. Wer es unterläßt, ist verloren . . . Also bin ich gekommen, und ich wende mich nur an die Armen, zu den Reichen spreche ich nicht, das hat keinen Sinn mehr . . .«

»Hat keinen Sinn mehr . . .«

»Sie werden bestraft. All jene, die hier in dieser Welt Land geraubt haben, müssen, wenn sie dorthin ins Jenseits gelangen, ihre Ländereien denen geben, die nichts haben. Sie werden ärmer sein als ein Blinder auf dem Wochenmarkt . . . Die getötet haben, werden Tag für Tag selber getötet . . . Die geraubt haben, müssen alles hergeben, das Geld der anderen und das eigene. Strafe trifft sie, keiner entkommt . . .«

»Keiner entkommt . . .«

»All die Schlechtigkeit ist Gott leid . . . Meine Brüder, die Stunde naht, da die Welt untergeht. Laßt uns beten, laßt uns Buße tun, reinigen wir uns von den Sünden, damit Gott uns verzeiht . . .«

»Damit Gott uns verzeiht . . .«

»Gott segne euch alle . . .« Estêvão hob die Hand, die Pilger senkten ihre mit Asche bestreuten Häupter, und schweigend kehrten sie zu ihren Hütten zurück. Zefa ging mit ihnen, die Leute blickten sie ehrerbietig freundlich an. Auch sie konnte Wunder vollbringen. Nur der Neger Cirilo blieb bei Estêvão. Als der Beato in die Hütte trat, streckte sich Cirilo flach auf die Schwelle, das Repetiergewehr griffbereit, den Dolch unter dem Hemd, mit leichtem Schlaf, schon beim kleinsten Geräusch die Stichwaffe gezückt.

9

Die Landarbeiter legten ihre Geräte aus der Hand, sobald die Fazendeiros sie antrieben. Das Ende der Welt sei nahe, sagten sie, wozu sich noch für einen Hungerlohn auf der Pflanzung abrackern? Sie warfen die Platthacke hin, flohen in der Nacht zum Beato. Fort war der Respekt vor den Obersten, seit Estêvão diese in seinen Predigten angriff. Sie alle waren verurteilt, nicht einer entkäme. In den Kirchen der Dörfer gingen die Taufen zurück, am Sonnabend kamen keine Paare mehr zur Trauung. Der Beato selber taufte und traute, er aber nahm kein Geld, tat es kostenlos. Die Zeitungen der Hauptstadt schrieben, der Beato wiegele die Sertanejos auf, die Ernte sei in Gefahr, weil die Arbeitskräfte fehlten, und in Gefahr seien die von den selbstlosen Priestern in der Caatinga verbreiteten gesunden Prinzipien christlicher Zivilisation, denn eine Welle des Aberglaubens überspüle den ganzen Sertão. Die Behörden müßten rasch und energisch durchgreifen. Zeitungen der Regierung als auch der Opposition tönten vereint gegen den Beato. Und wiewohl ein Reporter den Beato Estêvão in Wort und Bild samt seinen Riten vorgestellt hatte, unter Hervorkehrung des Pittoresken, beharrten die Direktoren in ihren Leitartikeln, es sei an der Zeit, den Beato in eine Irrenanstalt zu sperren und die Bauern auf die verlassenen Fazendas zu verteilen, zur Zwangsarbeit. Um den Totalschaden abzuwenden, da schon die Dürre in diesem Jahr einen Teil der Ernte vernichtet hatte. Die Sertanejos, in der Regel Analphabeten, lasen keine Zeitungen, doch sie hatten ein offenes Ohr für die Worte des Beato, und da sie ohnehin verzweifelt waren, warfen sie in immer größerer Zahl Sense, Platthacke, Axt und Harke hin, nur nicht das Messer, ihre Waffe. Und sie zogen durch den Sertão, suchten Estêvão, um sich seines Segens zu versehen, ehe die Welt unterging.

Estêvão kampierte einige Meilen entfernt von Juàzeiro in der Caatinga, abseits der Straßen, in der Nähe einiger Wasserlöcher. Die Sertanejos machten sich mit den Haumessern über das Dikkicht her, sie pflanzten, zogen provisorisch Baracken hoch. Offenbar gedachte der Beato hier zu verweilen, niemand kannte seine Pläne, nicht einmal Zefa, obwohl auch sie eine »Heilige« war. Würde er in die Stadt marschieren, einen Zug überfallen und damit in die Hauptstadt fahren? Oder blieb er für immer hier, empfing die Pilger, vollbrachte Wunder, heilte Kranke? In dem Fall würde hier in dieser Buschgegend bald eine Stadt entstehen. Weder hin zum Guten Jesus von Lapa noch hin nach Juàzeiro im Staate Ceará, wo Pater Cícero waltete, strömten so viele Menschen wie auf den Wegen der Caatinga hierher zu Estêvão. Oder kehrte er um, tauchte er in den Sertão, durchquerte er ihn ein weiteres Mal? Sicherlich wollte er an diesem Fleck das von ihm prophezeite Weltende abwarten. Er sagte, Gott steige an einem ganz bestimmten Ort zur Erde herab, um Gericht zu halten. Mit Sicherheit war es dieser Fleck hier, mit seinen sieben Wasserlöchern. Estêvão hatte vor jedem einzelnen

Wasserloch angehalten, von Zefa begleitet, und hatte sie gesegnet, damit sie nicht versiegten.

Hierher waren ihm die Soldaten gefolgt. Der Pilgerzustrom hielt an. Manchmal kamen bis zu hundert auf einmal, und es galt, dringlichst Nahrung zu beschaffen. Den Magazinen hatten die Fazendeiros befohlen, nichts zu verkaufen. Die Pilger waren gezwungen zu stehlen, Rinder auf der Weide zu schlachten und zu schächten, sie stückweise ins Lager zu bringen. Andere Pilger spezialisierten sich auf Überfälle, und die Rufe nach Schutz wurden immer lauter. Endlich kam die Polizei — achtzig gutbewaffnete Gendarmen. Der Hauptmann studierte die Situation und schloß, das beste sei, die Pilger einzukreisen und auszuhungern. Kinderleichtes Spiel.

Doch es gab Zusammenstöße mit den eintreffenden Pilgern. Diese begehrten Durchlaß, von weit her waren sie gekommen, um den rettenden Segen des Beato zu empfangen. Die Polizei versperrte den Weg, die Pilger beharrten, es gab Geplänkel, gab Verletzte und Tote auf der Seite der Sertanejos. Die Männer des Beato indes unternahmen nächtliche Raubzüge. Sie mieden die Gendarmen, wurden sie aber angegriffen, dann verteidigten sie sich mannhaft; unter den Soldaten hatte es schon Opfer gegeben.

Eine Zeitlang schien sich Estêvão um Polizei und Umzingelung nicht zu scheren. Aber als es Tote gab und sich der Kreis immer enger schloß, da sah er voraus, daß die Gendarmen die wehrlosen Sertanejos gänzlich vernichten würden, und er schickte Cirilo aus, damit er Lucas Arvoredo zu Hilfe holte. Diese Armee hatten die unrettbar verlorenen Reichen geschickt, weil sie verhindern wollten, daß die Menschen Estêvãos Botschaft hörten und Buße taten. Darum war es keine Sünde, gegen sie zu kämpfen. Und wer sollte es tun, wenn nicht Lucas Arvoredo, der Cangaceiro?

Immer enger schloß sich der Kreis. Wo blieb Cirilo mit Lucas? Einige eilten ihnen ein Stück entgegen, um ihnen den Weg zu weisen. Hatten sie sich in dieser Caatinga, in diesem wüsten Dornengewirr verirrt? Doch niemand kannte die Geheimnisse der Caatinga besser als Lucas Arvoredo. Er würde unfehlbar kommen, würde eintreffen, ehe die Polizei sich versah.

Pilger durchbrachen nachts den Ring, sie kamen und küßten dem Beato den Saum. Aus fünf verschiedenen Bundesstaaten kamen sie, Meile um Meile, die Polizei konnte es nicht verhindern, daß sie seinen Segen entgegennahmen. Sie ließen Frau und Kinder draußen in der Caatinga und gelangten auf Schleichwegen ins Lager des Beato. Und sie blieben, denn Estêvão mußte verteidigt werden; sie hatten Dolch und Pistole, und es war keine Sünde, auf die Soldaten zu schießen. So oder so, die Welt ging unter, was machte es da aus, wenn man starb?

Mit jedem Tag wurde ein Durchschlüpfen hinaus ins Feld schwieriger. Die Soldaten rückten Nacht für Nacht ein paar Meter näher. Mit viel Geschick und List, wie eine Katze, mit der Leichtigkeit eines Pumas galt es zu schleichen, sich zwischen den Posten durchzuwinden, zu den Fazendas zu gelangen, geschlachtete Rinder, Ziegen und Dörrfleisch zu bringen. Mancher bekam eine Kugel ab. Doch die Menschen im Lager des Beato hatten zu essen.

10

Noch nie war Lucas Arvoredo so eilig marschiert. Der Neger Cirilo, der ihn geholt hatte, kam fast nicht nach. Bei Einbruch der Nacht gewahrten sie die brennenden Lagerfeuer. Sie knieten nieder, bekreuzigten sich. Hier betraten sie heiligen Boden. Und indem sie den Beato verteidigten, erlangten sie Freispruch von ihren Verbrechen.

Als Lucas sich erhob, stimmte Zé Trevoada das Lied an, das dessen Taten besang, und alle sangen mit. So kündigten sie dem Beato ihr Eintreffen an.

> »Da kommt Lucas Arvoredo,
> kommt mit seinem Gewehr . . .«

Die Gestalt des Banditen hob sich im Dunkel ab. Er war eher untersetzt, doch in seinem Lederwams, mit seinen langen Haaren und dem geschulterten Gewehr wirkte er ungemein stattlich. Sie standen auf einer kleinen Erhebung, die weniger als ein Hügel war, und von hier aus konnten sie auch die Lagerfeuer der Soldaten sehen.

»Eine Menge Makaken. Denen werden wir gehörig einheizen«, bemerkte Lucas.

Zé Trevoada war guter Dinge, nichts freute ihn so sehr wie die Aussicht, einen Polizisten umlegen zu können. Und wenn gar einen betreßten, dann um so besser. Sie marschierten drauflos, ihr Gesang übertönte die Litanei der Pilger, ein Schlachtgesang war's, jetzt würden sich die Dinge hier ändern. Dies war die letzte Nacht in Frieden.

Der Beato erwartete Lucas in aufrechter Haltung vor dem Feuer, umringt von der schweigenden Pilgerschar, dieser Masse verwahrloster, schmutziger, kranker Menschen. Über den offenen Feuern hatten sie sich zu Abend ganze Batzen Rindfleisch gebraten, es roch nach Verschmortem. Neben Estêvão stand Zefa, Cirilo trat vor und postierte sich eilends im Rücken des Beato, damit kein Cangaceiro ihm zuvorkam. Lucas warf sich auf die Knie, Estêvão hob ihn auf und rief: »Sei gegrüßt, mein Sohn. Ich habe dich holen lassen, weil böse Leute Soldaten geschickt haben, damit sie Estêvãos Kinder angreifen, denen das Heil sicher ist, so sicher wie dir und deinen Männern. Du allerdings wirst kämpfen, wirst mit den Gendarmen aufräumen ... Estêvãos Mission ist noch nicht am Ende, darf nicht Unterbrechung erfahren ... Sie verwehren den Pilgern, zu mir zu gelangen und Buße zu tun, sie lassen sie nicht durch, und so bleiben sie ohne den Segen und verdammt ... Gott aber will es anders, du wirst reinen Tisch machen ...«

Zefa wiederholte wie ein Echo: »Gott aber will es anders, du wirst reinen Tisch machen ...«

Diese Stimme kam Zé Trevoada bekannt vor. Er versuchte durch die schwarzen Schwaden hindurch Näheres zu erkennen. Wem gehörte diese so vertraute Stimme?

Lucas Arvoredo erwiderte: »Mein Vater, ich bin dein Sohn, ich werde deinen Befehlen Folge leisten. Groß ist die Zahl der Soldaten, ich aber habe siebenundvierzig Männer mitgebracht, Munition haben wir nicht viel, doch wir richten uns schon ein ... Mein Vater, wo du hingehst, da geht auch Lucas hin, und seine Leute mit ihm ... Mein Vater, befiehl, wir stehen bereit.«

»Gott freut sich, daß du gekommen bist ...«

»Gott freut sich, daß du gekommen bist«, wiederholte Zefa.

 Zé Trevoada spürte einen Schauder. Er meinte, Martas

Stimme zu hören, der gleiche Tonfall war es, nur rauher und weniger hell. Wer mochte es sein? Er ging ein paar Schritte nach vorn.

Der Beato befahl den Cangaceiros, die Gewehre auf einen Haufen zu legen. Er segnete sie mit erhobener Hand, den Blick — diese blauen Augen, die zugleich Angst und Vertrauen einflößten — in die Ferne gerichtet. Die Prozession setzte sich in Bewegung. Aber noch bevor das geschah, trat Zé Trevoada an die Frau heran, und er erkannte sie. Tante Zefa! Es war aber nicht mehr die närrische Tante, über die sie als Kinder gelacht und die sie geneckt hatten. Nun schien sie eine andere, sie würdigte ihn keines Blickes, die Vergangenheit existierte nicht mehr für Zefa. Sie war jetzt eine »Heilige«, war fast so heilig wie Estêvão, sie war, den Worten der Pilger nach, die zweite Zunge Gottes. Zé Trevoada verneigte sich vor ihr, den anderen Cangaceiros erzählte er stolz, daß sie seine Tante war und Zefa hieß und daß auch sie seit vielen Jahren das nahe Ende der Welt verkündete und zur Buße rief. Gebannt starrte er sie an und ließ erst ab, als Zefa ihm eine Handvoll Asche auf das Haupt streute. Da fühlte er sich erleichtert, ihm war, als habe sie ihm sogar verziehen, daß er sie damals, zu Hause, geneckt und sich wenig um sie geschert hatte. Damals schon war sie eine »Heilige« gewesen, doch er hatte es nicht gewußt.

Die Cangaceiros wiesen mit dem Finger auf sie und sagten voll Respekt: »Sie ist Zé Trevoadas Tante.«

Als wäre sie eine Verwandte von ihnen allen, eine Art Heilige, die zur Bande gehörte; als habe sie sich eigens den Jagunços von Lucas Arvoredo angeschlossen. Zé Trevoada wagte nicht, die Tante nach dem Schicksal von Jerônimo und Jucundina zu fragen, denn sie war nicht von dieser Welt. Im übrigen, hier, zwischen den heiligen Feuern und den geweihten sieben Brunnen, den prophetischen Worten des Beato lauschend, fühlten sich die Menschen der Alltagswelt entrückt. Gleichsam eine Halluzination, es gab keine Grenze zwischen Realität und Einbildung.

Lucas rief seine Leute zusammen, und sie machten ihre Pläne. Die Soldaten ihrerseits schlossen den Kreis endgültig.

11

Dann ging alles ganz rasch. Sie waren eingekreist, schon hielten die Gendarmen drei der sieben Wasserlöcher besetzt. Nacht für Nacht mußten die Pilger den Ring durchbrechen. Nun gaben Lucas' Männer ihnen Geleit, die Scharmützel dauerten fort. Tote auf beiden Seiten. Doch es kam Fleisch, die Worte des Beato wurden mit jeder Nacht heftiger, seine Stimme hatte einen neuen Zauber, und sein gemeinhin so sanfter Mund schäumte. Zefa wiederholte die Sätze, und die Sertanejos bewahrten sie im Herzen. Die Gendarmen erhielten Verstärkung.

Innerhalb weniger Tage hatten die Gendarmen eines nach dem anderen alle Brunnenlöcher in Besitz genommen. Nun regierte der Durst, und Lucas entschloß sich zu einem Ausfall, der die Gegner zurückwerfen sollte. Bei Einbruch der Dunkelheit rief er zwanzig Männer zusammen. Tagsüber, von Zé Trevoada begleitet, hatte er die Situation studiert. Einen der Brunnen bewachten lediglich acht Gendarmen. Es war nicht der größte, doch hatte er das klarste Wasser, denn es war eine Quelle, und sie reichte aus, das Lager zu versorgen.

Nach der Prozession zogen sie los, zwanzig ausgewählte Männer, die besten Schützen, unter ihnen Bico Doce und Sabiá, Borboleta und Chico Martins. Sie krochen durch das Dornengestrüpp, so leise wie Schlangen. Mit dem Gewehr im Arm nahmen sie ihre Plätze ein. Dann ging die Schießerei los, die Gendarmen jäh überrascht; einige kannten schon diese höllischen Schreie. »Das ist Lucas Arvoredo!« riefen sie.

Acht Uniformierte waren es, und alle acht blieben sie um den Brunnen herum tot liegen. Die Pilger kamen und versorgten sich mit Wasser für viele Tage.

Der Hauptmann auf der anderen Seite hörte die Schüsse. Hundertdreißig Mann, das war nicht viel für die Einkreisung hier. Doch mit der Verstärkung waren Maschinengewehre eingetroffen, besser, sie warteten nicht länger, sondern griffen endlich an, sonst eroberte Lucas die schwächer besetzten Stellen, schlug sich einen Weg, und wenn er und der Beato erst einmal in die Caatinga entwischten, bekäme niemand mehr sie zu fassen. Dann ade Beförderung, Erwähnung im Tagesbefehl und Zeitungslob. Er versammelte die Leutnants, um zu beratschlagen.

In der folgenden Nacht versuchten die Gendarmen die Quelle zurückzuerobern. Aber die Männer von Lucas wehrten sie ab, hielten die Position. Der Hauptmann entwickelte Pläne, er inspizierte die Mannschaft, besprach sich mit den älteren Sergeanten, die Erfahrung bei der Verfolgung von Banditen hatten. Von ihnen erfuhr er, daß der Kampf im offenen Gelände am vorteilhaftesten war. Am besten, sie in ihrem Lager angreifen, ja nicht im Buschgelände. Nur so waren sie zu besiegen.

»Das ist ihre Achillesferse«, bemerkte ein schüchterner Leutnant. Aber der Hauptmann haßte diese literarisch gebildeten Leute, die Redensarten und Zitate gebrauchten, aber im Augenblick des Kampfes die Beine unter die Arme nahmen.

Zunächst würden dreißig Mann von hinten angreifen, mit massivem Feuer, um die Männer des Lucas dorthin zu locken. Dann würden weitere fünfzig ins Lager eindringen, zu offener Schlacht. Es sei ratsam, eine mondlose Nacht abzuwarten, bemerkte ein Sergeant, das erleichtere die Truppenbewegung. Doch mit der Verstärkung waren auch Zeitungsreporter aus der Hauptstadt eingetroffen. Das bedeutete, das Ende des Beato war nahe.

12

Das Ende kam — den Worten des Beato zufolge das Ende der Welt. Es war die Nacht der heiligen Josefa, und Estêvão befahl zwei Prozessionsrundgänge statt des einen. Zefa trug Rosmarinzweige im Haar, deren Blätter sie an die Pilger verteilte, denn auf eine Wunde gelegt, bewirkten sie Heilung.

Lucas Arvoredo war die Geschäftigkeit im Lager der Gendarmen nicht entgangen. Pilger meldeten, Polizeipatrouillen verließen ihre Standorte, Soldaten sammelten sich. Eine große Gruppe von mehreren Dutzend begab sich im Schutze der mondlosen Nacht auf die andere Seite des Lagers. Lucas rief Zé Trevoada, gab ihm zwanzig Mann, schickte ihn nach jener Seite hin.

»Sie wollen frontal angreifen, sie haben gemerkt, daß sie es mit kleinen Vorstößen nicht schaffen, jetzt wollen sie uns möglichst mit einem Schlag erledigen.«

»Ob wir das durchstehen?«

»Wir haben wenig Munition. Aber wenn wir sie uns vom Leibe halten, können wir uns einen Weg bahnen und mit dem Beato ausbrechen.«

»Wird er wollen?«

»Ja ... Er und weitere zwölf setzen sich ab, die anderen bleiben, und man findet später wieder zueinander.«

Zé Trevoada zog mit seinen Männern ab. Die Soldaten kamen durch die Caatinga, unter dem Kommando des schüchternen Leutnants, der Zitate benutzte, und mit ihnen war auch Jão. Der Hauptmann wartete auf die Schüsse, um dann den Angriff auf das Lager zu befehlen. Er befahl, gnadenlos zu schießen, ohne einen Unterschied zu machen zwischen Pilger und Bandit.

Jão freute sich, daß er mit von hinten angreifen sollte, so brauchte er nicht auf den Beato und auf die unbewaffneten Sertanejos zu schießen. Mühsam bewegten sich die Gendarmen durch das Dornengestrüpp. Leicht und lautlos schlichen die auf Überrumpelung bedachten Cangaceiros von der anderen Seite herbei, schon waren sie auf wenige Meter heran, gewahrten den bebrillten Leutnant und die Soldaten. Zé Trevoada sah Jãos Gesicht nicht, sah nur die Khakihose der verhaßten Uniform. Er befahl seinen Männern, in Deckung zu gehen und zu warten. Wenn die Soldaten ganz nahe wären, dann ...

Sie duckten sich, den Gewehrlauf zwischen den Sträuchern. Finster war diese mondlose Nacht, aber Zé Trevoadas Augen durchdrangen das Dunkel. Er sah die Beine der marschierenden Soldaten. Er wußte nicht, daß sein Bruder Jão, der als erster von daheim fortgegangen, mit dabei war. An dessen Schritt maß er ab, wann sie aufspringen, sich vorwärts werfen und ihre schrecklichen Schreie ausstoßen würden, ihr Kriegsgebrüll. Jetzt! Ein Zeichen, von Mann zu Mann. Die Schreie hallten durch die Caatinga, die Schreie wilder Tiere, so schauerlich, daß den anderen das Herz stockte. Zé Trevoada setzte das Gewehr an, und Jão erkannte seinen Bruder. »José« murmelte er, der aber warf sich ihnen entgegen. Die Cangaceiros schossen, Jão sah die Soldaten fliehen, hörte den Leutnant Kommandos rufen, aber er hörte alles ganz leise. Er bemühte sich, die Wolke zu durchdringen, die sich über seine Augen gelegt hatte. Nur das Gesicht seines schießenden Bruders sah er klar, den Mund zu einem Schrei geöffnet, die Augen vor Wut verkniffen. Jão starb mit dem Gedanken, daß der berüchtigte Zé Trevoada, der Spießgeselle des Lucas Arvoredo, niemand anderes war als José. Und noch verspürte er den Wunsch, daß der Bruder mit dem Leben davonkäme, und ebenso der Beato, o ja, auch der Beato!

Die Schießerei dauerte fort, und an der Stirnseite stürzte sich das Gros der Soldaten mit hallenden Schritten in den entscheidenden Kampf.

Zé Trevoada brüllte seine Schlachtrufe, und Jão starb mit einem Lächeln auf dem Gesicht.

13

Im gestürmten Lager war eine wüste Schießerei im Gange. Der Beato stand mit Zefa und den Pilgern im schützenden Rund der Feuerstellen und predigte, so als passiere nichts Außergewöhnliches. Die Kugeln streckten die Menschen nieder, Stöhnen mischte sich in seine Worte. Cirilo, hinter dem Beato, hielt das Gewehr im Anschlag. Lucas und seine Männer auf der freien Fläche setzten den Soldaten Widerstand entgegen, doch diese Art zu kämpfen waren sie nicht gewöhnt. Als Lucas mit einem Kopfschuß hinsackte, wichen seine Männer zurück, im Rückwärtsgang bis hin zum Beato und den Pilgern. Die Soldaten marschierten vor, sie hatten schon mehr als ein Dutzend Tote, doch die Ausfälle bei den Banditen waren noch größer. Und in der Hitze des Gefechts wuchs auf beiden Seiten die Gier zu töten. Die Pilger nahmen den Gefallenen die Waffen ab, kämpften nun ihrerseits. Die Soldaten schossen unterschiedslos auf Banditen und Pilger, hatten es aber vor allem auf den Beato abgesehen, um den herum sich die Leichen häuften.

Nun war's ein Kampf Mann gegen Mann, die Banditen zückten die Dolche. Schüsse hallten in der Ferne; dort stemmte sich Zé Trevoada den von hinten angreifenden Soldaten entgegen.

Ein Soldat zielte auf die Brust des Beato, sein Schuß ging im selben Augenblick los wie der von Cirilo. Der Beato fiel auf die

Leiber der Sertanejos, der Soldat klatschte auf die von Glut bestreute Erde. Cirilo schritt vor, er hatte das Gewehr hingeworfen, das Messer gezogen. Einer der Soldaten hatte Zefa am Arm gepackt, sie wand sich, biß und kratzte, versetzte ihm Fußtritte, spie ihm ins Gesicht. Er schlug ihr den Kolben ins Gesicht, sie fiel hin, er senkte den Lauf und drückte ab.

Zé Trevoada eilte von hinten herbei. Er hatte seine Widersacher vernichtet, doch die letzten noch lebenden Banditen, etwa ihrer zehn, kamen ihm entgegengelaufen. Lucas und der Beato und auch seine Tante seien tot, riefen sie.

Sie schauten ihn an, erwarteten Befehle. Von den zwanzig Männern, die er kommandiert hatte, waren nur vier außer Gefecht gesetzt, doch selbst mit der Verstärkung aus dem Lager war nichts mehr auszurichten. Sie machten eilends kehrt, mit den Gendarmen auf den Fersen, Zé Trevoada erreichte die Caatinga noch rechtzeitig. Im Laufen trat er einem Soldaten ins Gesicht, stieß einen Fluch aus. Aber Jão lächelte unverwandt, trotz der Verwünschung des Bruders.

Mit der Zeit vergaß der Sertão den Beato und auch Lucas Arvoredo. Aber der Name Zé Trevoada wurde immer berühmter. An Bosheit und Verbrechen stellte er alle Vorgänger, die je in der Caatinga gewütet hatten, weit in den Schatten, selbst einen Virgulino Ferreira Lampião. Er habe überhaupt kein Herz, hieß es. Soldaten gewährte er nie Pardon, und nie erließ er den überfallenen Städten auch nur einen Tostão vom auferlegten Tribut. Über ihn hieß es im Lied:

»Trevoada ist erschienen,
in Strömen fließt das Blut . . .«

14

Der Hauptmann befahl, dem Beato Estêvão, Lucas Arvoredo, Zefa, den restlichen Banditen und, um die Zahl aufzurunden, auch noch etlichen Pilgern die Köpfe abzuschneiden. Er nahm sie als Trophäen mit, stellte sie in der Stadt aus, und in Scharen spazierten die Schaulustigen dran vorbei. Der Hauptmann wurde befördert und im Tagesbefehl genannt, und er verfaßte, wiewohl der Literatur abhold, ein Buch über den Feldzug und gab ihm den Titel »Das neue Canudos«.

Als der neue Tag heraufzog, lagen die Leichen im Lager zuhauf, in der Hitze begannen sie zu verfaulen, von überallher aus der Caatinga kamen die Aasgeier, ihrer so viele, daß sie die Sonne verdunkelten und das Ende der Welt gekommen schien.

NENÉN

1

Juvêncio, von nächsten Freunden Nenén genannt, lauschte den Ausführungen des großen Mannes schweigend und konzentriert. Wenig wußte er über den Referenten, nur daß der Genosse aus dem Süden gekommen war, vielleicht aus Pernambuco, und daß er zur Führung der Partei gehörte.

»Wir treffen uns mit einem führenden Genossen«, hatte der Schuster gesagt. »Bring nur die absolut verläßlichen Männer mit. Ja keine zweifelhaften Leute! Wir dürfen die Sicherheit des Genossen nicht aufs Spiel setzen ... Du stehst mir dafür gerade.«

Juvêncio lauschte angespannt, er wollte sich nichts entgehen lassen, wollte die Direktiven voll und ganz verstehen. Dabei beobachtete er den Redner. Auf den ersten Blick hatte der etwas Abweisendes, das bei den Zuhörern die zum Verstehen so dienliche Sympathie nicht aufkommen ließ. Woran mochte das wohl liegen? Juvêncio war nicht wohl bei diesem Gefühl. Wie sollte er hier die zutreffenden, recht klar und mit einer gewissen Emphase vorgetragenen Worte des Mannes von der eigenen Voreingenommenheit trennen? Vielleicht fehlte dieser Emphase und Klarheit jenes Feuer, das aus der tiefinneren Überzeugung herrührt. Und daher vielleicht die Kühle im Saal. Zu dieser Zeit dünkte Juvêncio nicht nur die Partei heilig und unverletzlich, sondern auch die führenden Genossen. Noch setzte er die Partei in eins mit Einzelpersönlichkeiten; in ihnen, in ihrer Aufrichtigkeit und ihrem Kampfvermögen, wollte er die Partei leibhaftig konkretisiert sehen. Er spürte sie nicht im Kampf und seinen Resultaten, sondern in den Kämpfern und deren Fähigkeiten. Seit wenig mehr als einem Jahr war er Mitglied der Partei, und einige Monate davon hatte er im Amazonasgebiet verbracht, mitten im Urwald, ohne jegliche Verbindung zu den Genossen. Der Referent zitierte Lenin und Stalin, zitierte Werke, die er, Juvêncio, nicht gelesen hatte, zitierte schwer verständliche Passagen. Außer den geheimen Materialien hatte Juvêncio ein einziges Buch gelesen, von Maria Lacerda Moura, und es hatte ihn begeistert. Er respektierte den Mann, ohne Zweifel, denn dem Anschein nach wußte er viel. Er überschüttete die hier versammelten Zugführer und Unteroffiziere mit seinen Zitaten, seinen Sprüchen von Lenin und sogar von Marx. Juvêncios Empfinden: ein Wichtigtuer.

Lange danach, im Gefängnis, sollte Juvêncio Gelegenheit haben, Agnaldo, der hier auf der Versammlung den Decknamen Tadeu trug, näher kennenzulernen und ihn mit einem treffenderen Ausdruck zu charakterisieren: ein ichbezogener Mensch. Doch zu dem Zeitpunkt wußte der Zugführer Juvêncio schon zu unterscheiden zwischen Partei und Mitglied.

Die Versammlung fand in einem Haus in der Vorstadt von Natal statt. Durch die geschlossenen Fensterläden drang die nächtliche Brise. Die Luft war vom Qualm der billigen Zigaretten verpestet. Irgendwann meinte Juvêncio ersticken zu müssen und konnte Agnaldos Worten nicht mehr folgen. Eher fesselte ihn die Mimik des Redners, der mit schneidender Stimme übertriebene Betonungen setzte, wie ein Lehrer, der seinen Schülern das Lesen beibringt. Juvêncio riß sich zusammen, konzentrierte sich wieder auf den Vortrag.

»... und jeder Genosse hat vorbereitet zu sein, muß sich bewußt sein seiner Verantwortung, der historischen Mission der Arbeiterklasse, muß der Sachlage gewachsen sein ...«

Der Mann war intelligent, ohne Zweifel. Er sprach jetzt über die allgemeine politische Situation im Lande, und Juvêncio war begeistert. Agnaldos Worte waren voll Optimismus, sie hätten, so betonte er, die Macht schon fast im Griff, wie die reife Frucht eines Baumes, es gelte nur noch, sich auf die Zehenspitzen zu recken und sie zu pflücken. Den Begriff »Bollwerksideologie« kannte Juvêncio bereits, er selber gebrauchte ihn, pauschal, wenn er die Berichte der Zugführer, Unteroffiziere und Soldaten zur Weiterleitung an den Sitz der Ortsgruppe entgegennahm. Muteten sie ihm zu optimistisch an (Macedo hatte immer einen »Offizier, der auf unserer Seite steht«), dann ereiferte er sich barsch: »Bollwerksideologie!«

Das Wort hatte er vor etwa zwei Monaten auf einer ähnlichen, aber kleineren Versammlung aufgeschnappt. Auch damals hatte ein Führungsmitglied aus dem Süden gesprochen. Juvêncio konnte nicht umhin zu vergleichen. Der andere sprach nicht so gewandt, suchte nach Worten, mit etwas träger Stimme, wie ein nicht so geübter Redner. Doch ihn hatten sie lückenlos verstanden, jeder Satz und alle Instruktionen hatten sich ihnen fest eingegraben, und sie konnten rührig ans Werk gehen. Der andere war noch recht jung gewesen, und sein Lächeln schüchtern; beim Abschied hatte er jeden einzeln umarmt. Und er hatte ihnen geduldig Ausschnitte aus dem mitgebrachten Material erklärt, Passagen, die man beim Lesen nicht so ohne weiteres verstand. Auf Juvêncio hatte er einen guten Eindruck gemacht. Agnaldos Gehabe mißfiel, so gewandt er auch sprach. Ein Loch klaffte zwischen ihm und seinen Zuhörern im Saal. Er, die Führungsperson, musterte sie von oben herab, gleichsam als berge jede seiner Feststellungen eine leise Drohung in sich. Selbst als er das optimistische Bild zeichnete, hätte man meinen können, er machte die Unteroffiziere und Zugführer für Dinge verantwortlich, die in Rio Grande do Sul und nicht in Rio Grande do Norte schiefgingen. Der Schuster, Mitglied der Ortsleitung, blickte Agnaldo unterwürfig an, was Juvêncio, von Natur aus ein Rebell und Lobhudeleien abhold, gleichermaßen ärgerte.

Nun unterzog der Redner die Situation hier am Ort einer Betrachtung. Die Luft im Raum wurde immer unerträglicher. Schon drei Stunden saß man zusammen, der kleine Saal war vom Rauch der Ölfunzel und von den vielen Zigaretten gänzlich verqualmt. Juvêncio sah, daß Macedo schon nicht mehr aufpaßte, obwohl er Agnaldo fest anblickte. Diesen Blick des Genossen kannte er gut, er wußte, was er bedeutete. Macedo war in Gedanken weit fort, malte sich Dinge aus, bei denen er der Held war. Mindestens träumte er von einem Aufstand, von zielsicheren Schüssen, von wahren Heldentaten. So war er nun mal, doch auf ihn konnte man bauen, auf ihn war im Ernstfall Verlaß.

Juvêncio kannte alle diese Zugführer und Unteroffiziere hier so gut, als wären sie aus demselben Leib gekommen und miteinander aufgewachsen. Der lächelnde Valverde da war zum größten Blödsinn imstande, aber verraten würde er niemanden, eher biß er sich die Zunge ab. Francisco Conceição hingegen, dem pingelig Gewissenhaften, traute er wenig. Von dem wußte er nicht, was er in Notsituationen aushielt. Die andern mochten Conceição sehr, sie fanden ihn großartig, er war besonders diskussionsfreudig, wußte sehr ins Detail zu gehen, hatte für alles eine Lösung. Aber Juvêncio spürte irgendwie, daß er, wenn es hart auf hart ginge, nicht dichthielt. Eines Morgens vor dem Unterricht hatte er ihm vor den Augen des Leutnants einen Zettel mit einem Befehl zugesteckt. Conceição wurde blaß, begann zu zittern und gewaltig zu schwitzen. Der Leutnant stand ganz nahe, doch Juvêncio hatte den richtigen Augenblick abgepaßt, ohnehin war es der einzig mögliche Kontakt mit Conceição an diesem Tag. Der Auftrag duldete keinen Aufschub, mußte noch an diesem Morgen erledigt werden. Juvêncio mußte es riskieren, und wäre Conceição nicht so ängstlich gewesen, der Leutnant hätte nichts gemerkt. Aber Conceição begann zu bibbern, der Leutnant merkte es, trat auf ihn zu. Conceição hielt das Papier in der Hand, und Juvêncio war sicher, daß er es hinwerfen würde, er stellte sich dem Leutnant in den Weg, mit irgendeiner Frage, lenkte ihn ab, während Conceição das Papier versteckte. Als er vom Leutnant abließ, schaute der zu Conceição hinüber, ließ aber von seinem Ansinnen ab.

Später stellte Juvêncio den Freund zur Rede. Der erwiderte, im Notfall hätte er das Papier sofort verschluckt. Angeberei!, war Juvêncios Gedanke. Den anderen imponierte Conceição damit sehr, doch war es Juvêncio, den ausnahmslos alle respektierten und dem sie folgten. Was ihn betraf, so waren alle ungeteilter Meinung.

Juvêncio stieß Macedo leicht an. »Jetzt hat er es mit uns«, flüsterte er. Agnaldo hielt inne, mit etwas strafendem Blick, und fragte: »Genosse Juvêncio, möchten Sie irgend etwas bemerken?«

Biest!, durchfuhr es Juvêncio. Geistesgegenwärtig nutzte er die Gelegenheit: »Ich wollte dem Genossen lediglich eine kleine Pause vorschlagen, Fenster auf und diesen Qualm abziehen lassen. Man kann sich ja nicht mehr konzentrieren.« Und der abwehrenden Reaktion des anderen zuvorkommend, schon weil es keinen Sinn hatte, aus der Sache einen Fall zu machen, fügte er im gleichen Atemzug hinzu: »Der Vortrag ist sehr wichtig. Wir sind nicht so gut instruiert wie der Genosse Referent, sind politisch noch wenig aufgeklärt. Um so aufmerksamer gilt es zuzuhören, um nichts von dem so wichtigen Vortrag zu verpassen.«

Der Schuster, ungehalten, bedachte Juvêncio mit einem strafenden Blick. Juvêncio brachte lächelnd noch ein Lob auf »das große Wissen des Genossen Tadeu« an, der sich geschmeichelt fühlte. Zudem mochte er selber ein bißchen Atem schöpfen und ein Glas Wasser trinken, der Mund war ihm ausgetrocknet, denn er sprach seit mehr als einer Stunde. Also willigte er ein, alle erhoben sich, begaben sich in den hinteren Raum. Nur der Gastgeber, ein Unteroffizier, blieb da, stieß die Fensterflügel auf und atmete die abendliche frische Luft ein.

Im hinteren Raum reckten und streckten sie sich, tauschten sie Meinungen aus. Nebenan weinte ein Kind, vielleicht von Macedo aufgeweckt, der mit lauter Stimme enthusiastisch seine Meinung bekundete: »Großartig! Großartig!«

Agnaldo trank Wasser, ohne sich unter die anderen zu mischen, er führte den Schuster in eine Ecke und unterhielt sich mit ihm im Flüsterton. Er wünschte nur Auskunft über den Weg, den er im Anschluß an die Versammlung durch diese ihm unbekannte Stadt zu nehmen hätte, der Schuster aber setzte eine geheimnisvolle Miene auf, damit die Zugführer und Unteroffiziere dächten — und sie dachten es —, daß hier große Parteiprobleme gelöst wurden. Juvêncio mochte den Schuster, der ein braver Mensch war, und er ließ ihn gelten als Ortsgruppenführer. Den anfänglichen großen Respekt hatte er im Laufe seines hiesigen Aufenthalts in Natal allmählich abgelegt, als ihre Verbindung enger wurde. Juvêncio war wißbegierig, kam immerzu mit Fragen, von denen der Schuster viele nicht beantworten konnte. Doch er wollte es nicht zugeben, redete wirres Zeug und blieb die eigentliche Erklärung schuldig. Nie sagte der Schuster: »Das weiß ich nicht.« Manchmal brachte er Tage später die Lösung, und Juvêncio bemerkte zufrieden: »Dieser Dummkopf muß lernen.«

An einem Sonntag lud ihn der Schuster zum Mittagessen ein, er lernte dessen Frau und dessen drei Kinder kennen, sah das aus Kistenbrettchen gefertigte kleine Wandregal mit einem halben Dutzend Bücher drauf nicht ohne Neid. Einige Titel waren in Spanisch, Werke von Lenin, Broschüren, eine Zusammenfassung des »Kapitals«. Der Schuster da neben ihm stolz. Er griff nach einem der spanischen Bände, nach »Was tun?« von Lenin.

»Das ist ein Buch! Es erklärt dir alles ... Ich leihe es dir nur deshalb nicht, weil du nicht Spanisch kannst.«

Doch auch die Broschüren in Portugiesisch wollte er nicht herausrücken. Juvêncio könnte sie ja verlieren, und sie seien schwer zu beschaffen, seien im Buchladen nicht zu haben, sondern nur über geheime Kanäle. Juvêncio schwor, er werde sich vorsehen und sie unversehrt zurückgeben, doch der Schuster kam mit einem weiteren Argument. Eine solche Schrift in den Händen eines Armeeangehörigen, ganz gleich ob in der Kaserne oder zu Hause, das sei gefährlich. Wenn ein Reaktionär das sähe! Es würde als Provokation gewertet ... und gerade jetzt. Nein, er könne ihm nichts mitgeben.

Das letzte Argument stach, Juvêncio wußte ihm nichts entgegenzusetzen. Aber über Tage hin sah er die Bücher vor sich. Wann endlich würde er nach Belieben alles lesen können? Damals, als er von der Fazenda in die Stadt überwechselte, ehe er der Militärpolizei beitrat und dann nach São Paulo weiterreiste, war er fast noch ein Analphabet, konnte er seinen Namen kaum schreiben. Aber eisern hatte er sich ans Lernen gemacht. Bald las und schrieb er fließend. Er hatte sogar eine schöne Schrift und versah seinen Namenszug wie ein Doktor mit Schnörkel. In São Paulo gab ihm Genosse Tavares – Zé Tavares, ein Landsmann von ihm und hier in São Paulo als Zivilgardist tätig – das Buch von Maria Lacerda Moura sowie einen Roman über das Leben der Landarbeiter zu lesen. Wenig später warb er ihn für die Partei; während sie sich auf der Straße etwas die Füße vertraten, klärte ihn Zé Tavares über die Absichten der Kommunisten auf und darüber, wie sie kämpften. Juvêncio rief begeistert: »Genau das hab ich gesucht!«

Seit damals hatte er kein weiteres Buch gelesen. Nach seiner Ankunft in Natal hatte er sich zwar eines zugelegt, vom Regimentskameraden Valverde. Und einen verheißenderen Titel konnte es kaum geben: »ABC des Kommunismus«. Er verschlang die ersten Seiten, da kam der Schuster, sah das Buch, nahm es ihm aus der Hand und bedeutete ihm, diese Ausgabe sei ein Machwerk der Trotzkisten. Juvêncio dankte ihm für den guten Hinweis. Der Schuster zerriß das Buch vor seinen Augen, mit der Bemerkung: »Damit nicht noch andere Genossen vergiftet werden.« Dann informierte er ihn, wer Trotzki war und wie dieser der Revolution geschadet hatte, wie die Trotzkisten die Anstrengungen der Partei sabotiert und die Arbeiterklasse verraten hatten. Hier im Norden seien sie zum Glück rar, im Süden aber gäbe es viele, sie schlichen sich in die Partei ein, nur um sie zu zerstören. Juvêncio dachte darüber nach, was Zé Tavares ihm damals erzählt hatte, und kam zu dem Schluß, daß der nicht Trotzkist sein konnte.

»Trotzkist und Polizist, das ist Jacke wie Hose«, schloß der Schuster und zerriß die letzten Seiten des verurteilten Buches.

Viel später, im Gefängnis, hatte Juvêncio Muße, die Trotzkisten zu lesen, und er fand seine dank der leidenschaftlichen Rede des Schusters fest verwurzelte Auffassung anhand der Proben und Tatsachen vollauf bestätigt. Damals las er auch das »ABC des Kommunismus«, jedoch in seiner echten Fassung, und er dachte, daß in seinem Leben vieles anders verlaufen wäre, wenn er vormals Bücher gehabt hätte.

Zehn Minuten dauerte die Sitzungspause schon. Agnaldo drängte weiterzumachen. Der Raum war gelüftet, erfrischt nahmen alle wieder ihre Plätze ein. Der Schuster, als Leiter der Sitzung, rief: »Genosse Tadeu setzt seinen Bericht fort.«

Der Redner hob schulmeisterlich an: »Nun, Genossen, wie schon angekündigt, werde ich jetzt die Situation unserer Partei als auch der Allianz hier in dieser Stadt analysieren. Beginnen wir zunächst mit der Aliança Nacional Libertadora . . .«

Beim Gedanken, wie sehr Macedo und Valverde damals erschrocken waren, als er ihnen von der Aliança Libertadora erzählt hatte, mußte Juvêncio innerlich grinsen. Juvêncio brachte aus dem Amazonasgebiet einen gewissen Ruf mit, wegen der Ereignisse dort an der Grenze, und bald hatte sich seine Persönlichkeit bei den Zugführern und Unteroffizieren des Regiments durchgesetzt. Es dauerte nicht lange, und ein Offizier fragte ihn, ob er sich an einem von General Manuel Rabelo geführten Staatsstreich zur Errichtung einer »republikanischen Diktatur« beteiligen würde, und Juvêncio sagte prompt zu.

Der Offizier trug ihm auf, die Sergeanten und Zugführer für die Sache zu gewinnen, Verbindungen anzuknüpfen. Damals war Juvêncio einundzwanzig Jahre alt, und später im Gefängnis, die Bewegung von 1935 einschätzend, gestand er sich, daß er vormals zweifellos ein Putschist gewesen war, daß er nur auf

Waffengewalt, auf Militärerhebungen gebaut hatte, abgesehen davon, daß er seit seiner Abreise aus São Paulo die Verbindung zur Partei gänzlich verloren und nach eigenem Gutdünken gehandelt hatte.

Einige Tage danach allerdings hatte ihn ein Musiker der Ersten Klasse aufgesucht, Quirino mit Namen. Er wies ein Beglaubigungsschreiben der Kommunistischen Partei vor und stellte ihm einige Fragen. Er sei doch Mitglied der Partei, oder? Und habe er nicht Verbindungen in São Paulo? Juvêncio war freudig erregt, wie ein junger Bursche, der erstmalig eine Liebste findet. Sein Ansehen bei den Zugführern und Unteroffizieren wuchs augenfällig. Es behagte ihnen, wie er sich den Offizieren gegenüber gab: nicht arrogant und auch nicht unterwürfig, sondern selbstsicher. Die Monate in Letícia, am Amazonas, hatten ihn gelehrt, daß die Offiziere auch nur aus Fleisch und Blut waren und daß man einen Menschen erst in schwierigen Augenblicken richtig kennenlernte. Dort, im entsetzlichen Urwald, gaben sich alle, ob Offizier oder niedere Charge, wie sie wirklich waren. Er selber hatte 1932, während der Kämpfe gegen die Aufständischen von São Paulo, gelernt, sich rasch zu entschließen, Verantwortung zu übernehmen, brenzliche Situationen nicht zu fürchten. Er war kaum einen Monat in Natal, und schon entschied er für die meisten der Zugführer und Unteroffiziere, er war ihnen in den unterschiedlichsten Angelegenheiten Ratgeber. Eine Gruppe scharte sich um ihn, vornan Macedo und Valverde, und alle konspirierten sie mit ihm für die »Republikanische Diktatur«.

Bis jene Information aus dem Süden eintraf, hatten sich Quirino und einige andere abseits gehalten, hatten sie Juvêncio von fern beobachtet, mit einer gewissen Vorsicht. Dann entschied die Ortsleitung, mit ihm zu sprechen, sie wußte um sein Ansehen. Mochte sie ihm auch noch nicht sonderlich trauen, so wollte sie jene Gruppe von Zugführern und Unteroffizieren möglichst doch für sich gewinnen. Quirino tat bei der ersten Unterredung reserviert und geheimnisvoll. Er fragte viel und redete selber wenig. Juvêncio wollte gleich Verbindung mit der Partei, fragte nach deren Direktiven und Maßgaben. Quirino schnitt das Gespräch ab, er überließ ihm eine Nummer der »Arbeiterklasse« und sagte, man werde tags darauf weiterreden. Jedoch er hintertrieb es, ging Juvêncio aus dem Weg, zeigte sich unnahbar. Juvêncio grübelte. Was war hier los?

Wiederholte Male las Juvêncio die vier Seiten der »Arbeiterklasse«. Von der Aliança Nacional Libertadora hatte er schon gehört, einige Freunde Quirinos gehörten ihr an, aber nur wenige. Weitaus mehr waren für die »Republikanische Diktatur«. Eine Woche verstrich, Juvêncio war diesem Quirino hinterdrein, der sich dem Gespräch entzog, mit Ausflüchten, die nicht überzeugten. Endlich, an einem Sonnabend, kam Quirino lächelnd daher: »Ich möchte Sie heute irgendwohin führen . . .«

»Heute bin ich verhindert«, entschied Juvêncio. »Die ganze Woche stand ich zu Ihrer Verfügung. Ein andermal!«

Quirino schlug einen ernsten Ton an: »Es ist ein Befehl der Partei . . . Keine Diskussion! Wenn ich mich nicht eher gemeldet habe, so deshalb, weil ich dazu noch nicht angewiesen war. Jetzt aber ruft die Partei den Genossen.« Das hatte bei Juvêncio seine Wirkung.

»Nein, keine Diskussion, ich komme.«

Quirino bestellte ihn in ein ferngelegenes Vorstadtviertel, zu neun Uhr abends. Er tat geheimnisvoll: »Warten Sie nicht länger als fünf Minuten. Falls ich nicht komme, gehen Sie wieder und warten die nächste Anweisung ab.«

Das gefiel Juvêncio, beflügelte seine Phantasie. Er drückte dem Genossen die Hand. Anschließend hatte er große Mühe, Valverde beizubringen, daß er seinem Wunsch nicht nachkommen könne, ihn an diesem Abend nicht zu Conceição begleiten könne, dessen Freundin ihren Geburtstag feierte.

»Vielleicht tauche ich später dort auf, falls die Zeit es erlaubt.«

»Wo willst du denn hin?«

»Ich hab was vor.«

»Was denn?«

»Tja . . .«

»Ein Geheimnis?« forschte der empfindliche Valverde.

Juvêncio legte ihm die Hand auf die Schulter. »Später erfährst du es.«

Sicherlich ging es um die »Republikanische Diktatur«. Die Verschwörung machte langsam Fortschritte, Juvêncio führte mit den in die Sache verwickelten Offizieren ab und an Gespräche.

Um so etwas mochte es sich wohl handeln. Valverde bat lediglich: »Sieh zu, vielleicht kannst du doch auf einen Sprung kommen. Damit Conceição nicht beleidigt ist. Der ganze Haufen ist da, es wird getanzt, und ein Stück Kuchen gibt's auch ... Und bring Lurdes mit.«

»Ich schicke Lurdes, und falls die Zeit es erlaubt, komme ich nach, so gegen elf oder Mitternacht.«

Um neun Uhr war er vor Ort. Er rauchte eine Zigarette, behielt die leere Straße im Auge. Lediglich an einer Ecke lehnte ein Liebespärchen an der Wand. Eine Kirchenglocke schlug neun, da tauchte Quirino aus dem Dunkel auf, vor sich hin pfeifend. »Gehen wir«, sagte er, als er heran war.

Sie schritten an dem Pärchen vorbei. Das Mädchen wandte das Gesicht ab. Ob sie hübsch ist?, überlegte Juvêncio. Quirino schwieg, wenig später bogen sie in ein ungepflastertes, schlammiges Gäßchen ein. Weiter vorn sahen sie eine Gestalt. Wieder pfiff Quirino, nun ein bißchen lauter. Der andere verlangsamte den Schritt, bis sie ihn einholten. Kein Händedruck, Quirino machte sie knapp miteinander bekannt: »Genosse Juvêncio ... Genosse Pedra.«

Ein Deckname, überlegte Juvêncio und nahm sein Gegenüber in Augenschein. Er mochte etwa fünfzig sein, war kahl, hatte ein rötliches Gesicht, wirkte friedfertig, schlicht — er lächelte sympathisch und entblößte dabei seine Zahnlücken. An der nächsten Ecke murmelte Quirino einen Gutenachtgruß und verschwand. Die beiden gingen weiter, schweigend, dann fragte der Mann: »Warum hast du dich bei der Ankunft nicht mit der Partei in Verbindung gesetzt? Als Genosse und Kommunist ...«

»Wie zum Teufel sollte ich herauskriegen, wo sich die Partei versteckt hält?«

»Hattest du keine Empfehlung mit?«

»Höchstens von den Indianern. Ich kam vom Amazonas. Als ich aus São Paulo ins Mato Grosso überwechselte, gaben sie mir eine Empfehlung für die Genossen dort. In Campo Grande sprach ich vor, aber man zeigte sich abweisend, ich solle warten, hieß es. Sie ließen mich schmoren, nie bekam ich einen Auftrag. Sie kamen höchstens, um zu kassieren, denn immer konnte ich beim Regiment etwas Geld auftreiben. Ich blieb dort nur kurze

Zeit, dann ging es an den Amazonas. Sie gaben mir eine Empfehlung für Manaus, aber ich kam an die Grenze zu Kolumbien, nach Letícia.«

»Davon hab ich einiges gehört.«

Juvêncio verwirrte es ein bißchen, daß der andere möglicherweise gemeint hatte, er wolle ihm seine Erlebnisse an der Grenze lang und breit erzählen. Ohne sonderliche Lust fuhr er fort: »Von da kam ich hierher. Wie aber sollte ich die Partei ausfindig machen, wenn ich hier keinen Kommunisten kannte?« Aufrichtig klang es, als er hinzufügte: »Ich war versessen darauf, sie zu finden.«

»Genosse, du bist doch in die Verschwörung für eine ›Republikanische Diktatur‹ verwickelt, oder?«

»Ja. Und ich habe es Quirino bereits gesagt.«

»Ein Fehler, da mitzumischen. Einverstanden, du konntest die Partei nicht ausfindig machen, und in der Tat, es ist nicht leicht . . .« Er lachte auf, mit dem triumphierenden Gefühl, daß die illegale Arbeit so ausgezeichnet klappte. »Aber daß ein Kommunist bei einer abenteuerlichen bourgeoisen Konspiration mitmischt, wie willst du mir das plausibel machen?«

»Will ich ja gar nicht. Zugegeben, vielleicht war es ein Fehler von mir. Aber sollte ich weiter die Hände in den Schoß legen und Maulaffen feilhalten? Man sprach mich an, und ich habe Ja gesagt. Eine Eselei . . .«

»Deine Aufrichtigkeit gefällt mir. Du kommst nicht mit dummen Ausflüchten. Ein Kommunist muß selbstkritisch sein können. Nimm schleunigst Abschied von dem albernen Unternehmen.«

»Ist das ein Befehl?«

Der Mann schüttelte verneinend sein kahles Haupt und setzte nach einer Pause hinzu: »Du bist gut angeschrieben bei einer Reihe von Zugführern und Unteroffizieren. Soweit die Partei informiert ist, genießt kein anderer Zugführer im Regiment soviel Ansehen wie du.«

Juvêncio wollte erst bescheiden abwehren, pflichtete aber bei: »Stimmt, die Leute mögen mich.«

Das war nicht Eitelkeit, fühlte der andere, sondern nur Bekräftigung einer Tatsache. Der Schuster – Pedra, das war niemand anderes als der Schuster Luís – zeigte sich auch von der

Ehrlichkeit und natürlichen Geradheit des jungen Mannes beeindruckt.

»Du wirst gute Arbeit leisten ... Die Zelle im Regiment ist klein ...« Er ruderte zur besseren Erklärung mit den Armen. »Die Arbeit beginnt ja erst. Du, so gut angesehen, kannst der Partei viele Leute zuführen ... oder zumindest der Allianz.«

»Der Aliança Nacional Libertadora?«

»Hast schon davon gehört? Eine Bewegung, die gedeiht. Mit Prestes an der Spitze; prächtig!«

Was der Unterschied zwischen der Partei und der Allianz sei und wie die Beziehungen zueinander, wollte Juvêncio wissen. Der Schuster erklärte lang und breit, die Sache war ihm geläufig, er hatte es schon oft erklären müssen.

Juvêncio hörte schweigend zu. Er kannte Pedras Rang in der Partei nicht, spürte aber, daß er ein Mann von Kompetenz war. Später verabschiedete man sich, für Juvêncio noch Zeit genug, sich bei Conceição einzufinden. Dort war der ganze Haufen versammelt. Mit Geschrei und Hallo hießen sie ihn willkommen, schenkten ihm Schnaps und Bier ein. Lurdes saß lächelnd in einem Sessel und sah den Paaren beim Tanz zu. Ihr Bauch hob sich schon ab; im übrigen tanzte sie nur mit Juvêncio. An sie wandte er sich zuerst: »Hast du für Alzira ein Geschenk mitgebracht?« Alzira war Conceiçãos Freundin und das Geburtstagskind.

»Ja, einen Präsentkasten mit Seife.«

»Gut so. Laß uns tanzen.«

Mitten im Fest rief er Valverde und Macedo zur Seite und erklärte in leisem Ton: »Die Sache mit der ›Republikanischen Diktatur‹ hat sich erledigt.«

»Erledigt? Haben sie das Spielchen aufgegeben?« Valverde zeigte sich nicht erbaut.

»Was?! Und ich erhoffte mir vom Staatsstreich Beförderung, die Insignien eines Unteroffiziers«, rief Macedo.

»Nein, nicht sie haben aufgegeben, sondern wir.«

»Wir?« Macedo begriff nicht.

»Ja, wir ... Mit denen nicht mehr! Die haben ein Abenteuer vor. Und wir stürzen uns nicht in Abenteuer, sondern machen mit ihnen Schluß.«

»Und was nun?«

»Jetzt gehören wir der Libertadora an.«

»Libertadora? Was ist denn das?«

»Die Aliança Nacional Libertadora.«

»Ah, ich kenn einen Leutnant, der gehört ihr an ... ein guter Typ«, rief Valverde.

»Aber warum das?« wollte Macedo wissen.

»Bist du etwa nicht Kommunist?« Seit sie wußten, daß Juvêncio Kommunist war, wähnten sie sich alle Kommunist. Juvêncio hatte sich, seit er mit der Partei in Verbindung stand, immer als Kommunist ausgewiesen, selbst wenn er keinen Kontakt zur Organisation unterhielt.

»Na klar bin ich's.«

»Nun, die Kommunisten sind mit der Allianz verbündet. Und wir müssen uns vorbereiten, die Revolution wird nicht lange ausbleiben.«

»Willst du etwa sagen, daß die Allianz ...«

»Es sei denn, daß einer von euch in die Partei eintreten will. In die Kommunistische Partei. Da ist die Sache schon gefährlicher.«

»Ich ziehe die Partei vor«, sagte Valverde.

»Ich auch.«

Conceição trat heran. »Was gibt's?«

Juvêncio wollte das Thema wechseln, aber Plaudertasche Valverde legte gleich los: »Wir haben uns von der ›Republikanischen Diktatur‹ getrennt.«

»Und nun?«

»Jetzt ist es die Aliança Nacional Libertadora.«

Die ihm verläßlicher schienen, führte Juvêncio der Partei zu. Und sie begannen auf Regimentsebene eine intensive Arbeit. Die meiste Verantwortung lag bei Quirino, wenigstens nominell und bis zum Aufstand. Im Grunde aber war es Juvêncio, der die Zelle und den Organismus der Allianz leitete.

Hier nun, im vollen Raum, lauschte Juvêncio dem Bericht des Genossen aus dem Süden. Der sprach von Dingen, die Juvêncio gut kannte, sprach vom hiesigen Regiment, und seine Ausführungen trafen die Wirklichkeit nicht. Er übertrieb offenkundig. Juvêncio schaute zu Quirino hinüber, stammten die Informationen von ihm? Oder schüttelte der Redner sie aus dem Ärmel, um die Leute zu beeindrucken? Da täte er nicht gut, er gewann nichts, wenn er die Situation falsch darstellte. Die Genossen hatten Einfluß auf das Regiment, eine Anzahl Zugführer und Unteroffiziere standen auf ihrer Seite, doch gar so viele, wie der Redner angab, waren es nicht. Juvêncio kannte die Chargen gut und konnte nicht behaupten, daß mehr als die Hälfte mit der Allianz sympathisierte. Hingegen wußte er um den nicht unbeträchtlichen Einfluß der Integralisten.

Der Redner schloß seinen Bericht mit der Bemerkung, sie sollten den Aufstand nicht provozieren. Doch wenn die Soldaten und Zugführer bei der ohnehin immer prekärer werdenden Situation zur Revolte neigten, dann sollten sie diese in der Tat unterstützen. Das hörte sich an, als befürworte er insgeheim den Staatsstreich.

Als der Redner geendet hatte, eröffnete Schuster Luís, der den Vorsitz führte, die Diskussion. Schweigen zunächst, die Leute blickten einander an. Schließlich ergriff Quirino das Wort: »Alle haben wir den Bericht des Genossen Tadeu gehört. Er hat die Situation gut dargelegt. Wir haben viel mitbekommen und wissen nun, wie wir handeln müssen. Ich bin gleichfalls der Meinung, daß die Situation herangereift ist und wir, sobald wir nur wollen, das Regiment zum Aufstand führen können und den Bundesstaat im Nu in der Hand haben ... Ich fand seinen Bericht ausgezeichnet, ein Beweis dafür, daß Genosse Tadeu selber Führungsqualitäten besitzt.«

Er schwieg, und die anderen nickten beifällig. Luís rief: »Sonst noch Wortmeldungen? Wenn nicht, dann ...«

»Ich möchte noch etwas sagen«, rief Juvêncio. Alle schauten zu ihm hin. Agnaldo hob die Augenbrauen, dieser Zugführer gab sich reichlich unverschämt.

Juvêncio unterstrich einleitend, der Bericht habe ihm viel vermittelt, jedoch über die Situation in Natal sei der Genosse schlecht informiert.

»Im Regiment jedenfalls sieht es nicht so rosig aus. Wir sind stark, jawohl. Aber mir scheint, der Genosse hat einen von diesen Bollwerksberichten in die Hände bekommen. Die erwähnten Offiziere habe ich noch nie in unserem Kreis gesehen, auch stimmt es nicht, daß die Zugführer geschlossen auf unserer Seite sind, noch weniger die Unteroffiziere. Des weiteren habe ich nicht recht verstanden, sollen wir uns denn nun erheben oder nicht? Der Genosse hat sich da nicht klar ausgedrückt. Wenn ja, dann wollen wir zusehen, daß die Sache Hand und Fuß gewinnt. So wie es der Genosse sagte, war das nicht Fisch noch Fleisch.«

Agnaldo mißfiel solche Rede, Juvêncio aber scherte sich nicht drum. So sah für ihn die Ehrlichkeit gegenüber der Partei aus: aus dem Herzen keine Mördergrube machen. Wieder herrschte drückende Luft. Das rote Licht der Öllampe gab den Konspirateuren lange Schatten.

2

Als Juvêncio von der Versammlung heimkehrte, fand er Lurdes sehr unpäßlich vor. Mager und blaß wirkte ihr von langem schwarzem Strähnenhaar umrahmtes Mischlingsgesicht, die Schwangerschaft ließ sie noch leidender erscheinen.

»Du warst lange fort ... ich halte das nicht mehr aus.«

Er, innerlich erregt, brauste auf: »Quatsch ...! Tu nicht so zimperlich, das können wir armen Leute uns nicht leisten.«

Sie sagte nichts, schaute nur erschrocken drein, mit einem Anflug von Trauer in den Mundwinkeln. Er bereute. »Nimm es mir nicht krumm. Ich bin hundemüde. Ich habe zuviel im Kopf ... Was fehlt dir denn?«

Er gab sich besorgt und lieb. Seine sonst so kindlich schalkhaften Augen blickten reumütig. Er streckte sich neben ihr aus. »Was hat mein Schatz?«

Und er wiederholte das Spiel, das ihr so sehr gefiel: »Du bist eine Negerin, eine böse schwarze Negerin ...« Sie hatte feine Gesichtszüge, feiner als er. Obwohl er einen helleren Teint hatte als seine Geschwister, war er dennoch unverkennbar ein Mischling. »Du bist an einen Weißen geraten, aber du sollst aufrecht gehen.«

Sie lachte. »Ja, böse bin ich«, sagte sie. »Ich habe mich schon übergeben, mir ist ganz übel, ich kann mich nicht auf den Beinen halten.«

»Du arbeitest viel, zuviel. Wir können uns aber kein Dienstmädchen leisten. Wie das nur werden soll, du mit dieser Wampe.«

 Er verlor sich in Gedanken. Wie sollte das werden? Zu Macedo und Valverde hatte er immer gesagt: »Ein Kommunist darf nicht heiraten.«

Die beiden waren nicht verheiratet, wenn sie ihr Leben einbüßten, wäre das nicht schlimm. Er aber hatte eine Frau, und die trug ein Kind im Bauch. Verheiratet waren sie nicht, er war aus grundsätzlicher Erwägung gegen die Ehe. Erst im Gefängnis, im Kontakt mit anderen Genossen, begriff er, daß es ein Vorurteil gewesen war, und er heiratete per Vollmacht. Lurdes hatte mit ihrer Familie gebrochen und war zu ihm gezogen. Ihre Liebe war an einem sonnigen Nachmittag aufgekeimt, er hatte Ausgang und trug die tadellose Uniform, sie hatte ein blaues Kleid an und kehrte von der Arbeit in der Schneiderwerkstatt zurück. Er lief ihr hinterdrein, sprach sie an, gab acht, wo sie wohnte, kam am Abend und spazierte vor ihrem Haus herum. Lurdes lag im Fenster, sie lächelte ihm zu, dann machte sie einen kleinen Bummel mit Freundinnen. Er trat heran, knüpfte ein Gespräch an, am Abend darauf erschien er wieder.

Bevor er es recht merkte, hatte er sich verliebt. Nachts träumte er von ihr, in der Kaserne blieb er stehen und warf einen Blick auf das Bild, das sie ihm geschenkt hatte und das er in seinem Ausweis trug. Noch hatte er nicht mit Quirino gesprochen, er war mit dem Aufstandsplan für die »Republikanische Diktatur« befaßt. Heiraten jedenfalls, das war wider seine Prinzipien. »Ein Kommunist unterwirft sich nicht solchen Riten«, sprach er zu Lurdes, mitten im Küssen. Er entsann sich des Buches von Maria Lacerda Moura; er wußte zu der Zeit nicht, daß sie keine Kommunistin war, so wenig er damals einer war. Lurdes sah voraus, daß die Mutter Schwierigkeiten machen würde. Der Vater war gestorben, sie lebte mit der Mutter und den Geschwistern zusammen. Eines Nachts floh sie von zu Hause, Juvêncio hatte ein kleines Haus gemietet, hatte ihr ein Ultimatum gestellt: »Wenn du es ernst meinst, dann entscheide dich!«

Die ersten Tage weinte sie. Sie schickte ihrer Mutter Nachrichten, doch die Antwort blieb aus. Von einer Nachbarin wußte sie, daß die Mutter laut ausgerufen hatte: »Mir tritt sie erst wieder über die Schwelle, wenn ich die Zusicherung habe, daß sie heiratet. Andernfalls ist sie in meinen Augen eine Hure!«

Die Alte war eine energische Frau; als ihr Mann starb, hatte sie sich ohne Zaudern in die Arbeit gestürzt. Sie wusch gegen

Bezahlung, riesige Bündel, die der elfjährige Jüngste in die Häuser der Kundschaft trug. Doch sie blieb nicht bei ihrer starren Haltung. Als Juvêncio eingesperrt wurde und die Tochter nah am Gebären war, legte sie ihren Stolz ab, holte sie Lurdes nach Hause. Sie hielt ihr eine Standpauke, jawohl, doch als Lurdes niederkam und Juvêncio das Essen nicht mehr ins Militärhospital bringen konnte, warf sie sich den Mantelschal über, nahm den Topf unter den Arm und ging selber ins Hospital, wo sich Juvêncio, eingesperrt, langsam erholte. Große Augen machte er, als er sie kommen sah. Mit seinem Schalkslächeln rief er: »Sie hier?«

Sie blieb ihm die Antwort nicht schuldig: »Wenn du hier rauskommst, werden wir ja sehen, ob du Scham genug hast und endlich heiratest. Jetzt bist du Vater, du hast ein Kind.«

»Ist es schon da? Ein Junge?«

»Ein Mädchen, zum Leiden geboren wie ich und meine Tochter.«

Sie setzte sich auf den kalten Schemel und fuhr fort: »Bist ja wirklich nicht bei Trost. Was mußtest du dich denn einmischen in diese Revolte?«

»Um den Menschen ein besseres Leben zu verschaffen, denn dieses jetzt ist schlimmer als das eines Hundes. Hab ich nicht recht getan?«

Sie blickte ihn fest an. »O doch«, sagte sie.

So schlossen sie Frieden.

In den Monaten, die dem Aufstand vorausgingen, hatte Juvêncio oft darüber nachgedacht, was mit seiner Frau geschähe, wenn er plötzlich sterben müßte. Zu ihrer Mutter würde sie nicht zurückkehren, selbst wenn die Alte einwilligte, er kannte Lurdes und ihren verbohrten Stolz. In ihrem Zustand als Schwangere konnte sie keine Nähaufträge übernehmen, und womit sollte sie die Hebamme bezahlen und das Kind ernähren? Sicherlich halfen die Genossen. Doch der Partei fehlte es an Geld, sie kämpfte mit riesigen Schwierigkeiten.

»Ein Kommunist sollte nicht heiraten«, sagte er zu Valverde und Macedo, wenn sie sich in der Kaserne unterhielten. Jeden Augenblick könnte ihn der Tod erreichen, im Untergrund, bei einem Zusammenstoß mit der Polizei, auf einem von Schießerei begleiteten Meeting, in einer Revolte wie dieser, die sie vorbereiteten. Und doch bereute er es nicht einen Augenblick, Lurdes bei sich zu haben. Sie verlieh ihm Mut und Selbstvertrauen. Als sie zu ihm zog, betete sie noch und besuchte am Sonntag den Gottesdienst. Doch dann ließ sie davon ab, Juvêncios neuer Glaube wurde auch ihr Glaube, sie las die Materialien, die er nach Hause brachte, schweigend und ohne viel zu fragen, sie begriff, daß er seine Geheimnisse haben mochte. Im übrigen betonte er, seit er wieder Verbindung mit der Partei hatte: »Es gibt Dinge, die ich nicht einmal dir anvertrauen darf. Am besten, du fragst gar nicht erst.«

Zum Schuster Luís, der gelegentlich erschien, entwickelte Lurdes eine gute Freundschaft. Sie setzte dem Glatzkopf jedesmal einen kräftigen Kaffee vor, erkundigte sich nach der Ehefrau und den Kindern, gab ihm Teerezepte, wenn sich die Kinder eine Erkältung oder einen Katarrh zugezogen hatten. Juvêncio in seiner brüsken Art schnitt ihr jedesmal die Rede ab: »Mach dich hinaus, jetzt wird das Gespräch ernst.« Doch spürte sie Zärtlichkeit hinter seinen Worten.

Sie ging dann hinaus, manchmal zupfte sie ihn am Ohr, Juvêncio stieß ihre Hand zurück, aber sein kleiner Finger krabbelte sie am Handgelenk.

Nun sah Juvêncio sie da liegen, im Bett, mit bleichem Gesicht. Ihr über das Kissen wallendes schwarzes Haar verströmte den Geruch billigen Öls. Sie ist so hinfällig, dachte er. Schwanger war sie, gut essen mußte sie — aber woher das Geld nehmen?

Er hatte wenig Zeit für sie, auch darunter mochte sie leiden. Arme Lurdes, was wurde aus ihr im Falle eines Aufstands? Er hätte sie zu Hause lassen, sie nicht in sein Leben einfügen sollen, das ihm nicht gehörte. Und er hatte ihr ein Kind gemacht. Beim Gedanken an den noch ungeborenen Sohn lächelte er ... Ein Junge würde es sein, und von seinem Vater würde er beizeiten lernen, gegen das Unrecht anzukämpfen, gegen das Elend dieser Welt aufzubegehren. Er wollte ihn lehren, die Faust zu ballen und Hochrufe auf die Partei auszubringen. Wie Schusters Jüngster. Wenn man ihn fragte, was er sei, antwortete er in kindlichem Brabbeln: »Kommunist!«

Lurdes stöhnte leise. Wieder spürte sie Brechreiz. Juvêncio war in Gedanken bei der Versammlung, bei Agnaldos Bericht. Er beugte sich über sie. »Was hast du?«

Sie sah kreidebleich aus, wandte den Kopf zur Seite, vom Lager fort, er lief mit dem Nachtgeschirr herbei, sie übergab sich. Was sollte aus ihr werden, falls ihn eine Kugel erwischte, falls er beim Aufstand draufging? Aber dieser Gedanke ließ ihn nicht eine Minute lang wanken. O ja, er machte sich Sorgen um sie, doch das brachte ihn nicht einen Augenblick von der Sache ab.

Er stützte Lurdes den Kopf und bettete ihn wieder ins Kissen. Sie schloß die Augen. »Mir ist ganz schwindlig«, sagte sie.

»Ich mach dir einen Tee.«

Morgen müsse er mit jenem Leutnant sprechen, einem Parteigänger der »Republikanischen Diktatur«. Deren Konspiration führte zu nichts, vielleicht daß er zur Libertadora überwechselte.

Juvêncio zündete den Spirituskocher an. Aus dem Garten wehte ein nächtlicher Windhauch den Geruch nach Erde herüber. Jäh dachte er an den Sertão, an die Fazenda, an sein Zuhause mit der Freifläche vor der Hütte, mit dem Pferch. Er sah seine Mutter vor sich, die alte Jucundina. Ihr würde Lurdes bestimmt gefallen ... Würde ihr auch die Partei zusagen? Was ihm oder einem seiner Brüder gefiel, das gefiel auch ihr. Bruder José gehörte der Bande des Lucas Arvoredo an, und nie hatte er die Mutter ein abfälliges Wort gegen die Cangaceiros sagen hören, die ihr den Sohn entführt hatten.

Aus dem Zimmer drüben rief Lurdes: »Nenén! Nenén! Ist nicht mehr nötig ... Ich fühle mich schon besser.«

3

Auch er hätte zu dieser Stunde ein Mitglied von Lucas' Bande sein und anstatt der Armeeuniform das Lederwams eines durch die Caatinga streifenden Jagunço tragen können. Als er von zu Hause floh, hatte er keinen anderen Gedanken, als Lucas Arvoredo zu finden, sich ihm vorzustellen, um Aufnahme in seine Bande zu bitten. Er hatte erfahren, daß Lucas in der Gegend umherstreifte, und viele Tage lang suchte er in der Caatinga, vergebens. Er sah sich betrogen, wollte aber nicht aufgeben. Auf einem Wochenmarkt erfuhr er, die Bande des Lucas halte sich in
 einem benachbarten Bundesstaat auf, und so kam es, daß sich

Nenén statt in seiner engeren Heimat in einem anderen Bundesstaat von der Militärpolizei anwerben ließ, denn auf seiner Suche gelangte er über seinen Heimatstaat hinaus bis an die Küste. Lucas war wie vom Erdboden verschwunden, vielleicht hockte er in einem Schlupfwinkel im tiefsten Sertão, während die Zeitungen ihn an fünf, sechs verschiedenen Orten meldeten. Gelegentlich bediente er sich solcher Tricks. Etwa ein Dutzend seiner Cangaceiros überfielen Fazendas in der einen Richtung, lockten die Polizeikräfte dorthin, woraufhin er mit dem Gros seiner Bande in eine größere Stadt eindrang.

Bruder José hatte sich den Cangaceiros angeschlossen, weil ihre barbarisch lautstarke Begeisterung und ihre tagtäglich mit dem Gewehr verteidigte Freiheit ihn so faszinierte. Wie konnte er auf der Fazenda bleiben, nachdem er jene erlebt hatte? Schon vor ihm war Jão, der älteste Bruder, fort, weil die Parzelle, die der Vater bearbeitete, ihm keine Aussichten bot, und auch wegen des Krachs um Atalibas Tochter. Damals war Juvêncio noch ein halbes Kind, doch der Gedanke wegzugehen war in ihm aufgekeimt, noch ehe die Brüder es ihm vormachten. Wenn er in aller Frühe mit geschulterter Sense aufs Feld ging, fühlte er sich wie ein Sklave, der Ketten an den Füßen trug. Dieses Landstück gehörte einem Fremden, und sogar den angepflanzten Maniok und Mais konnte ihnen der Oberst jederzeit streitig machen. Schon der eine Tag unentgeltlicher Arbeit für die Fazenda, das war zuviel der Ausbeutung. Langte es nicht, daß sie die Ernte an den Obersten verkaufen mußten, zu einem Preis, den er bestimmte, und daß sie alles Erforderliche im Magazin der Fazenda kaufen mußten? Er hörte von Landraub, von Verbrechen, hörte von Bauern, die den Fazendeiro getötet hatten und in den Busch geflohen waren oder zu langen Freiheitsstrafen auf die Insel Fernando de Noronha verschickt wurden. Es drängte ihn, Rache zu üben und für die Gerechtigkeit zu streiten. In seinen Augen waren Lucas Arvoredo und die Banditen die furchtlosen Rächer der Sertanejos. Das Recht war auf ihrer Seite. Wer Tag und Nacht für die Fazenda schuften mußte, von der Wiege bis zur Bahre die Hacke auf dem Buckel, dem blieb nur eines – alles hinwerfen, zum Gewehr greifen, sich von den Fazendas und von den Städten holen, was ihm zustand. Hätte Nenén bei seinem eifrigen Suchen in der Caatinga Lucas gefunden, er wäre Cangaceiro geworden. Wie viele andere Söhne des Sertão begann er blindlings aufzubegehren gegen das Leben, das sie führten. Hätte Estêvão, der Beato, damals schon gepredigt, vielleicht hätte sich Juvêncio ihm angeschlossen. Hier in der Caatinga führte die Revolte wider den Hunger die Männer ins Banditendasein oder zu verzweiflungsvollem Mystizismus. Aber Nenén fand die Bande des Lucas nicht, er kam zum Eisenbahnbau, ihn verleitete der Pfiff der Lokomotive, er bestieg einen Waggon, gelangte in die Stadt. Achtzehn Jahre alt war er damals, oder fast. Mehr durch Zufall landete er bei der Militärpolizei, dem Notanker der Burschen vom Lande. Er wurde auf offener Straße in eine Schlägerei verwickelt, zwischen einem Gefreiten und einem Soldaten der Polizei auf der einen Seite und Leuten der Zivilgarde und der Verkehrspolizei auf der anderen Seite. Den Grund des Streits kannte er nicht, aber hier standen ihrer vier gegen zwei. In Wirklichkeit waren die zwei im Unrecht, sie waren betrunken, hatten sich rüpelhaft benommen, die Zivilgardisten mußten einschreiten, und die Verkehrspolizisten eilten ihnen zu Hilfe. Es endete erst, als eine Streife der Militärpolizei eingriff und allesamt abführte, den Gefreiten, den Soldaten, die Zivilgardisten, die Verkehrspolizisten und den schon blutenden jungen Burschen.

Der Kommandant der Militärpolizei war stolz auf seine Männer, gegen die, so behauptete er, niemand ankäme, weder die Armeesoldaten noch die Marinekadetten. Der Chef der Zivilgarde geriet in Wut darüber, daß seine Mannen schamloser Muschkoten wegen von der Militärpolizei eingelocht worden waren. Und der Gouverneur bereinigte den kleinen politischen Zwischenfall auf die einfachste, beste Weise: Schwamm drüber. Die Zivilgardisten und Verkehrspolizisten wurden ihren Körperschaften rückerstattet. Der Kommandant, grinsend, verwarnte den Gefreiten und den Soldaten. Es blieb noch Juvêncio übrig. Er hatte sich im Gefängnishof mit Wachsoldaten und Zugführern angefreundet. Der Kommandant bestellte ihn zu sich, fragte ihn: »Warum haben Sie sich in den Streit eingemischt?«

Ein Unteroffizier hatte ihm die Antwort eingebleut: »Da waren zwei Soldaten der Polizei gegen vier von der Zivilgarde ... Ich konnte es nicht mit ansehen, wie die Polizei Dresche bezog.«

 »Du magst wohl die Militärpolizei?«

»Ja, Senhor.«

Der Kommandant hatte ein Herz für diese Sertanejos. Sie gaben gute, tapfere Soldaten ab, nur sie taugten bei der Verfolgung der Cangaceiros in der Caatinga, sie stahlen nicht, waren von einem Ehrgefühl, das den rekrutierten Städtern abging.

»Möchtest du Soldat werden?«

»Ja, Senhor, möcht ich.«

Und er trug erst seit kurzem die Uniform, da brach in São Paulo die Konstitutionalistische Revolution aus. Juvêncio kannte sich in der Politik absolut nicht aus, debattierte in der Kaserne aber eifrig mit. Aus natürlicher Neigung war er für die Aufständischen und gegen die Regierung. Unbewußt und anarchisch war seine Aversion gegen die bestehende Ordnung. Gleichwohl bestieg er trotz Sympathie für die andere Seite das Schiff nach Rio frohgemut. Sie würden gegen die von São Paulo kämpfen, und diese Vorfreude war mächtiger als die vage Sympathie für die Konstitutionalisten. Im übrigen hatte man ihnen gesagt, es ginge gegen die Italiener, die darauf abzielten, Brasilien zu beherrschen und die Brasilianer zu versklaven.

An der Front zeigte er, was in ihm steckte. Ein Draufgänger wie kein zweiter! Binnen kurzem war er Gefreiter, und den Feldzug beendete er als Feldwebel. Siegreich waren sie in São Paulo eingezogen, er paradierte durch die Straßen, und wie viele andere erlag er dieser Stadt – ihrem Trubel, ihrem quirlenden Leben, das so anders war als in den Städten des Nordostens. Während seiner Kindheit und Jugendzeit auf dem heimatlichen Feldstück hatte der Name São Paulo für ihn stets wie ein Zauberwort geklungen. Dorthin zogen jahraus, jahrein Tausende von Bauern, in der Hoffnung auf ein besseres Leben. Dort gab es unsäglichen Reichtum, dort war alles größer, gewaltiger. Bei der Militärpolizei hatte er seine Volksschulausbildung mit einem Eifer betrieben, der seine Vorgesetzten in Staunen versetzte. Bald schon las und schrieb er fehlerfrei, überholte er viele, die vor ihm angefangen hatten. Bei dem drei Monate währenden Fronteinsatz sammelte er Erfahrung wie sonst in mehreren Jahren, und mit wenig mehr als achtzehn Jahren fühlte er sich bereits voll erwachsen und imstande, jedwede Sache zu meistern. Der instinktive Hang zur Revolte war geblieben, nun wußte er in gewissen Dingen Bescheid und steckte in jeder Konspiration der Zugführer und Unteroffiziere mit drin. Ohne recht den Grund zu kennen, war er unzufrieden mit allem und mit allen.

Am Vorabend der Abfahrt nach Santos, wo das Schiff nach Nordosten sie erwartete, verschwand Unteroffizier Juvêncio spurlos. Da die Leute von São Paulo die siegreichen Soldaten in den dunklen Gassen des Hurenviertels abschlachteten, meinten seine Leute, es habe ihn erwischt, und der Kommandeur bedauerte es, er hatte Juvêncio gemocht, hatte ihn sogar auf der Polizeischule unterbringen wollen, zur Offiziersausbildung.

Der Zufall wollte es, daß er Zé Tavares, dem ehemaligen Lohnarbeiter von der Fazenda, begegnete. Obgleich Zé die Uniform eines Zivilgardisten trug und sie sich acht Jahre nicht gesehen hatten, erkannte Juvêncio ihn sofort. Dank seiner entging er dem Verhungern. Zé Tavares nahm ihn zu sich nach Hause, gab ihm zu essen, wollte sich bemühen, ihn bei der Zivilgarde unterzubringen, was ihm dann auch gelang. Juvêncio wurde Zivilgardist, und in dieser Zeit auch nahm er Verbindung zur Partei auf.

Von São Paulo wurde er ins Mato Grosso geschickt. Damals war der Grenzkrieg zwischen Peru und Kolumbien in vollem Gange. Eine Abteilung unter dem Kommando eines Oberleutnants wurde nach Letícia versetzt. Juvêncio, wegen seiner bei der Polizei und im militärischen Kampf erworbenen Kenntnisse zum Zugführer befördert, war mit dabei. Die Partei gab ihm eine Verbindungsadresse für Manaus, doch sie nahmen eine andere Route, über Land. Für Juvêncio schwand der Sertão immer mehr in der Erinnerung. Aber manchmal dachte er noch an die kleine Pflanzung, an die Hütte, an die verrückte Tante, an den alten Jerônimo und seinen Treiberruf. Und da, mitten im Urwald des Amazonas, wenn der Abend kam und sich ihm in der Furcht vor dem Unbekannten das Herz zusammenkrampfte, ertappte er sich zuweilen beim Gedanken an die Seinen. Damals, als junger Bursche auf der Fazenda, mit dem Ungestüm, das ihn zu Lucas Arvoredo und seinen Banditen trieb, hatte er gemeint, es gebe nichts Unseligeres auf der Welt als die Caatinga mit ihrer Dürre und ihrem Hunger. In Amazonas, im Herzen des Urwaldes, an den Ufern der großen Flüsse, erlebte er ein nacktes Volk: abgerissene Bauern, die Kautschuk zapften. Und er begriff, ihrer aller Los war das Elend. Nur das Elend war überall im Überfluß vorhanden.

4

Der Oberleutnant starb an Malaria. Den Sergeanten Vicente und weitere Soldaten töteten die Pfeile der Indianer. Tag um Tag fiel einer, niedergestreckt von den im Busch verborgenen Indianern oder vom Gelbfieber. Hier in dieser Weltabgeschiedenheit wütete die Malaria noch schlimmer als in der Caatinga. Der Zweite Leutnant, der nun das Kommando hatte, sandte noch und noch Funksprüche aus. Keine Antwort. Als hätte man diese Grenzposten völlig abgeschrieben. Nachts kamen die Indianer, raubten das bißchen Proviant, zerstörten, töteten. Die Malaria war Tag und Nacht zugegen. Als der Funker starb, packte den Leutnant die Angst. Er beschloß, mit einigen Männern Hilfe zu holen. Ein Sergeant übernahm inzwischen das Kommando. Zurück blieben etwa zwanzig Mann. Der Leutnant brach am Morgen auf, mit sechs Mann und einem großen Teil der Munition und der Konserven. Die Wildnis verschlang sie, auf Nimmerwiedersehen.

Der Befehl lautete, mit den wenigen Patronen möglichst sparsam umzugehen, da sie, um auch Proviant zu sparen, jagen mußten. Tagsüber saßen die Soldaten am Fluß und angelten. Aber schon fehlte das Salz, das Essen schmeckte fad. Die Soldaten hielten sich den Indianern gegenüber zurück, desto aggressiver gebärdeten sich diese, sie rückten ihnen immer näher auf den Leib. Das unbrauchbare Funkgerät machte ihnen jederzeit bewußt, daß sie von der Außenwelt abgeschnitten waren. Als ihnen der Tabak ausging, nahm die Verzweiflung überhand. Immer mehr Männer erkrankten. Tag um Tag warteten sie auf die Rückkehr des Leutnants. Eines Nachmittags kam ein Soldat, der sich beim Jagen etwas entfernt hatte, mit einem Paar Gamaschen, einem Käppi als auch der Nachricht zurück, daß er um eine alte Feuerstelle herum Knochen gefunden hatte. Hoffnungslosigkeit befiel die Männer.

Eines Abends, als die Indianer ganz nahe waren, befahl der

Sergeant in einem Wahnsinnsanfall Generalangriff. Sie töteten einige Indianer, doch blieben von ihnen selbst nur zwölf übrig, unter Juvêncios Kommando, da der Sergeant als erster starb — er war stracks auf die Indianer zugerannt.

Die Angst stellte sich mit dem Abend ein. Die riesigen Urwaldbäume, so anders als die Gewächse der Caatinga, bargen tödliche Geheimnisse. Die Indianer hatten einen noch leichteren Gang als die Tiere, hinter jedem dieser Bäume konnte der Tod lauern. Die Soldaten, gesunde wie kranke, rückten dicht zusammen. Die Malariakranken froren entsetzlich, doch ein offenes Feuer hätte den Indianern den Lagerplatz verraten. Juvêncio war überzeugt, daß sie allesamt sterben müßten, und er empfand einen abgrundtiefen Haß gegen jene, die sie hier im Stich gelassen hatten.

Daß ihnen der Tabak fehlte, machte sie irrer als der Mangel an Salz, Bohnen und Maniok. Sie aßen das Fleisch erlegter Tiere, das sie über der Glut brieten. Ihre Körper waren von Schwären bedeckt, aber um die Moskitos scherten sie sich schon nicht mehr. Anfänglich hatten sie panische Angst vor den Biestern gehabt, von ihren Stichen quollen einem Arme und Beine auf. Doch sie gewöhnten sich daran, und nun machte es ihnen nichts mehr aus. Schlimmer waren die Pfeile der Indianer, dieses Pfeifen, das man erst hörte, wenn es schon kein Entrinnen mehr gab.

Juvêncio grübelte die ganze Nacht. Am Morgen versammelte er die Männer, die gesunden und die kranken, und nur zwei, die sich nicht bewegen konnten, sparte er aus. Sie fällten Bäume und errichteten eine Palisade um den Lagerplatz. Er verteilte den Rest Munition, schickte die Männer nur gruppenweise auf die Jagd. So begann die organisierte Abwehr der Indianer. Mehr als seiner Litzen wegen gehorchten ihm die Männer, weil er Können und Mut bewies. Die Flucht (so nannten sie es) des Zweiten Leutnants hatte Achselklappen und Rangabzeichen nicht gerade zu Ehren gebracht. Der Respekt war dahin. Juvêncio aber zeigte sich anders. Er setzte sich der Gefahr immer als erster aus, packte überall mit an, begleitete die jeweilige Gruppe zur Jagd, wachte nachts mit Luchsaugen hinter der Palisadenluke. Näherte sich ein Indianer — nun hörte das geschärfte Ohr die leisen Schritte schon heraus —, dann versuchte er ihn genau zu lokalisieren und achtete darauf, daß die Kugel ihr Ziel nicht verfehlte. Fünf Tage schon hatten sie keinen Toten zu beklagen, und die letzten drei Nächte waren die Indianer ferngeblieben. Einige Soldaten meinten, die Indianer hätten es aufgegeben, schon wollten sie den Ausbruch wagen und Hilfe holen. Aber Juvêncio durchschaute die unverhoffte Zurückhaltung: Die Indianer bereiteten einen regelrechten Angriff vor. Und er traf Vorkehrungen. Er verstärkte die Palisade, ließ rings um das Lager Fallgruben ausheben. Und als die Indianer, wie von ihm vorhergesehen, kamen, empfing sie heftiges Feuer. Sie stürzten in die Löcher, brachen sich die Beine, wurden von Kugeln niedergestreckt; die Männer hatten schon Erfahrung und gingen mit der Munition sparsam um. Trotzdem drangen die Indianer bis an die Palisade vor, wollten sie erklimmen. Drei Soldaten starben im Kampf, aber die Position wurde gehalten. Zum erstenmal wurden Gefangene eingebracht, die in die Fallen gegangenen Gegner. Sie töteten sie, weil keine Nahrung für sie da war, und auch aus blinder Wut.

Als sechs Tage später Hilfe eintraf, hielt Juvêncio mit fünf Mann, von denen zwei verwundet waren, noch die Position.

5

Der Schuster ließ ihn rufen, es sei dringlich. Juvêncio war gerade im Gespräch mit zwei Genossen von der Leitung. Agnaldos Visite lag schon um einiges zurück, weitere Führungsmitglieder waren vorbeigekommen, man spürte, der entscheidende Augenblick war nahe.

Die Unterredung fand im Hause des Schusters statt, bei verschlossenen Fenstern und Türen. Sobald draußen Schritte hallten, verstummte sie.

»Sie entlassen die Zivilgardisten in Massen«, sprach einer der beiden Männer. »Die Situation hat sich bis zum äußersten zugespitzt. Denkbar, daß die Gardisten rebellieren . . .«

»Glaub ich nicht«, sagte Juvêncio.

Der andere machte eine abwehrende Geste. »Moment, das ist noch nicht alles . . . es betrifft euch vom Einundzwanzigsten. Sie sind im Begriff, Zugführer und Unteroffiziere zu versetzen und einfache Soldaten auszumustern. Aus sicherer Quelle wissen wir, daß fast alle Unteroffiziere versetzt werden. Desgleichen die Zugführer. Und du ebenso. Unsere Nachrichten sind fundiert ... Und wenn das geschieht ...«

»Revoltieren?«

»Ich denke, daß sie von sich aus revoltieren werden ...«

Quirino, der dabeistand, schilderte die Situation in der Kaserne. Dem brauchte Juvêncio nichts hinzuzufügen; was der Musiker da sagte, stimmte haargenau, man befand sich an einem toten Punkt. Die Zugführer und Unteroffiziere standen Gewehr bei Fuß. Falls man mit den Versetzungen begänne, würden sie losschlagen.

»Wir haben Kenntnis davon, daß sie übermorgen damit beginnen«, fuhr der andere Genosse fort.

Juvêncio stellte Berechnungen an und sagte: »Selbst wenn wir wollten, wir könnten nicht verhindern, daß sie sich erheben. Und wenn wir sie nicht unterstützen, geht die Libertadora vor die Hunde.«

Der andere pflichtete mit einem Knurren bei. Er schien dies schon alles bedacht zu haben, das Für und das Wider. »Was haltet ihr von der Nacht zum dreiundzwanzigsten?« fragte er in die Stille hinein. »Recife wird sich gleich anschließend erheben. Und dann das ganze Land. Die Führung der Revolution übernimmt General Luís Carlos Prestes.«

Die Erregung war auf dem Höhepunkt. Juvêncios Nerven waren angespannt, er preßte die Lippen aufeinander, kniff die Augen zusammen, verstrahlte aber Ruhe, als hätte er ein Herz aus Stein. Einst wollte er Cangaceiro werden. Solches Aufbegehren war ausweglos, das wußte er jetzt, trotz seiner geringen Kenntnisse. Die Cangaceiros lösten die gewaltigen Probleme des Sertão nicht. Das gelänge nur einer von der Allianz propagierten revolutionären Volksregierung, gemäß der Losung »Land für die Bauern!« Mit Vorliebe kritzelte Juvêncio »Brot, Land und Freiheit«, die Parole der Allianz, an die Wände in der Kaserne. Mehr als »Brot« und als »Freiheit« bewegte das Wort »Land« sein bäuerliches Herz. Er sah schon die Freude in den Gesichtern der Kolonen, der Halbpächter und der Tagelöhner, wenn ihnen das Land, das sie bebauten, übergeben würde, mit Eigentumsbrief und allem.

Der Genosse wartete mit Details auf, er erklärte, wie sie vorzugehen hätten, gab die politischen Direktiven. »Bedenkt, es ist keine kommunistische Revolution, sondern die der Allianz, und die Allianz ist nicht die Partei.«

Seine abschließenden Worte hallten durch den Raum: »Die Genossen Quirino und Juvêncio stehen von jetzt an in permanenter Verbindung zu der Partei.«

Juvêncio erinnerte sich der heftigen Streitgespräche unter den Zugführern und Unteroffizieren. »Und was machen wir mit den Offizieren?« fragte er.

»Niemanden erschießen! Wir sind keine Mörder ... Aus dem Augenblick heraus entscheiden, das ist klar ... Aber keine Gewalttätigkeiten. Wer sich ergibt, dem wird das Leben garantiert. Ihr schuldet der Partei für alles Rechenschaft.«

Auf der Straße ging Quirino mit seinem schweren Schritt neben Juvêncio einher. Er würde den Aufstand leiten, und er begann mit leiser Stimme die Anweisungen zu wiederholen. Juvêncio wollte ihn korrigieren, er merkte, daß der andere nicht alles begriffen hatte. Keinesfalls aber durfte er im Moment davon ausgehen, daß die Revolution scheitern könnte. Ihm dünkte die Sache so gerecht und edel, daß sie zwangsläufig siegreich enden mußte. Und geduldig half er Quirino bei der Analyse der Weisungen.

Sie gelangten zu der Straße, in der Juvêncio wohnte. Quirino streckte ihm die Hand hin. »Also bis morgen.«

»Ich und nach Hause? Jetzt gehöre ich in die Kaserne«, sagte Juvêncio beinahe ungehalten.

»Na gut, dann laß uns gehen«, sagte der andere.

Die Stadt schlief, die Häuser waren verschlossen, aber in der Kaserne schwirrten die Gerüchte durcheinander, die Männer in den Schlafräumen wisperten. Als Juvêncio und Quirino eintraten, erhoben sich die Zugführer und Unteroffiziere von ihren Pritschen, umringten sie.

»Also, was ist los?«

»Es heißt, sie wollen uns versetzen«, rief Macedo.

»Ein Leutnant hat versichert, daß es beschlossene Sache ist«, rief ein anderer.

»Wir rebellieren!« entschied ein Unteroffizier. Er wandte sich an Juvêncio: »Was ist denn deine Meinung?«

»Wenn ihr euch erhebt, bin ich auf eurer Seite. Aber Wollen allein reicht nicht, es muß alles gut geplant sein.«

Über der Kaserne und der Stadt Natal zog mit erstem Schimmer die Morgendämmerung herauf.

6

Eine Ahnung war's, weiter nichts. Als sie aber von den ersten Versetzungen erfuhr, preßte ihr irgend etwas das Herz zusammen — Lurdes kam es vor, als lastete ihr ein schweres Gewicht auf der Brust. In ihrer Straße wohnten etliche Zugführer und Unteroffiziere mit ihren Ehefrauen oder ihrem unehelichen Anhang, und in allen Häusern gab es nur ein Thema. Die Freundinnen fürchteten, hier sitzengelassen zu werden — »ein Soldat legt sich in jeder neuen Garnison ein Haus und eine neue Geliebte zu« —, andere wiederum packten Koffer in Erwartung der baldigen Abreise. Juvêncios großes Ansehen strahlte auch auf Lurdes zurück, die Ehefrauen und Freundinnen der Versetzten kamen in einem kleinen Pilgerzug zu ihr, wollten Näheres erfahren, wollten ihre Meinung zu den Dingen hören und was nun aus ihnen allen werden sollte. Einige baten Lurdes, den Männern ins Gewissen zu reden, sie sollten ihre Familien nicht im Stich lassen. Sie wiesen auf ihre kleinen Kinder: »Es ist nicht meinetwegen, es ist wegen des Kleinen, sonst muß er ohne Vater aufwachsen, als Hurenkind.«

Alle wußten, daß Juvêncio Respekt genoß, daß man ihn anhörte.

»Bitten Sie Ihren Juvêncio, sagen Sie ihm, er soll mit Manuel reden.«

Andere nannten ihn bei seinem Kosenamen, um Lurdes' Mitgefühl zu wecken: »Ihr Nenén ist ein so guter Mensch. Vielleicht daß er Antônio sagt, er soll mich bitte nicht hier sitzenlassen ... Für ihn gilt: Gott im Himmel und Nenén auf Erden.«

Sie drückten einander die Klinke in die Hand, in diesem Haus in der Vorstadt. Manche kamen vom anderen Ende in Pantoffeln angeschlurft, ärmlich gekleidet, mit den Kindern an der Hand. Andere kamen, um sich schon zu verabschieden: »Wir wissen nicht, wann's losgeht. Vielleicht haben wir dann keine Gelegenheit mehr. Bestellen Sie Ihrem Nenén, daß ich ihm für alles danke.«

Vielen hatte er keinerlei besonderen Gefallen erwiesen, doch fühlten sich ihm alle zu Dank verpflichtet; es war nun mal seine Art: Sein kindlich schelmisches Lächeln und sein Wort taten ihre Wirkung.

Lurdes tröstete, versprach, half, fühlte sich müde, mit dem prallen Bauch der im achten Monat Schwangeren, die Beine geschwollen, bleich das Gesicht. Und diese Beklemmung in der Brust! Das Barmen der Frauen und die Verabschiedungen stimmten sie traurig, doch da war noch etwas Unbestimmbares, Unerklärliches. Die Frauen, obschon sie wußten, daß Lurdes noch nie aus Natal herausgekommen war, befragten sie über die Städte, dahin ihre Männer versetzt wurden. Über einige wußte sie Ungefähres, sofern Juvêncio einstmals dort gewesen und ihr in der ersten Zeit ihres Zusammenseins davon erzählt hatte. Irgend etwas indes gab ihr das Empfinden ein, daß keine von diesen Frauen verreisen würde, daß — schlimmer als diese Angst, verlassen zu werden — schreckliche Zeiten über sie kämen. Es war lediglich eine Ahnung, eine unerklärliche Traurigkeit tief in ihr, so als fühlte sie voraus, was da alles noch passieren würde.

Das Kind in ihrem Bauch regte sich. Sie spürte, wie es mit dem winzigen Fuß gegen die Wände trat, so als drängte es hervor, ans Licht dieser Welt, als wollte es das Leben der Menschen leben. Frauen kamen und gingen, der Vormittag nahm kein Ende. Mit wachsender Ungeduld wartete Lurdes auf Juvêncio, je höher die Sonne stieg. Ein Vormittag der Tränen und Pläne. Niedergeschlagen sie alle. Die einen mit ungewisser Zukunft vor Augen, während die anderen, nachdem sie sich in Natal eingerichtet, mit Hausstand, Mobiliar und staatlicher Schule für die Kinder, nun in einer fremden Stadt von vorn anfangen müßten. Lurdes hörte den einen und den anderen geduldig zu, setzte sich zwischendurch auf das Ruhebett, das Nenén der fülliger werdenden Schwangeren gekauft hatte. Sehnsüchtig wartete sie, daß er käme. Zugleich erwog sie, daß es, falls da irgend etwas in Vorbereitung war, am besten sei, wenn er ihr nichts sagte. Es war nicht sein Geheimnis, Lurdes verstand das. Und wenn sie dahinterkäme, würde sie weinen und sich beklagen, würde sie sich ihm an den Hals hängen und ihn anflehen, die Finger davon zu lassen?

Bei Lurdes war es niemals Bewußtheit, war es nicht Überlegung oder tiefe Überzeugung. Alles in ihr war Instinkt, aus der Intuition geboren. Nenén hatte sich in diese Dinge verstrickt, hatte sich allerlei Gefahren ausgesetzt, weil er für die Armen ein anderes Leben begehrte. Sie fand, das lohne die Mühe, vor allem aber hatte sie die Gewißheit, daß er sich in nichts Ungerechtfertigtes und Unlauteres einließ. Auf viele Menschen hatte er Einfluß, den größten aber auf seine Gefährtin.

Er kam müde und abgespannt nach Hause. Drei Nächte lang hatte er nicht geschlafen, hatte ab und zu vorbeigeschaut, war gleich wieder gegangen, unerklärlich geschäftig. Etwas Außergewöhnliches war im Gange, das sagten ihr die Augen und das Herz. Juvêncio schwieg, zeigte sich in Sorge, sein sonst so offenes Lächeln wirkte gequält, den düsteren Blick und die Sorgenfalten konnte er nicht ganz verbergen. Nun war er da, aß, warf sich aufs Bett. Lurdes trat zu ihm, legte sich neben ihn.

Den Kopf seitlich neben dem Kissen, wie es seine Art zu schlafen war, musterte er den riesigen Bauch der Frau. Ob er diesen Sohn jemals sah? Wenn nicht, wenn er Lurdes' bleiches Gesicht nimmermehr betrachten könnte, dann, so wünschte er, sollten sie wissen, daß der Vater und Ehemann für beider Glück sein Leben hingegeben hatte, damit sie einst ein besseres Dasein genossen. Sie und alle in den Städten, hauptsächlich aber im Sertão, denn dort waren die Menschen am ärmsten, litten sie am meisten, ihren Schmerz konnte Juvêncio ermessen und nachfühlen. Er hob den Kopf und las in den Augen der verbissen schweigenden Lurdes eine angstvolle Frage. Aber er konnte nichts sagen, nicht einmal seiner Frau durfte er sich anvertrauen, nicht sein Leben und Glück standen auf dem Spiel, sondern das Leben vieler und das Gelingen der Revolution. Lurdes war brav, hingebungsvoll und verläßlich, aber dieses Geheimnis gehörte nicht ihm. Er lächelte, zwinkerte ihr zärtlich zu, und er spürte, wie sie sich ein Lachen abrang. Nur um nicht zu fragen. Tapfere kleine Frau, dachte er.

Die Augen fielen ihm zu, drei Nächte hatte er nicht geschlafen. Ihm war befohlen, an diesem Nachmittag zu ruhen, zu schlafen, für die Nacht vorbereitet zu sein. Die Versetzung der

Zugführer und Unteroffiziere stand bereits fest, der entscheidende Moment war da. Juvêncio schlug die Augen auf, wollte noch etwas sagen, schloß die Augen wieder. Bleiern schlief er den ganzen Nachmittag. Als er aufwachte, schaute die Abenddämmerung durch das Gitterfenster. Das Zimmer in lauem, traurigem Halbdunkel. Lurdes hatte seinen Schlaf bewacht, hatte die ganze Zeit neben ihm gelegen mit aufragendem Bauch und sorgenvollem Gesicht.

Er schwang sich vom Lager, erfrischte sich unter dem Wasserhahn. Lurdes hörte das Wasser in seine Hände plätschern, mühevoll erhob sie sich, ging in die Küche, brühte Kaffee auf. Er zog seinen Waffenrock mit den Litzen des Zugführers an, trat in die Küche, das Haar noch naß und ungekämmt.

»Ich muß gehen. Dauert es noch?«

»Ich bin gleich soweit.«

Das Brot stand schon auf dem Tisch, er strich sich Butter auf eine Schnitte. Er sah das von Kaffeeflecken verunzierte Tischtuch, die Serviette, sah die Zahnstocherbüchse, die Valverde ihm geschenkt hatte. Er setzte sich in den Rohrstuhl, mit dem Gefühl, daß dies möglicherweise seine letzte Mahlzeit zu Hause war; mit liebevollem Blick, gleichsam sich verabschiedend, umfing er alle Dinge. Lurdes stellte den Kaffee und die Milch hin. »Heute hab ich die Frauen fast aller Versetzten im Haus gehabt.«

Juvêncio musterte sie aus den Augenwinkeln. Kam sie jetzt mit den Fragen? Als ob Duellgegner einander musterten! Doch sie sagte nur: »Maria, die von Antônio, hat Angst, daß er sie hier sitzenläßt, sie hat drei Kinder, die Ärmste ... Und auch Elvira ...«

»Elvira?«

»Die dicke Mulattin, die Freundin von Manuel. Auch sie ...«

»Was kann denn ich da tun?« Er fand diese Angst so absurd und nichtig, verglichen mit dem, was da im Anzug war, daß er nicht recht wußte, was er darauf sagen sollte.

»Du möchtest die Männer bitten, daß sie die Frauen mitnehmen.«

Juvêncio sah die müde und niedergeschlagen neben dem Tisch stehende Frau an. Warum sagte sie ihm dies? Zumal sie sicherlich wußte, daß die Männer nicht verreisten, sondern daß sich da irgend etwas zusammenbraute. Sie wußte es, jawohl!

Denn sie ahnte es, sie las es in seinen Augen. Sie würde nicht fragen, gut tat sie daran, denn er durfte nicht antworten. Aber ganz schweigen, das dürfte er wohl auch nicht. »Sage ihnen . . .«

Lurdes rannen die Tränen über die Wangen, sie preßte die Lippen zusammen, um nicht zu schluchzen. Er sprach nicht weiter. Was taugten die Worte, die ihr lügenhaft erscheinen mußten, vages Gerede, so als ob jemand eine Frau, die er nicht mehr liebt, nur noch aus Pflichtgefühl küßt.

Er stand auf, trank seinen Kaffee in großen Schlucken. »Ich bin in Verzug.«

Er machte ein paar Schritte, kehrte um, legte Lurdes den Arm um die Hüften. Er fühlte, wie sie bebte. »Hab keine Angst.«

Er gab ihr einen Kuß und eilte fort. Auf der Straße gingen die elektrischen Lampen an.

7

Von den Taten, die Zugführer Juvêncio während des Aufstands von Natal vollbrachte, blieb hauptsächlich eine in der Erinnerung all derer haften, die, ganz gleich wie, an den Ereignissen jener Tage teilgenommen hatten. Mehr als eine Tat war es ein Ausspruch gewesen, eine Bemerkung. Diese ging von Mund zu Mund. Und später — in den über das Land verstreuten Zuchthäusern, auf den Gefängnisschiffen, den Strafinseln, und ebenso im Untergrund —, sobald der Name Juvêncio fiel, erzählte man, um seine Gelassenheit zu beweisen, wie er in den schrecklichsten Augenblicken die Ruhe bewahrt hatte.

Es passierte unmittelbar vor Ausbruch des Aufstands. Alle Vorbereitungen waren getroffen und der Zeitpunkt des Losschlagens auf zwei Uhr nachts festgelegt. Gegen elf entschied Juvêncio, die restlichen Stunden für den Schlaf zu nutzen, denn später wäre dazu gewiß wenig Gelegenheit. Er meinte, auf diese Weise auch seine Freunde etwas zu besänftigen, die unruhig hin und her eilten und bei den Offizieren Verdacht erregen konnten.

Er legte sich hin, müde wie er war, und schlief ein. Macedo hatte er gebeten, ihn um halb zwei zu wecken. Gerade träumte er von Lurdes und von seinem Sohn, der schon geboren war, schon sprechen und laufen konnte, ihm zulachte, da wurde er wachgerüttelt. Er schlug die Augen auf, sprang vom Lager, sicherlich war es schon nach halb zwei und der Zeitpunkt zum Losschlagen gekommen. Er schaute auf seine Armbanduhr (die er auf Raten von einem Syrer gekauft hatte) und sah, daß es halb eins war. Er glaubte, die Uhr sei stehengeblieben, er hielt sie ans Ohr. Sie tickte. Juvêncio fragte Macedo, der ihn geweckt hatte: »Halb eins?«

»Ja.«

»Was Neues?«

»Nee, eigentlich nicht.«

»Ja, warum zum Teufel hast du mich dann geweckt? So laß mich doch schlafen, in Gottes Namen!«

Er warf sich wieder hin, träumte seinen lieblichen Traum weiter und wachte erst auf, als Quirino ihm ins Ohr rief: »Ein Uhr fünfunddreißig!«

Die anderen waren die ganze Zeit in Aufregung gewesen, hatten ihre Nerven und Kräfte strapaziert, hatten auf die Zeiger ihrer billigen Uhren geschaut, waren, mit einem Kribbeln in der Blase, alle zwei Minuten aufs Klo gelaufen. Valverde hauchte trotz der Wärme in die Hände, als fröre ihn. Juvêncio unterdessen schlief, friedlich schnarchend, sie sahen ihn im Schlaf lächeln.

Bekannter als durch all seine Taten während des Aufstands wurde er durch diese Geschichte, die ihn so trefflich charakterisierte. Valverde auf der Ilha Grande erzählte sie immer wieder, mit der stets gleichen Bemerkung: »Die Ruhe selber! Ein solcher Typ ist mir kein zweites Mal begegnet ... Tourinho ist kein Vergleich ...«

Diese Geschichte mochte etwas über die innere Ruhe des Zugführers aussagen, doch im Verlaufe des Kampfes verriet er in ebensolchem Maße Denkschnelligkeit, Situationsgespür, Mut, Aufrichtigkeit, Verantwortungsgefühl. Vor allem aber später in den bitteren Stunden der Niederlage, als Panik die einst begeisterten und selbstsicheren Männer erfaßte.

Es waren Qualitäten, die er dann auch im Gefängnis bewies, bei den Verhören. Er nahm die Verantwortung für den Aufstand auf sich, dann schwieg er, reagierte nicht auf die Fragen und Provokationen der anderen, trotz Strafe und Folter. Seine Aussage beschränkte sich auf einen Satz: »Ich sage nichts.« Der junge Sertanejo, der von zu Hause fortgelaufen war, um sich der Räuberbande des Lucas Arvoredo anzuschließen, hatte in der Stadt viel gelernt, war rebellierenden Männern ein Anführer geworden. Im Gefängnis dachte er zuweilen an den Sertão, an die Sertanejos, an Lucas Arvoredo, an seinen Bruder José, der Jagunço geworden war. Auch ihn selber hatte der Drang nach Auflehnung, der Hunger nach Gerechtigkeit vom heimatlichen Landstück weggeführt. Er aber hatte mehr Glück gehabt. Statt zu den Cangaceiros hatte er zur Partei gefunden und hatte seiner Rebellion einen echten Sinn gegeben.

8

Bei den ersten Schüssen glaubten viele der Offiziere nicht an Revolte. Es gab Widerstand, mehr als erwartet, im Kasernenhof und auf den Korridoren floß das Blut. Etliche Offiziere saßen schon im Kasinosaal gefangen, andere leisteten noch Widerstand, kommandierten mit Maschinengewehren bewaffnete Soldaten. Der Regimentskommandeur hatte sich in einem kleinen Raum verschanzt, mit gezücktem Revolver, und drohte jeden niederzuknallen, der sich näherte. Macedo sollte ihn gefangennehmen, doch da der Befehl lautete, die Offiziere möglichst zu schonen, schoß er nicht, sondern kehrte unverrichteterdinge zurück. Juvêncio entschied, die Sache selber zu erledigen. Quirino übernahm das Kommando über das Regiment, der Widerstand ließ nach. Das ganze Einundzwanzigste war in Aufruhr. Eine einzige Kompanie, von einem Leutnant geführt, leistete noch Widerstand, mit heftigem Feuer. Die Leichen und die Verwundeten in den Höfen behinderten die Angreifer. Juvêncio stieg mit Macedo die Treppe hinauf. Soldaten bewachten den Korridor. Der Kommandeur redete auf sie ein, erinnerte sie an den Gehorsam, den sie ihm schuldeten, und an die Strafe, die sie wegen Aufruhrs erwartete. Als Nenén kam, schoß man schon auf die Soldaten. Markig klang die Stimme des Kommandeurs. Ein unerschrockenes Biest, war Juvêncios Gedanke.

Juvêncio schlich sich auf dem Korridor heran, an die Wand gedrückt, lautlos. Aber mit dem elektrischen Licht im Rücken warf er einen Schatten über die Tür hinaus, der Kommandeur schrie: »Wer da?« Juvêncio blieb stehen, rief: »Zugführer Juvêncio, Herr Kommandeur. Verhalten Sie sich ruhig, ich komme ...«

Der Kommandeur schätzte ihn, kannte ihn als pflichttreuen, korrekten Untergebenen, der den Saufereien und Händeln in Bordellen abhold war, ein sauberes Soldbuch vorwies. Auch war er darüber unterrichtet, wie Juvêncio seinerzeit, mitten im Urwald und den Indianern trotzend, die Disziplin durchgesetzt hatte, und darum mochte er ihn. Die Schießerei in der Kaserne hatte nachgelassen, nur noch aus dem Hof zur Linken wurde wild geballert. Der Kommandeur meinte, der Aufstand sei niedergeschlagen und Juvêncio käme ihm zu Hilfe. Schon rührten sich keine Soldaten mehr auf dem Korridor, und Macedos Stimme forderte ihn nicht mehr auf, sich zu ergeben.

Juvêncio ging weiter, nun mitten auf dem Gang, die Pistole hinterm Rücken verborgen. Er trat zur Tür hinein, da stand der Kommandeur mit schußbereiter Waffe, aber nicht mehr abwehrend. Juvêncio hob salutierend die Rechte, senkte sie, griff nach der Waffe, nahm sie dem Kommandeur aus der Hand. »Widerstand ist zwecklos, Oberst. Die Revolution hat im ganzen Land gesiegt.«

Der Kommandeur wurde bleich vor Wut. Die Soldaten, von Macedo geführt, kamen herein.

»Führt ihn ab ins Kasino!« befahl Juvêncio. Und an den Kommandeur gewandt: »Gehen Sie, Oberst, es passiert Ihnen nichts, es sei denn, Sie versuchen zu fliehen oder die Männer aufzuwiegeln.« Er wandte sich an die Soldaten: »Sollte einer das versuchen, dann gnadenlos schießen.« Und er eilte die Treppe hinunter.

Meldungen trafen ein, denen zufolge die Revolte bei der Militärpolizei gescheitert war und diese nun gegen das Regiment marschierte. Juvêncio konferierte mit Quirino und Conceição. Auch die Zivilgardisten hatten sich erhoben, in den Straßen wurde gekämpft. Es hieß, der Gouverneur habe sich bereits auf ein Schiff geflüchtet, aber verläßlich waren die Meldungen nicht. Hauptsache, die Maschinengewehre der noch Widerstand leistenden Kompanie wurden zum Schweigen gebracht. Juvêncio leitete den Angriff. Valverde, an seiner Seite und wie er den

Kugeln ausgesetzt, bemerkte: »Notfalls mit Zähnen und Krallen, Nenén!«

Juvêncio hatte es längst begriffen. Sie mußten die Gegner angreifen und sie schleunigst vernichten, sonst gerieten sie selber zwischen das Feuer der Militärpolizei und dieser Kompanie. Er musterte die Männer, die ihn begleiteten. Im Hof draußen sahen sie den Leutnant in der Mauerecke, verschanzt hinter Kisten. Die Maschinengewehre waren zur Tür gerichtet. Sie mußten hinausstürzen, lospreschen, sich auf die Soldaten und auf den Leutnant werfen. Aber dabei würden viele von ihnen draufgehen. Er prüfte die Situation noch einmal. Keine andere Wahl! Er wandte sich an seine Leute: »Wir müssen diese Maschinengewehre stürmen. Wer Manns genug ist, folge mir!« Er stürzte hinaus, ohne sich noch einmal umzublicken. Die Kugeln warfen ihn zu Boden, Valverde, an seiner Seite, beugte sich über ihn.

»Vorwärts, du Hundesohn, sonst weichen die anderen zurück«, murmelte Juvêncio.

Und er sah ihn vorstürmen, sah die Soldaten laufen, hörte die Maschinengewehre bellen, dann war Stille, und sie dauerte fort, als er stöhnend die Augen wieder aufschlug. Sie legten den halb Bewußtlosen auf die Trage, schleppten ihn davon. Mühsam öffnete er die Augen, sah die rote Fahne am Kasernenmast wehen, lächelte und verlor abermals die Besinnung.

9

Gegen ein Uhr nachmittags suchte ihn der Schuster im Spital auf, wo die Nonnen diese bärtigen Männer mit den roten Halstüchern stumm und entsetzt anstarrten. Juvêncio, einen Arm und ein Bein im Verband und mit einem Streifschuß am Kopf, drohte jeden Moment, sich aus dem Bett zu erheben und den Raum zu verlassen. Die Nonne (jung noch und mit ihrem gütigen Lächeln ihre Befehle mildernd) schimpfte: »Bleiben Sie ja liegen, rühren Sie sich nicht. Der Arzt hat es so angeordnet.«

Endlich aber konnte er seinen Leuten bestellen: »Wenn niemand kommt, stehe ich auf und komme in die Kaserne.«

 Der Schuster eilte herbei und brachte eine Menge Neuigkeiten. Alles laufe gut, sagte er, in Pernambuco habe sich um neun Uhr vormittags das 29. Regiment erhoben. Auch im Generalstab revoltierten sie, angeführt von Unteroffizier Gregório. Und in Natal stände alles zum besten. Eine Junta sei eingesetzt, und er, der Schuster, sei deren Mitglied. Der Gouverneur sei geflohen, für Notfälle hätten sie Geld von der Brasilianischen Bank abgehoben, in der Stadt herrsche Ruhe.

»Und im Landesinnern?«

»Wir haben schon in mehreren Städten Bürgermeister von uns.«

»Habt ihr denn keine Truppen ins Landesinnere geschickt?«

»Noch nicht, aber wir befassen uns gerade mit der Sache.«

»Und die Kaserne?«

»Alles in Ordnung. Quirino ist der neue Kommandeur. Ruhe du dich aus, der Arzt sagt, deine Verletzungen sind ernst, sie brauchen sorgsame Behandlung. Ich komme schon wieder, dann reden wir weiter.«

Juvêncio, allein im Zimmer, spürte, wie das Fieber stieg. Mit den Gedanken war er in der Kaserne. Der Schuster gab sich zwar optimistisch, aber Juvêncio war nicht zufrieden. Vor allem zwei Dinge bereiteten ihm Sorge. Zunächst: Die Revolution war nicht, wie er es hoffte und wie sie es ihm angekündigt hatten, landesweit ausgebrochen. Und andererseits verzögerte sich der Abmarsch der Soldaten ins Landesinnere. Daß sie untätig in der Kaserne herumsaßen, konnte nicht gut sein. Er kämpfte gegen die Fiebermüdigkeit an, wollte nachdenken, überlegen. Einmal glaubte er die Stimme von Lurdes auf dem Korridor zu hören. Er lauschte, hörte aber weiter nichts, er meinte, vielleicht phantasiere er. Später erfuhr er, daß Lurdes alles mögliche unternommen hatte, um ihn zu sehen, aber die Nonnen, auf Anordnung des Arztes, hatten sie abgewiesen.

Der Schlaf, obwohl unruhig und leicht, hatte ihm gutgetan. Als er aufwachte, vernahm er abermals Stimmen auf dem Gang, diesmal eindeutig das Gebrüll von Macedo und die eindringliche Stimme Valverdes. Die Nonne wehrte ab, aber Macedo blieb fest: »Sie werden mich nicht abhalten. Gehen Sie mir aus dem Weg, Senhora!«

Und dann standen sie im Zimmer, vor ihm. Juvêncio lächelte, hob den verbundenen Arm. »Es hat mich arg erwischt . . .«

»Wir dachten schon, du seist umgekommen ... Sieben Mann haben wir beim Angriff verloren«, bemerkte Valverde.

Juvêncio hätte gern gewußt, um wen es sich handelte, doch er schwieg. Was nutzte es im Augenblick, deren Namen zu erfahren? »Und Lurdes?« fragte er.

»Sie kocht für die Soldaten. Sie und die anderen. Sie wollte dich besuchen, die Nonnen haben sie nicht durchgelassen. Uns versuchten sie ja auch den Weg zu verstellen.«

»Euren Wortwechsel draußen auf dem Korridor hab ich gehört.«

Die zwei taten plötzlich reserviert, als hätten sie bei seinem bedauernswerten Anblick entschieden, lieber doch nicht mit ihrem Anliegen herauszurücken. Er richtete sich halb auf, möglichst ohne Stöhnen, damit sie sich nicht noch mehr beunruhigten. »Was ist los? Raus mit der Sprache!«

»Ach, es ist nichts, es ist alles in Ordnung«, beschwichtigte Valverde. Er sah den verbundenen Arm, den mit einer Mullbinde umwickelten Oberschenkel, sah die Kopfverletzung. Wozu erzählen? Wozu Juvêncio beunruhigen? Helfen konnte er ihnen sowieso nicht. Aber Macedo platzte heraus: »Besser, du erfährst es gleich ... Die Dinge in der Kaserne stehen sehr schlecht. Wenn das so weitergeht, weiß ich nicht, wie es enden soll ...«

Juvêncio hatte sich aufrecht hingesetzt. Die Nonne, die sich von ihrem Schrecken erholt hatte, trat herein. Entsetzt rief sie: »Hinlegen! Aber sofort! Sie sind schwer verwundet, die Kugel steckt noch im Schenkel!«

Er sah sie zornig an. »Hinaus!« rief er. Doch dann besann er sich. »Entschuldigen Sie, Madre, ich habe etwas Dringliches zu bereden, lassen Sie uns bitte allein. Ehrenwort, nachher leg ich mich wieder hin ...« Und an Valverde gewandt: »Erzähl!«

»Die Wahrheit ist: In der Kaserne geht's drunter und drüber. Jeder will dem anderen befehlen. In der Stadt selbst stehen die Dinge gut, die Junta hat die nötigen Vorkehrungen getroffen. Aber in der Kaserne ... das reinste Durcheinander!«

»Was geht denn vor?«

Valverde nahm die Finger zu Hilfe: »Also, erstens fehlt ein einheitliches Kommando, Quirino genießt wenig Autorität, unsere Leute gehorchen ihm, die anderen hingegen ...«

»Welche anderen?«

»Die sich der Sache mit angeschlossen haben ... ihrer viele ... und jeder will selber befehlen, kommandiert nach rechts und links ... Die Leute streiten, jeder will mehr als der andere sein. Und nicht nur sie, auch unsere Leute. Conceição zankt sich mit Quirino, sogar vor versammelter Mannschaft ...« Und er streckte den Zeigefinger aus. »Zweitens der Alkohol. In Massen eingeschleust, trotz Verbot. Da sind welche, die saufen nur noch.«

»Leute von uns?«

»Dieser oder jener, aber durchweg die Mitläufer.«

»Und was gibt es noch?«

»Diebstahl ... Sie haben das Proviantlager gestürmt und die Kantine.«

»Leute von uns?«

»Nein ... Und sie haben Sachen in der Stadt verschoben.«

»Dürfen sie die Kaserne denn verlassen?«

»Wer sollte sie hindern?« Valverde gab es auf, weiter die Finger zu gebrauchen.

»Da hat vielleicht der Gegner die Hände im Spiel ... um uns zu demoralisieren«, bemerkte Juvêncio.

Valverde pflichtete mit Kopfnicken bei, wollte fortfahren. »Das schlimmste ...«, er unterbrach sich. Wozu dem ans Bett gefesselten Juvêncio all diese Dinge erzählen? Helfen konnte er nicht. Sie bereiteten ihm nur Kummer. Wäre Juvêncio mit dort, die Sache sähe anders aus.

»Erzähl!«

»Da sind welche, die wollen die Offiziere erschießen.«

»Die Offiziere erschießen?«

»Ja. Sie saufen sich voll, und dann behaupten sie, nur ein toter Offizier ... falls sie nicht schon dabei sind! Quirino hat mit ihnen diskutiert. Aber Conceição findet, es sei besser, sie zu liquidieren.«

»Eine Provokation«, sagte Juvêncio.

»Meine ich auch.«

Juvêncio versuchte, sich etwas zu drehen. Am hinderlichsten war die Oberschenkelverletzung. »Helft mir ...«

»Willst du etwa aufstehen?«

»Ja. In die Kaserne will ich, und niemand wird mich daran hindern.«

Sie halfen ihm beim Anziehen der Uniform. Er schnallte sich den Revolver um, alles mit der rechten Hand, zum Glück war der linke Arm verletzt. Den Uniformrock warf er über den nackten Oberkörper. »Los, ab!«

Gerade wollte die Nonne hereintreten, diesmal um Valverde und Macedo zum Gehen aufzufordern. Sie prallte zurück. »Wohin wollen Sie?!«

»Ruhig Blut, Schwester. Ich kann nicht bleiben.«

Sie maß ihn strafend. »Das kostet Sie das Leben, mein Sohn.«

»Macht nichts, Schwester. Es gibt Wichtigeres.«

Macedo und Valverde wichen ihrem Blick aus, sie fühlten sich schuldig. Juvêncio eilte ihnen hinkend voraus. Mitten auf dem Gang bat er: »Macedo, deinen Arm.«

»Du solltest lieber umkehren«, sagte Valverde.

»Los, gehen wir.«

Beim Verlassen des Spitals zog Juvêncio den Revolver. Schwer hing er in Macedos Arm. Doch diesen beiden, Macedo und Valverde, vertraute er.

10

Als sie die Kaserne betraten, erkannte Juvêncio sofort, daß die Dinge schlecht standen. Ein Durcheinander! Keine soldatische Disziplin und Ordnung mehr. Er sah Quirino im Hof gestikulierend eine Ansprache halten. Einer hatte sein Kommen bemerkt, tippte Quirino auf die Schulter und wies auf das Portal. Quirino schrie freudig auf und eilte herbei. Juvêncio mußte lächeln. Atemlos und aufgeregt kam Quirino angelaufen. »Sie sind gerade fort, um die Offiziere zu töten ... Komm schnell!«

»Im Kasino?«

»Ja.«

»Aber bist du nicht der Kommandeur? Wo ist deine Autorität?«

»Hier geht alles drunter und drüber«, gestand Quirino.

Juvêncio stützte sich auf Macedo, aber nur, um sich aufrechte Haltung zu geben. Mit vor Schmerz verzerrtem Gesicht ging er vorwärts, den Revolver entsichert. Macedo und Valverde ebenfalls mit blanker Waffe.

Die anderen hatten das Kasino gerade erreicht. Einige waren betrunken, andere riß der Gang der Dinge mit. Es waren Parteilose, die sich angeschlossen hatten in der Meinung, daß sie nun keinem mehr gehorchen müßten. Die entwaffneten Offiziere hockten in einer Ecke, bleich die einen, andere gefaßt. Ein Offizier redete auf die Männer ein, aber die Betrunkenen lachten, und der Rest grölte. Juvêncio kam heran und rief: »Verschwindet von hier!«

Sie starrten ihn an wie ein Gespenst. Sein Gesicht war kreidebleich, als hätte er nicht einen Tropfen Blut mehr in sich. Sie traten zur Seite, ließen ihn passieren. Die Offiziere glaubten ihr letztes Stündlein gekommen. Sie wußten inzwischen, daß der Kommunist Juvêncio den Aufstand mit angeführt hatte, daß er den Kommandeur gefangengesetzt, die mit Maschinengewehren bewaffnete Kompanie angegriffen und, so meinten sie, dabei den Tod gefunden hatte. Der Leutnant, der die Maschinengewehre befehligt hatte, lächelte traurig. Der Kommandeur trat auf Juvêncio zu. »Zugführer, bedenken Sie gründlich, was Sie hier anrichten wollen!«

Juvêncio musterte ihn ohne Haß, aber auch ohne Erbarmen. »Schweigen Sie, Oberst, mischen Sie sich nicht ein«, herrschte er ihn an. Die Soldaten applaudierten, einer der Betrunkenen stieß einen Fluch aus. Juvêncio drehte sich zu dem Mann um. »Halt die Klappe, Idiot! Du bist verhaftet! ... Valverde, stecken Sie diesen Kerl in den Bau. Nachher werden wir sehen!«

Alle verstummten. Die Betrunkenen gluckten noch, fanden aber kein Echo mehr. Juvêncio rief: »Ihr seid gekommen, um die Offiziere zu töten ...«

»Wir wollten ihnen nur einen Schrecken einjagen.«

»Lügt nicht, ihr verschlimmert eure Lage nur noch. In drei Teufels Namen, seid ihr Revolutionäre oder Mörder? ...« Und an die Offiziere gewandt: »Meine Herren, keiner von diesen Leuten hier ist Kommunist oder Anhänger der Allianz. Ich versichere Ihnen, Kommunisten morden nicht.« Und zu den Soldaten: »Merkt ihr denn nicht, daß die Feinde genau dies bezwecken? Anschließend behaupten sie, die Soldaten, Zugführer und Unteroffiziere können nur töten und daß nur die Offiziere imstande sind, eine Kaserne zu leiten und die Ordnung aufrechtzuerhalten. Aber ihr, anstatt das Gegenteil zu beweisen . . .«

»Pah, Ordnung!« rief ein Betrunkener. »Wir haben gesiegt, jetzt haben wir das Recht, diesen hier heimzuzahlen, was sie uns angetan haben . . . Das ist unser gutes Recht!« rief er, an die anderen gewandt.

»Wie können Sie es wagen, meine Autorität in Frage zu stellen? Ich bin der Kommandant dieser Kaserne, und Sie haben sich wegen Verletzung der Disziplin zu verantworten. Sie sind verhaftet!«

»Hä, wer wagt es, mich zu verhaften?«

»Ich«, sprach Macedo und trat auf ihn zu. Der Betrunkene wollte sich ihm entgegenstellen, aber Macedo schickte ihn mit einem Faustschlag zu Boden.

Die Offiziere waren Zeugen der Szene. Endlich wieder ein verläßliches Kommando in der Kaserne, fanden sie. Und sie täuschten sich nicht, denn von nun an herrschte wieder beste Ordnung. Es war hingegen Juvêncio, der sich täuschte, denn er rief: »Die Revolution hat im ganzen Land gesiegt. Ihr Leben, meine Herren, ist Ihnen garantiert, garantiert vom Kommandostab der Kaserne. Sie werden später vor Gericht gestellt. Vorderhand nur eins: Wer einen Fluchtversuch wagt oder einen Wachposten zu bestechen versucht, wird ohne Prozeß an die Wand gestellt.«

Valverde befahl er: »Führen Sie die Verhafteten ab und schikken Sie mir vier verläßliche Männer.« Die noch herumstehenden Soldaten schnauzte er an: »Worauf warten Sie noch? Marsch auf den Hof, ich komme gleich nach.«

Die Männer gehorchten. Die Offiziere hatten den Aufstand für gescheitert gehalten, jetzt änderten sie ihre Meinung. Der Arzt, ebenfalls Offizier, sah, daß Juvêncios Schenkelwunde stark blutete, er trat heran. »Senhor, die Verletzung ist lebensgefährlich«, sagte er. Und zu Macedo: »Besorgen Sie Gaze und Mull.« Juvêncio stieß den Arzt von sich. »Von Ihnen, meine Herren, will ich nichts haben. Ich helfe mir schon allein.«

Valverde kam mit einer Anzahl Soldaten. »Haltet die Türen besetzt«, befahl Juvêncio. »Schießt auf jeden, der fliehen will, und schießt – unterschiedslos – auf jeden, der sich ohne Befehl von mir oder von Quirino hier Zugang verschafft. Keine Diskussionen, eine Kugel in den Kopf!«

Er ging. Aber auf dem Korridor mußte ihn Macedo abermals stützen.

11

Als er auf den Hof zurückkam, hätte er sich, bevor er zu den Soldaten sprach, von Quirino lieber erst einmal gründlich über die Situation informieren lassen, um mit ihm, dem politisch Verantwortlichen, bestmögliche Vorkehrungen zu treffen. Er ließ Macedos Arm los, um ungestützt hinauszutreten, merkte aber, daß er gar zu schwach war. Hinten im Hof stand Quirino, umringt von Zugführern und Unteroffizieren, alle Kommunisten. Weiter abseits stand, gleichsam in Gegnerschaft, ein Trupp Zugführer und Unteroffiziere um Chico Conceição geschart. Die beiden Gruppen etwa gleich stark. Juvêncio schaute abwechselnd zu der einen und der anderen hin. Er riß sich zusammen, ging weiter; fast konnte die Hand den Revolver nicht mehr halten. Er war jeden Augenblick gewärtig hinzufallen, wies aber Macedos Hilfe, die dieser ihm flüsternd anbot, zurück. Er postierte sich zwischen den beiden Gruppen, maß Chico Conceição mit den Augen, wandte sich dann Quirino zu, salutierte mit dem Revolver in der Faust, rief ernst und gemessen: »Zu Ihrer Verfügung, Kommandeur!« Dann schaute er wieder hinüber zu dem um Conceição gescharten Haufen.

Quirino trat aus seinem Kreis, kam auf ihn zu. Er wußte schon nicht mehr, was er unternehmen sollte. Als Juvêncio in der Tür erschien, hatte er aufgeatmet. Mit Juvêncios Hilfe würde alles gut gehen. Macedo flüsterte: »Nenén, nimm dich in acht vor Conceição, er . . .«

Aber Chico Conceiçãos Stimme übertönte ihn: »Kommandeur? Wer hat ihn gewählt? Sind wir etwa Kinder oder Nutten, daß wir nehmen, was man uns zu geben beliebt? Wir« — er wies auf die Männer, die ihn umgaben —, »wir akzeptieren Quirino als Vorgesetzten keinesfalls!«

Die Gruppe schaute zu Juvêncio herüber, aber nicht feindlich. Trotz Conceiçãos schmeichelnder Reden vertrauten sie Juvêncio ungemindert, sie kannten ihn, er war einer der Ihren. Juvêncio seinerseits musterte sie ebenfalls, einen nach dem anderen. Conceição löste sich mit einigen Schritten von der Gruppe, pflanzte sich vor Juvêncio auf. Der aber, ohne sich um ihn zu scheren, ging zu den Soldaten, mit ernstem und beinahe strengem Blick, richtete das Wort an sie: »Freunde, ich komme soeben aus dem Spital, aber was finde ich hier vor? Sehe ich Soldaten der Revolution, die ihre Pflicht tun, ihre Kaserne im Griff haben? Mitnichten! Ein Drunter und Drüber! Man könnte meinen, die Soldaten kommen nur zurecht, wenn die Offiziere das Walten haben, ihnen befehlen, sie in den Bau sperren ... Wir haben aufbegehrt, weil das Volk hungert und weil Soldaten, Zugführer und Unteroffiziere drangsaliert werden. Möchtet ihr vielleicht beweisen, daß wir wirklich zu nichts taugen? Ich jedenfalls schäme mich ...« Er blickte sie der Reihe nach an, und sie ließen die Köpfe hängen.

Conceição wollte etwas erwidern, aber Juvêncio wehrte ab: »Sie reden nachher! Nachher mag reden, wer will. Jetzt rede ich, und ich habe ein Recht darauf, denn ich komme geradenwegs aus dem Spital, um zu verhindern, daß man euch in den Rücken fällt.« Und eigens an Conceiçãos Gruppe gewandt, fragte er: »Darf ich reden, Freunde, oder darf ich's nicht?«

Ein Neger rief: »Sie dürfen, Sie sind ein ehrlicher Mensch. Wir vertrauen Ihnen.«

Juvêncio fuhr fort: »Freunde, die Aliança Nacional Libertadora hat diese Revolution mit Unterstützung der Kommunistischen Partei gemacht. Der Bundesstaat hat jetzt eine Volksregierung aus Vertretern der Allianz und der Kommunisten. Die Soldaten der Revolution haben dieser Regierung Folge zu leisten. Und diese Regierung hat den Genossen Quirino zum Kommandeur des Regiments ernannt. Warum ihm also nicht gehorchen? Warum Streit in der Kaserne? Reißt euch zusammen! Warum wollten da welche die Offiziere erschießen? Woher kommt der Schnaps, und wer gestattet euch das Trinken? Seid ihr denn Revolutionäre oder aber Integralisten?«

Die Männer schauten unschlüssig drein. Juvêncio, lächelnd, sprach weiter: »Ich kann ja vieles verstehen. Euren Enthusiasmus, das Gefühl der Befreiung, aber alles hat seine Grenzen, Freunde. Sind wir uns einig?«

Gemurmel. Der Neger rief: »Jawohl, einverstanden!«

»Einverstanden!« riefen auch die anderen. Einer schrie: »Hoch Zugführer Juvêncio!«

Als das Rufen nachließ, brauste Conceição auf: »Ihr macht den Bock zum Gärtner.«

»Ricardo! Damião!« rief Juvêncio. Ein Neger und ein untersetzter Mulatte eilten herbei.

»Führt den Zugführer Conceição ab. Er wollte die Soldaten zum Saufen und Randalieren verleiten, um uns leichter an den Feind ausliefern zu können. Er kommt vor Gericht und wird erschossen!«

Conceição zog den Revolver. Aber Macedo packte ihn an der Schulter. »Her mit der Waffe, Hundesohn!«

Juvêncio stützte sich auf Quirinos Arm, ging mit ihm ins Gebäude zurück. Im Korridor fiel er ohnmächtig um. Die Soldaten sahen ihn hinsinken, beide Gruppen liefen herbei, sie sahen das Blut durch den Armverband dringen und in Höhe des Oberschenkels auch durch die Hose. Die Unruhestifter waren die ersten, die Quirinos Befehlen Folge leisteten.

12

Der Arzt gab ihm eine Spritze, damit er schlief. Er sympathisierte mit der Bewegung und wußte um Juvêncios Bedeutung. »So bringen Sie sich noch um«, sagte er.

Lurdes suchte ihn in dem behelfsmäßigen Krankenzimmer der Kaserne auf. Bekümmert, aber ohne Tränen, strich sie mit der Hand über die Kissenrolle. Juvêncio bat sie zu gehen: »Lauter Weibervolk drückt sich hier herum, schlimmer als samstags in der Bar. Ich habe sie alle hinausgejagt. Wenn nun du kommst, ist meine ganze Autorität hin. Sorge dich nicht, morgen bin ich wieder auf den Beinen.«

Sie begriff und ging. Soldaten boten ihr an, sie nach Hause zu begleiten, im Regiment herrschte wieder die gute Ordnung.

Beim Einschlafen überlegte sich Juvêncio die Zusammensetzung des Aufgebots, das sie ins Landesinnere schicken wollten. Am Nachmittag war dazu keine Zeit mehr gewesen. In aller Eile hatte er das Innenleben der Kaserne geregelt, hatte mit Quirino konferiert, ein Kommando aufgestellt, hatte Schlüsselposten mit Männern seines Vertrauens besetzt. Des Aufgebots wollte er sich am Abend annehmen, mit Quirino und irgendeinem anderen von der Leitung, vielleicht mit Luís. Es galt, schleunigst eine Kolonne zu entsenden. Schon waren fast vierundzwanzig Stunden ungenutzt verstrichen, und die Meldungen aus dem Süden waren nicht erfreulich ... Aber nach einem weiteren Ohnmachtsanfall wurde der Arzt geholt, und der ereiferte sich, hatte er ihm doch schon beim erstenmal ausdrücklich befohlen, sich hinzulegen und auszuruhen. Diesmal stellten sie auf die Schnelle ein Bett ins Zimmer neben dem Kommandoraum, er mußte sich hinlegen, bekam ohne weitere Erklärung jene Spritze und schlief daraufhin ein.

Als er wieder aufwachte, saßen Luís und ein weiterer Genosse von der Leitung am Bett, mit Gesichtern, als wollten sie ihn ja nicht stören. Am Licht erkannte er, daß es heller Tag war.

»Wie spät?«

»Zwanzig nach neun.«

»So lange habe ich geschlafen?« Der Kopf war ihm schwer, der Magen schmerzte, aber Fieber hatte er keins.

»Das war die Spritze, die der Doktor dir verabreicht hat«, bemerkte Quirino.

»Und die Kolonne, ist sie schon fort?«

»Nein, zu spät ...«, sagte der Schuster.

»Zu spät? Wieso?«

»In Recife sieht's finster aus. Es läuft nicht. Und im Land hat sich auch nichts weiter getan.«

»Kein Grund, die Hände in den Schoß zu legen.« Juvêncio erhob sich, ging ans Waschbecken, erfrischte sich das Gesicht.

»Es scheint, das Zweiundzwanzigste von Paraíba ist im Anmarsch hierher. Es gilt, die Verteidigung der Stadt zu organisieren, Natal zu halten, bis der Aufstand im Süden ausbricht, und das muß jeden Augenblick passieren.«

Juvêncio setzte sich auf das Bett.

»Habt ihr hier Kaffee?«

Quirino rief, und ein Soldat erschien. »Besorge Kaffee für den Genossen Juvêncio.«

»Aber ordentlich heißen«, bat Juvêncio. Und an Luís gewandt: »Wie steht's um Pernambuco?«

»Unsere Leute haben die Stadt offenbar aufgeben müssen. Der Radiosender schweigt.«

»Und hier, wie läuft's hier?«

»In der Stadt gut.«

»Und in der Kaserne? Irgendwelche Neuigkeiten?«

»Nein, außer daß in der Nacht Zugführer Bonifácio und vier Soldaten geflohen sind und einiges haben mitgehen lassen«, sagte Quirino.

»Sobald ihr einen von denen erwischt: Erschießen! Vor versammelter Mannschaft.«

Der Soldat brachte den Kaffee. Juvêncio tat Zucker hinein, trank in kleinen Schlucken, überdachte die Situation. Der Schuster dünkte ihm niedergeschlagen und der andere Genosse allzu schweigsam. Er lachte und sagte: »Es geht schon voran!«

Der Tag verstrich langsam. Juvêncio ließ sich im Auto durch die Stadt fahren, entschied, an welchen Stellen geeigneterweise Schützengräben auszuheben seien, kommandierte Soldaten ab. Als er in die Kaserne zurückkam, war's ein Gewisper, waren Neuigkeiten im Umlauf: In Pernambuco war die Bewegung gescheitert. Alarmierende Details wurden erzählt. Conceição hinter Schloß und Riegel blieb nicht untätig, er sprach die Soldaten an, die ihn bewachten, streute finstere Gerüchte aus. Juvêncio rief das Leitungsgremium zusammen, erörterte die Situation. Weitere Leute hatten sich abgesetzt. Einer aber war geschnappt worden. Quirino fragte: »Lohnt's, ihn zu erschießen?«

»Wir werden sehen.«

Juvêncio stieg in den Hof hinunter, er hatte sich an diesem Nachmittag überanstrengt, ihm war schwindlig; der Kopf schwer, die Augen trübe. Er ließ sich den Soldaten vorführen. Es war João Inácio, ein Mann mittleren Alters, vom Lande. Juvêncio unterhielt sich mit ihm in dörflicher Manier: »Seu João, wie denn das, so einfach das Hasenpanier ergreifen? Schiß?«

»Tja, Mann, Herr Zugführer, im Kampf zu sterben, da hab ich keine Angst vor. Aber der Zugführer Conceição sagte, wir sind geliefert, wir werden alle eingelocht, und dann bringen sie uns mit Klistieren um. Ich bin nun mal nicht hart im Nehmen, Herr Zugführer.«

»Seu João, das ist aber häßlich, und ich müßte Sie erschießen lassen. Aber dieser Verräter hat Sie ins Bockshorn gejagt. Schon möglich, daß wir allesamt sterben, aber mit der Waffe in der Hand und indem wir uns für die Revolution schlagen. Haben Sie Angst?«

»So nicht. Und so ist's recht. Aber was die Klistiere betrifft...«

Juvêncio wandte sich an die Soldaten: »Wer Angst hat, der soll sofort verschwinden. Ich dulde keine Feiglinge hier. Der Kampf wird hart, wir haben die Kaserne und die Stadt so lange zu halten, bis die Revolution im Süden gesiegt hat. Wer Schiß hat, der verschwinde... Na los!«

Niemand regte sich. Juvêncio fuhr fort: »Nachher gibt's keine Entschuldigung mehr für einen Deserteur. Na, will denn keiner?...« Er wartete. Die Männer rührten sich nicht von der Stelle.

»Na schön. Jetzt nehmen wir uns diesen Conceição vor. Soldat Ricardinho, holen Sie den Gefangenen.« Und gleich dort machte er ihm den Prozeß: »Dieser Mann hat Unordnung ins Regiment gebracht, er schlug vor, die Offiziere zu erschießen, er hat Panik gemacht, hat Lügen ausgestreut, hat die Soldaten zum Verrat an der Revolution verleitet, damit sie wie Deserteure und Feiglinge fliehen. Was verdient er?«

Conceição, mit angstgeweiteten Augen, zitterte, war ganz durcheinander: »Bei der Liebe Gottes, Nenén! Bei der Liebe deiner Frau!«

Das Erschießungskommando nahm vor der Mauer Aufstellung. Sie zerrten Conceição dorthin. Die Schüsse peitschten, Juvêncio ging zurück ins Gebäude.

»Wir haben wenig Munition«, bemerkte er zu Quirino, in Gedanken bei Chico Conceição. Auf der Schwelle drehte er sich um — der Leichnam lag im Blut.

13

Es war unmöglich, die Fliehenden im Auge zu behalten. Die aus dem Süden erwarteten guten Nachrichten blieben aus, Niedergeschlagenheit bemächtigte sich aller. Juvêncio merkte, daß selbst die ergebensten Zugführer ihn mieden; sie schauten drein, als habe er sie hintergangen. Doch konnte er die Ordnung aufrechterhalten, konnte er verhindern, daß die Männer tranken, sich an den Gefangenen vergriffen, sich gegen die mit Aufträgen versehenen Genossen entluden. Juvêncio spürte, daß die Bombe jeden Augenblick hochgehen konnte. Auch in der Stadt lief es nicht recht. Die Reaktionäre wußten bereits, daß der Aufstand in Recife niedergeschlagen war und es keine weiteren Erhebungen gegeben hatte. Man schrieb schon den 25. November, und erst zwei Tage danach sollten sich das 3. Infanterieregiment und die Fliegerschule von Rio de Janeiro erheben, mittlerweile aber marschierte ein Expeditionscorps von Paraíba auf Natal. Die Junta in der Stadt sah sich gewaltigen Schwierigkeiten gegenüber. Vorbei waren die Begeisterung der Sympathisanten und der Zulauf der Opportunisten. Die Revolutionäre, noch an der Macht, wurden immer heftiger angefeindet.

Am Nachmittag kam Juvêncio zu dem Schluß, daß die Stadt mit den verbliebenen Soldaten nicht zu verteidigen war. Das statuierte Exempel Conceição war alsbald vergessen, noch in der Nacht flohen weitere Soldaten, sogar Offiziere, die mit Geld und Versprechungen um Schonung die Wachposten für sich hatten gewinnen können.

Juvêncio bekam wieder Fieber, er fürchtete, nicht bis zum Ende durchzuhalten. Sein Körper verlangte nach Ruhe, die Wunden heilten nicht zu, Kopfschmerz plagte ihn. Doch selbst so beriet er sich mit Quirino, dann fuhr er zum Stadthaus, um sich mit der Junta abzustimmen. Er hatte die Idee, die verläßlichsten und bewußtesten Männer — die Mitglieder der Kommunistischen Partei und der Allianz und all jene, die treu zur Revolution standen — in Guerilla-Trupps zu organisieren und sie in den Sertão zu schicken. Dort würden sie die Bauern zum Aufstand bewegen, in Erwartung der unausbleiblichen Erhebung im Süden. Dann würden sie in die Stadt zurückkehren. Die Vertreter der Junta waren einverstanden, und noch in derselben Nacht schickte Juvêncio die Trupps, bestmöglich bewaffnet, auf den Weg. Er selber wollte erst mit dem allerletzten Trupp die Stadt verlassen, wenn schon nichts mehr zu machen wäre. Im übrigen konnte er nicht alle Männer auf einmal ziehen lassen, sonst hätten die Reaktionäre Natal sofort in Besitz genommen.

Macedo sollte im Morgengrauen an der Spitze eines Trupps

abmarschieren. Dieser redselige, zur Eitelkeit neigende lange Mensch mit seiner skandalös lauten Stimme wirkte eher wie ein großes Kind. Er war couragiert und treu, hatte eine starke Hand, ein leidenschaftliches Herz und eine rauhe Faust. Juvêncio umarmte ihn. Der andere sagte gerührt: »Paß auf dich auf, Nenén!«

Valverde blieb an seiner Seite, und Quirino stieg bei ihm in der Wertschätzung. Politisch war Quirino ein Schwächling und war schuld an vielen Dingen. Doch er harrte auf seinem Posten aus, bereit zu allem; der Tod ängstigte ihn nicht.

Nun dämmerte der vierte Tag über Natal herauf, die Männer nahmen den Weg in die Caatinga, wo Lucas Arvoredo und der Beato Estêvão regierten. Als Guerilleros zogen sie los, andere wiederum als Flüchtende. Juvêncio blickte ihnen nach, bis sie sich in der Ferne verloren, er atmete die frische Morgenluft. Er mußte daran denken, wie sie auf der Fazenda Morgen für Morgen ausgerückt waren zur Bestellung des Ackers, der dem Obersten gehörte. Gern hätte er das Land in den Händen der kleinen Bauern gewußt. Darum hatte er sich mit seinem Regiment erhoben. Nun brachen harte Zeiten an, doch der Sertão war nach wie vor da, und eines Tages würden die anderen gleichen Sinnes sein wie der Zugführer Juvêncio.

14

Der letzte Tag verging langsam, die Leute marschierten zum Haupttor hinaus, brauchten nicht mehr über die Mauern zu fliehen. Juvêncio sah sie losziehen. Nun war es kein Gerücht mehr, sondern eine glaubhafte Meldung: Das Corps aus Paraíba war im Anmarsch auf die Stadt. Die Gewehre der Revolutionäre in Recife waren verstummt.

Die Soldaten setzten sich ab. Einige kamen, um Juvêncio Lebewohl zu sagen: »Auf ein andermal, Zugführer. Mit mir können Sie rechnen!«

Juvêncio hatte kein Fieber, aber müde war er, unsäglich müde. Alles tat ihm weh. Die Junta war in die Kaserne umgezogen. Die Führer konferierten lange mit Juvêncio und Quirino; man beschloß, die Stadt vor Ankunft der Armee zu verlassen.

 Valverde wollte an Juvêncios Seite bleiben, der aber befahl

ihm zu verschwinden. Quirino umarmte ihn mit der Miene eines trauernden Familienangehörigen.

Sie hatten ihn mitnehmen wollen, doch er wäre keine zwei Kilometer weit gekommen, wäre ihnen nur ein Hindernis gewesen. »Ich weiß mir schon zu helfen, ich habe einen Unterschlupf«, flunkerte er. Gegen Abend kam der Neger Ricardo, um sich zu verabschieden. »Zugführer, Sie bleiben?«

»Ja, ich bleibe.«

»Dann bleibe ich bei Ihnen.«

»Wozu, Ricardo? Ich bleibe, weil ja irgendeiner bleiben muß. Mir, der ich angeschossen bin und halbtot, mir werden sie schon nichts tun. Ich verantworte dies, ich war einer der Chefs. Wenn sie dich erwischen, krempeln sie dich glatt um. Hau ab, solange du noch kannst.«

In der Ferne dröhnten die Marschtritte des auf die Stadt vorrückenden Corps. »Besser, ich bleibe bei Ihnen«, wagte Ricardo zu sagen.

»Du bist Soldat, ich bin Zugführer und außerdem stellvertretender Kommandeur. Und ich befehle dir: Geh!«

Soldat Ricardo, ein großgewachsener häßlicher Neger, trat einen Schritt vor, nahm Haltung an, salutierte. Und er marschierte davon, als zöge er in eine Schlacht. Juvêncio schaute ihm nach, sah ihn hinter der Ecke verschwinden.

Er blieb allein in der Kaserne. In der Stadt waren die Priester und die Politiker eifrig dabei, das einrückende Corps mit Jubel und Blumen zu begrüßen. Die Schritte kamen näher, schon waren sie auf dem Pflaster der Straße zu hören. Es war noch einiges zu erledigen. Juvêncio holte die rote Fahne vom Mast ein; vier Tage hatte sie über Natal geweht. Er verbarg sie unter dem Waffenrock und verließ die Kaserne. Langsam ging er dahin, wegen der Verletzungen, der Kopf schmerzte, er spürte Müdigkeit in allen Gliedern, in jedem Nerv. Vor Müdigkeit konnte er nicht denken. Wohin gehen? Er wußte kein Haus, das ihm hätte Unterschlupf gewähren können. In den Busch wollte er nur, wenn es gälte, rascher zu sterben. Er hatte Geld bei sich, soviel Geld wie noch nie, und doch zu nichts nütze in diesem Augenblick. Er überlegte angestrengt, wo er es verstecken könnte. »Es kann der Partei eines Tages dienlich sein.«

Er ging nach Hause. Seit dem Morgen des vorangegangenen

Tages hatte er Lurdes nicht gesehen. Der Abend senkte sich über die schweigenden Vorstädte. Der Marschtritt der Soldaten dröhnte nahe, bald würden sie in die leere Kaserne einziehen. Sie würden die Fahne nicht am Mast finden, könnten sie nicht herunterreißen. Er lächelte bei diesem Gedanken.

Juvêncio trat ins Haus. Im Wohnzimmer ein Sofa und ein paar unbequeme niedere Stühle. Lurdes saß auf dem Sofa, ihr Bauch weit vorgewölbt. Sie wollte sich erheben, er bedeutete ihr sitzen zu bleiben. Er zog die Stiefel aus, hatte nicht die Kraft, auch die Strümpfe abzustreifen. Er streckte die Füße über die Sofalehne und legte der Frau den Kopf in den Schoß. Sie verströmte Wärme, Frieden, Ruhe, und in ihrem Leib wuchs ein Kind heran, wollte geboren werden. Juvêncio schloß die Augen. Nun dachte er an nichts, er spürte nur diese Wärme, ihm schien, daß alles zu Ende war – Friede und Ruhe für immer. Lurdes strich ihm mit den Händen durch das versengt riechende Haar, er lächelte leicht. Die Schatten der Abenddämmerung senkten sich über das Zimmer.

Epilog DIE ERNTE

TONHO

1

»Varda! Che bel toso é Tonho!« rief die kleine Italienerin in ihrem ländlichen Venezianisch.

Die alte Nachbarin pflichtete ihr bei: »Bel giovanoto, sì!«

Das galt Tonho, der gerade vorbeikam, auf dem Weg in die Stadt, und vielleicht waren sie etwas übertrieben, die Lobesworte jenes in São Paulo lebenden Mädchens italienischer Abkunft, dessen Augen den Anblick der Mulatten und Mischlinge aus dem Nordosten schon gewöhnt waren. Die Kälte hatte das rebellische Haar des Sertãoburschen etwas in Mitleidenschaft gezogen, hatte ihm einen Schimmer von Blond gegeben. Sein Körper hatte die Reise hierher überstanden trotz Hunger und Durst in der Caatinga, trotz Ruhr auf dem São Francisco, trotz all der Krankheiten unter den Auswanderern in Pirapora; er hatte sich gestählt, war immun geworden, war später gewachsen, wurzelnd in seiner von soviel Leid erfüllten Kindheit. Wie eine sonnenverbrannte Pflanze nach den winterlichen Regengüssen wieder sprießt und blüht, so wuchs er auf den Feldern von São Paulo heran.

Seine Kindheit endete mit der Zugfahrt von Pirapora nach São Paulo, auf jenem Auswanderertransport. Auf dem Bahnhof hatte seine Tante Marta ihnen zugewinkt; das letzte Lebenszeichen von ihr. Tonho erinnerte sich ihrer zuweilen beim Anblick der hübschen Mädchen dieser Gegend, der Töchter der Sertanejos und der jungen Italienerinnen mit ihren rosigen Gesichtern. Als auffallende Schönheit ruhte Marta in seiner Erinnerung, über Jahre hinweg, obschon ihr verfluchter Name zu Hause nie genannt wurde. Und die Erinnerung, mit der Zeit zwar verblassend, blühte drei Jahre nach Ankunft auf der großen Kaffeeplantage, die sie seither als Tagelöhner beschäftigte, noch einmal lebhaft auf: als Großvater Jerônimo eines Tages Blut erbrach und verstarb.

Jerônimo war die Jahre in São Paulo nur noch der Schatten dessen, der er einst, bei Verlassen der alten Heimat, gewesen.

Die Tuberkulose hatte ihm die Kräfte und das Fleisch aufgezehrt. Bei der letzten Kaffeeernte konnte er kaum noch mit Hand anlegen. Ein Glück nur, daß der vom Hunger im Sertão vertriebene Agostinho mit Gertrudes und zwei kleinen Kindern zu ihnen gestoßen war. Auch João Pedro war gealtert. Am Abend von Agostinhos Ankunft hatten sie bei der Kälte, die ihnen so zu schaffen machte, rings um das offene Feuer gesessen. Agostinho wartete mit Neuigkeiten auf, sie erfuhren, daß Nenén im Gefängnis saß und Jão den Tod gefunden hatte. Jerônimo lag da, lauschend und die Rede des Sohnes mit seinem Husten fortgesetzt störend, und er hatte für all das nur einen Satz: »Könnte ich doch wieder zurück.«

Er starb wenige Tage später, und mehr als Agostinhos Ankunft erinnerte Jerônimos Agonie, die eine schreckliche von Rauhreif bedeckte kalte Winternacht lang währte, den Enkel Tonho an Marta, zumal der Großvater ihren Namen nie mehr genannt hatte, nun aber, im Sterben, leise ein einziges Wort fortwährend wiederholte: »Marta ... Marta ...«

Jucundina saß weinend neben der Pritsche, und Tonho spürte, daß sich zweierlei in ihrem Kummer vermengte: Schmerz um den sterbenden Alten und Sehnsucht nach der Tochter, die in fernen Landstrichen ein Hurendasein lebte. Er mußte an Martas schönes, zartes Antlitz denken, an ihre stille Güte, an ihren großen Familiensinn. Er sah sie in den Armen des Arztes, wie sie mit ihrem Körper für ihren tuberkulosekranken Vater das Gesundheitszertifikat erkaufte. Es war wie jenes Drama, das er in João Pedros Begleitung eines Tages im Stadttheater gesehen hatte. Allerdings im Theater war's Lüge, mochten die Frauen auch weinen, ihr Drama aber hatte sich wirklich zugetragen. Agostinho hatte keinerlei Nachricht über Marta mitgebracht. Jucundina nahm ihren Sohn am ersten Abend, sobald Jerônimo eingeschlafen war, beiseite und fragte ihn: »Weißt du etwas von Marta?«

»Nichts weiß ich«, erwiderte Agostinho. »In Pirapora ist sie nicht. Schon lange nicht mehr, heißt es ... Eine Hure hat eben kein Zuhause. Wie der Geier, immer hin zum Aas.«

In jener anderen Nacht, als sie sich um den Sterbenden versammelt hatten, hörte Tonho den Großvater murmeln: »Gott segne dich, meine Tochter.«

Jerônimo segnete Marta, vielleicht sah er sie vor sich, und vielleicht, wer weiß, dachte sie in ebendiesem Augenblick an ihn, bat sie ihn um seinen Segen, bevor sie ihren müden käuflichen Leib zur Ruhe bettete, und auch ihr müdes Herz.

Ein Schwall Blut vermengte sich mit dem rauh gesprochenen und von allen vernommenen Namen der Tochter. Viele folgten dem Sarg, es kamen die Arbeiter von der Fazenda und die Kolonen aus der Umgebung, Italiener in der Mehrzahl. Die Mulatten erzählten vom Sertão und warteten mit Erlebnissen aus den Tagen ihrer Übersiedlung nach São Paulo auf. Tonho war in Gedanken bei Marta, seiner Tante.

Sie war ihm die lebhafteste Erinnerung seiner Kindheit, die mit jener Zugfahrt zu Ende ging. In São Paulo begleitete er den Großvater und João Paulo zur Arbeit. Einige Monate lang hatte er die Schule besucht, hatte Lesen und Schreiben gelernt. Später, schon ein junger Mann, beugte er sich wieder über die Bücher, denn er wollte mehr wissen.

Wenig Bemerkenswertes ereignete sich für ihn während dieser Jahre. Abgesehen von Agostinhos Ankunft und dem Tod des Großvaters, war da allerdings ein prägendes Erlebnis. In Jucundinas Begleitung reiste er nach Rio de Janeiro, um seinen auf der Ilha Grande gefangengehaltenen Onkel Nenén zu besuchen. Juvêncio war mit weiteren politischen Häftlingen von Fernando de Noronha dorthin verlegt worden. Auf der Ilha Grande konnte er seine Studien betreiben — das Gefängnis war seine Universität. Die neun Jahre, die er in den Haftanstalten von Natal, Recife, Rio de Janeiro, auf Fernando de Noronha und letzthin auf der Ilha Grande zubrachte, waren für ihn Lehrjahre. Vorzüglich geschulte Genossen standen ihm zur Seite. Hier endlich las er die Bücher, die es ihm damals, vor der Revolution von 1935, so sehr angetan hatten. Von Engels lernte er, daß die Freiheit »Einsicht in die Notwendigkeit« war, und er kam zu dem Schluß, daß der Sertão durch eine Schule aus Blut und Schmerzen ging. So viel sprach er vom Sertão und von den ausgebeuteten Sertanejos, daß die Gefährten ihn damit hänselten. Doch ihnen als auch jenen, die draußen im Untergrund kämpften, war bewußt, daß sie in diesem jungen Sertanejo das Interesse für die Landprobleme wachhalten mußten. Und sie ließen ihm alles nur mögliche Material zukommen, Bücher und Broschüren zur

Agrarfrage. Er verschlang sie in seinen langen Gefängnistagen.

Als Jucundina erfuhr, daß ihr Lieblingssohn sich gar nicht so weit fort befand und Besuche erlaubt waren, gab sie nicht eher Frieden, als bis sie ihn sehen konnte. Sie sparte Geld für die Fahrt, Münze um Münze. Sie zog Erkundigungen ein über Rio, über die Behörden, wie man zur Ilha Grande gelangte. Eines Tages bestieg sie den Zug, und sie nahm Tonho mit, der schon ein junger Bursche war.

Von Rio sahen sie fast nichts. Jucundina mietete nahe dem Bahnhof ein Zimmer in einem billigen Hotel, verbrachte den nächsten Tag auf dem Polizeipräsidium. Die Angestellten dort schickten sie hierhin und dahin, machten sich einen Spaß, erst gegen Abend, als sie es müde wurden, sie zu narren, ihr alberne Fragen zu stellen und über sie zu lachen, bekam sie den Erlaubnisschein zum Besuch ihres Sohnes. Im Hotel erfuhr sie, welchen Zug sie nehmen mußten und was die Überfahrt mit der kleinen Fähre kostete. Zwei Tage galt es noch zu warten, und sie gingen kaum aus dem Haus, der Großstadtverkehr ängstigte Jucundina. Tonho betrachtete vom Fenster aus den Verkehr, die Autos, die Straßenbahnen, die mit lauter Bimmelglocke daherpreschenden Ambulanzen.

Der Zug war voll besetzt mit Angehörigen von Häftlingen. Jucundina wagte eine Erkundigung, worauf man sie fragte, was sie denn zur Ilha Grande führe.

»Ich will meinen Sohn besuchen, er ist dort in Haft.«

Da die Leute in den zehn Monaten, die sie Woche für Woche zur Ilha Grande fuhren, diese Frau noch nie gesehen hatten, meinten sie, es handele sich wohl um die Mutter eines Kriminellen.

»Warum sitzt er?«

»Er war Zugführer in Natal, er hat in einer Revolution mitgekämpft. Sie haben ihn abgeurteilt, weil er angeblich ein ganz schlimmes Verbrechen begangen hat. Aber ich kenne meinen Sohn. Ich weiß, daß er sich in nichts Böses einläßt. Da bin ich ganz sicher.«

Das hatte sie auch zu den Polizisten gesagt. Die aber hatten sie ausgelacht, hatten behauptet, ihr Sohn käme nie mehr frei. »Er ist Kommunist, und das ist viel schlimmer als Dieb und Totschläger.« Aber sie hatte es nicht glauben wollen, und nun bestätigten ihr diese guten Mitreisenden, er habe nichts Böses verbrochen.

»Wie heißt er?«

»Juvêncio ... Wir nennen ihn Nenén.«

»Juvêncio?«

Da war die Begeisterung groß. Einige kannten sogar Jucundinas Namen, ohne daß sie ihn genannt hatte. Sie alle waren Freunde ihres Sohnes. Der Alten schwoll das Herz vor Stolz. Tonho, in dreiviertellangen Hosen und scheußlichem rotem Hut, schaute lächelnd in die Runde; auch ihm drückten sie die Hand, auch ihm sagten sie ein paar nette Worte, als sich erwies, daß er Juvêncios Neffe war.

Auf dem letzten Stück der Reise erzählte Jucundina, wie sie, als man sie von ihrem Landstück verjagt, den Sertão durchquert hatten. Die Leute lauschten, waren erschüttert, und selbst ein Gaucho, der im Inselgefängnis Wachdienst versah, war bewegt von ihrem ohne Ausschmückung und ohne Tränen dargebotenen Bericht.

2

In Tonhos Erinnerung verflochten sich die Bilder von Onkel Nenén und Tante Marta. Er sah den Onkel auf der Insel mit einem Buch unterm Arm neben Jucundina am Strand spazieren. Mutter und Sohn verbrachten den ganzen Tag miteinander. Sie redete und ließ ihren Tränen freien Lauf – Tränen aus Freude darüber, daß sie den Sohn wiedergefunden, und Tränen der Trauer über den Tod Jerônimos und das Verschwinden Martas.

Juvêncio war ganz verändert, und er war nicht auf ihren Besuch gefaßt gewesen. Auch Jucundina schien eine andere: ihr Haar ganz weiß, die Augen trüb, die Haut voller Runzeln.

Als sie mit dem kleinen Fährboot ankamen, sagte Maria Barata zu der Alten: »Warten Sie hier, ich will ihm die Nachricht bringen«, und an Agildo gewandt: »Sie ist Juvêncios Mutter.«

Der gefangene Hauptmann unterhielt sich mit Jucundina, während Maria den Zugführer suchen ging. Er las gerade.

»Ich habe ein Geschenk für Sie.«

»Zigarette oder Süßigkeit?«

»Kommen Sie mit.«

Maria Barata war gerührt von der Wiederbegegnung. Sie sah, wie die Alte dem Sohn Arme und Beine abtastete, sie hörte Jucundinas Freudenausbruch, als diese ihn, entgegen dem Gerücht, heil und unversehrt vorfand. Sogar der als Fürchtenichts und wilder Haudegen gerühmte Hauptmann mußte sich abwenden, um nicht mit einer Träne im Augenwinkel ertappt zu werden.

Vier Tage blieben sie auf der Insel, vier Tage, in denen Jucundina von Juvêncio nur abließ, wenn er wieder hinter Gitter mußte, in seine Zelle. Tonho unterhielt sich mit diesem und jenem, die Männer erzählten ihm merkwürdige und faszinierende Dinge. Es waren voll ausgefüllte Tage, für Tonho tat sich hier eine neue Welt auf. Diese Häftlinge ähnelten in nichts jenen anderen im Gefängnis von São Paulo, unweit der Fazenda, auf der er lebte. Hier waren es zuversichtliche, selbstbewußte, in die Zukunft blickende Menschen. Tonho wäre am liebsten bei ihnen geblieben, um vom Wissen des Onkels und der anderen zu lernen. Vor allem ein Satz hatte sich ihm eingeprägt: »Das Land gehört denen, die es bestellen.« Man hatte sie eingesperrt, weil sie diesen Spruch verteidigten. Doch es war der Mühe wert. Tonho hätte es nichts ausgemacht, für dieses Verbrechen eingesperrt zu sein.

Als er mit der in Tränen aufgelösten Jucundina zurückkehrte, sprach er nur noch vom Onkel und seinen Freunden, den Haftgefährten. Die neuen Bekannten ließen die beiden, die auf ihren Zug nach São Paulo warteten, nicht erst ins Hotel zurück. Die Familie eines der Gefangenen nahm sie mit zu sich nach Hause, verwehrte ihnen, am folgenden Morgen abzufahren, führte sie durch Rio de Janeiro. Im Auto wurden sie zum Nachtzug gebracht. Ein Mädchen drückte Tonho die Hand und sagte: »Bis zum Wiedersehen, Kommunist!«

Er erwiderte lachend: »O ja, eines Tages werde ich es sein.«

Jucundina bestellte liebe Grüße an den Sohn: »Umarmen Sie ihn ganz fest.«

Die Freunde versprachen es, und Jucundina weinte vor Rührung. Nun spürte sie nicht mehr Kummer, wenn sie an den Strafe verbüßenden Sohn dachte, sondern Stolz. Ihr Sohn war kein Krimineller, und seine Freunde waren aufrechte Männer. Während der Zugfahrt hingen sie ihren Erlebnissen auf der Insel nach. Auf der Fazenda sodann hatte Tonho viel zu erzählen. Und wenn der winterkalte Abend kam und er im Bett die Augen schloß, dann sah er mal die auf dem Bahnhof winkende Marta vor sich, mal auf der Ilha Grande seinen Onkel Nenén, der ihm Dinge erzählt hatte, die er beständig wiederholte, damit er sie niemals vergaß.

3

Eines Tages wurde, unter dem Druck der nationalen und internationalen Ereignisse, die Amnestie verkündet. Die Partei, halb legal, hielt ein erweitertes Plenum ab, an dem auch der ehemalige Zugführer Juvêncio teilnahm. Anschließend besuchte er seine Angehörigen auf der Fazenda. Die Partei gewann die volle Legalität, erste Stadtkomitees wurden gegründet.

Eine Woche lang blieb Juvêncio bei den Seinen. Auf der Rückfahrt traf er sich in der nahen Stadt mit einem alten Freund. Tonho begleitete ihn, sie schlenderten durch die Straßen, plötzlich rief Juvêncio: »Zé Tavares!«

Das Haar des Sertanejos begann grau zu werden, doch in dem rauhen Gesicht war das alte Lächeln. Die drei setzten sich in ein Café und plauderten bis gegen Abend. Nach seiner letzten Freilassung hatte sich Zé Tavares im Landesinnern von São Paulo versteckt gehalten. Nun stellte er in der Metropole ein Stadtkomitee auf die Beine, sein Wunsch aber war es, unter den Landarbeitern zu wirken. Er wiederholte, was Prestes auf dem ersten großen Meeting hinsichtlich des Agrarproblems bemerkt hatte: »Wir aus dem Sertão haben hierfür echtes Verständnis.«

»Diesem Mann verdanke ich meine Aufnahme in die Partei«, sagte Juvêncio zu Tonho. Und an Zé Tavares gewandt: »Nimm dich nun meines Neffen an. Diese jungen Burschen . . .« — er klopfte Tonho auf die Schulter — ». . . werden das Land mobilisieren.«

Beide waren mit ihren Gedanken im fernen Sertão. Zé Tavares sagte: »Nun wird es ein Ende haben mit den Cangaceiros und den Beatos. Jetzt sind wir am Zuge . . .«

Sie erhoben sich, Juvêncio ließ ein paar Münzen auf dem Tisch zurück. Die Sonne schien nur leicht, fast zärtlich, ganz anders als im Nordosten. Zé Tavares erzählte einen Fall, der zeigte, daß die Bauern allmählich Bewußtsein erlangten, und Juvêncio wiederholte im Geiste die bei Engels gelesenen Worte. Zés Stimme hatte noch immer die melodiöse Weichheit der Caatinga. Er plauderte: »Der Bauer war mein Freund. Wir kannten uns seit langem. Als er erfuhr, daß ich mich in Rio Prêto aufhielt, um dort die legale Parteizelle zu gründen, besuchte er mich. ›Seu Tavares, so sagen Sie mir doch, der Sie es wissen, was hat es mit dem Kommunismus auf sich?‹, rief er. Ich erklärte es ihm, ich sprach vom Agrarproblem und davon, daß der Boden dem gehören sollte, der ihn bebaute, ich erklärte alles haarklein. Er spitzte die Ohren. Als ich geendet hatte, sagte er: ›Seu Tavares, dieser Kommunismus kommt mir vor wie ein Gespenst.‹ Ich wollte wissen wieso. ›Tja, sagen wir mal, da taucht auf der Straße ein Licht auf, und man sagt uns, wir sollen ja Abstand wahren, es handele sich um ein Gespenst, das schon tötet, wenn man es nur ansieht. Aber sie reden so viel davon, daß die Leute nun wirklich neugierig werden. Eines Tages können sie nicht mehr widerstehen, und was sehen sie? Es ist der Priester der Leute in Person.‹ «

Juvêncio lachte. Sie traten in den kleinen Raum. Auf der Straße, gut sichtbar für die verblüfften Passanten, prangte ein frischgemaltes Schild mit der Aufschrift:

Kommunistische Partei Brasiliens
Ortskomitee

Im Hause arbeiteten und diskutierten Proletarier und Leute aus dem Volk. Tonho fand hier die gleiche Atmosphäre und die gleichen Gespräche wie auf der Ilha Grande. Der Neunzehnjährige setzte sein breitestes Lächeln auf. Zé Tavares kam mit einem Formular.

»Kannst du lesen und schreiben?«

»Ja.«

»Dann fülle deinen Aufnahmeantrag aus. Anschließend unterhalten wir uns darüber, wie du auf der Fazenda arbeiten wirst. Weißt du, was eine Zelle ist?«

»Nein, Senhor.«

Sie begleiteten Juvêncio zum Bahnhof. »Zé, ich denke, sie werden mich in den Sertão delegieren.«

»Dahin möchte ich auch gern.«

»Du hast dich hier eingewöhnt. Mir aber ist, als wäre ich trotz allem nie von dort fortgewesen. Falls sie mich hinschicken, freue ich mich.«

Sie umarmten einander. »Der Junge bleibt bei dir. Da ist er in guten Händen.«

»Ja, überlaß ihn mir nur.«

Der Pfiff der Lokomotive übertönte ihre Stimmen. Juvêncio drückte Tonho an seine Brust. »Bis zum Wiedersehen, Genosse, sei ein guter Kommunist!«

Gern hätte Tonho seiner Tante Marta geschrieben, um ihr alles zu erzählen, ihr von dieser Freude ringsum zu berichten. Wo mochte sie sein? An welchem Fleck der Erde vergoß sie ihre Tränen? Als sie den Bahnhof verließen, gab Tonho dem fragenden Zé Tavares Auskünfte.

»Wieviel verdient ein Arbeiter am Tag auf der Fazenda?«

Der Pfiff des Zugs auf dem Bahnhof. Wo auf dieser großen weiten Welt mochte Marta sein? Was gäbe Tonho dafür, wenn Juvêncio sie fände und ihr sagte, daß Jerônimo ihr auf dem Sterbebett verziehen hatte, daß sie kommen könne, daß Jucundina und João Pedro bei guter Gesundheit waren, daß Agostinho und Gertrudes schon zwei Kinder hatten und daß er, Tonho, in die Kommunistische Partei eingetreten war, um gegen das Leid und den Hunger zu kämpfen.

4

Wenige Monate später bestellte Genosse Vítor, der Sekretär der Partei, Juvêncio zu sich. Juvêncio wurde aufgetragen, in Rio zu bleiben, dort für die Partei zu arbeiten. Vítor kam gerade aus São Paulo, nach einer Tour durch das Landesinnere. Er wußte begeistert zu berichten: »Jeder Landarbeiter von einer Art, daß einem das Herz lacht. Aus achtzig Orten waren sie gekommen. Bewußte und fähige Leute. Ich sage dir, aus den hundert Leuten dieses Aktivs da wächst uns ein gutes Dutzend Führungskräfte heran . . .«

Er klopfte Juvêncio auf die Schulter. »Und einer davon ist dein Neffe«, sagte er. »Der Junge wird es noch weit bringen. Behalte ihn im Auge, ich wette, der wächst dir noch über den Kopf.«

Dann kam er zum eigentlichen Thema. Juvêncio war sehr aufgeregt.

»Die Arbeit ist schwierig, aber du kennst den Sertão gut. Als Beispiel soll dir das dienen, was wir in São Paulo aufziehen. Landarbeitervereinigungen gründen, Zellen auf den Fazendas, mit Forderungen auftreten . . .«

Juvêncio erzählte ihm die Geschichte, die Zé Tavares mit dem Bauern widerfahren war. Vítor machte ein ernstes Gesicht und sagte: »Recht hat er. Mit den Beatos und den Cangaceiros ist es an dem Tag zu Ende, an dem die Sertanejos politisches Bewußtsein gewinnen. Und hierin besteht deine Aufgabe.« Spaßend, wie es seine Art war, schloß er: »Geh in dich, mein Lieber, sonst wächst dir dein Neffe noch über den Kopf.«

5

Eines Nachts, im Finstern, strebte Militão aus dem Dorf heim zur Fazenda. Er hörte Schritte auf der Straße und war auf der Hut. Ein Mann überholte ihn eilig. Wo hatte er dieses Gesicht schon einmal gesehen? Der andere drehte sich um, er hatte Militão ebenfalls erkannt. Im Licht der Lampe, die Militão vor sich hertrug, betrachteten sie einander eine Sekunde lang.

»Nenén!«

»Militão!«

Militão war verheiratet, und vier Kinder füllten seine aus gestampftem Lehm errichtete kleine Hütte. Juvêncio atmete die Luft der tiefen, dichten Sertãonacht. Filinha kannte ihn nicht mehr. Sie war noch ein Kind, als er ausgezogen war, die Bande des Lucas Arvoredo zu finden. Sie fragten ihn nach seinen Angehörigen, und einmal mehr wurden ihm die Geschehnisse von damals erzählt, als Aureliano die Fazenda verkauft hatte und der neue Eigentümer das Land ohne Kolonen und Halbpächter haben wollte. Auch nach Bastião, dem Harmonikaspieler, wurde er gefragt.

»Der wird wohl gestorben sein, er war ja recht alt«, bemerkte Filinha.

»Einen so meisterlichen Harmonikaspieler hat es hier nicht wieder gegeben«, sagte Militão mit bedauernder Stimme.

Und ob er von Gregório etwas wußte? Juvêncio aber war eher an Militão und an all jenen interessiert, die auf der Fazenda geblieben waren. Was verdienten sie im Augenblick? Gab es Kolonen? Und Halbpächter? Mußten sie weiterhin im Magazin der Fazenda einkaufen?

Dann bat er Militão, auf der Stelle alle nur erreichbaren Arbeiter zu versammeln, hier in seinem Haus, und ohne daß der Verwalter es erfuhr. Tags darauf, früh am Morgen, mußte er weiter, wollte vorher aber noch mit den Männern reden. Er hatte ihnen viel zu sagen, sie sollten erfahren, wie sie ihr elendes Leben verändern konnten. Militão musterte ihn. Wären da nicht die kindlichen schalkhaften Augen von einst gewesen, er hätte diesen Mann, der so klug sprach und so viele Dinge wußte, nicht wiedererkannt, den jungen Burschen, der von zu Hause fortgelaufen war und von dem nur vage Nachrichten auf die Fazenda gelangt waren. Respektvoll fragte Militão, bevor er die anderen holen ging: »Hast du das alles in der Hauptstadt gelernt? ... Du hast deine Zeit nicht vergeudet, und was du sagst, ist wie eine Lampe, gibt dem Geist, der im Dunkeln tappt, Helle.«

Die Männer kamen, scharten sich in der Hütte. Juvêncio sprach zu ihnen. Sie lauschten schweigend. Nur gelegentlich ein Ausruf: »Ja, goldrichtig.«

»Was du sagst, stimmt haargenau.«

Und früh am Morgen, als noch die Schatten über den taufeuchten Feldern lagen und die Luft von würzigem Erdgeruch erfüllt war, tauchte Nenén in die Caatinga, auf selbigem Pfad, den Jerônimo mit seiner Familie einst genommen. Schmerz und Aufruhr waren gesprossen, die rote Saat aus Hunger und Blut hatte Früchte getrieben — gekommen war die Zeit der Ernte.

ANMERKUNGEN

ABCs Loblieder auf die Taten berühmter Volkshelden, Freiheitskämpfer, Räuber usw., bei denen jede Strophe fortlaufend mit einem anderen Buchstaben des Alphabets beginnt

Acre Flächenmaß, entspricht 0,84 Hektar

Aliança Nacional Libertadora 1935 unter Führung des Vorsitzenden der Kommunistischen Partei Brasiliens, Luís Carlos Prestes, gegründete breite antifaschistische und antiimperialistische Front

Bandeirantes Banditen, Räuber des Sertão

Caatinga Buschwald, besonders unwegsamer Teil des Sertão

Caboclo Nachkomme aus der Verbindung von Weißen und Indianern

Cachaça Zuckerrohrschnaps

Cangaceiro Bandit

Cavaquinho kleines gitarrenähnliches Instrument mit vier Saiten

Coitero (von Coito: Schlupfwinkel), Bezeichnung für Plantagenbesitzer, die den Banditen Schutz gewähren und sie notfalls bei sich verstecken

Doktorring Ring, den die Besitzer akademischer Grade in Brasilien tragen; die Farbe des Steins entspricht der jeweiligen Fakultät, z.B. grün für Medizin

Fazenda Farm, Pflanzung

Fazendeiro Farmer

Fernando de Noronha dem Festland vorgelagerte, zu Pernambuco gehörige Insel mit einer Sträflingskolonie

in loco am Ort

Integralisten Faschisten; vor dem Krieg nannte sich die faschistische Partei »Aktion der brasilianischen Integralisten«

Jagunço Bandit

Konstitutionalistische Revolution Bezeichnung für den Aufstand von 1932 im Staate São Paulo gegen die Vargas-Diktatur

Mastruço eine Heilpflanze

Mil-réis 1000 Réis, ehemalige brasilianische Währungseinheit
Ouricuri südamerikanische Kastanienart
Papaia melonenähnliche Frucht
Parati bekannte Branntweinmarke in Brasilien
Piranha zu den Karpfenlachsen gehöriger Raubfisch
Pirarucu Süßwasserfisch
Quiabo brasilianische Hülsenfrucht
Republikanische Diktatur von brasilianischen Offizierskreisen angestrebte Regierungsform; der zu ihrer Errichtung 1935 geplante Staatsstreich scheiterte
Sertanejo Bewohner des Sertão
Sertão große Steppenlandschaft im Nordosten Brasiliens
Trovão Donner

Dialog Dritte Welt

Im deutschsprachigen Raum ist in den vergangenen Jahren das Interesse an den Kulturen der Völker der Dritten Welt erheblich gewachsen. Auch das Bedürfnis nach Information und die Einsicht, daß wir die Menschen aus Asien, Afrika und Lateinamerika selbst zu Wort kommen lassen müssen, hat zugenommen. Dabei wird der Tatsache, daß in diesen Ländern eine Literatur geschrieben wird, die literarisch anspruchsvoll und spannend zugleich ist, auf unserem Buchmarkt noch längst nicht genügend Rechnung getragen.

Entsprechend ihrer verlegerischen Konzeption und ihrer langjährigen Tradition bei der Herausgabe von Literatur aus der Dritten Welt haben sich der Lamuv Verlag, der Peter Hammer Verlag und der Unionsverlag entschlossen, gemeinsame Sache zu machen. Unser Ziel ist es, im Laufe der nächsten fünf Jahre mit vierzig Titeln eine Bibliothek von Weltliteratur aus Afrika, Asien und Lateinamerika zusammenzustellen. Jedes Buch der Reihe, ob Roman, Sachbuch, Lyrik- oder Kurzgeschichtenanthologie soll ein realistisches Bild der sozialen und politischen Lage des Landes und seiner Menschen vermitteln. Und das Leseabenteuer, die literarischen Entdeckungsreisen in Kontinente und Kulturen sollen nicht mehr an hohen Ladenpreisen scheitern. Deshalb erscheinen alle Titel dieser Reihe als Taschenbücher. Die Zielsetzung, eine preiswerte, langfristig geplante und repräsentative Auswahl dieser Literatur einem breiten Leserkreis zugänglich zu machen, ist für die drei Verlage mit erheblichen Risiken und finanziellem Aufwand verbunden. Deshalb bitten wir um Ihre Mithilfe und bieten die Reihe zum Abonnement an. Die Abonnenten erhalten als Dank für ihr Engagement jährlich kostenlos eine Langspielplatte mit Musik aus jeweils einem der drei Kontinente.

Um die Bücher der Reihe DIALOG DRITTE WELT auf allen Ebenen der Bildungsarbeit besser handhabbar zu machen, erscheint parallel das Materialheft »Dialog Dritte Welt«. Es gibt Anregungen und Anleitungen für den Gebrauch der Bücher, beschäftigt sich mit den Hintergründen ihrer Handlung, gibt zusätzliche Information zu den Autoren. Den Abonnenten der Reihe wird es kostenlos mitgeliefert.